近现代史料笔记丛刊

# 上海轶事大观

陈伯熙 著

上海书店出版社

《上海轶事大观》，又名《老上海》，陈伯熙编著。

陈伯熙，名荣广，生卒年及履历不详，仅知其自清末以来长期旅居上海，从事报业，辛亥革命后编过《中华新报》，以专研上海舆地史志知名，撰述颇丰。但本书非尽作者原创，也汇集了部分他人的作品，编成时间约在本世纪初新文化运动时期。据我们查对，这些作品大都在当时的报纸、杂志上发表过。

对于中国人来讲，旧上海不仅是屈辱和创痛的回忆，觉醒与抗争的记录，还是一笔独特的历史文化财富，本书的价值，首先就在于它以百科全书的格局体例，为多方择取和开发这笔财富提供了丰富的资源。全书按天文、地理、人物、风俗、语言、生活、物产、古迹、名胜、市政、工商、交涉、宗教、教育、报纸、交通、军事、侠烈、善举、艺术、迷信、游戏、娼优、杂记等 24 个门类区别，分题叙写出清末至本世纪前20年近半个世纪中上海社会发展的各个层次和侧面，聚合成切近原貌的历史真实，在充分展示旧上海社会、历史和文化的多元性、复杂性上，具备着通志、正史或辞书类读物所无法取代的作用。

和其他题材体例近似的书籍比较，本书的又一个明显特色是特别关注上海近代都市文明的造就进程，诸如欧风美雨潜默滋润、洋场华界浸淫交融、市政工商兴起发展、社会风貌嬗替流变等，均占有相当篇幅。与此相联系，编著者还注意在衣食住行、语言民俗、观念行为以及构成海上人文环境的各类琐碎细事上深入开掘，由此观照上海近现代化历史进程对于改变或重建上海人生活内容、生活方式和价值取向的积极影响。实际上，也正是这类源自社会基础构成的素材，更能客观真实地凸显历史运行的轨迹。此外，不少选题还采取夹议或按语的形式，抒发感受，评点是非，为我们留下了一份老上海人在历史磨合中与时代同构共进的观念记录。

从选取重要历史事件和重要人物之相关资料的需求看，本书别有汇辑本世纪前20年之信息较多的优势，尤其是人物、交涉（即外交）、军事、杂记等门类的选题，间有他书未见或不详的佚闻故实，比如中国在上海租界内司法权的逐渐丧失过程，北洋政府和列强关于上海浚浦局案的交涉，徐企文反袁起义的经过等，多为相关专题档案史料汇编所阙如，对史学研究者具有重要参考价值。

本书据上海泰东图书局1924年印本进行整理，原本分三册，现合为一编，另加新式标点并改为简体横排，若干篇目所附图表,也照此格式相应改制。原书资料来源不一,且编校甚粗疏,故错讹及前后不一之处随时可见,整理时尽可能作了纠正。不妥之处,敬希读者指正,以便再版时改进。

上海书店出版社

# 目　录

# 自序

　　上海为全国通商第一巨埠，复为政治、学术及一切社会之中心，故其情状至复杂而难通晓。然以其为中心之故，虽至复杂，凡莅斯地者，莫不欲通晓其情状。于此一方使人有难以通晓之势，一方又使人以不得不通晓之情，而能于其间使人人卒一寓目即易通晓者，厥惟聚多数之老于上海者，出其闻见所得，编为一书，举凡不易通晓之情状，悉叙述于其间，遇有所疑，试一披阅，无不涣然冰释，斯为快事耳。然其事前固有人为之，如《淞滨琐记》《上海县志》《上海闲话》《上海指南》等，已不下十余种，惟或仅纪风月，或率涉腐朽，或近于陵杂，或徒资查考，其能综叙数十年前后事实之颠末，启人知识，资人观感者，卒莫睹焉。予旅沪二十载，初习其语言，继交其人物，终与其各种社会相接触，粗有所通晓，乃聚多数所称为"老上海"者，各以所知供予编辑，历时二载，始克成此四十万言之书，因即名之曰"老上海"。虽意有未尽，而为上海一切事物之专书，则已成创作矣。编竟聊序其意味于此。

　　　　　　　　　　　　　　　编者伯熙序

# 一　天文

## 天文台小史

上海之天文台创办者为徐家汇天主堂，故台即在教堂之旁，徐文定公故宅之正前面。台造于清同治十一年，现今耸立之高台为光绪二十七年就旧台之西地复建者也。主台者为总副神父，分职办事者有华人司事，然皆教徒。其办事要纲分测验天时、报告风力，各地往来通电，通电时间每日分二次，达于中外各埠者计有六十余处。每一小时视风雨、寒暑等升降度数，笔之于册，按日分发中西报馆登载，并与佘山洋泾浜之气象台用无线电时通信号，洋泾浜气象台所悬之信号即示航海家以预告也。凡地震、飓风、星象之发现，均先期警告之。西人以传教而创设公益事宜，设心远大，其发轫尚在明天启间徐文定相国与西儒利玛窦辈研究数学测算时代，其后渐臻完善。远因近果，是亦吾人不可不知也。

# 天文台续考

沪地天文台已如前说,但据史乘所载,其最初创设之台在小东门内敬业书院之旧址,台高不过二三丈,用湖石叠成,极玲珑嵌空之致,铺紫石为阶,刻黄赤道及经纬躔度,乾隆间因修院而废。按敬业书院初名申江书院,本为明尚书潘恩故宅,后为西人利玛窦寓所,建有天文台一所。相传康熙年间严禁天主教,遂籍入官产,改为书院。书院现改为县立第一高等小学校,历经变迁,台之遗址已不可考。是则徐家汇之天文台殆其后起者矣。

# 信旗台

信旗台建在黄浦滩外洋泾桥口英、法交界处,盖因上海自辟为商埠,贾客云集,舟舰纷纭,为各口岸之冠,所以该台每日报时、报风设有专例,而一切通报事宜则由徐家汇天文台主之。兹将其专例译出,录之于下。

**(一)报午时记号**

报午时大铁球,每日十一点四十五分扯至半旗杆,十一点五十分扯旗杆顶上,十一点五十五分铁球第一次下坠,后即再扯至旗杆顶上,午时正中铁球第二次下坠。若有故,球于初次应坠时不坠,或下坠而不按秒分,即用万国公例,扯至旗杆顶上,以报其误,一分钟后将旗号收下,以试铁球第二次下坠,若有故亦如之。

**(二)报大戢山所测风信记号**

大戢山在长江口外洋面,西人名为鄂斯拉弗。上午九点二刻台上扯挂旗章，以报本日上午九点钟在大戡山所测之风力及风行方向。第一次报风旗章于九点二刻扯挂，十点钟收撤，若电迟来不能于九点二刻按时通报，则于本日上午十一点三十分行之，十一点五十分撤去。下午三点四十五分扯挂旗章，与上午同。若有故消息迟至，则于四点十五分扯挂。

**（三）报沿海一带风信记号**

每晨十点钟时，以一旗或数旗报沿海一带于二十四点钟内所有之风力及其方向，如一旗下所列各旗系报纬线约三十度以南，其记码旗章自零号起至九号止（即万国公例之记码旗）。报风大小，其例如风势无力（二、三）、风势轻微（四、五）、风势颇劲（六、七）、风势猛烈（八、九）、烈风（十一、十二）。

# 天文台详志

天文台信旗台之小史，禹鼎风公前已言之綦详，但台例年修一次，昨过徐汇访田神甫，承以台志见示，于设台之历史、测验报告等项各条详述，且系一九一八年二月出版新本，兹分述如下。

**天文台之小史**　台在上海县治西南约十里徐家汇镇，前明徐文定相国故宅之正对面。创自同治十一年（即西历一八七二年），迄今已四十六载。由西教士管理，一切经费皆教堂自给。台中除西教士数人外，赞理观测等事务有华人若干。自同治十二年起，每年有西文年报刊行，历任台长如能恩斯、劳绩勋诸教士各有研究所得之专本出版，供飨学者。光绪初年，徇江海关之请，逐日报告天气及风信，以利航海家，并设信旗台于上海洋泾浜,其经费由英、法两工董局担任。各处往来电讯之传递,则由上海四电局(中国、大东、大北、德大和四局)纯尽义务。嗣后台务日繁,旧屋不敷需用,乃于光绪二十七年兴建新台,即现之钢骨者也。同时复在青浦创建一测验星象台,继以沪地开行电车,与测验磁气有碍,遂有光绪三十三年将验磁台迁往昆山之菉葭浜,现沪台所测验者仅气象及地震二事耳。此天文台建设以来之大略也,现任之台长为田国柱君。

**时候报告**(依格林威也天文台东经一百二十度之时刻,节取一九一八年沪台报风新例) (一)正午时报午用球,在十一时四十五分曳至半桅,越五分拽至桅顶。其球初次下坠在十一时五十五分(其球坠后仍曳至桅上),第二次下坠乃正午刻。如球当坠不坠,或坠非其时,即以 O 号 U 字旗升至杆端(杆为横式,正交于桅之上端,较顶稍低)。(二)晚九时桅上有白灯四,将近八时五十三分一律燃明,每分钟熄一次,其初熄在八时五十五分,末熄在正九时。如或不准,则于数分钟内将杆端二白灯或杆顶之红灯燃明。每次熄灯前十秒钟,先将灯熄灭一秒钟,使人注意。此报时之大略也。

此外尚有无线电报告与气象报告关于航海家颇有益,容续译以闻。


# 上海之位置与高度

上海之位置,居北纬线三十一度十五米力,东经线一百二十一度二十九米力,地面之高度与海面高度一式。兹将风雨、寒暑两表之升降及其湿气、雨量，约略列表如下。

| | 风雨表统扯度数 | 寒暑表统扯度数 | 每日升降统扯度数 | 湿气统扯湿足为一百分 | 雨量统扯寸数 |
|---|---|---|---|---|---|
| 正月起三月止 | 三十度二分一厘 | 四十度六分 | 十二度一分 | 八十分 | 十一寸 |
| 四月起六月止 | 二十九度八分七厘 | 六十四度三分 | 十五度四分 | 八十一分 | 十二寸五分二厘 |
| 七月起九月止 | 二十九度七分七厘 | 七十八度五分 | 七十八度五分 | 八十三分 | 二十二寸五分五厘 |
| 十月起十二月止 | 三十度二分 | 五十三度二分 | 五十三度二分 | 七十六分 | 五寸三分八厘 |

## 法界定时球

在黄浦滩爱德华路（即洋泾浜路）塊，有高十余丈之桅，上悬能升能降之铁叶圆球，乃上海全埠之定时球也。球径六尺许，围十余尺，牵以紫铜丝电线，每日逢子、午二时该球自上下坠，不爽毫厘，下坠后复缓缓上升，及时复下坠，终年如是，未曾稍误。球下建一小洋房，其顶悬时钟一，其旁又建一亭，亭中有玻璃柜贴五大洲方向图，并报告风力，苟有飓风亦预为警告，俾航海者有所趋避。司其事者为徐家汇天文台法国神父。考定时球至子、午下坠之故，乃先由天文台用德律风知照，即由该处司机人用电力向球之通电机上一击，其球即坠。故每日午正放大炮一门时即球下坠之候，全埠时刻全赖是球为标准，关系匪细也。

光绪三十二年夏，上海风灾，桅为风折，当即兴工重建，以坚砖及水门汀砌成塔形，中支钢条，颇形坚固，至今无恙。

## 昼晦志异

光绪二十六年庚子三月初十日，天既明，云密布，有雨意。俄而雷声大作，迨辰正时，云间隐隐作绯红色，俄转黄色，俄转黑色，顾视室内昏若黑夜，伸手不见掌，居人咸上灯矣。巳正雨大至，天复明。数日间报载是日苏州、宁波、长江一带均昼晦，不特沪地然也。

## 天雨粟

民国元年秋，沪上有天雨粟之事。是日余适观剧于三马路之大舞台，压轴戏为《天河配》，中杂以林步青之滩簧，诙谐百出，颇足解颐。聆其所唱，大都皆劝人为善语，略云："人若发心为善，天必雨粟。列位不信，请往大舞台门前一观"云云。闻者皆以林步青本滑稽一流，亦不之意。及戏剧既终，相将出门，见行人三三两两蹲伏在地，互相询问，起视之，果粟也。复行至四马路、二马路等处皆然，一时途人皆惊以为奇。次日复转相探询，始知所见悉同，然究莫明其所由来。昔人谓仓颉造字，天雨粟，鬼夜哭。古书记载类多荒谬，晚近科学日渐发明，更不足据为信史。按是日雨粟，约在晚间十时许，初时大风四起，继以微雨，惟虹口及南市等处曾否雨粟不得而知。此事距今相隔仅六年，沪人谅多有知者，世有博物君子能知其故者乎？

## 棉花诞日

本邑乡人大半以植棉为业，恃为一种大宗土产。相传元时有黄道婆者，浦东人也，得印度棉织法，归而授之乡人，于是始有纺织之生计。至今先后建立二庵以崇祀之，一在杨家桥，为老庵，而新庵则在胡家桥南首。俗又以七月二十日为棉花诞日，是日宜晴忌雨。谚云："雨打七月念，棉花勿上居。"试之历验不爽，盖由耆老经验所得遗传之口头谶语也。按木棉古称吉贝，吾国发明最早，不始于元，黄婆之说容别为考证之。

## 大 风

民国四年夏（忘其月日）沪上忽来飓风，经一日夜之久，天色昏黑，咫尺不能辨物，房屋被吹倒者无数，静安寺路一带之古树亦多拔根而起，船舶沉没以数百计。黄浦滩某公司之面粉包重约三百斤，悉飞舞于空际。某外报之西人正行至南京路口，为风掀之至数百武，幸触铁柱坚握之乃止。据老人云，此风之巨，为六十余年所未经见，亦浩劫也。

## 钟点改早一小时

西人为节省时光计，拟将海关之大钟改早一小时，如从前上午八时办事改变七时办事，而表面上则将钟之长短针本系七时者移至八时，自四月一日起至八月三十一日止，九月一日以后仍遵用旧日钟点。此后每年照此办理。曾征求全埠商界同意，即于民国八年四月十二日夜半实行，自后全埠钟点皆较他处提早一小时，惟火车开行时刻仍照沿海各处之旧钟点，不依本埠拨早之钟点，另定时间表。盖拨快钟点仅上海为然，并非全国如此，故乘客应注意火车开行仍照旧定钟点，凡用拨快之钟点者应迟一点钟前往，免在车站苦待一点钟也。

# 二 地理

## 上海之沿革

上海居南吴尽境，古为《禹贡》扬州之属，春秋属吴，后属越，名不甚著。后入于楚，战国时相传为楚春申君封邑。秦置嵺县，领于会稽郡，汉改娄县，后汉以来属吴郡。梁改为信宜县，继又析置昆山县。唐时隶华亭县，其东北华亭海即今县治也，宋末于其地设市舶提举及榷货场，百货辐辏，称为雄镇。元时渐繁盛，始立县，而上海之名渐见于史册。郏亶水利书谓，松江之南大浦十八，有上海、下海二浦。上海县之名自此始，明迄今未改。

## 上海之疆域

江苏全省田亩凡六千四百七十五万四千七百七十七顷，上海为六十县之一，额田据《赋役全书》所载者,道光时计六千八百四十九顷七十二亩,同治时计四千八百五十二顷五十九亩,但光、宣以来芦荡涨滩之升科者为数不鲜,当不止此数也。

上海疆域明代广于今兹三倍,自清初一分于青浦,再分于南汇,三分于川沙,所存仅为保十二、图二百十四而已。四境所至,东西广六十六里,南北袤八十四里。分县以后,东至川沙界三十里,西至青浦界三十六里,南至南汇界七十二里,北至宝山界十二里,盖视元代始立县时已不逮三分之一矣。

## 上海城垣之建筑及拆毁

上海城垣建于明嘉靖三十二年,从邑人顾从礼之请也,时以数蹶于倭寇,乃建此议。自后屡有增葺。清咸丰时因战事轰毁数处,事平邑人郁松年捐资重修,费约二十万缗。清末举办自治,以城垣暌隔,交通不便,商业不振,议决拆城以振市面。现今中华路、民国路之电车绕行者,即昔城墙之旧址也。

## 拆　城

同治年间上海市面日渐繁盛,已有创议拆城之说者,然团结不坚,能力薄弱,延至光绪三十一年始纠合邑绅三十余人公请拆城,禀于上海道(时称苏松太道,署设上海,故名)。上海道不敢决,奏诸清廷,复谓宜查其有无弊害,重行呈奏。方禀上海道时,反对者亦纷起,其理由有五:(一)可以防御盗贼,不染租界奢

靡习惯;(二)城内道路不治,拆之则丑态毕露,不拆犹可藏拙;
(三)外人日觊觎吾之土地,不拆城则可以交通不便而止,且拆
城后南市诸兴盛马路亦将不保;(四)法、华接壤之处,厘局林
立,倘为法并,势将免厘,则大受损失;(五)拆城后如被法并,则
生息于外人卵翼之下,国权益失,民气益衰,实所不愿。除以上
不便拆之五条外,另有不必拆城一说,谓宜仿南京办法,将城门
放大或添辟数门,并筑马路通城中,而城内则多设警察,清洁街
道,市面亦可兴隆,不必拆城也。

反对拆城者持以上理由,于是引起重大之辩论,雷君继兴等
所办之地方自治会特开辩论拆城大会,分拆城、不拆城、中立三
党,互为辩论。主张拆城者,其最大主旨谓城中一切事业向不讲
求,拆城后鉴于外人办理租界之整顿,则必相形见绌,奋起力图,
大可为自治激发之助、商业兴盛之机,其利有四:(一)城基改
筑马路,则可环转流通,照应使利(如救火等事);(二)拆城后,
城内填浜筑路,易于清理,市面兴盛甚易;(三)填河应用大阴
沟,可将城砖代用,有余更可修理沿河破岸;(四)地可增价,则
收捐以办善后,事能持久。

辩论拆城问题各不相下,上海道乃立调停之策,添辟城门
三,即为拱宸(小北门)、尚文(小西门)、福佑(小东门),然款不易
筹,工即不能举。及宣统元年,款妥方开工。二年事竣,又改建
小东门、小南门、老北门三门,使可通车马,又辟沿城马路数条,
用费凡五六万金。

民国成立,城自治公所改组市政厅,地方上办事大权悉操诸
绅士掌握。元年十月,以议事会之议决,拆城为必不可缓之要

图，于是无敢反对者，南市如群学会等首先拆造，以为之创。民国二年举工，自北门为始，渐拆至西门、东门、南门。三年冬，路成。四年夏，自小东门至小南门间之电车开驶。昨年则自小南门至老西门之电车亦已驶行。迄今荡荡大道，即昔日之巍巍崇垣也。今自小东门南讫西门名中华路，小东门北讫西门名民国路，蝉联之即中华民国路也。

## 上海境内之市镇

上海县境所辖市镇，在东部者有塘桥镇、洋泾市、杨师桥市、三林塘镇、李家宅市、新木桥市、张家楼市、杨家弄市、东沟市、陆家行市、高行市、高桥镇、塘口镇、桥头市、陈家行镇（以上均在浦东），在西部者有法华镇、徐家汇市、虹桥市、北新泾市、杠棚桥市、华漕市、诸翟镇，在南部者有龙华镇、漕河泾镇、张家塘市、梅家弄市、朱家行市、江境市、华泾市、曹家行市、塘湾市、颛桥市、北桥镇、马桥镇、闵行镇、吴会镇、荷巷桥市，在北部者有老闸市、新闸市、静安寺市、内外虹口市、虹安镇、引翔巷市、沈家巷市。今北部诸镇、市均划入租界，日见热闹，顿异昔之市镇状况矣。

## 上海与沪渎之考证

上海之别称有曰沪渎，不知奚由，相传日久，均用其名，亦可异矣。考沪渎与上海绝不相涉，《晋书》永和中吴内史虞潭修沪渎垒,隆安四年袁山松修沪渎城,五年孙恩进陷沪渎,是沪渎在古时别有一城可知。《寰宇记》云:"沪渎城在江边,今为陂湖冲刷,半圮江中。"《江南通志》云:"沪渎城俗呼芦子城,今无矣。"观此,则沪渎城与芦子渡接壤必在吴淞江上无疑,然欲知城之地点,当求港之所在。《通志》谓城已无,因吴淞江水冲啮,惟载沪渎港甚悉,港以城得名,故港遂亦有沪渎之称。或谓先有港而后城因以名之,则未可知也。宋宝元元年,叶清臣奏请疏凿盘龙汇沪渎港,范文正公上召相公书云:"松江一曲号盘龙,出水尤利。"是沪渎又与盘龙相近,为入吴淞江之一支流。《方舆纪要》云沪渎江、青龙江合吴淞江而东达于海,皆曰沪渎。虽混合言之,而其界址则甚广,可了然矣。且既与青龙江各得其名,则沪渎于古称港,或称为江,是别有一水与吴淞相灌注,其地址则在盘龙、青龙间,信而有征。昔王逢之隐居芦子城,自称最闲园丁,又号席帽山人,祖母徐手植双梧于故里之横河,遂名之曰梧溪精舍。其地则近乌泥泾,宋张百五居之。至元间张瑄为千户,督海运粮,由平江刘家港入海,亦尝居此。嗣有田父得古碑名"宾贤里"三字,可知沪渎城在吴淞旁,与盘龙、青龙为交界。吾乡钱竹汀先生谓黄浦为古沪渎,不知何本。梁简文帝集《吴郡石象碑文》云:"吴郡娄县界松江之下,号曰沪渎。此处有居人,以渔为业。"陆龟蒙《鱼具咏》序云"网罟之流,列竹于海曰沪",注:"吴人今谓之簖。"元郝经《营海轩》诗云:"沪渎山横遗战垒,松江水近足羹鱼。"是则沪渎又以簖得名矣,簖多则港亦著。其地在横云山之东,迤逦入于海,其在盘龙、青龙之间则非今之上海县地,已可知矣。

## 上海之田亩总数

吾邑全境征粮田额共六亿八万五千二百六十亩,内分四等,一曰上乡田,六亿三万五千七百余亩;二曰下乡田,四万七千七百余亩;三曰护塘外田,百五十余亩;四曰荡漊不等田,一千六百余亩。此为全境漕田之数,别有芦洲一万二千九百六十余亩有奇不在漕田数内。荡漊以二亩或三亩或六亩准一亩,故曰不等。又有低薄荡田以一亩五分准一亩,所以漕田实积有六亿九万亩有奇。

## 黄浦考(一)

黄浦为春申君黄歇所浚,故一名春申江,《明史·河渠志》作大黄浦。考其源之所自,实发于嘉兴塘,经华亭金山县境东流至瓜泾塘,过得胜港始入本邑流域,至邹家寺嘴折而北,合北境吴淞江同流入海。先是,浦与江本不合流,明永乐元年吴淞江淤塞,尚书夏原吉用邑人叶宗行言,浚江通范家浜,导入黄浦以入海,于是始合为一。旧说浦底有六泉,其味甘,已不可考。又谓浦中于元末时涌出一地,初仅寻丈,渐广至数十亩,有某名士觞客于此,鸣雄群集,遂名其地曰文犀洲,后渐与浦浜相接,今亦不可考矣。明正德元年冬,黄浦结冰,累月不解,车骑负担履如平地。崇祯九年九月奇寒,是年十二月又冰。清顺治十一年十二月复冰,厥后康熙三十二年、乾隆二十六年、嘉庆十四年均冻冽至舟不能行,而尤以咸丰十一年十二月凝结最久,至翌年正月十四日始解。今则轮舶连樯,终日鼓动,此后似可永免此虑矣。

# 黄浦考(二)

前阅赵君《黄浦考》一则,其中尚有未尽处,爰续志之。

黄浦系楚相黄歇所凿,故又名歇浦,又名春申浦,《明史·河渠志》亦作大黄浦。其源之所发,受杭州、嘉兴之水,起自秀州塘,经华亭金山境东流至瓜泾塘,迤而东受南北两涯之水,过得胜港入本邑境,至邹家寺嘴则折而北,受东西两涯之水,合北境吴淞江同流入海。夫浦与江本不合流,明永乐元年吴淞江淤塞,尚书夏原吉用邑人叶宗行言,浚江通范家浜,引流直接黄浦以达海,其出海之口虽名吴淞口,实黄浦口也。或云浦底有六泉,其味甚甘,为长江之中冷泉,此相传之辞,确否不得而知也。浦中有文犀洲,现于元末,始则寻丈,后竟广至数十亩,元王逢携里叟、门生共登其上,适鸣雉群集,因名之曰文犀。迄今与浦岸相接,尽为民田,此真所谓沧海变桑田也。夫浦面甚阔,且吞潮汐,应无结冰之日,而岂知自古以来因严寒凛冽,浦水结而成冰已非一次。明正德元年冬,黄浦冰,经月不解,车骑负担者行冰上如平地。有娶妇者迎新妇而还,行至中途,以砉然一声崩数亩,百余人无一获免。崇祯九年九月骤寒,十二月极寒,黄浦冰。前清顺治十一年十二月黄浦又冰,康熙三十二年冬黄浦又冰,乾隆二十六年冬浦江冻冽,舟不能行,嘉庆十四年冬黄浦又冰,咸丰十一年十二月黄浦冰,至明年正月十四日始解,此固讶为奇异也。浦中潮来固有一定之时,而亦有不合乎时者。元至正七年八月十二日浦中午潮退,未几复至。前清顺治五年七月二十一日黄浦潮一日三至,十八年七月二十六日潮又一日三至,康熙六十一年春二月十二、十三两日并一日三潮，此又讶为奇异者也。又考新泾港北、杨淄溇南地名平家石桥，有小黄浦，浦面甚阔，南通三林塘中心河，其波澜之壮与黄浦同，因并记之，以俟拾遗补阙者之采择也。

元张之翰咏诗云："黄浦春风正怒号，扁舟一叶渡惊涛。"明袁凯咏诗云："我有茅堂南浦浔，回冈千尽昼阴阴。"曹泰咏诗云："月照黄龙浦水黄，南飞乌鹊夜茫茫。"陈子龙咏诗云："南浦微风动，肃然沪垒秋。"清朱彝尊咏诗云："极浦连天阙，惊涛壮海门。"此则眺赏风光，即吟咏以消遣闲情，可见沪地虽俗，而文人学士遗迹尚多也。

## 上海户口增加率

沪上虽濒海之区，而版籍向称殷蕃，明季户口之数已达五十余万，然幅广于今三倍也。自后一分青浦，再分南汇，三分川沙，疆域所存计十二保、二百十四图，东西广六十六里，南北袤八十四里，人口骤减至四万八千有奇。迄嘉庆庚午，编查所得已增至五十二万八千名口矣。道、咸以还，虽三经劫火，然华洋错杂，生聚转繁。同治初元尚不越六十万之数，而光绪季叶已增至八十万矣。近则租界日廓，加以辛亥以来政争加厉，内地荆棘，视此间为避秦桃源，而工商之扑被谋食者亦多于过江之鲫，就去冬工部局调查，三租界华人已有一百六十万，华界户口尚不在内，诚我国最繁盛之巨埠矣。昔欧美商学家以世界市集人口均达百万者分十大都会，而上海不与焉，以居民不及此额也。今得斯数，不知当列入何等，然沪人亦足自豪矣。

## 租界之区别

游沪者多不知公共租界与法租界之区别，实则有一最易辨识之标帜。一为门牌，公共租界之门牌为白底黑字，法租界之门牌为蓝底白字；二为电标，公共租界之电杆为灰色之木，其形方，法租界之电杆为白色之泥制，作三角形，此其大较也。

又同一公共租界，而俗乃复别为英租界、美租界、新租界，此等分别绝无关系，可以不述。

## 租界之由来

清乾隆时英人比谷为东印度公司代理人，尝至上海考察，信为通商善地，归告政府。道光十二年林德赛、葛劳甫二人复至，亦极言在沪通商英国商业当日盛。道光十九年鸦片战争起，迄二十二年白门条约成，开港通商，上海遂为五口之一。二十六年八月，由江苏苏松太道与英领事会议划界，二十八年复推广之。时租界犹小，仅南至洋泾桥、东至黄浦滩、北至北京路而已。继而美、法以中英白门约成，亦遣人赴粤要请，粤督者英允之，为之奏准，于是法、美派员至沪，遂以洋泾桥南至城河浜为法租界，虹口一带为美租界。洪杨之役，官吏与洋人筹设会防局，城赖以安，华洋人之避居上海者趾相接，市廛日盛，租界亦日广。光绪二十四年六月，各领事推广北线，嗣由外部江督暨上海绅商一再力拒,议始寝。至光绪二十五年,复西辟泥城桥以西至静安寺路、东北辟虹口迤东之地以至引翔港,由各国公使议决,将旧时英、美租界及东西新辟之地统名曰公共租界。至法界西南境,始则推至关帝庙浜,及民国三年七月由中法官吏会同议定,北自长浜路、西自英之徐家汇路、南自斜桥徐家汇路沿河至徐家汇桥、东自麋鹿路肇周路各半起至斜桥止,约为法国租界。故至今日而统计租界,则东自杨树浦迤东之周家嘴,西至叉袋角,北至北四川路,南至小东门外之陆家石桥及西门外之徐家汇路,均为外人警察权之所及矣。其不受管辖、不纳捐税者,惟静安寺路之旧洋务局、北浙江路之会审公堂,以及虹口之三官堂、下海庙、鲁班殿、天后宫、净土庵、红庙而已。余如租界各马路之命名,在公共租界者大率以中国行省及内地著名城市命名,法租界则以其国著名人物命名。

## 英法租界先后考

本埠法租界在未推放之前仅以八仙桥为限,至土地权则彼已自认为法国之市乡,几与英之视香港等。而英、美合并之公共租界尚承认为租借,特异于民法上之租借耳。若英、法两国辟界之孰先孰后,论者每以法近城厢,指为先至之证,即鄙人初亦疑为近是。迨阅裘氏《通商史》,始知大谬不然。盖中英白门条约订于道光壬寅八月,上海为五口通商之一,故英人即于次年癸卯来沪,至中法黄埔条约、中美望厦条约均于甲辰年始援案踵订。不但此也,在乾隆时有东印度公司英人比谷已来沪察看形势,及道光壬辰复有林德赛、葛劳甫二人自粤至申，极称通商善地。越四年，又有洋舶名夏荷米者潜泊吴淞口三日，带粤人为通译，声言来此通商，嗣经宝山县外示礼貌，隐截交通，始失望而去。审是，则英人垂涎已久，既发其端，安有后于法人之理？是社会传说之不足凭也，录此以资传信。

## 租界之解释与范围之广袤

考各国租借土地皆无先例，有之自吾国之五口通商实肇其端。证之西史，唯瑞西曾借某地于普鲁士修车场，然此为民法上之赁借，与吾国租界之性质绝然大异。以法律言之，各国皆取属地主义，舍二三等国外，不闻有取属人主义者。国际法，外国人民之在本国者有居留地，所有民事、刑事均受本国法律之支配，上海独否。是租借云者，即占领之代名词，实与割让无殊。今犹群称之曰租界，真所谓强颜耳。兹就租界之广袤推之，四围有五千六百十八爱克，合英方里八里七分五厘，合华方里七十二里，合华地三万三千五百零三亩，每一爱克统扯八十二人所居，西人住宅有二千二百九十二所，华人住宅有四万四千六百四十六所，西人一万一千四百九十七口，华人四十五万八千九百六十八口（此据工部局卫生清册所载）。

## 法工部局

法大马路（即公馆马路）俗呼为大自鸣钟巡捕房，实工部局也。基地宽阔,围以铁栏,树木森茂中有时钟巍然悬于壁间,时钟之前有铜像一,乃法水师提督巴劳德也。巴君于同治元年与长发军战于苏州之南桥阵亡,故法人铸是像以为纪念。东偏为法救火局,各式救火利器列焉。局中设总董、副董、总办、副办、总巡、捕头等名目,每年开会由法商公举,其办法与英界工部局略同,兹不赘。

是处于光绪十五年前,法公廨会审员多在该巡捕房发落案件,现已迁至薛华立路总巡捕房办理矣。


## 北河南路之所有权

美租界北河南路本为中国国家所有,嗣因无正当管理机关,荒芜不治,遂由工部局充作公路,纳入租界版图矣。至该路左右均属租界,而此独翘然特异者,实有一段历史。据父老相传,先是光绪初年有某西人于是处敷设铁路,直达吴淞,其规模虽较小于今制,然当时风气未开,沪人诧为奇观,有乘车专游淞口炮台者,视为行乐之一途,以故收入其丰。时江督为沈文肃公秉成,闻之力持不可,乃派沪道往返交涉,其结果由中国国家备价购回,计机头列车、铁轨及基地共耗帑百余万,事后将轨道拆除,连同机件运贮台湾某署,坐令锈蚀,视为废料。甲午之役,该地割界日本,此物尚在,后遂不可复问矣。文肃尝语人云:"铁路一事,虽为时势所必趋,然断不使后之人谓中国之有此乃由江督沈某而起。"盖此举尚在塘沽筑路之前也。当时大员之见解大率类此,且不惜巨帑以扑灭之,毋怪后此李文忠之创设电报、招商等局责难丛集矣。老子不欲居天下先，文肃殆师其意欤？

## 跑马厅之所有权

泥城外之跑马厅为公共租界中唯一之广场，每届春秋举赛，华人不能与于其列，与白大桥之公家花园同一待遇，喧宾夺主，真觉言之可丑。闻近自江湾赛马场成立以来，不分畛域，中外同轨，益足昭我国海纳百川之量。故沪上旧场已稍乱其例矣，惟西人之为此纯系公司性质。闻当时发起之初，圈购地亩仅以公用昭示于众，牒请道县核给官价，腾以苞苴，意主速办。沪道某固贪吏也，悦其金，遽札县照准，无奈地不一主，人不一心，且所占尤多古墓。时地主中以李梅伯之产占大多数，李即吾园主人筠嘉京卿之后人，闻言大不怿，坚执不售，坐是迁延久不决。西人无如何，乃别生圆融之法，除自愿领价者外，凡意有未惬者准其保留先茔，春秋祭扫，复按户给予找价单一纸作为凭证，单上详注亩分面积、业主姓名、官册号码，庶日后遇迁让之必要时可以持证按照市值找算，以期公允而示两全。至今五十余年，找价者绝无其人，故凡携有此单之孝子贤孙，以时享祀仍得通行无阻云。

## 法租界土地权之异点

上海一埠英、美、法三租界画疆而居，一切发政施令、治理管辖之权完全操诸外人，两廨华员备位充承审而已。考西文土地权之性质,在英、美方面者均附有"汤",译音之名称,即含有租借之意义,惟法租界判若鸿沟,除新拓之马路尚称租借外,其自吕班路及八仙桥以东者西文竟称"法兰西康赛兴",译为法国占领地之意。其原因盖以洪杨之役法人助防、助剿颇著劳绩,索此片土通商,隐示为报酬之代价。当道漫不省察,贸然默认,可叹也!

## 法捕房之地形

法租界大自鸣钟捕房系关帝庙改建,原址本不甚广,厥后以次展拓,始成今日之壮观。然后面以限于洋泾浜之河身为界,故地形弯曲特甚,屋式亦就形布置,作禽鸟展翅状。据堪舆家言,谓按法当断为凤凰地,有三元不败之气象。最奇者,该处地居闹市,而终年鸦雀成群,飞鸣喙食,见人绝不畏避,大有猿鸟忘机之态。好事者遂益附会,谓百鸟朝皇云。按形学之说,中土流传已久,士大夫醉心于此者,为祸福所中,恒未能免俗。尝记宋祖有言,东家之西即西家之东,有何宜忌? 近世科学家尤斥为诞妄,然则法人当营造捕房时,未必请地师为之擘画,毋亦江湖术士故神其说以惑众欤,抑打样者相地定制,与《青囊》遗法不谋而合欤。

## 上海地名之误解

上海二字,系包括全邑而言,凡在邑境范围之内者均应称为上海,无待言也。乃流俗所指之上海,仅南至洋泾浜、北至苏州河、东起黄浦滩、西迄泥城桥,专属英租界之一隅,名为上海。故在虹口或南市之人赴英租界者,每曰"到上海去"。此区区一段地竟代表全邑之名,相沿既久,习不为怪。此种名词以中下社会为尤甚,实不知始于何时。又有称为上洋者,与前说同属不经,然积非成是,虽通人亦所不免。一经道破,未有不哑然失笑者也。

## 地名之困人

各马路之起讫处其墙壁皆有名号,马路之长者中间亦多署名号,一览便知,本无困难。惟其名号有为常人所不知者,则颇有行路难之苦。如南京路俗名大马路,询以南京路不知也。九江路俗名二马路,汉口路俗名三马路,福州路俗名四马路,广东路俗名五马路,北海路俗名六马路,福建路俗名石路,浙江路俗名大兴街,而五马路中又名为正丰街、宝善街,河南路又名为棋盘街,若询以所标之名则多不知也。其尤困人者,莫如长浜路,由今大世界西行至北之马霍路、南之贝勒路,再行数十武仍为爱多亚路之一段,而俗乃名为长浜路,其实长浜路仍须西行半里许,至南成都路再西向乃真名为长浜路。若爱多亚路距长浜路之中间一段乃名孟纳拉路,然孟纳拉路系译外音,常人尤不记忆,必曰马立师,而俗名马立师之范围又甚广,必曰马立师之重庆路或南成都路口或陆家观音堂后背,否则不知也。至于法租界之马路多系译音,佶屈聱牙,已难认识,而其字复甚多,有长至五六字者。如白来尼蒙马浪路、麦赛而蒂萝路等,则缙绅之士已难言之矣，欲雇人力车至某处，车夫瞠目相向，勉强拉至亦必争值不已。区区一地名，而初游沪者常如张骞使西域，莫得要领，惟有凿空而返，其不便孰甚也。

## 渔阳里之妄分南北

法租界霞飞路有两渔阳里，其间只隔一垣，论其方向应名曰东渔阳里、西渔阳里，乃该处则名东方者曰南渔阳里、西方者曰北渔阳里，斯真解人难索矣。

## 半号门牌

沪上居户门牌常有半号者，如六十二号半、三十号半之类，见者多莫知其故。曾阅《上海闲话》一书，作者亦置诸阙疑之列。后询诸所谓老上海者，始悉此项号数乃因改造住房之所致。如最初之房为十幢，已依次编为十号，后以改造化为十一幢，若即加以十一号则必邻近与编定之号数相混，盖近邻亦有十一号，与十号原相衔接也，故只能权以十号半名之。此半号门牌之所由来也。

## 半号门牌续考

半号门牌之为改造房屋而行，前已详言之矣。然有全弄之门牌皆半号者，如马霍路之德辅里是；又有全弄半为全号、半为半号者，如麦根路之南洲里、爱多亚路之修德里等是。向问诸老上海皆不得其故，兹经详为推考，半号门牌之偶见者，乃因编号时无此房屋，及后来编号乃编为半号以附于既编号者。例如旧马立师路之左端最后之门牌为一千号，新马立师路之右端最前之门牌为千零一号，二者之间后来忽建一房屋，工部局自不能将千余号之门牌悉数改订，乃将新造之房屋编为一千零半号，使与一千号及一千零一号相衔接，此即前言之理由也。全弄皆为半号者，因于隙地建造房屋，而此隙地前后左右之门牌均已订定，乃以新屋之门牌悉编为半号，以属于前所已编之号数。例如马霍路修德里未建筑时，其左右号数均已编定，而修德里之房屋一旦落成，势亦不能一律改编，乃将修德里之房屋一一编为半号，以为其左右之附属（例如其左前有一百号、一百零一号等，新编之门牌则为百半号、百零一号半等，多以此类推）。此外尚有一门而门牌有两号，如虹口东有恒路之德裕里及环龙路沿马路等，其原因亦由于翻造房屋减少幢数。又有两家或三家共一门牌号数，而以英文字母分别之，如环龙路花园里对过即其例也，其原因与一家而有二门牌者同。

## 同名之街道二十则

沪上街道之同名者甚多，非惟初至上海者每多错误，即久居上海者亦多误行之处。爰录同名者二十则，余俟查出再行续录。

太平弄二，一在城外万生桥南，一在美界百老汇路北。

祥吉弄二，一在城外里马路西，一在闸北宝山路北。

舟山路二，一在美界华德路北，一在法界黄浦滩东。

孙家弄二，一在城内东街东，一在法界带钩桥街东。

刘家弄二，一在城内三牌楼街西，一在城内东街东。

引线弄二，一在城内火神庙南，一在城内旧校场东。

毛家弄二，一在城内三牌楼西，一在城外里马路东。

太原坊二，一在城外竹行弄南，一在美界海宁路南。

典当弄二，一在城外妙莲桥南，一在城外万生桥南。

花园弄二，一在城内俞家弄南，一在城外外咸瓜街西。

顾家弄二，一在城内乔家浜南，一在英界宁波路北。

张家弄二，一在城外南仓街东，一在城外广东街北。

猛将弄二，一在城内小东门大街北，一在美界吴淞路西。

硝皮弄二，一在城内老天主堂街北，一在城外小南门大街南。

会馆弄二，一在法界黄浦滩西，一在城外咸瓜街东。

宋家弄二，一在英界北京路北，一在法界紫来街东。

竹行弄二，一在城外万生桥北，一在城外里马路西。

吴家弄二，一在城内侯家浜西，一在城外油车街北。

王家弄二，一在城内四牌楼东，一在城内丹凤楼街东。

日新弄二，一在城内金家桥北，一在美界元芳路西。


## 同名之地

昨载阿禄君同名街道二十则，予今亦查得十处，以便旅沪者出行访友，或函札往来不致有误，爰录于下。

梅家弄有三，一在城内竹素堂西、东乔家浜北，一在城外董家渡大街南、芦席街北天主堂街西，一在英界浙江路东、宁波路北。

坟山路有三，一在美界，东自柏记路、西至北山西路；一在法界，北自恺自迩路、南自维尔蒙路；一在新界，东自东泥城桥、西至大沽路。

盛家弄有二，一在城内道辕北街东，一在城内三牌楼街东、昼锦牌楼南。

宁波路有二，一在英界，东自四川路、西至劳合路；一在法界，东自西城河浜、西至周泾浜；一东城内半径围北。

漕仓街有二，一在城外，东自三牌楼、西至芦席街；一在城外里马路西、南会馆街东。

福建路有二，一在英界，北自老闸桥、南至郑家木桥；一在法界，东自黄浦滩、西至城河浜。

唐家弄有三，一在美界，七浦路南、北福建路西；一在城内，东自大夫坊、西至虹桥南街；一在美界北福建路。

财神弄有四，一在城内，南至穿心街、西至老北门街；一在城外，里马路西南、会馆街东、薛家浜北；一在英界，浙江路东、北京路南；一在法界，黄浦滩西、京州路东。

泰安坊有三，一在英界，四川路东、宁波路南；一在法界西城，河浜路北、典当弄西；一在城外西门外徐家汇路万生桥南。

# 里巷同名录

上海为我国第一通商大埠，迩以侨居者日多，道路与屋宇亦因之而增，路名、里名大半由改建时更换新名，而新名辄取吉利字，以致不约而同者甚多。兹调查其同名最多之处，若余庆里、永安里、寿康里等，列之于下。

余庆里（凡十二），一在城内北张家弄西、昼锦牌楼南，一在城内西姚家弄南、东街西，一在城外方斜路东、斜桥南，一在闸北冰厂桥路北、宝山路西，一在英界南京路南、九江路北、河南路东，一在美界东西华德路北、新记浜路东，一在美界克能海路西、海宁路南，一在美界阿拉伯司脱路南、北浙江路西，一在新界成都路东、白克路北，一在新界牯岭路南、派克路东，一在法界公馆马路北、宁兴街南、八仙桥街东、自来火行西街西，一在法界皮少耐路即徐家汇路北段。

永安里（凡十六），一在城内老学前街北、东街西，一在城外新码头北、花衣街西，一在城外永安街东、董家渡大街北，一在城外里马路西、会馆弄北，一在英界宁波路南、天津路北、河南路西，一在城内西王家弄南、南门大街西，一在直隶路与福建路间之横路北、天津路南，一在美界开封路北、甘肃路西，一在美界新记浜北、元芳路西，一在美界北河南路东、海宁路北，一在美界狄思威路东、鸭绿路北，一在法界永安街南、黄浦滩西，一在虹口肇勤路，一在英界北、海路格致书院西，一在法界嵩山路东即宝昌路。

寿康里（凡九），一在城内老学前街南、西姚家弄北、东街西，一在英界南京路北、广西路西，一在新界重庆路之马安里内，一在美界文监师路南、北浙江路东，一在法界徐家汇路西、华成路北，一在法界北新街西、火轮磨坊街东、宁兴街北，一在法界敏体尼荫路东、公馆马路南，一在新界新闸路，一在英界浙江路广东路南、湖北路西。

# 道路之变更

沪上自开商埠后，道路日渐更改，凡曾作沪游者，苟经年再至，即有沧桑之感。兹为略述如下。

城垣，拆成中华路，环城有电车。

洋泾浜，填没后名爱多亚路（俗仍沿用旧名），为沪上马路中之最阔者。

朱家浜，旧自洋泾浜通吴淞江，现为西藏路。

方浜，旧在小东门大街后，今填平筑马路（即小东门大街）。

肇家浜，旧在大东门南，今亦填平，改筑坦道，自大东门直达西门（现尚未竣工）。

乔家浜，旧在小南门，北通黄浦江，近填平改名乔家浜路。

侯家浜，在老旧北门内，通方浜，今填造侯家浜路。

新开河在小东门北，今亦填平。

按，余如草长浜（俗呼草鞋浜）、陶林浦、银河等，并皆无存。

# 街巷今昔之异名

沪地街巷多有今昔殊名，推原其故，盖街巷之命名不外因人、因物、因事，及人非、物换、事迁，则地名亦随之而更易。兹姑举其所知，列叙如次，此外尚有遗漏，他日有闻即当续录。表如下。

| 昔　名 | 今　名 |
|--------|--------|
| 新衙巷 | 县东西大街 |
| 梅家巷 | 梅家弄 |
| 宋家湾 | 曲尺湾 |
| 康衢巷 | 县南大街 |
| 新路巷 | 虹桥大街 |
| 薛　巷 | 薛　弄 |
| 马园弄 | 马姚弄 |
| 赵家巷 | 赵家嘴角 |
| 豸史弄 | 大生弄 |

## 以厅为名之地名

上海地名之异者数见不鲜，如以厅称者，如跑马厅、如议事厅，此均在租界者。如城内梅家弄附近则有鸳鸯厅，小南门外大街则有马家厅，彩衣街则有西书厅，邑庙则有白粮厅、董事厅、桂花厅。以上数处有名存而厅无，仅相呼沿旧耳。

## 南京路命名之意

本埠租界各路之路名，恒袭取我国都会城镇之地名以名之，拘文牵义之士，每谓外人有利我土地之先机。此语最足启猜嫌而挑恶感，实则西人随意命题，不求甚解，第取便于记忆而已。观于轮船名称，除怡和公司各船含有文学意味外，其他太古等完全为地名，是其例也。间尝思之，北京为我国首都，而英租界最称完美之大马路乃名之为南京路，转以北京路殿其后，意者在方向南北之区别乎，抑以江宁为本省都会尊之为巨擘乎？近晤某机关之熟于路务者，始知命名之意，具有至理。盖中英通商根据于道光壬寅五口之约，世所称"南京条约"是也，筑埠之始，实以此路为起点，故以南京命名，盖纪实也。由是而推九江路、汉口路均掇拾杂凑，固无所用意于其间。录之以解从前之惑。

## 正丰街名称之由来

英界五马路即广东路，一名正丰街。考其名称之由来，因当时有酱园名正丰者开设于五马路之中段，历年既久，遂沿称之，犹之大马路浙江路之呼为五云日升楼也。

## 新北门辟门之由来

本邑城门凡六，曰大小东门、大小南门、西门、北门是已。咸丰十年，太平军悉锐来攻，清当道鉴于癸丑刘丽川之变，虑客军不足恃，乃借西兵入城防守，驻于邑庙花园内。时租界新辟，法将弁以北门出入距所居良纡，渐于振武台右别辟一门，以通声气，沪道吴晓帆许之。同治丙寅，应敏斋摄道篆，添筑月城、敌楼，请命名于李合肥，李书"障川"二字与之，遂勒石其上，盖取昌黎"挽狂澜，障百川"之义也。当门初辟时，沪人士以此举倡自外人，竞诋之为狗洞，婚嫁仪从之属相戒不由斯途，城隍出巡更以此门为忌,恐蹈亵神之咎也。今则陵谷变迁,雉堞夷为坦道,当无此无意识之恶俗矣。

## 徐家汇命名之由来

徐家汇在邑之西乡,明相国徐光启文定公之墓在焉,徐家汇公学即文定公之故宅也,其裔聚居于此,因而得名。其地有天主教大教堂、天文台,土山湾之工艺院、妇女修道院,聚居其地者以天主教徒为多。镇之附近著名之学校,如交通部工业专门学校、震旦学院、复旦公学,名迹如李鸿章祠,铜像在焉。镇前河道通松江枫泾,船只往来颇形热闹,亦沪上之大镇也。

## 石路得名之由来

公共租界之福建路俗名石路,考其得名之由,知者恐甚鲜也。清道光时,城内县署东首李姓,巨富也,与闸北瞿氏结朱陈之好,李氏盛备奁具嫔于瞿氏。然当时商埠犹未开,郭门以外田亩纵横,道途崎岖,殊难涉足。李氏备大石数千,自河滨(即洋泾桥)起直达吴淞江,相距咫尺,即置一石以利行走,事后因之,行人称便,故名石路。李氏现已式微,其裔孙为余言其梗概如此。

## 福开森路名称之由来

该路系美国福开森先生所建筑。先生于西历一八九七年游历中国,道经沪上,为南洋公学督办盛杏荪聘为该校监院。先生以南洋公学附近交通不便,乃独捐银筑马路一条,自姚主教路起至善钟路相近为止。造成后,初无确实名称,后经该处居民即以先生之名为路名,谓之曰福开森路,至今未之改云。

## 乔家浜之命名

乔家浜,纪念先烈乔公者也。先烈少贫困,然知孝养,诚笃好善。后业商,寻于冬夜睸愁苦家,投以钱,不令知之。及为官勤廉自矢,教民垦荒艺桑,设仓兴学,位至巡抚,清廉自如。暇辄著述,有《最乐堂文集》行世。居处临浜,后人遂名乔家浜。今浜已填平矣。

## 白渡桥之命名

苏州河昔通称为吴淞江,通商而后江北为美租界、江南为英租界,而南北往来必假渡船。有英人某君者出私款建桥于江上,长四十余丈,桥下有人守之,过者必纳税钱二文,日得钱数十千,十余年来获利无算,行人虽苦之而无可如何也。后其桥竟成一种产业,辗转相售,最后至同治某年为工部局所买,乃罢税,人皆称便,以不费资而渡,因名之曰白渡桥。后工部局复建三桥,即今之内白渡桥等是也。

## 东西唐家弄命名之由来

明代唐瑜字廷美,景泰二年成进士,为官正直,没后民之闻丧奔哭者累月不绝。瑜弟唐珣字廷贵，天顺元年进士，为官亦著能声。当时弟兄济美，丕振门庭。唐瑜、唐珣宅，一在县南、一在县东，今其后裔凋零，宅第均为他姓所得，邑人探本溯原，遂呼其地为东、西唐家弄云。

## 打狗桥之别解

洋泾浜之打狗桥，以其名不雅驯，有易以带钩桥者，然终不解其命名之由。或谓同治间有某西人被犬所伤，捕猎狺者数百头于此聚而歼旃。在当时偶有斯事或未可知，而桥之因此得名窃未敢信。据老于沪事者言，出北门半里许丛苇萧疏，本极寥落，有地名荡沟，旧有一桥曰荡沟桥。自西人来沪，构造日兴，就原址改建洋式，以通车马，土人循其原名而呼之打狗云者，盖荡沟转音之讹耳。姑贡一说，供好古家之考证焉。

## 带钩桥即打狗桥之易音

带钩桥即打狗桥之转音，当前清同治十年秋间，有西商爱德生被疯狗咬伤致毙，经工部局议决下捕狗令，未逾旬日，捕狗三百余头，捕房无地可容，乃议有主者出金往赎，不赎者击毙之。时租界尚未兴盛，带钩桥一带为荒僻之区，爰于此间辟地一方为击狗之地，此打狗桥之名所由来也。后因租界居民日众，工部局另在戈登路建狗牢一所容纳捕狗，而击狗之举遂废。后人因其名之不雅驯，易音为带钩桥，而于原始命名之意知之者遂日鲜矣。

# 泥城桥与摆渡桥

距今六十年前,沪城以北均荒凉异常,孤坟垒垒,树林森森,五云日升楼等处,每至日落崦嵫,屡有抢劫等事,行者苦之。自海禁开后,辟为马路,且为海上最热闹之区域,回首当年,令人有沧海桑田之感。

新世界泥城桥畔向有泥土堆成之泥城一垛,名曰泥城,高约寻丈,俨然一小城市也。自通商后,外人因筑跑马厅,至将泥城拆毁,泥城旁之城浜未几亦遭垫塞,至今仅存"泥城桥"三字,浜与城均已改造房屋及建筑马路矣。

昔日老江(即今苏州河)颇为辽阔,约有今日歇浦江狭处,故来往杨树浦上海之行人均须出钱五文,用船摆渡,行者每叹艰困。自通商后,在光绪初叶时,外人出资建桥,名曰摆渡桥,即今之外白大桥是(按,摆渡与白大谐音)。初建时,凡行人来往须纳钱三文,并饬人专司其事,约数年后,始弃而不收。桥颇坚固,以纯铁制成,亦为海上建筑物中大工程之一也。

# 陆家石桥

小东门外华法交界处之陆家石桥,相传桥址为某女郎之墓。女郎生有秽行,事败为家族活瘗于此,复建桥以表示忏悔。此说本属不经,而俗又以凡男子渡桥最忌倾跌,跌则即为墓中人求凤之征,必致不利。此桥高耸,为南北交通孔道,复为菜市丛集之所,终日喧扰,不雨亦润,故履其地者恒有戒心。桥堍某酱坊惑于是说,每逢天雨泥泞时即撒布砻糠、草屑之属于桥之石级,以利行人。数年前工巡局徇华商电车公司之请,填浜筑路,议将此桥拆除。众方惴惴以为必有异征也,乃邪许并作,了无他异,拆卸到底,仅获铁质空盒一只,意必前人建桥时镇煞之用,方知前说之尽属无稽也。

按,所称某女郎者,或有指为城内竹素堂之同族,以事既荒诞,不敢附和,惟社会流传确如上述,故具说如上。

# 虬江考

虬江本吴淞江旧迹,故名旧江。任仁发《水利集》:宋时旧江由江桥迤逦东北,从江湾入海,今大场浦有石闸,本旧江故道。宋嘉定时以吴淞故道淤塞,知丞沈某开浚新江,取直道以入沪渎。元大德八年,水监任仁发上书,称松江故道湮塞,水面多占民田,再浚新江五十余里。则旧江即为宋、元之淞江有征矣。吾邑前明侯峒曾先生《舟行虬江》诗云:"村墟摇落后,诘曲一溪中。竹树余衰绿,烟云看晚红。鸦栖浑似叶,芦静不交风。早稻新收得,江干说岁丰。"又侯岐曾《虬江晚眺》云:"落日风寒潮正还,维舟野岸意萧然。何年古木留归鸟,几处春灯动远田。云薄不迷沙草路,月微初挂澹烟天。秋江艇子堪歌啸,把酒频呼宋玉篇。"均指此焉。

# 陈箍桶桥考

本邑大南门内有陈箍桶桥者（今已拆除），命名之义其说有二。一曰陈为南宋时人，操箍桶业，冬夏一衲，不垢不敝，童颜鹤发，双瞳作深碧色，望之凛然有道气，于是人竞呼之为仙。迨明弘治间扬州牡丹盛开，四方观者云集，陈亦在焉。时有浙人王允敬者，戏以火铳击其背，而陈若不关痛痒然，人益奇之。后游行至沪，会居民构是桥，屡成屡圮，得陈指授方略，顷刻蒇事，乃以其名名之。是说也，余颇疑之。盖南宋迄明，中隔胡元一代，亘八十余年之久，况弘治距明初又将百年，是时中原屡遭鼎沸，孑遗仅存，彼绿杨城畔之遇之者与建桥之躬受方略者，必生于明祖定鼎以后。然则陈之是否为赵宋遗民，除自道外，固莫由证实也。或曰陈箍桶者，系陈顾同之讹，盖桥为陈、顾二姓同建者也，理或然欤。

# 陈箍桶桥续考

邑有陈箍桶桥，或疑为陈顾同桥之讹，前曾两说并存，兹有客述陈箍桶佚事者，谓确有其人，桥亦为其遗迹。陈宋末隐士，不详其名，居浦滨，以箍桶为业，跣足蓬头，衣一衲，寒暑不更，两鬓斑白，双瞳湛如碧水，能道徽、钦时事，行踪飘忽靡定。性懒而嗜酒，善卧，一日醉横浦滩，巨潮猝至，竟顺流五六里鼩鼩如不觉，人目为仙。时元伯颜率大兵渡江东下，江以南盗贼蜂起，伏尸遍野，累月无人烟，陈独颓然卧街头，面无槁容。有旧邻某氏母女同被贼迫,陈挟与俱行,追者相去咫尺,终不及,卒免于辱。洎元贞元初,华亭陆正夫犹遇陈于金陵,后遂不知所终。奇迹颇多,桥其一端也。

## 奚行镇考

今浦东高行之东有地名蔡家宅者,旧为奚行镇,奚氏聚族而居,称素封焉。明正德间土豪奚三锡威福自恣,武断一乡,人多侧目。尝与曹姓争畔涉讼,奚暮夜入署,以苞苴进,遂反曲为直,逮曹转急,曹惧而遁,瓜蔓及于戚党,一村哗噪,纵火毁奚居。事闻于上,率兵按问,复鸣鼓聚众以抗,误伤一弁,抚军不敢隐,具状入告,论死者至百人,而镇遂废。今询之该处居民,亦鲜知其来历矣。

## 三茅阁桥考

今洋泾浜河南路口有地名三茅阁桥,相传桥之南畔原有三茅阁,建于明之永乐,满清乾、嘉间屡加修葺。中祀三茅真君,其旁且有春申君庙,即邑志所称"延真观"者是也,向为羽流所居,地方官春秋致祭如仪焉。咸丰癸丑刘丽川据城为乱,庙、阁并毁于兵,夷为平壤,遂由西人承购,邑人移建春申庙于城内,三茅之祀竟废,此桥之命名所由来也。

# 晏公庙异同考

本邑西门外苏属谊园之东旧有晏公庙,附设殡舍。光绪乙酉间不戒于火,尸枢百余具尽付一炬,僧惧罪遁去,庙遂封闭。考晏公不知何神,偶阅《檐曝杂记》,载晏公为江中棕缆,许旌阳以法印击,遂成正神。又引《国宪家猷》云,洪武间有渔夫于江心遇猪婆龙,叩以姓曰晏,有司具以奏闻,明太祖曰:"昔救我于覆舟山者即此神也。"遂勅封为神霄玉府晏公都督大元帅,命有司祀之云云。而管秋初所著《上海杂记》则引《路史》所载,谓公讳戍仔,元时为文锦堂局长,登舟尸解。洪武初以其荫翊海运,封平浪侯。《沪城备考》载平浪侯晏公数显灵于江湖间,吴赤乌中庙建于周泾。嘉靖间岛夷犯上海时,董邦政署县篆,计无所出,夜半忽闻西隅鼓炮震天,淘汹有喊杀声,已而海潮汛溢,堤溃,毙夷无算,馀遂遁去,邑赖以安,吏民德之。诸说不一,姑并志之以待考证。

# 矮子坟正误

浦之左昔有矮子坟,年远代湮,姓氏、里籍已不可考。人以倭盗尝寇沪,疑即为彼族之藁葬地,遂呼之为倭子坟,而不知非也。某笔记载,明嘉靖时有马胜者,操舵浦江,善泅术而好行其德。每遇风后肆虐,白浪滔天之际,常孤身棹浆,巡视洪涛中,援人之溺而不索酬,人咸德之。以其身类僬侥,群呼为"马矮子"。既殁,里人就其结庐处瘗之,因是而名矮子坟。辗转沿误,遂以矮为倭云。

## 偷鸡桥正误

洋泾浜打狗桥之为荡沟桥，前既辞而辟之矣。查浙江路尚有地名偷鸡桥者，若拘于字义，必有攘窃家禽之辈踞斯土为巢穴。设使朝歌、胜母，名实相称，卜居者将避之若浼矣。虽然，岂有是哉！闻诸谙于旧事者谓，西人未来之前，此处系极小村落，炊烟几缕，流水一湾，居人支略彴以渡耕樁，具桥之形而无定名可指。迨土木大兴，需砖孔亟，遂假河滨为抟造土基之场。土基者，即未经煅炼之砖料，下级房舍用以筑墙，取其廉而易集。工作既久，桥遂因此而名显。迄于今七十余载，辗转假借，讹土基为偷鸡，盖亦伍髭须、杜十姨之类也。或谓昔时有斗鸡者卜彩于此，故有斗鸡之名。二说姑并存之，以待续考。

## 满庭坊考

近人某君著《上海闲话》，载及英租界满庭坊一带之食品小摊不受界章取缔，谓系白相洋人之产，为普通洋人所见惮，故听其自由云云。审是，则工部局有因人而施之嫌矣，岂有是哉！按该段凡靖远街、上林里、月桂里、满庭坊一带，最初均为陈裕昌所有。陈南浔人，号竹宾，裕昌者其营业之牌号也。以丝茧起家，与郁屏翰、庞莱臣、黄佐卿同受业于丝商黄某，黄授弟子凡四，均成大器，略无差等，亦一奇也。时租界地亩甚贱，陈以所蓄相机圈购，筑屋招赁以逐利，积久致富，取得大地主之资格，性好慈善，不吝施与。先是，福州路捕房设备草率，凡拘留仅一二夕者不给卧具，任令曲肱席地，祁寒时恒因而致疾。陈侦知之，购毛毯若干送捕房充公用，又虑囚粮不丰，预贯制钱五十文一串，日赴捕房按名亲自分给，积久不倦，以是有善士之目，工部局遂敬畏之，为别设公座以待。当满庭坊兴建之初，纵横街弄，既为陈之私产，不入公路范围，于是声明有自由兴废权，以上述历史关系，捕房遂不得不姑允所请，别创一格矣。向者该路北端设大栅，以表示公私路界权之别（近已撤废），栅内清道、平治等夫役均陈氏自雇，无与工部局事，所设摊肆当然不受卫生西人约束矣。陈之为此，实含有社会主义，初非牟利作用。屋租每间只取二三元，赁户多为中流以下人物，恒有积欠至一二载者，陈亦宽容之，绝无厉色迫索之事。故摊租一项，更不成问题矣。其好义诚有足多者。陈住宅在山东路、汉口路之交，殁后有子六，不克绍先业，地产泰半易主，今满庭坊已为长利洋行、新沙逊两家所有，但陈摊之权利仍继其遗制云。

## 紫金坊

　　五马路石路之紫金坊，即以前之公顺昌弄堂也。公顺昌为从前之有名土行，暨挑冷膏售灯吃者，名播遐迩。该处本名新锦里，人之过者辄语曰此公顺昌弄堂也，于是并新锦之名而湮没。稽之故老闲谭，新锦里本为下等妓女所居之所，沪谚所谓"老虫窠"焉。光绪癸巳、甲午之交，有甬人某甲，设新锦园盆汤于内，时尚洁庐、沧浪亭、洗清池等皆未开张，与新锦园竞争者仅天发、双凤两园。彼时社会人士之生活程度犹未有近今之高，故浴身者咸趋浴堂而不就盆汤，盖嫌其价昂也，以故新锦园开张以后生涯并不见佳。殆翌年合肥李鸿章赴粤勾当某项交涉，在新锦园洗澡一次，于是庸愚者佥谓是贵人福星降临之地，趋之必吉，遂如蝇附膻，于是新锦园生涯大盛，而社会之生活程度亦逐渐增高，盆汤乃续开不已，推源究底，未始非李一濯之功也。新锦园直至上年火废闭歇，生涯仍不少衰，主顾以伶界居多。是处房屋系公平洋行产业，殆火废之后，有某甲利其生意，特以重价挖开紫金池盆汤。殊不知新锦园之盛系赖李之虚名，继托公顺昌土行之力，牌号一换，从此已矣，而其地点又非佳美之所，况附近有尚洁庐、双凤亭、浴春池之倾轧，致生涯之清淡实为仅见。越宿晚间余一人往浴，自九时至十一时，舍余一主顾外无第二人。因思及新锦园之盛并公顺昌弄堂之略历，连类及之，是亦地理上及盆汤业之一小沧桑也。

## 杨家坟山

北山西路有坟茔一，俗称其地为杨家山，盖邑人杨某（轶其名）之佳城也。昔杨为邑中巨室，阡陌连横。海通以来，沪北辟为租界，建筑马路，坟墓之迁让者不可胜计，而杨之后人举墓外之隙地悉赠诸工部局为筑路之需，工部局念其热心公益，特为其墓之四周筑以围墙，妥为保护，以酬其功云。

## 福州路之交通

福州路(即四马路)当十年前,因车马辐辏,道路逼窄,故定于下午二时至十二时止,自福建路(即石路)以东、山东路(即望平街)以西,一应车辆只许往西不许往东,福州路及汉口路(即三马路)中之山西路(即昼锦里)一段,迨三时后,捕房即派捕阻止车辆不得出福州路。近年来南京路(即大马路)日益改良,市面渐趋西北,福州路不若从前拥挤,捕房遂取消此禁,至今已数年矣。

## 宝善街之市屋

广东路即五马街,中段又名宝善街,商肆繁盛,道途逼窄。工部局定章,遇翻造房屋例须让地若干尺,藉以扩充马路,而宝善街之市屋无论何时重建,概不稍让,缘此路本为私人所辟,与近日接通山东路与河南路之交通路同一性质,故无让地之事也。

## 霞飞路之特异

霞飞路旧名宝昌路,长廿余里,乃电车通徐家汇路道,洋房居多数,街衢颇宽,其直如矢,无参差不齐之弊。两旁密植树木(他路无此繁滋),夏日绿荫如幕,散步其间,疑是园林。试站于善钟路口(与霞飞路相接,犬牙交错,致成曲线),无论向东、向西,凝神望远,毫无障碍,路上枝叶扶疏,人兽行走、车马往来尽纳寸眸,宛然一幅活动影戏也(按,火车站路亦无曲线,长不及此)。尚有多处方屋(距离约数百步),屋上如四扶梯相合,矗立空际,助电机房也。全路不见自来水龙头,系埋沟中。道旁铁柱中段以铁丝系小方牌,亚以粉,上绘一箭,问诸识者,谓为指示水管龙头之标识,箭弯曲则在柱下,箭平直尖弯则在柱之对面,俾救火人一望而知。空气亦甚清净,伟人、殷富乐卜居焉。

## 三角地之巧对

新北门外法租界自来水塔之处,地名新开河,本有直通浦滩之小浜一条。该处地形成三角式,故复有呼为"三角地"者。时南京路中段有茶肆,其牌号为"一洞天",当时有人以此茶肆之牌号对此三角地之地名,可称无缝天衣,巧不可阶。今该茶肆已于数年前闭业,而新开河早于二十年前,因建造水塔填为平路,同为过去之历史矣。

## 九亩地兴废谈

今九亩地有露香园路,相传系露香园故址。园为明尚宝司丞顾应夫所筑,顾氏世居西城,精于刺绣,得内府劈丝点染法,故有"顾绣"之号。应夫解组归,辟所居旷地为园,凿池获一石,有"露香"字样,为赵文敏手笔,因以名园。广数十亩,中有碧漪堂、阜春馆、积翠冈、露香阁、独笑轩、分鸥亭诸胜。露香池大可十亩,满栽红莲,开时如赤城霞起,擅一邑名胜之冠。旁有大士庵、青莲座，斜桄曲构，飞阁流丹，今附城基之大境即露香阁遗址也。九亩地向为营兵校演之场，道光时邑宰黄冕曾建积谷仓暨秋水亭、万竹山房诸胜，聊事点缀。壬寅药库轰炸，复成焦土，自振市公司就其地倡建市场，今则康衢四达，商肆如林，昔日之云烟溪壑，当不胜过墟之感矣。

# 西炮台

南市制造局中之西炮台，白杨萧疏，碧血常新，盖为杀人之场，党人、侠士饮恨于此处者，岁以百计。法兰西大恐怖时代之断头台，恐亦不是过也。西炮台究属为如何之建筑物，自为国人之所急欲闻者。按列国各炮兵工厂例设试枪炮之所，制造局之试枪所即附设枪厂内，试炮则自不能于炮厂内举行，于是于局南半里之遥筑一土山，高约二十丈外，分上下两层，面积极宽，居然乔木郁苍，雅有画意。台沿浦江之滨而筑，登台南望，龙华古塔隐约白云间，汽舟连络不绝，水鸟扑扑而飞；东望则军舰三五，鱼贯而阵，国旗扬扬，令人神往；西北一带则制造局之全景、龙华道之一斑，历历在目。自台脚北达局门约有里许，沿江筑路，植柳万枝，大有西子湖中苏堤之意，暮春三月鸟语花明，听涛攀柳，缓步其间，此乐陶陶与天无极，回想前程，不异隔世。沪音读试如西，此极无关系之试炮台遂误以西炮台传，今且与羊城东门外之黄花冈同为民国最可纪念之物。呜呼！西风萧瑟，壮士不归；南国春深，故人已往。吾人述西炮台之历史，不知涕之何从也。

## 闸北之繁盛

闸北一隅，毗连租界，昔年市廛寥落，荒芜殊甚，令人见之有满目苍凉之慨。比年以来，市房渐见兴筑，道路亦较前平坦。宝山路一带商店林立，人烟稠密，为闸北最繁盛之点。虬江路亦设有广东梨园、上海大戏园等，市面益见兴旺。此外更有救火会，对于消防事宜多所尽力，警察四布，尤为缜密。较之租界虽不能望其项背，然亦蒸蒸日上矣。

## 南市之第一码头

十六舖以南市肆林立，商业繁盛，最初所设之码头即今大码头，然当时只以"李家码头"名。其变名之由，则因城中吾园主人李苟香本浦东张江栅人，虽迁居城内，而以浦东族人犹多，因在该地自建一码头以便渡浦。迨后商业渐盛，乃公诸社会，又加扩充，故有"大码头"之称焉。

## 南市西区调查录

南市西区所辖之地可四方里，户口及万，据十年调查所得，只三千户有奇。户口中客居多于土著，居户多于店铺，店铺以茶馆为最多，习惯然也。建筑房屋每月平均可得百幢，加以新辟中华路，环城电车交通便利，居户更多。回思十年前蔓草荒烟，景象寥落，不可同日语矣。

居西区者多为江北船户（俗称"艒艒船"，以船为家，生产甚繁），临陆家浜一带触目皆是。余若水木染坊、作场等之司匠亦多，此辈缺乏教育，最易生事，每月到警署诉讼之事平均约有四、五百件之多，语言细故动辄相争，故西区警务最为繁杂。将来上流人物日渐增多，当不至如今日之程度幼稚也。

## 租界中中国官厅辖治之地

租界内之裁判地租、界捐、卫生等项，我国固无权置议，然亦有为外人不能干涉者。如英租界内之保安堂、美租界内之天后宫、公共租界内之栖流公所和安学校、法租界内之同仁辅元分堂，上列诸处皆为我国官厅权力所及之地，不容外人支配者也。

# 三
# 人
# 物

## 邑之有功人物

本邑有功人物代不乏人，或则兴利除弊，或则御灾捍患，此亦稽考沪乘者所当知也。列述如下：

黄歇，战国时之楚人，封于春申，故又号春申侯。开凿黄浦，以兴水利。

虞潭，晋时人。修沪渎垒，以防海患。

袁山松，晋时人。与孙恩战死，以卫海疆。

夏原吉，明时人。引黄浦通吴淞江，以疏淤塞。

阎绍庆，清初人。满人入主，吴人不受降，满将酷行屠城，时阎知县事，力争屠城，吾邑得以保免。

此皆有功德于民，吾沪人宜崇拜不忘者也。

## 徐光启（一）

徐光启，邑之西乡人，仕明官至相国，徐家汇镇其故里也。尝从西洋人利玛窦学天文、历算、火器等,均尽得其术。当明季时杨镐四路丧师,京师大震,光启疏请练兵自效,神宗壮之。熹宗即位,又请铸西洋大炮以资城守。崇祯间日食失验,光启言历久必差,宜及时修正,帝从其言,请西洋人邓玉函等推算历法,而天主教由是东渐,光启首自信之,至毁宅为教堂,故今徐氏子孙在徐家汇者信教居其多数。今人称文定公者,盖其谥法也。

## 徐光启(二)

徐光启,明代人,历事神宗、熹宗、崇祯朝,于国事多所建议,均中肯要,信耶稣教尤笃,至毁家为教堂。著有《农政全书》六十卷,凡沟洫之制、桑麻之宜、蔬果渔牧之利,悉举无遗。又与利玛窦合译《几何原本》六卷,凡圆形、线形、三角、比例、圆内外等形都详论之。及没赐谥文定公,今两书原版犹藏教育部也。

## 曹汝霖之祖

满清乾隆季年,和珅当国,擅作威福,权重一时。邑人曹锡宝时为监察御史,疏劾和珅,列款多条,司尤严厉。及嘉庆三年珅赐死,奉旨:"前御史曹锡宝,当和珅声势熏灼,举朝无一人敢于纠劾,锡宝独抗辞执奏,不愧净臣,追赠副都御史,以旌直言。"当曹劾珅时,闻者咸为咋舌,争欲一识曹御史为快。曹居南城之同仁里,今其不肖裔孙曹汝霖专为卖国奴,毋乃玷辱祖德乎?

# 方聚星

方聚星，字某，义乌人。道光末举武进士第，以守备驻兵上海，年刚弱冠也。方治军严明，与士卒同甘苦，有吴起国士之风。时值红羊之乱，兵骄将横，适他营兵士酗酒滋事，殴伤平民，知县某，强项令也，饬役捕兵，误捉方部下数人去，为方所闻，遽驰马索还，并挥鞭击公案数下。令大恚，转赴大营投劾，洊至开府，方亦累功加衔至总镇，而官十年不调，盖为开府所抑也。既而以他事降为水师管带，驻常熟。光绪初，彭刚直巡阅长江，督抚以下纷纷晋谒悉却之，方亦照例呈脚本，公阅方履历惊曰："此人汗马功劳，官止是乎？"次日独传见方，嘉慰备至，且曰："君有大功而屈在下僚，老夫之过也。某巡阅事竟，必当专折奏闻。"未几公薨于杭，方遂以营弁终矣。方无子，仅有一女侨居沪上，近亦不知所终。余与方家为远戚，读其家传，始知方守上海之功实为当时第一，因题一绝以纪之曰："少年英俊喜登龙，慷慨犹传国士风。得意一鞭驰马去，海潮呜咽老英雄。"每一念及，未尝不泣下数行也。

# 陈化成

清道光二十二年，英吉利以鸦片开衅，兵船驶进吴淞口。时提督陈化成与总督牛鉴共守吴淞炮台，化成力战三时，敌颇受创，卒因牛鉴逃，化成势孤，遂以身殉，炮台失守，而英兵乘势陷本邑。后和议成，兵退而辟为通商口岸，至今已无复有国耻纪念。惟陈公殉难后，士民感其德，立庙崇祀之，至今吴淞三月间犹有陈大人出巡赛会之举。虽属乡愚无意识之举，然崇拜英雄之心固未忘也。

## 刘郇膏之遗爱

今静安寺东有刘公祠，中有塑像，翎顶袍褂，作满清服装。邑人崇祀甚虔，间遇界神出巡时，称为"刘大人会"，仪仗甚都。其神盖刘公郇膏也。公字松岩，河南太康人，道光丁未进士。咸丰八年知上海县事，听断明察，有"刘青天"之号。沪俗向遇命案检验时，邻右动多株累，公明定章程，严杜需索。他如黜浮征、减折价，均能实惠及民，民尤利赖焉。咸丰十年，太平军已下苏、松邑境，烽火四迫，公内筹军饷，外结乡团，孤城坚守，危而复安。先是，塘桥有严炳者，聚不逞之徒数千，揭竿谋响应，公密捕之，置于法。粤西人余义政匿城中，拟启关纳敌，公得其通款状，立诛之。七月敌骑逼城下，公身冒矢石，相持七昼夜，城赖以全。翌年冬浦左不守，公统军数百，渡江迎战，见众寡势殊，虑为敌获，竟跃马投浦，遇救而免。事平，清廷以守城功，特旨擢苏臬帮办军务，寻晋藩司护抚院。同治五年丁母艰去官，奉毁归里，旋卒。邑之人以公捍御大难，比于万家生佛，因立庙奉祀，以志遗爱，盖私人集资所建者也。至官立专祠，则另在淘沙场，与此无涉。

按，刘郇膏效忠清廷，抵抗同族，似与曾、左同为一丘之貉，然刚正明察，身冒锋镝，得拯斯民于水火，其功实不可泯。况太平军之暴戾无状，至今犹谈虎色变，今之骑墙派工于趋避者，对之能无生愧乎？

# 徐紫珊

　　咸丰癸丑之变，邑人徐紫珊困于围城者十有八月，首领刘丽川谂徐热心公益事，欲罗致之以收人望，踞城后强徐出而任事，徐峻拒之，三聘三却，刘无如何，将施以暴力。时邑令袁公尚暴尸琴堂，人莫敢问，徐谒刘要求殡殓，刘许之，乘间胁以三条件，大致谓不得携眷出城、不得与清兵潜通消息等，徐姑与委蛇。以故难作后，戚友之避迹租界者纷纷函劝出城，徐概置不答，人多疑之，卒以此不得其死，亦效忠满清之咎也。复城之日，清吏以徐附乱有据，将置重典，系狱待决有日矣。家属贿狱吏进阿芙蓉不死，乃用皮纸糊脸，窒其七窍，气机闭塞而毙，盖与拳乱案内之赵舒翘同一死状也。徐字文台，一名渭仁，号紫珊，邑上舍生。性聪颖，书法极佳，四体悉准矩矱。中年潜心金石之学，家储拓本多精品，尝获旧藏建昭雁足镫，因颜其居曰"西汉金镫之室"。邑宰黄冕创义仓于九亩地，徐多所赞襄，营构之余，因增建秋水亭、万竹山房诸胜，惜未几即毁于火。为人勇敢，笃信有古风。时有武进韩古香者，工音律、善鼓琴，徐从之游，尽得勾拨秘奥，后韩客死海上，徐经纪丧葬无怠容、无吝色。生平著述无多，惟刻有《春晖堂丛书》，系裒集前辈诗文之作，至今流传于世云。

# 袁公殉难记

　　咸丰癸丑，本邑有小刀会戕官踞城之变，扰攘者十有八月。

时知上海县事而身及于难者,袁公又村也。公钱塘人,祖即随园先生,遂以先德得遍交士大夫,乃入资以县丞听鼓沪上。是年春,前姚令以误漕去官,当道知公有理繁才,令署邑篆,受事未半载而难作。先是,本埠有闽、粤浪人奉刘丽川为党魁,怀匕首横行市街,有所求,一语不合辄白刃相加,甚或自相械斗,故有"小刀会"之号,人多侧目。至是势益盛,公固习知之,商于巡道,拟设法资遣解散。顾未及行,八月初五晨众蜂拥入县署,公闻警出临大堂,谕以祸福利害,声容并厉,众稍却,刘突前犯公,公格以手,落一指,遂遇害。邑人徐紫珊得耗,具棺殓之。公旧畜四犬,竟守枢饿毙。事平,绅士请立祠崇祀,即今淘沙场之袁公祠是也,壁列之犬像四,即所称义犬者也。同时右营守备李大钧跃马赴救,手无械,奋呼杀贼,归署雉经而死。

## 陆春江之强项

前清江苏巡抚陆春江元鼎,以名进士出膺民社,政声卓著,有强项之目。光绪中叶宰上海县时,曾判一女三婚案,运用巧思,片时解纷,能令面面俱服,最足脍炙人口。然其尤足击人去思者,则以去官之由,实因日人伤毙华人一案,陆坚持不屈,必须拟抵,日领屡求转圜不获,遂禀由驻京日使转诉总署(即总理衙门),谓陆令不谙交涉,饬江督调离本任。继任者有鉴乎此,颟顸从事,而凶犯遂以解回本国自办闻矣。至其起衅之由,官书中自必别有粉饰,姑不具论,兹述社会相传述者。先是,城内土地堂街有冯公馆(按,即今沪关监督冯国勋氏之宅),内设有东文学堂,因之恒有一般和服木屐之流出入其间。然由租界往返,必道经某隘巷,巷口有设京货肆之老叟,畜一犬殊机警,叟爱之逾恒,暇辄抱置膝间,把玩不释,每睹异言异服者犬必跳踉狂吠,狺狺不止,此固兽性使然,毋足怪也。隘巷既为日人出入所必经,每经而犬必吠,久而厌之,然亦无如何。一日两日人联袂而过,手携行杖,犬以为将挞之也,由叟之膝间跃然而下,尾随狂噑,若将肆噬,两日人窘于对付,掷石遥击不中,犬猝起啮之,几伤厥足。日人固稔知为叟所豢也,遂迁怒于叟,两方言语既格磔不通,始而争詈,继而挥拳,一时围观者如堵墙。日人虑不敌,突出利刃相格斗,一举手已劐及叟腰,日人知肇祸而叟已毕命血泊中矣。坊甲闻警驰至,立将二日犯押赴邑署,陆公以城内完全华界,当然不受领事干涉,诘讯一过,力主按中国刑律抵偿。讵未几日领以索犯审供为词,要求移解领署,复以彼邦杀人凶犯无抵偿之例,主张酌给恤金,否则须由华官赴长崎法庭起诉。不特蔑视邦交,且欲列我国地方官于受审地位,因之陆公愈愤,坚持到底,卒以此获谴而去。

## 附一女三婚案

　　光绪中叶陆春江知上海县时,颇以清廉著。有乡民杜某者,女已及笄,许字于赵姓。里有某,固惯作冰人者,因未审其女之已许于人,谓某甲家道颇康,其子已弱冠,愿为令爱作伐。氏固悍妇,恶其夫之擅以女妻人而不之谋也,又许之某甲。女舅闻其事,又复以杜女许婚于某乙子。杜某固昏聩性,又慑于阃威不之察,无何三姓之子婚各有日矣,月老相将持日帖聘礼至，杜某争持之久不能决，三姓遂诉于县。陆令召三姓之子若父与杜某夫妇而聚讯焉，首诘杜某以许婚状，曰："男有家，女有室，古之善训也。女长而不以与人，非礼也，故许女于赵姓。"次讯氏以重许状，曰："怀胎十月，抱负三年，自呱呱坠地以迄长成，提携顾复，慈母之力为多，而父乃擅以许人，我何为独不然。"三而讯及女之舅氏，舅氏曰："女不更二夫，礼也。乃若父若母以一女而再许人，吾舅氏宁不可三之哉？"陆念言各有理，无从下判，乃质女以所愿，女曰："从其一则负其二矣，负父母则不孝，负长老则不敬，有一于此，吾宁死也！"乃陆令故迫之曰："愿乎？"女曰："愿也。"令曰："死则不能复生，尔无悔！"女曰："死则死耳，有何悔。"言次，令胥吏取鸦片至，女立取吞之，须臾痛作倒卧，游魂四散。若父若母睹此情景，放声大恸，而三姓之子亦顿时木立，相顾惨沮。陆令宣言曰："有欲收其尸者乎？"甲、乙二氏子皆不应，独赵氏子挺身曰："愿收其尸。"陆讯其故，赵曰："予家贫，不能再娶，行且生为旷夫、死作孤魂，女既香消玉碎，先我而逝，恨何能补？桐棺练衾，冷饭浊酒，聊尽寸心，吾所愿也。"陆令嘉其诚，许之，遂促该两姓具结存案，而以尸归赵氏，且以彼两姓之聘仪为赙，遂各遵令而散。众咸道令之酷而女之烈也，迨赵以女尸归后，越宿而苏，惊喜交集，喧传远近，方知陆令知案难下判，而以伪药为之，赵姓以订婚最先，情尤诚笃，收女尸以获佳报，一时传为美谈。

## 沈道提倡蚕桑

前清道光癸酉有沈某任上海道篆，因鉴于沪上人之生计日难，除棉布、鱼、盐之外无大宗土产，若非提倡蚕桑，终不足以补救，遂照会候选训导唐锡荣、绅董王竹鸥以及各善堂诸董事，切实提倡。由同仁、辅元等堂共筹公款一千串，往浙购买桑秧，先就各善堂义冢余地及商船会馆公地先行试种，选各善堂能任事者仿苏、常等处设局试办，雇熟悉蚕桑教师以为劝导，并编成《蚕桑辑要》分送乡户，由道宪出示晓谕。于是乡民之栽桑者日见其多，卒因饲蚕之法不良，难收效果，农民所植之桑相率拔去，善堂所植之桑任其荒芜，大好桑株渐次枯死，真可叹也。

## 经莲珊电阻废立

戊戌变政不成，六君子碎首，德宗因废。事后孝钦余怒未息，必欲并光绪之名号而斥除之，日召荣禄辈谋废立，虑众议不与，乃于是年十二月某日，以钦奉懿旨名义立端王之子溥儁为大阿哥，以试舆论从违。旨下之日，上海电报局员上虞经莲珊首反对，立电京枢，谓建储违祖训，且皇上春秋鼎盛，兆民爱戴，素无失德，此举适足扰乱民志，请收回成命云云。枢臣不敢隐，闻于后，后大怒，谓："何物狂生，敢预朕家事。"立饬飞电挐问，沪道甫接旨，经已闻风遁赴香港矣，仅将其桂墅里房产查对复命。未几，江督刘坤一亦抗疏力争，外交团亦以为言，后始中馁而罢，然拳乱之祸实基于此。厥后载漪矫诏灭洋，刘密电鄂督张之洞建东南自保之约，长江得免锋镝，我国臣民之敢与帝命抗衡者，盖自此两事始。

## 王雅平殉学

王雅平，海门人，十余年前入上海龙门师范学校肄业。有大志，攻苦力学，自誓以担荷教育自任。一日，与嘉定高骞等四人忤监督，四人皆在开除之列。嗣某职员以四人平日学行尚无缺失，一旦开除未免可惜，遂于监督前代为缓颊，并讽高骞等自行任咎，竟得免。独王雅平坚不承，曰："开除，监督之权，不认有过。我之权毋烦先生调停也。"襆被出校，遂于均安里发起组织竞存中学，一时震其名，远近负笈来学者多至二百余名。然独力维持，未及两载即已不支，纵大声呼号，赞助无人，卒至仰药以殉，赍志而殁，学界惜之。后沈仲礼哀王君之志，开会追悼并维持该校之进行，未几，亦遂停办。呜呼！王君其志虽未竟，而其人亦足传矣。

## 王启棠殉学

上海王氏为后起之大族，至今多为社会上中坚人物，启棠亦王氏佳子弟之一。学于育才家塾（即今之南洋中学），颇潜心于制造而无从问津也。年假归里，集里中同志为新年嘉会，启棠担任制烟火，将以悦来宾也，购药数种，日事研究。一日，家中正在宴客，忽轰然一声，浓烟满室，家人齐集，则启棠已炸死矣。盖启棠用混合药品置于石臼中而猛研之，初不知药性之危险，故及于难。同志者为之开会追悼，其兄引才为刊专传，谥曰名誉死者。后其父柳生先生襄办陆军部属之兵工学校，得材甚众，使启棠而在，亦必造成一有用之制造家，今乃仅仅因妄动而惨死，亦足哀矣！

## 徐企文殉党

徐氏亦上海之读书种子，企文兄弟均少年闲放，不谨于行，教读于城北某小学，初无惊人之事。光复后，海上结党集会之风大盛，企文遂因缘时会，号召少数少年组织工党，到处演说，并设分部于通都大邑，办《党民报》以通消息，居然一言一动有操纵工人之潜势力。宋案既出，全国激愤，大江一带摇摇欲动矣，张尧卿等因企文与制造局职员工人素称联络，密命企文图制造局，而企文亦以为陈英士君成功之易，不过因制造局之一击，欣然应之。事前虽与陈其蔚团长接洽，卒中计被擒，枪毙于北京，袁氏遂有所借口，派郑汝成率师死守制造局，癸丑之役卒因此失败。企文之轻举偾事，致误大局，人故多以袁探目之。袁毙后有为之请恤者，企文虽死，亦不朽矣。

## 朱森庭驱逐烟馆

光绪中叶，鸦片盛行，沪地尤为丛垢之区，无论华、租各界到起灯馆林立，即一哄之市亦必有三五矮檐张幪设榻以待。时西郊一带最称僻野，仅南自万生桥、北及方板桥止，其间略具市场雏形，此外极目郊原，丛苇萧瑟而已。朱森庭初以丞倅资格，奉委该段保甲局员，抵差后颇能实心从政，如辟菜场、设路灯、置岗亭、勤清道，不事苛敛，措置裕如。性刚严，嫉恶如仇，凡流氓、拆梢之属，有则必拘，拘必施以重创。每夕躬自巡视，遇形踪诡秘者絮絮盘诘，其或当街褫下衣扑责之，浮浪之徒一时殄迹。尤痛恨于烟馆，驱逐不遗余力，故其治权所及，芙蓉主为之退避三舍。人以其不畏强御，锡以"朱横"之号，盖朱本名璜，璜、横音近也。

## 刘保昌

沪地房屋租金之暴涨，自庚子北京拳变时始。盖初则警讯频传，沪人一夕数惊，继则风声鹤唳，一若义和团真可飞渡而来者，至其居留租界上稍有见识之辈，亦靡不挈眷迁回内地，而尤以宁绍人为多数，故一时所有房屋几至十室九空。房主以市面萧条，佥议减租以谋救济，讵未几东南各疆吏力保治安，而上海为华洋通商大埠，尤为屹然不惊，于是争避不遑以去者复陆续而来，兼以北方京师残破，诸大老旧巢悉毁，遗卵苟完，亦纷纷以沪上为乐土。乃向之扃键招租无人过问者，至此皆满坑满谷，租金十余元为最巨者骤加至二、三十元不等。厥后居留者乐不思蜀，沪地虽大，有人满之势，而房主提议增加租金，遂递年俱进，自二十至三十、四十、五十元，犹为普通房屋，大有长安居不易之概。有刘保昌者，山东人，在虹口卖烧饼、大面首为业，鉴于沪市商况一落千丈，生计艰难，遂发起要求房主减租。刷印传单，并组织事务所,自执小旗坐人力车呼号数日,房主亦开会筹议,将允减以恤商艰,会公廨案肇祸,旋即罢议,而房主对于此问题遂得有增无减至今矣。人皆惜之,谓刘执业虽微,实抱救济社会宗旨云。

## 严筱舫传

严信厚,字筱舫,浙之慈溪人。幼遭洪杨之乱,弃儒而贾。胡雪岩者,杭之富商也,相见于沪上,胡奇其才,特书荐于直督李鸿章。未几任督销长芦盐务河南官运事,十余年间积资以巨万计,自是而京师、而上海、而广东、而福建、而宁波,所至皆有廛舍,卒以上海为华洋通商大埠,因家焉。颜其室曰"小长芦馆",志其发轫实自长芦始也。既致通显,时以急公好群为己任。如光绪十六年浙中赈饥,十八年顺直工赈,二十年督办东征粮台、陆路运解军械、浙省海防绅富捐、筹办江南军饷,二十一年委办纱捐解偿北洋公款,二十二年永定河决劝募棉衣,二十三年淮徐海水灾奉朝旨筹垫巨款,二十五年安徽赈饥,二十八年上海平粜,二十九年山东赈饥诸端,统计不下数千万,出自己资者亦不可以数计。而其有功于乡人者,则有天津建立浙江会馆,吴淞防疫华医院,上海仁济、广益、元济诸善堂,宁波清节堂、仁安公所,慈溪章桥河燕浦大隐桥之葺宗祠、修家乘、置祭田、建寿芝山庄以济族人,而尤以上海四明公所一役为最盛。上海法界旧有四明公所,中有义地,瘗旅柩至万余具。二十四年,法领事白藻泰君欲得其地,宁人拒之,白君擅拆其墙围,意欲发掘冢墓,宁人大哗,宁商一律罢市。沪上商家素以宁人为最盛,至是几决裂,公与上海道蔡钧广为劝谕,不致酿成大衅,而又坚持前议不少屈。未几蔡道检得同治十三年成案,其事始寝,而公实始终其事焉(按,四明公所案已见"交涉"门)。是役也,宁人义声闻海内。二十七年李文忠公联军和约成,清廷命盛宣怀、吕镜宇为商约大臣,与英国商约大臣马凯会议于上海。是时西商咸集议于总会,日夕讨论,盛宣怀谓商约关系中国商务甚巨,设立商会庶可联络商情、周知利弊,不致为西人蒙蔽。公慨然身任其事,手订章程,为各商提倡,上海之有总商会自公始也。越二年,清廷始设商部,饬各省设立商会,皆取法于上海定章。三十二年夏,以疾卒于津寓,年七十有九。丧归之日,津、沪道送者不绝于途焉。

# 楼俨

楼俨,字敬思,义乌人。清初流寓上海,康熙南巡,俨以诸生进木棉花词,遂擢词科第一,以知县分发两广。嗣因治瑶著勋,按察山右,入为京卿。俨清介绝俗,虽游宦多年而故乡无家,致仕后仍为海上寓公。著有《簑笠轩遗稿》,其词甚美,先达楼进士杏春曾题其集,有"脱却蓝衫换紫衣,读公词胜唱公诗"之句,盖俨谙音律,词较诗文善也。朱侍御一新《佩弦斋文集》拟国史人物,有楼俨传,余辑《义乌耆旧传》,即以朱书为蓝本,并题一绝于楼诗后曰:"海角天涯老布衣,龙头曾费御毫题。木棉花曲如重谱,胜唱山公白接篱。"不知近岁上海重修县志,于"流寓"一门曾否采及也。

# 王 韬

王韬,字仲弢,紫铨其号也。才气横逸,下笔辄数千言,尤熟于外事。道光末年,英人麦都司设墨海书馆于沪北,延主笔政,所交多海内知名士,与李壬叔、蒋剑人以诗酒徜徉于海上,时人目为三异民。洪杨之役曾献策当道,不能用也。庚辛之间,江浙为汉族光复,藩司吴晓帆檄办乡团,幕府筹议,多采用其言。后以避兵客粤,理君雅各延译五经,以重金聘至英土,于是历海外诸国。所至都人士争倒屣相迎,酒盏诗筒,殆无虚日。既而东泛扶桑,与竹添渐卿、重野成斋、龟谷省轩、冈鹿门诸名士相唱和。时叠遭患难,备尝辛苦,而意气略不稍衰,酒酣耳热,歌声呜呜,大有辛稼轩旁若无人之概,人以为狂,弗顾也。海天游倦,息影岭南。癸未孟夏,以养疴返海上,馆于萧氏,与畹香留梦室相友善,自是一意著作。《蘅华馆诗录》尤为风行海内,佳句如“乱世功名惟杀贼,英雄诗酒亦穷途”、“江湖作客悲王粲,风雨联床忆子由”、“闾里共欣兵气静,江山始叹霸才难”、“但出羁縻终下策,能肩忧患始真才”,忧时感事,雅近浣花。间有效三十六体者,皆系少年笔墨,如“无凭无据蛇医褪,疑喜疑嗔燕语尖”、“生无可乐何辞死,情尚难忘况受恩”、“湘帘凉月移花影,团扇西风却画罗”等句,置之《灵芬集》中几于莫辨楮叶。尝刊印章云“天南遁叟”、“淞北逸民”、“欧西经师”、“日东诗祖”,磊落胸襟可概见矣。

## 蒋剑人

同、光之交，沪上寓公有王紫诠、李壬叔、蒋剑人三名士，皆风流跌宕，放诞不羁，时号三怪，而尤以蒋为最奇特。蒋宝山人，字敦复。幼即过目成诵，有神童之目，塾师尝以"墨"字令属对，蒋即应声曰："泉。"师斥其不工，蒋曰："以黑土对白水，盖拆字格也。"师无以难。稍长应童子试，以文体怪诞屡遭红勒，竟削发为僧，号铁岸和尚。洪杨之役，饰假辫，易俗服，来沪与王紫诠谋响应，事败仍改僧装而逸，盖童山濯濯，居然缁流，人不之疑也。王亦走粤海，历重洋，号天南遁叟，十余年始归国。王著《淞滨琐话》一书，中有剑人《草上余生记》，力辩未与洪杨事，盖为掩饰清吏计，且为己身洗白地也。蒋晚年以诗酒隐于沪，往往狂态猝发，犹不减于少年时云。

## 龚半伦

龚半伦为定庵先生之长子，生于上海道署。初名公襄，字孝拱，继更名曰刷刺、曰橙、曰太息、曰小定、曰昌匏，晚号半伦，言其无君臣、父子、夫妇、昆弟、朋友而尚爱一妾，故云半伦。定庵藏书富甲江浙，半伦幼好学，天姿绝人，于藏书无所不窥，为学益浩博。既长，随定庵入都，兼识满洲、蒙古、唐古忒文字。后以应试不售，弃举子业返沪，与粤人曾寄圃稔。是时英使威妥玛方立招贤馆于上海，延四方知名士佐幕府，曾以半伦荐，威与语大悦，月致万金为修脯。庚申之役，英以师船入都，焚圆明园，半伦实同往，单骑先入，取金玉重器以归，坐是益为人诟病。曾国藩督两江，闻半伦才，思羁縻为己用。某岁入觐，道出沪上，设盛筵邀半伦至，酒酣，国藩以言饴之，微露其意，半伦大笑曰："以仆之地位，公即予以官，至监司止耳。公试思之，仆岂能居公下者？休矣，无多言！今夕只可谈风月，请勿及他事。"国藩闻其语，嗫不发言。未几威妥玛死，半伦益颓放不自振，居恒谩骂人，视时流无所许可，人亦恶之而目为怪物。所藏书画、古玩斥卖略尽，后以狂疾死。或曰半伦抱种族革命思想，以生不逢辰，故作狂狷如此云。

## 袁翔甫之趣事

袁翔甫为袁随园之文孙，上海报界之先进也。余识之在光绪二十二、三年间，时年已六十余，鬓发皆霜白，尚不留须，两眼上翻露深红色，身材短而硕，步履蹒跚，与人言和蔼可亲，发音至低而清越，读书人本色也。寓沪时赤贫如洗，庭筠里（新清和对面，今已改为妓院)有《国华报》者，慕其名延为主笔，出版仅月余即停刊。未几入新闻报馆担任论文，月薪仅二十元，会当夏令，求一布大褂而不可得，常在马路中仅着一布短衫，手执大芭蕉扇，摇曳以行，饭则恒至小饭店就食。其贫如此，然作文千言立就，词旨充闺，其文思敏捷有乃祖风，盖家学渊源，洵非余子所能企及也。

惟有一事最堪发噱者，其性极好色，晚年无子，老妻亦早世，而嫖兴仍不少衰。然囊中羞涩，恒不名一钱，不得已降格以就，时至各花烟间，事毕即去，不稍留恋。有时虽在茶馆中与人闲谈,而欲火一发,不可骤遏,往往托故而去,不一小时又返矣。白昼宣淫,亦不稍忌讳。与之相识者谓其眼皮上翻,由色欲过度至有此疾云。

## 吴研人(我佛山人)

南海吴研人徽君沃尧,粤东荷屋中丞曾孙。中丞后人掇巍科、通仕籍者颇不乏人,研人独高尚其志,不求闻达。岁癸卯膺经济特科之荐,夷然不赴。早岁入报界,研精小说家言,与南亭亭长齐名。旅沪最久,与吴蝶卿、陶报癖、许伏民暨周桂笙诸君创办《月月小说》社,复与卢伟昌组织广志两等小学校,以嘉惠旅沪粤人子弟,得有乡学之所,君之力也。后又主《时事报》者数年。庚戌秋杪患喘疾,旋即谢世。桂笙笃念故谊,拟汇刻挽言以传,弁首且曰:"今之屠沽驵卒,少获凭藉,苟蜕然委化,犹有群什伯之众为之追悼者。吾友卓然有气节,能文章,死后焉可以不纪?"并寓书吴县沈悦庵,沈得报深佩桂笙之不忘死友,且以饼金为助,附寄挽研人诗云:"语不惊人死不辞,卖文海上病难支。李南亭后吴南海,容易伤生笔一枝。伯道无儿志未舒,衔悲寡鹄复何如。佛山晴翠浓如昔,谁访筠清馆里书。"录之以当山阳笛响。筠清馆者,中丞榜其读书处也。又寄尘云:我佛山人吴研人,清光绪末大小说家也,沪人多能知其名。今闻某君言其轶事一则,颇有趣味,因记于此。方其主某小报笔政时,上海有某公司以中法为名者,主人以事忤先生,先生拟一联赠之曰:"不中不外,无法无天。"主人大惧,央人解纷,奉金为寿,乃罢。

## 易实甫之命名

易实甫名顺鼎，别号哭庵。为文纵横豪放，在湘时叩乩仙以卜身世，仙告以前生为张梦晋，故歌吟时时及此。清季一官落拓，殊不自聊，就都中刊一小册曰《呜呼易顺鼎》，遍赠亲友，盖自鸣其平生抑郁之概，出以诙谐之笔于嬉笑怒骂中也。辛亥而后遂作沪上寓公，酒酣耳热，所为多放荡不羁。尝自称为革命元勋，闻者愕然，叩其成绩，则徐徐对曰："公等不见'易顺鼎'三字乎？"盖隐寓移易顺治帝之鼎也，其放诞大率类此。

## 吴芝瑛

沪西曹家渡小万柳堂，一名帆影楼，景物幽雅，庋藏名书画至富，为桐城吴芝瑛女士之别墅。女士挚甫先生之犹子也，父宝三为山左县令，独生女士，钟爱特甚。解文史，工翰墨，落笔纵横，巾帼中罕觏才也。清季其外子锡山廉泉部郎，官度支部郎中，女士随之京师，尝以手写《楞严经》进呈西后，后称赏不已。旋与部郎偕隐沪渎，颇怜诗妓李苹香，欲为之脱籍，出旧藏董香光墨迹变价以济之。又提倡国民捐，还庚子各国赔款，登报鼓吹，名噪全国。事虽未成，志诚堪嘉。徐锡麟枪毙皖抚恩铭，时绍兴守贵福挟仇汉之见，捕山阴秋瑾杀于轩亭口，女士与石门徐自华女史瘗其遗骨于圣湖，撰表建坊，作诔词以祭之，语多沉痛，触满人怒。御史常徽讦于朝，指为奖乱，二人几不免，幸美女教士麦美德营救，复得江督端方之力，狱始解。经此挫折后，尝发宏愿，以所书佛经若干卷就西湖建塔以贮，谓五百年后必有名世者。会汉土光复之始，沪军长瞰大清银行经理宋汉章于小万柳堂，即席拘捕，令缴款，女士恚甚，谓举动不合法理，诋为黑暗世界。遂有厌居斯土之念，拟尽售其不动产，移居美之纽约，嗣以议无成而罢。

## 廉氏小万柳堂藏画记

廉氏得姓始于黄帝第十三子大廉氏，厥后孔门弟子有廉洁、战国有廉颇、汉有廉范、元有廉希宪，文章轩冕，史不绝书。今廉氏南北二支，无锡一支实亦由北而南。元时廉允中官平江路总管，占籍为吴人，为廉氏始迁苏州祖，明处士廉序隐居不仕，移家梁溪，为廉氏始迁无锡祖。自先贤廉子传二十九世至廉南湖泉，即小万柳堂主人也。南湖江苏举人，度支部郎中。父凤沼，山东知县，所至民爱吏畏，有政绩，具家传。

无锡廉氏宗祠在惠山之麓，以先贤廉洁为始祖、元右丞廉希宪为二世祖。右丞谥文正，封恒阳王，有别墅在京师城外曰万柳堂，与疏斋卢公、松雪赵公觞咏其中，一时传为胜事。松雪诗曰："万柳堂前数亩池，平铺云锦盖涟漪。主人自有沧州趣，游女仍歌白雪词。手把荷花来劝客，步随芳草去寻诗。谁知咫尺京城外，便有无穷万里思。"近人著有《春明谈屑》，谓右丞万柳堂在广渠门内东南隅，地木拈花寺，康熙中更建大悲、弥勒二殿，昔日之莲塘花屿遂渺不可迹矣。国初开博学鸿词科，海内应征之士尚就其地为文酒之宴，今则台榭荆榛，衣裳陵替，徒存一万柳堂之名供一二览古者之感喟而已。廉君南湖，身簪笏而志山林，其妻吴芝瑛夫人工书法，夫妇俱翔声朝野间，以其为廉氏裔也。营别业于春申江上，曰小万柳堂，比又徙于浙之西湖，谓将有终焉之志，傥世所谓高士者欤。

南湖之马祖驭亨公以商业起家，而癖好古金石书画，凡古之遗靡不集之。至南湖绰有祖风，而尤嗜宋、元画，不吝重价购求，先世遗产赤手立尽。其戚宫先生子行精鉴赏，与廉有同好，为海内收藏大家。尝汇集名人扇面凡千余叶，编为《书画扇存》六集，上自前明王孟端、张懿简、王文成，以迄国初乾嘉诸老，得名人八百辈，为册六十，洵生平之乐事，亦宇宙之奇观矣。宫先生病卒时，遗嘱将扇册归廉氏，语其妻孙夫人琬如曰："余自弱冠无所好，惟古书画是婉，每遇名贤真迹辄赏玩徘徊不能去。吾弟玉甫亦爱慕之，五十年来两人宦游所历，并力搜罗，哀然遂成此集，盖吾兄弟精神所寄悉在于是。我死为我致扇册于廉氏，藏之小万柳堂，庶不负我兄弟毕生搜集之苦心耳。"语次揩挥家人，将书画扇面册子键十二箧，手自封识，谓非廉君至不得启封云。先生殁后，南湖如约购归，即明、清两朝名人书画扇存六集，凡一千零五十三叶也。宫先生泰州人，名本昂，山东知县。弟玉甫名昱，直隶知州。玉甫工诗画，词致清朗，山水行笔苍郁，全法宋人，著有《念雨草堂集》。宫氏自明紫元太史即精鉴古，所藏书画世世子孙保守勿失，有"泰州宫氏珍藏"印，知其流传有自。子行兄弟所最心赏之件，所钤小印有二，曰"宫子行同弟玉甫宾之"、曰"宫子行玉甫共欣赏"，志此以备考证。宫氏兄弟相继殁，箧中精品强半归小万柳堂矣。

小万柳堂宋、元真迹固多希世之珍，其王建章画尤为南湖一家之秘笈，为余第一次所见者。案王为明遗老，福建泉州人，字仲初，别号砚田庄居士。山水宗北苑，其雄深之气得力于唐、宋大家，而能淹有众长，不自袭其面目，人物、写生皆入能品。小万柳堂藏有七幅二卷子、五扇面二十四巷子，中有自作砚田山庄图，吴夫人引以自豪，在南湖之滨特辟新庄庋此名迹，如王、谢争墩故事。余既为题卷末，复承南湖之属，拉杂书此，为《廉氏小万柳堂藏画记》。宣统三年五月。

## 陈英士轶事

吴兴陈其美先生，尽瘁革命事业，十余年百折不回。辛亥之役，取制造局而有之，事定论首功，遂开府沪江。洪宪事起，屡谋反抗，卒为仇家所戕，不及睹共和复活之盛，论者惜之。先生倜傥不群，脱略小节，故社会间毁誉参半。当光绪之季，津人霍元甲来沪，以拳勇噪于时，先生极意结纳，多所资助。元甲慷慨任侠，有古壮士风，遂订为生死交，并谋创尚武学校，其规划经济均先生独力任之，盖将借重于是而达其所志也。无何元甲为岛民嫉视以殒其生，先生郁郁者累月，且盛赡其家族焉。

## 丐者姚咸林事略

余前道经六马路，见有出殡者，丧仪虽平平无奇，执绋数百人，亦多小贩、苦力之流，然沿途驻观者均啧啧称羡，且深致惋惜之词。余心知有异，亟叩所以，始知亡者初为吴下乞儿，来申后改业柩夫，三十余年缩衣节食，累积至六、七万金，虽执业卑下，然见义勇为，施不求报，实堪为人道之模范。亟撷拾其历史，以告世之拥多金而腼然人面者。

姚咸林，浙之绍兴人。母早世，随父谋食于苏，贫困常不给，父以忧病废，益不支，既殁，室无长物。咸林幼离乡井，以故门闾族党悉茫然无知，至是穷蹙无归，孑然一身，漂泊吴市间，效伍员之吹箫矣。苏之北城报恩寺颓垣败屋，为乞丐栖宿之集合地，咸林计无复之，遂与为伍，日就街巷托钵，有所得恒就附近某小饭馆果腹，久之遂与馆主稔，以其驯谨耐劳苦，颇善视之。居无何，饭馆以营业无多获，谋迁沪，咸林求挈与俱来，主人固慈善者，允其请，抵申令司执爨、担水役，月给千文。时咸林以乞儿一旦食宿有所，以千钱谋蔽体，于愿斯足矣，此光绪初年事也。逾数载，苏申帮之业饭馆者醵资建公所于沪，咸林给役其间，奔走无怠容，同业咸器重之。公所定章，凡业中贫无殓具者悉以公款助之，一切夫役亦由公所支应，以是咸林得被推为殓匠头目。咸林本勇于为义，及充此役，丧家多交口颂之，久而名渐播，即非公所之需雇柩工者亦惟咸林是求，供役日繁。咸林于贫户不较工值，甚或代任赔垫而缄默不宣诸口，惟对于富家之盛设殡仪者必多方倍索，稍拂即掉臂去，然人以其服务严正，多乐用之。居恒恶衣菲食，除杯酒外无他嗜好，缓急就商，或归途乏资，苟有一面缘，无不允助，且不责偿，人亦不之偿也。沪上多巨室子，家道凌夷，出其祖若父之珍玩求售，急于得价，购主故苟其值，咸林知之，必如其相当之数予之，或诮其愚，则笑而不答，其好义如此。

故家蓄骨董值数万，惟及身未娶，抚一义子，有痼疾。咸林卒于民国七年某月某日，年七十余，闻遗产约六、七万金，泥城桥堍之新年长寿器店亦伊所创设云。

# 大　汉

　　大汉不知其姓氏，燕赵人。至沪，拖人力车以度日，然能操西语，不得已而隐于苦力社会，不识者固莫悉其为好男儿也。一日，载一西人，行至百老汇路与南浔路之交，西人下车竟徜徉去，不名一钱。大汉向之索，西人即以足蹴其腹，且詈之曰："汝贱种，宜为予尽力。"乃大汉举手执其一足而力掊之，曰："尔自斜桥乘予车，令予奔驰至此，应受报。今靳不给而转蹴予，世安有此理！今不少惩尔，无以快予意。"而西人仆地，被其力执，痛殆彻骨，不敢拗，复操西语以语之曰："今令尔起，其三号俯首覆面至地，予释若矣。"大汉手一劲，西人果三号，屈其身俯向地，乃叱之起曰："去去！"西人起不敢正目一视，又挥之以肱曰："尔若不服，其速以来，予待于此，无所惧。"时余亦雇车至此，大汉高呼曰："先生少留，为予作证，予非侮客也。脱非予之手捷力强，必为余发程第二矣。"余闻其言异之，询其颠末，乃为解之曰："此西人殆身畔囊空，将归取以给汝，而汝自不及待耳。"曰："先生误矣。予固谙习其语言者，彼目中直无吾国人耳。"且行且语余曰："予富人子，非穷而事此。今日之役，不幸也。予父商于津沽，庚子之役，家毁父死，予弱弟复为西人掳去，强令其拉人力车。弟固脆弱，不胜劳者，叱之急奔，卒至肺裂呕血而殁。予弟死至惨，临殁执予手言致其死者状貌,了了分明如绘,予识之,思欲为弟复仇,因潜身沪上,欲得仇人劘刃于腹。念操业能近彼人身,而又能日数数遇者,无若此役,故抑心先习三国语言而后事此事也。"予聆其言,不觉肃然起敬,为之流涕,后遂分道,竟忘询其姓氏。此己酉岁四月初三夕事也,不意苦力社会中有此奇人,而余失诸交臂,使其姓氏不传于世,卒至湮没无闻,斯则余之罪也。故特表而出之,名之曰"大汉"云。

## 野鸡大王徐镜吾

徐镜吾为书贾中革命之最先锋也,在沪设摊于福州路升平茶肆之楼下。时民党机关杂志坊间无敢承销者,以当道查禁甚严,惧牵累也。徐乃独树一帜,所列皆系鼓吹革命书籍,如《民报》、《江苏》、《洞庭波》等,人咸秘藏不敢稍露,徐坦然置之众目聚观之处,不以为意也。一夕,有一客手视《觉迷录》一册,竚立摊旁,见所列新书为之咋舌不置,徐谓之曰:"此种书现在有些志气人看的,你手里的书是没志气人做的,去买他也丧失了看书的资格。"客面为之赤,卒买数册新书而去,其热诚感化之力类如此。性放诞,时沪上剪发者极鲜,徐被发如博士装,不知者举以疯狂视之,而不知徐能只身容于沪数年者以此也。间尝涉足山梁中,为狭邪游,曾开花榜多次,故一时"野鸡大王"之名大著。讵以是为江督端方所派驻沪之某侦探告密,遂捕解之省,目为革命党首领以邀功,有司亦为之张皇。及鞫,讯其何以人皆奉汝为大王,则以徜徉北里、偶开花榜对,为之哄堂。有司禀明江督,遂释之。方徐之被捕,沪上党人以徐之运动革命有年,咸为之惴惴,未几而徐已安然回沪,相见莫不为之称贺。徐有爱女,作男子装,日则入某校读书,夜则随父营商。徐殁距今已十年矣,昔年有调查邹威丹先烈之坟墓者,始知当时烈士经某君捐地数亩在西门外,而由徐亲葬。徐之义侠有足多者,特徐之死尚无人知耳。

## 革命家戴楚珍

辛亥之役,民军攻克制造局,东南于焉大定。人第知为刘福彪冲锋陷阵之功,抑知内幕主谋者实戴楚珍也。盖刘一莽男子耳,以言孟浪则有余,而智略殊非所长,徒以在沪久,平时藉拳艺度日,对于一般江湖术士与夫青洪党徒转辗攀附,交游颇众,于是一夫夜呼,从者如云而起,商团复从而附和之,遂使竖子成名。谓余不信,试观癸丑一役,甫交绥而旋退,最后淞口相持,苍黄反复,几酿内讧,人格顾如何哉?余闻诸当日亲与行间之役者,为述戴之侠事一段,颇足供辁轩之采,特表而出之藉供谈助。

戴湘人,隶松江左营苏庆龙守戎部下,司号令(按,即吹喇叭)职,位类兵士,然性喜文墨,书法亦雅饬可观。暇辄手一卷,或浏览报纸,尝太息痛恨清政之不纲,时或中夜顿足起舞,慨然有直捣黄龙之志。侪辈谈笑,恒以革命家自负,人或讥诮之,不顾也。会苏守戎调任右营,戴随任之沪,改充书启。营署故在城之西隅,地名杨家桥,时刘侨居该处,晨必入茶肆品茗,戴亦有羽同癖,日相过从,遂纳交焉。嗣谂知刘固帮中翘楚,党羽甚盛,戴益敬礼之,偶述时政,二人辄义形于色。会粤中举义,不克,事败四窜,陈英士设机关于沪上,拟招致亡命,将有事于长江,旋以饷阻中止。戴侦知之,撰拟光复计划书若干条就正于刘,即以刘之名义签署书尾,刘固目不识丁者,颔之而已。翌日戴赍书亲谒英士于某机关,力言向义之诚、刘党之盛,书中计划亦具有条理,大为英士击节,当慰以时机一至,借重正多,姑令安待,珍重再三而别,于是"刘福彪"三字遂深印民党伟人之脑海矣。洎武汉事起,党议急图规复沪上,仓卒中网罗猛勇之才,百思不获,英士顿触前事,仅忆刘福彪,按址访求,立予委任,于是轰轰烈烈之敢死队刻期组织矣,而当日赍书晋谒之戴楚珍竟完全遗忘。及刘部成立,聘戴充顾问。癸丑淞口内讧,刘预遁,戴被居正枪毙,盖疑其通敌也。

## 青洪帮首刘福彪

刘福彪初习薙发匠,以犷悍不受约束,师督之严,遂流入江湖,与卖解术士为伍,久之尽传其技。来沪后,或传其曾售艺于邑庙。残清之季,青洪帮势力寖盛,刘入其党,被推为老头子(党魁之称),于是广收徒众,得崭然露头角。武汉起事之先,侦知民党以沪上为集合地,因密具条陈于陈英士,力言愿效前驱,虽死不憾。当时赍书与捉刀者为戴楚珍,盖刘胸无点墨,固不知书中于意云何也。九月十三之役,党人先期布置,群以刘善射手镖(以钢铁为之,长二、三寸,头锐尾丰,为旧武器之一),欲利用之以抛掷炸弹,刘亦居之不疑,率十余徒党怀弹而往。比抵局门,抢攘之际,一弹堕地,幸药力不猛,然刘已伤足而仆矣,乃抬赴医院。是役也,刘虽身冒矢石,初未斩将搴旗而所得仅此,特因公受伤为不可泯耳。事定论夺局功，时刘方偃卧病床，不及与录而禄亦弗及。盖攻局时人不一党、攻不一处，就中商团、伶人共相策应，而张楚宝之退让，以洋枪楼被焚也，初无与交绥事。迨大局粗定，攘臂争功者辈出，金以汗马自命，刘此时身卧病院，坐待不次之封，院外事悉无闻知，所谓勋章雨者，几令刘独抱向隅。幸有攻局时与同甘苦之许敏昌闻之，意良不忍，径诣军府证述当时发难状况，遂推为首功焉。时英士见刘举动粗卤，虑日久骄悍难制，又以缔造方始，非厚赏不足以奖掖后起之雄也，故于权位问题殊费周章。泊敢死队成立，虽号称五百余人，实际枪械仅拨给一百六十余杆，余皆徒手而已，盖隐防其跋扈也，陈公可谓有知人之明矣。

## 汇丰第一任买办黄槐庭

我国外人所设之银行虽均势力雄厚，然人皆推汇丰为首屈一指。该行初创时第一任买办为黄槐庭，其遇合之奇，颇有足资谈助者。相传黄绍兴人，初执业于沪上某钱肆，充跑街职，以是与某洋行之英人某稔，久而交益密。时英领事条陈彼政府议办香港、上海间之汇兑业，该英人实与斯议，拟治装返国集股，以旅用未充，商于黄，黄立措二千元与之，计程往还，约以期年为限。既而三载无耗，黄亦歇业家居，金以受骗为疑矣。一日忽有专足来自沪，云由某洋行所遣者，持函促驾，并媵以川费若干。黄心知已有佳报，刻日偕行抵沪，互道契阔及三年来经过之艰苦，而某英人自任该银行大班外，遂以第一任买办以报黄。黄受事后,不数年积资百万,声名洋溢矣。有钱业本其所稔,后此之得以直接向银行拆票,实黄之力也。间有中等钱肆向之乞助,黄必派一亲旧为之照料,而该肆信用顿增,至今沪市钱业绍帮之遍植势力者,亦基于此。惜自清季橡股之役,三庄踬倒,拆票停止,金融界顿失活泼气象矣。

## 叶澄衷事略

叶澄衷字成忠,浙之慈溪人。父名志禹,从事畎亩,迁镇海之沈郎桥,遂家焉。澄衷生六岁而孤,母洪氏刻苦自励,抚诸幼弱,居一椽篷屋,菲衣恶食,得免冻馁。澄衷九岁就乡塾,授方字,未数月以贫废读。兄耕,随之作刈草生活,早作晏息,役事勤奋,深得母、兄欢。逾年余,受雇于邻村某田主,岁得钱十余千。甬俗,凡佣田工者视与奴仆等,小有过辄施鞭挞。某田主性暴戾,其主妇尤遇之无状,一日以微事忤意,主妇执梃噪骂,叫嚣如虎狼,村农聚劝,咸为澄衷抱不平,澄衷慨然曰:“我以母故,忍此辱久矣。然六尺躯宁能长此终古耶?请从此辞。”掉臂竟归。时沪上方开海禁,估舶云集,甬人之白手致富者项背相望,澄衷心艳之,欲从之游。临行苦无资斧,母乃指秋禾为质,得钱数缗,始肩襆被以行。自沪赁扁舟往来浦中,贾食品于番舶,西人见其年少诚笃,乐与交易,营业为诸贾冠,故盈利独优。洎同治元年始就虹口设小肆,节衣缩食,与佣伴同甘苦,又能知人善任,不十年推广分肆,殆遍通商各埠矣,复在沪北、汉口设缫丝、火柴等工厂,蓄众以数千计,事业益宏。澄衷既饶于资,然自奉俭约,绝无豪华气，待人肫肫恳恳，言必信，行必果，上自显官、下逮舆台，不谄不骄，善体人情，各如意之所欲，故人乐为之用。性好施与，苟有请，罔不资助。待里党族人尤厚，尝捐金建忠孝堂、置公田，设义塾、牛痘局，凡里之善举必力任其成。自惭识字无多，特捐十万金在沪北立澄衷学校，嘉惠后学，造福无量。又倡建怀德堂，以二万金为基础，凡肆友有身后无依者，岁时存问之。至各省赈灾之款尤难缕计，大吏闻于朝，屡邀嘉奖。光绪己亥冬十月，殁于沪寓，春秋得甲子一周。临终召其子七人，殷殷以厚待僚友、毋改先志为嘱。若而人者，殆古任侠之流欤，吾商人所宜奉为典型者也。

又兰亭隐者云，叶成忠字澄衷，浙江镇海人，世务农。幼孤，母洪氏守志抚养。贫不能就学，稍长，乡人倪某携成忠之上海，佣于杂货肆。寻去，棹舟黄浦江中，时上海已为商埠，多西人踪迹，成忠尝为某西人渡江，抵岸西人遗一皮箧去，成忠启视有钞票约百万金，待来而还之，后西人果来寻，遂如数还之，以是西人崇其为人诚实，重视之，成忠遂得与西人习，因通英语。既与洋舶贸易，常默究物价消长之理、商业操纵之法，久遂得其要，于是以振兴商业为任，创设老顺记于沪上。外人以其诚朴，争与为市，数年而列肆遍中国。既财致富，悯贫儿之无力就学也，捐三十万金设澄衷学校于上海，以广教育。又哀族党孤嫠之困乏也，出资立忠孝堂，以资拯恤。继奉、直、豫、晋先后告饥，又出粟赈济，事闻于清廷，特予嘉奖，并锡匾额。成忠事母至孝，尝割股和药愈母疾。兄弟均早逝无嗣，以二子嗣之。晚年又建怀德堂，分财以周故人家族。卒年六十岁，累封荣禄大夫。

# 四 风 俗

## 岁时风俗

沪地新年岁时风俗,元旦贺岁各家皆食腻羹、粉团菜头,居户及店铺多击鼓敲锣以为乐。元旦日及初三日,禁扫除室中垃圾,以为扫去财饷不利也。五日迎接财神,于初四晚举行之,必用鲜鱼极活泼者为元宝鱼,鱼贩用红绳扣鳍踵门而来者,谓"送元宝"。十三日为上灯节,乡间耸立木杆,夜悬小灯百盏,谓之"塔灯"。家人握秫谷投焦釜中,爆之花而妍者,名"卜流花"(俗名"爆孛娄"),以为一年吉利之兆。元宵悬挂灯彩,妇孺辈牵率夜游,有"走三桥"之语,昔人有诗云:"元宵踏月闹春街,同走三桥笑堕钗。一路看灯归去晚,却嫌露湿牡丹鞋。"城隍庙豫园一带,嬉春士女,鞭丝帽影,鬓影衣香,踵趾相错,肩背交摩。十六日家家多做食馄饨,谓之"财亨馄饨"。二十三为落灯节,乡间所悬之塔灯即于此夜撤除之,是日必做糕品食之,与上灯日之食粉团有别,故有"上灯团子落灯糕"之谚。上述各俗多系沪上旧有之风习,以五方杂处之上海,南北市之情形不同,固未可据一而论。即如坐汽车出风头,江湾看跑马,游玩游戏场,虹庙、城隍庙之烧头香诸端,更年年层出不穷也。其他关于岁时之风俗述之于次,以博诸君一粲。

二月二日,农家多食撑腰糕,谓是日食之一年无腰痛之疾。

二月十二日为花朝日,旧时每于是日于西门外花神殿大张灯会,剪纸镂花为伞,雕刻人物花鸟,谓之"凉伞灯",一灯之值在数十金以上。一般富家钩心斗角,各炫其奇,至凡百花草无不扎成灯彩,入夜锣鼓震天,游行街市,红男绿女,万人空巷。同、光以来民风凋敝,灯会遂废。是日并用色纸剪成花彩,粘于花木之上,谓之"赏红"。

三月清明节,数日前家人挈眷扫墓,焚麦草制成之瓮,实纸钱冥镪以焚之,并折柳枝、桃花归。以柳枝于清明日插门前,谓可辟疠袯除不祥,是亦迷信之一般。

十五日往龙华进香,时正桃红柳绿,春景宜人,借进香之名为踏青之举,骚人墨客、闺阁青楼,鞭丝帽影,车水马龙,络绎于龙华道上。光复以来,寺驻兵队,禁人游览,故往游者只得望洋而叹。

立夏日悬秤称人,记其重量。食摊粞、酒酿、梅子、樱桃、海蛳诸品,手艺店铺店主必享伙友食黄鱼、咸蛋、苋菜、蚕豆诸馔,其中尤注重苋菜一味,如无苋菜必折以钱。儿童不坐门槛,谓坐则夏令多疾病。节之前数日,邑庙内园点春堂集名兰于一堂,开兰花会。

五月一日至端午，道士与女尼送符至各施主家，谓悬之可以辟邪避瘟。各家多悬钟馗像，谓之镇邪。按孙思邈《千金月令》云："五月五日作赤灵符，着心前，辟兵。"送符之举或由此起，但近时道士、女尼所送之符，不过藉以报护法家之布施而已。妇女辈以黄色绸缎造成虎形及毒虫等形，悬于床楣，婴儿穿黄色虎斑衣。午日正午，饭雄黄艾酒，并以雄黄搽额成"王"字形。用苍术、白芷焚熏室内以除毒，亲戚以角黍、枇杷、咸蛋等相饷，家家于门首悬挂苍蒲、艾蓬。此数日间之消耗，积之不为不巨，而妓家则于先数日饷稔客以酒菜，谓之"吃水菜"（或谓为"私菜"，以其非公宴也，于义较合），客必赏赉有加。送客以礼物，受者予以使力四元、六元不等，不受亦必二元，盖亦打秋风之类耳。

五月十三日相传为关壮缪生日，人家以竹为弓矢，以纸为镞，悬之神座，曰为小儿解将军箭。将军箭者，小儿关煞名词之一也。是日有雨，名之曰磨刀雨，谓雨大则暑天之瘟疫少矣。

五月二十日为分龙期，曩年火政未发达时，各集洋龙于南门外演武厅，竞演各龙之标射力，由官厅评等第以奖励之。自救火会成立后，此举移至南火车站举行矣。

## 岁时风俗续考

前禹鼎君曾有此作，今为续之如次，足资谈助正复不鲜。五月为恶月，家悬神符，禁诸不祥事。端午日，店铺往来催收节账，中秋、除夕同。五日午时，缚艾人，采药物，食角黍、枇杷、黄鱼，饮雄黄酒。小儿以雄黄抹额，悬艾虎、蒜头于胸，系百索于臂，曰能免灾疾。妇人制彩为人形，插于髻，曰健人。夏至日祀先。十三日相传为关帝生日，致祭，家多赛社，有雨曰磨刀水。

六月六日为天贶节，喜晴，晒书籍、衣服，曰免蛀。城隍庙有晒袍会。食馄饨，曰不疰夏。洗六畜，免生瘟病。是月初四、十四、二十四等日，以面作饼祀灶。二十三日为火神生日，二十四日为雷祖诞，各进香茹素。

七月七日作茄饼，或剪面作诸花样，以油煎之，曰烤。馈遗亲戚，曰送巧。至晚妇女结彩缕、陈瓜果，穿针月下，作乞巧会。捣凤仙花汁，染指甲。中元祀先以素羞，僧舍建盂兰盆会，放水陆莲灯。晦日为地藏王诞，比户于门首遍地插香，曰地藏王开眼。

八月朔黎明，收露水研墨点小儿额，曰天灸。中秋以香斗酬愿各庙，香市为之一闹。是日以月饼馈亲友，取月形团圆之义。夜陈梨、藕果品祀月宫。田家祀先农，醵钱为会，曰青苗会。十八日潮生日，至浦口观潮，语云："陆家嘴上看潮头。"二十四日以新秫作粉团祀灶。

九月九日饮菊花酒，蒸重阳糕，供佛祀先。遨游寺阁，曰登高。儿童斗促织为戏，曰秋兴。立冬日以菊花、金银花香草煎汤沐浴，曰扫疥。

十月朔日比户祀先。月内风信频作，谓之五风信。

冬至节设馔祀先。

十二月八日为腊八，以果蔬众物煮粥，曰腊八粥。二十四日为小年夜，用花糖、粉团祀灶，曰送灶。以灶神朝天言人过失，用糖取胶牙意。供诸神纸马，其牲醴，设果饼，以酬卒岁之平安，曰谢年。自望后至除夕，糕团铺多制年糕，各购之以相馈送，曰年礼。除夕老幼团坐饮膳，曰吃年夜饭。竟夕不寐，曰守岁。

# 双七节上海风俗之一斑

我长江流域人之视双七节，本在极无轻重之列，骚人墨客借此做几首歪诗耳。织女与牛郎之艳史一般人未必尽知，彼等所知者为乞巧之一段佳话耳。然秋闺怨女、少妇村姬，因乞巧一事所想出之种种花头，亦采风问俗者所不可不知。录之如下，以备采择。

一、粉条之学制。原料或以麦粉或用米粉，再混入糖若干，以适度之水调和之。先抽成长十寸左右之粉条，再以数条盘成一形，投入油中煮之即成，食之清脆有味。市上亦有购者，然不能及自制之适口也。

二、指甲之染红。家家庭中或墙下多植凤仙花，花之色有极红者，一般小儿女于此节左右采红花涂于指甲，移时红传于甲。因花色可耐数日，遂以久暂为赌，虽儿女之生涯，亦令节之点缀也。

三、耳孔之痛穿。俗谓小儿之聪明者曰巧，一般妇女遂意会于乞巧之日穿一孔于女耳，则此女必灵巧非常。不幸之小儿女，遂于此人人得巧之日，独彼辈不巧（俗谓不幸曰不巧）而耐此数分钟之痛苦。惟耳上既有一孔，自得一环之赏赐，故甚乐受也，且免他日"临时上轿穿耳朵"之笑话。

四、月下之针线。小女儿例坐月下，试以绣花之银针，将一丝线轻轻穿过。此事极不易为，俗称能穿过者此女必巧。

五、果物之贡奉。是夜家家于庭前置一方桌，桌上燃灯，又置水果数事，粉巧为主要品，小儿女由是而罗拜焉。其拈香三拜之时，第一、二祝当然为其至爱之父母祈福寿，第三祝则低头而说不出，或谓此乃女薪佳婿、男求佳妇之祝，然乎否乎，不可诘矣。

以上数种之旧俗，城内之真上海人尚守之未敢或变，租界中之侨公方出风头、兜圈子之未遑，固不暇及此也。

# 春江中秋节之今昔

海上风习变迁最易，逢年过节，好事之流多附会遗风，涂傅世尚。即以中秋节而论，往者乃因一味添凉，行授衣古训，其骈枝之举亦不过以月饼相投赠，为玩月之清游。今则踵事增华，频欲添花于锦上，因枝及叶，争留佳话于人间，从前之风习几为之一洗无余。略举数端，以志吾慨。

（一）投赠　往者中秋节投赠之主要品为月饼，以中秋为团圆令节，祝其人月双圆也。今则已不拘何物，第相尚以奢，甚或投赠十余品、所值千百金，而点缀节序之物则一无所有。送礼仆役之负挟于途中者，除威司忌、白兰地、板鸭、火腿而外，月饼、果品殆不见其百一焉。

（二）供奉　死生之供奉，往者多荐时珍，果类如苏菱、杭藕、莱阳梨（俗讹为"南洋梨"）、天津苹果，菜类如稚芋、细菘，糖食类如桂花饼、绿玉糕、荷叶包、各味月饼，羞珍如初肥之蟹、细鳞之鲈，皆兹日主要品。今则不然，供已死之陈人则荐月饼之属，而所以奉生人者第视何物之价最昂，即为最贵重之物，不问与时序有无相关，惟惬心适口者为足。

（三）游戏　　游戏多端，仿古者居半。"踏八步"其一也，见《经锄堂杂志》。男女是夕出游，名"踏八步"，谓可以却病延年。今已改乘马车或汽车，令名犹是而实不称矣。"过运"其二也，亦见《经锄堂杂志》。以渡桥为过运，此风犹存于乡间。"玩月羹"其三也，法以桂花、莲子、红菱、生梨和杏仁粉为之，夜深人倦则以此为食，盖取《膳夫录》之遗意。

（四）佳话　　团圆节，是日少男娇女之新婚者，如男女异地而处则大犯忌讳，男子为佣伙或受职务者是夕必乞假回家。女子亦然，其归宁者虽在远道，其父母必送女以至婿家。羁旅之人与妓女情洽者，是夕亦宿妓处，谓之"团圆节"。其事与《帝京景物志》所载绝相类。拜午月，士女是日咸盛饰凝妆，至中庭待月，月午下拜，各诉向平。夫妇同居者则祝百年好合，无忧无猜，其缺月待圆者则祝早庆团圆。此事之所本今已失考，以意揣之，或始于唐明皇也。《开元遗事》谓中秋夕明皇与贵妃临太液池望月不快，遂敕左右于池西别筑百尺台于来岁望月。小说家附会以长生会七夕之事，遂传明皇及贵妃曾筑百尺台拜月设誓。沪人因取此以为故实，仿而则之，未可知也。


# 例哭之笑话

吾沪旧俗，凡女子之出嫁者必哭，盖不忍离别父母之意也，虽登彩舆犹哭。光绪初年，某姓嫁女，女例哭于舆中。途经租界，遇一西捕之初自欧洲来者，闻舆中人哭，谓必有冤，就拘之，舁者惧，弃舆欲遁。会有解西语者至，告以此系华俗，女嫁必哭，其例也，捕大讶曰："哭而有例耶？汝肯保其非冤，盍书券与我。"其人诺，出纸署名与之，彩舆得行，而捕犹呆立目送彩舆，称奇不置。中西习尚之不同，在在足引为笑话也。

# 五 语 言

## 沪语浅释

上海土语不独与他省大异,即与邻近之处亦微有不同。自辟为商埠后,宁波工商界中人来沪者多,有左右沪市之力;而苏州距沪甚近,接触尤易,且上等妓女多苏产,皆操苏白,清脆可听,龚定庵所谓"悔不十年吴语"者,可表苏州话之价值矣。以此之故,宁波及苏州之土语别具伟大之势力,沪人习闻已久,遂不觉于词气之间搀入该两处之土语,故今日已难闻纯粹之沪语。兹姑就此种混合语言为中下社会所习用者,略为标举,加以浅释,或亦游沪者所欲知也。

煞底,犹言是人品格极低下也。

接生,生读如三。苏俗于人死后有煞气,必延僧道念经以消煞气,亦略含骂人之意。一说为接眚。

骂山门,即骂人也。

阿母洗屁,原宁波人骂人之词。

杀千刀,言其人应杀以千刀,骂人最毒之语。

杀坏,意与上同。

猪头三,成语为猪头三牲,牲与生同。特藏一生字,言其人非老于上海者,略带讥讽之意。

阿土生,言其土气太重,见识不广之意。

寿头码子,读如摩,骂人不能察颜观色,乃蠢物之意。一说寿头者猪头也,以猪头形肖一寿字故云。

寿头,解与上同。

寿头寿脑,解同上。

曲辫子,其人发辫尚弯曲,太不漂亮之意。

瘟生,言不知已受人欺,犹遭瘟疫而死之人也。

拆梢,胁迫取财也。

茶会,有交涉即到茶楼,会集流氓为之判断。

瘪三,瘪读必,即小窃也。

八开,小洋一角也。

板面孔,言以怒容相向,表示决裂之意。

小开,店主之儿子也。

白相,言玩耍也,有弄白相、好白相之语。

本家,妓院之鸨母也。

拆白党,一说拆系擦之讹,言本系劣铜,擦之使白以欺人也。现此党已满坑满谷,专以勾引有财之妇女为事。

钉梢,追逐人后有所侦察也。

胡调,终日游戏,专事挥霍,不顾生业也,胡犹胡说、胡闹之胡。

乌司，跟妓女奏胡琴之人也。

至于"阿木林"系訾骂生客之语，"刚摆度"为洋行执事之称，则皆译自外国名词也。

## 洋泾浜话

洋泾浜话既为一种特别话，故欧西巨商于初次来华之先，必在香港远东研究会学习数星期，探讨东方商务习惯及语言之学，俾略知梗概，否则与华人会话虽操英语相问答，亦茫然不知于意云何矣。今人所称西商通用英话，实以此故，非真相也。相传本埠互市之初，吾国人以英文之音尚易学舌，而二十六字母屈曲蜿蜒，苦难摹仿，乃择字典部首之点画勾撇，指定二十六式以代字母之音。此项字体在道、咸之交颇流行，当小禁子（即刘丽川）踞城为乱时，暗与某外人通好，往来书札亦以此体为之。后事败搜获遗卷甚夥，附存县署档案中，惜未能译其原意也。

## 游民切口索隐

上海为五方杂处、万恶荟萃之区，故良莠不一，黑幕重重，身处其间不啻在五里雾中、荆棘丛里。中有多数游民，平日毫无职业，专事游荡，其所经营者，惟千方百计设阱陷人，且横行无忌，无恶不作。以上海一隅计之，闻已有九千余人之众。兹将不佞所知若辈之隐语，一一揭出，以供阅者。

牵牵看，探听敌人之消息皆曰牵牵看，又曰摸摸看。

声音丘，互相倾轧而说坏话谓之声音丘。

樱桃尖，说话尖利、专以口齿胜人者谓之樱桃尖。

樱桃割短，此事可不必再说谓之樱桃割短，又曰免摊。

摊樱桃，事须讲理谓之摊樱桃，或简言曰摊。

跌罪牢，犯罪入狱因而吃官司者，谓之跌罪牢。

到香港，如吃外国官司而坐西牢者，谓之到香港。

里入落，既入牢内吃官司谓之里入落。

调巡，凡捕房中之巡警皆谓之调巡，又曰本圈麻子。如看守牢狱之巡警，即目之里入落调巡及里入落本圈麻子。

高台，茶会曰高台，又曰蟠桃。

底老，若辈所收之门生，即俗称徒弟，皆曰底老。

底勃，如赌博及为其他诸事须备本钱者，谓之底勃，又曰底把。

家门，如外人欲加入其团体者，谓之家门。

拑老，即轧人之谓。

照相，如出外看朋友及弟兄们皆谓之照相。

开码头，即出门往他处之谓。

摆路头，如捕房中之包打听及暗差、巡查等，皆谓之摆路头。

任浪失风，如若辈在拆梢硬爬、横行强索时，忽为本圈麻子捉将官里去，即谓之任浪失风。

晓扬，所事情因受种种妨碍而不成者，谓之晓扬。

溜奔，如身犯大祸而实行三十六着之上策者，谓之溜奔，又曰扯。如走开则曰出松，经人放走者谓之脱梢。

臭盘，如一犯而再犯者谓之臭盘。

办租界，如屡次过犯而逐出租界者，谓之办租界。

拔苗头，观看风云起色谓之拔苗头。

扎绷，彼此照应互相帮助，谓之扎绷。

接头，事之须打招呼（即说明）者谓之接头。

郎德山，诸事不管谓之郎德山。

放生意，做成圈套设计害人者，谓之放生意。

拉排头，招寻主顾谓之拉排头。

失风，如做事败露及被人破获者，均为之失风。

撕皮子，互相殴打撕破衣服，谓之撕皮子。

浪声，不入耳之言谓之浪声，又曰开花。

洋哥，阿木林、阿土生及寿头麻子等，若辈皆谓之洋哥。

老毛，外国巡警谓之老毛。

外国卵子，租界巡警之警棍谓之外国卵子。

阿朗，银洋谓之阿朗。

小立司马，小银元谓之小立司马。

吃官司，当质衣服谓之吃官司。

跷脚，押当谓之跷脚。

红红面孔，即吃酒。

窑，寓处谓之窑，雉妓谓之跳窑。

桃园，衣衫褴褛谓之桃园。

贴血，短衫谓之贴血，又曰霍血。

叉儿，裤子谓之叉儿，如半截短裤则谓之小叉儿。

叉进去，入内谓之叉进去。

摆清，天雨谓之摆清。

识相，知趣谓之识相。

牵猢狲，吊赃谓之牵猢狲。

带金钏臂，带手拷谓之带金钏臂。

高风子，典当谓之高风子。

放炮，互相打架谓之放炮。

同餐兄弟，如欲与某乱人握手交好，连合数人各寿以阿朗一元，谓之同餐兄弟。

拷子，妇女所带之金钏谓之拷子。


## 上海方言小志

上海方言唐行以南与华亭相似，赵屯以西类昆山，吴三以北类嘉定，凡属八庚者或开口呼如七阳（如羹读如刚、争读如张之类），声相似而义异。兹列举如下。

电曰霍闪（读如宪），虹曰鲎，檐冰曰停泽，沟之大者曰浜，初旬曰月头，明岁曰开年，即时曰登时，久曰长远，祖曰公公，父曰爹爹，母曰姆妈，祖母曰阿奶，舅姑曰公婆，夫兄曰阿伯，夫曰官人，妻曰大娘子，妯娌曰伯姆淘里，妾曰小，他人曰渠（读如其），老妇曰太太，妇人曰娘娘，处女曰小姐，小儿曰官官，小女儿曰宝宝，兵曰老将，僧道施主曰门徒，延僧道祈诵曰做功德，酬神曰酬献，妆饰曰打扮，富曰财主，家产曰家当，伙伴曰淘伴，亵慢曰得罪，筹度曰打算，不利曰蹙眉头，又曰不适头，又曰倒灶，与闻曰兜搭，不慧曰笨，虚诈曰黄六，晓杂曰薑糠。

# 上海方言解

吾国方言之不统一，困难殊甚，县与县异，乡与乡异，就沪论沪，浦东与浦西之音异，诸翟、新泾之音又异。初至沪地，每难索解，兹为分解之，以供参考。

浣衣曰汰，应声曰嗄，视物曰消（音所），明白曰懂，藏物曰囥物，败曰潦，淅米曰淘，强进曰埃，水溢曰瀊，涤器曰荡，调和曰拌，缓步曰踱，强忍曰熬，游戏曰白相，仆妇曰妈，小僮曰差囡，猪粪曰谢，手案曰搽，手覆曰榗，不灵动曰板，以匙取物曰抄，称我们曰是妮，称你们曰什侬，两手合抱曰箹，食物过饱曰臌，厚积货物曰搭货，称人之美曰赞，大曰杜，足不能行曰趤蛋（音歼炭），争夺生意贱盘抛售曰拆扫帚，诈人钱财曰敲竹杠，替人顶侮曰掮木梢，不入行之事曰野鸡，店铺日晡闭门曰打烊。

# 方　言

沪上方言有绝不可解者，如称龟奴曰嘉定老先生，称鸨妇曰母兄娘，称狎客偶一至者曰丹阳客人，称诳言曰卖野人头，真不知何所取义矣。又有一种系从西文译音而来者，如谓电话曰得力风，谓买办曰康八度，均以西音入中语，此人所共知者，已几乎公认为通行之名词矣。当中国初行小银币之时，人亦呼为生司，初行铜币之时呼为铜生司。按，生司二字亦即英语之 Cents 也，惟生司之名词今已无闻矣。

# 方言异同

吾国方言不能统一，甚至县与县异，城与乡异。吾沪方言，音较华亭、娄县为重，较南汇、川沙为轻，大抵浦东之音似南、川，浦西之音似华、娄，诸翟，新泾之音似嘉定、宝山。邑志云，沪人恒谈，如浣衣曰汏，滴水曰渧，应曰嗄，视曰涾涾（音梳），此方言之更异于他处也。且以五方杂处，苏州、宁波语之夹杂，洋行帮之华洋杂语、下流社会之切口，既成一种术语，初至沪地者万难悟解。政府近有统一国语之提倡，诚法良意善也。

# 方言之种种

沪人方言，若车（昌遮切）、若差（音杈）、若茶、若纱读音皆麻韵，而浦东人语音入萧韵，故浦西人见浦东人，往往模仿其辞曰"叫部东洋车"、"吃碗茶"、"到沙袋角（地名，属英租界）里做洋纱"、"算差账"，藉资笑谈。

沪人呼诈驱曰黄六，因黄巢行六而多驱故也，见沈自南《艺林汇考》；称二十曰念，避吴王女名二十之讳也，见《兼明录》。

沪人呼留发童子曰楼偷头，楼偷为留之反切；鼾睡声曰打唔涂，唔涂为呼之反切。又如精为即零，圆为突栾之类，均以反切代方言者。

沪人方言多有采取僻字之俗语通用者，如刉（音机，以线断物也）、擤（虎梗切，捻鼻出涕也）、寙（音忽，睡一觉为一忽）、鎆（俗呼如异，物渐磨去也）皆是。但检阅字书，言文一致之字不可胜数，上述云云，吾国各地方言之类是者正多，无足异也。

## 上海方言索隐

沪上一隅地，华洋错处，不啻为五方元音之大都会，加以吾国语言庞杂，襆被来斯土莫不禀其固有之乡白，因之楚传齐咻，日久熏染，别成一种类似隐语之方言，流行于下级社会，颇占势力，亦犹英语之有洋泾浜话也，骤聆之殊难索解。兹就其略可诠释者摘录若干条，附以文义，藉便记忆。中多牵强穿凿之处，为博阅者一粲计，尚乞谅之。

凡人之仅饰衣履而乏实在财力者曰"串客"。犹言优孟串戏，非其真相也。

指定一种未来之入款已列预算者曰"照牌头"。牌头意即可靠之物，而曰照者，盖已影射遥及之谓。

言人之处于窘乡者曰"戁皮"。义未详，疑即苏季子金尽裘敝之意，盖搁敝之转音耳。

乞丐曰"瘪三"。言衣、食、住三者俱不满也。

言人之言大而夸者曰"吹牛皮"。疑"鼠牛比"之讹，喻其大小不伦也。

犯事而收禁西牢者曰"到香港去"。西牢押犯有专用一种马车，四围密闭，俗称"香港马车"，故云。

羡人之骤然发达者曰"出锋头"。盖及锋而试之意。

诋人之好作诳语或物质之徒具外观者曰"滑头"。滑即猾，言奸猾不足信也。

称女子曰"寡老"。寡，少也，物稀见珍之意。老，语助辞。

称男子曰"码子"。如朝阳码子，店东也；扫青码子，薙发匠也。

称人物之佳者曰"大英货"，反是则曰"东洋货"。两国出品之优劣，于此可见。

评一人一物位列第一等者曰"那摩温"。此乃英语之译音。

受人委托而变更其事者曰"掉枪花"。古有舞枪之术，枪尖挥洒，寒光四射，厥名"枪花"。授受有定法，丝毫不乱。今曰掉者，盖反其所传也。

移转或让渡全部物权不必列举细目者曰"亨勃冷"。疑系译音。

指巡捕房曰"行里"。行者众多而集合之地，意借此。

背称西人曰"老毛"。国人向称西人为红毛人，故云。

称巡警曰"本圈"。或即势力圈之义。有解作本犬者，近谑矣。

自道苦况难耐者曰"对百筋"。宁绍人呼抽取曰对，此云对百筋者，盖形容如百筋抽搐，痛苦难堪也。

预料事之必无效果者曰"礼拜十三"。在数年前有称礼拜九、十三点钟者，盖亦犹乌有先生、无是公之类。近仿英文缩写体，改称此语矣。

詈人之误遭损失者曰"屈死"。讯死非其罪也。

羡人之衣服丽都当行出色者曰"漂亮"、曰"崭"。上述二义，皆含有耳目一新之意。

妇女之人尽可夫者曰"咸肉庄"、曰"淌牌"。豕肉之盐渍者决非新鲜,竹筏木牌之淌乎中流者随遇而安,二语本此。

游荡无业之流氓通称"白相人"。白相即"别赏"之讹言,其行无所事,别有所赏也。赏作赏花、赏月等解。

索取不正当之规费曰"捞锡箔灰"。锡箔,冥镪也。今曰"捞白灰",盖极言其窃取鬼之余沥,将为群鬼所嗤矣。

恃赌为生者曰"乱巴"。巴,钱之隐语。乱者,搅之使纷也。

誉人之精练者曰"老门槛",亦曰"门槛精"。凡事既升堂,自易入室,门槛云者,即初阶进阶之谓。

本无是事而有意裁诬借为诈敲之口实者曰"装榫头"。建屋、制器连接处须牝牡相衔,俗称"榫头"。今曰装者,即架虚成实之意。

流氓群聚,向彼一方互开谈判者曰"讲经头"。经有上下乘之别,非大智慧不能悟解。今讲之以头,或即生公说法顽石点头之意乎。

包括多数人物一应在内者曰"搁落三姆"。搁,轧恶切,即归纳一切之意,亦译音也。

捕房有时特派探捕就沿途拘拿流氓若干名,不问姓名罪案,但涉疑似统送公堂讯办者,曰"捉落帽风"。孟嘉落帽,为避灾也,殆彼中避匿之隐语乎?

凡已经一度惩办有案之过犯曰"臭盘",反是曰"正盘"。一正一臭,即一薰一莸之义,一失足成千古恨,人可不勉乎哉!

人之屡受经济损失者曰"走油"。膏脂已竭,肤鞞仅存矣。

破坏其外貌或褫其衣履服装者曰"走相"。谓变更其表面也。前条属内部,此则形于外矣。相者,像也。

伪饰贫困状态或诈疾佯狂，冀取怜于人者曰"装佯"。豫让吞炭，接舆佯狂，古有斯风，今人尤甚。装佯之语，大抵滥觞乎此。

受人银钱重任突然携而远飏者曰"跑马"。喻其绝尘而驰也。

詈人不识利害或不达世故者曰"寿头"。猪首额纹凸凹，类老人星，俗称"寿字猪头"。此语讥其蠢如鹿豕也，鹿非常品，故以豕为喻。

告发他人秘密因而酿成祸害致不可收拾者曰"放红老虫"。顽童恶剧，涂油鼠身，燃火纵之，观其叫跃以取乐，烈焰奔腾，沾染引火之物立酿燎原巨患。以是取譬，颇觉的当。老虫即鼠之俗称。

泄人阴私或攻讦内部秘事致引外界交涉者曰"放龙"。龙性善斗，故《易》有"龙战于野"之语。放而出之，殆具隔岸观火之义，亦幸灾乐祸意也。

离间他人交谊使双方构成恶感者曰"小刁"，受委托而不终其事、有意留难者曰"半刁子"。刁枭，恶禽也。小者，喻其具体而微。半之云者，詈其为德不卒也。观此语，有人不如鸟之叹。

人罹患难或将蹈危机，故意旁观不为援手者曰"看冷铺"。铺而曰冷，必无临门之客矣。看者，人弃我取之反词也。


## 续记上海方言索隐

前日观梅君所撰沪上方言，穷微极妙，不啻为下级社会绘一小影,自非久于海上者不能道也。仆不敏,聊为效颦,特述一二以就正于阅者。

对于他人无关系之事或与己无关系之人而临时加入,随意兜搭谈话,欲使无关系而变为有关系者,曰"搭赸头"。

外人遇黄包车夫不合其意者,恒以足踢之,受者曰"吃外国火腿"。又遇印捕批颊者曰"五根雪茄烟",又曰"五分头"。

凡遇妒而吃醋者曰"三礼拜六点钟"。盖七日为一礼拜,三礼拜为二十一日;六点钟为酉时,乃醋字之拆字格也。

对于他人为无意识之谈话或无意识之游戏动作,谓之"打棒"。

凡应尽之责任不肯实力做去,仅出以敷衍,谓之"搭浆"。

长三妓院每值旧历佳节,则有"烧路头"之名。烧路头者,即迎接五路财神之谓,每节举行二次,曰开帐路头、曰收帐路头。烧路头之日,客对于妓必以和酒为贺,盖藉一种名义以博客之财也。

妇人老而猾者称之曰"老蟹",有年未老而手段老猾者亦适用之。如江北所谓老口,北京所谓老手是也。特沪语之所谓老蟹,专用于阴性,以蟹状女也。

自以为能,故意装腔作势、腼不为怪者曰"像煞有介事"。

凡人有意令其事得不良之结果或竟至不可收拾而遗累他人者,谓之"撒烂污"。

其他种种詈人之句,如"猪头三"、"阿木林"、"阿土森"、"拆老"、"众生"、"曲死"、"饭桶"、"猪猡"、"戆大"等,盖不胜其诠释之矣。

# 六

# 生

# 活

## 洋场之衣食住

人生在世三要素，曰衣、食、住。而上海为交通枢轴，凡百工艺人才皆荟萃于此，生活程度本较内地高出倍蓰，况际此人群进化时代，吾侪寓公所入几何，故对于衣、食、住三项不可不留心研究。余以十年来一得之愚，贡之社会，虽不能尽得其奥，自问于世不无小补。爰述之如下：

（一）衣　剪料自裁而欲趋时髦，着花式、颜色者，自必枉顾大纶、大成、天成、老九章等巨店。而此十数家巨店中，首推老介福，以颜色、花式论，较他家稍觉时髦，货色亦较胜一筹，其次老九章（此指其未移大马路时、在棋盘街时代言，今亦非昔比矣）；闪光、提花等料，大盛最多，天成次之，余则不相上下。以价值言，平时公定价目划一，苟有一新开绸缎铺出现，则互跌其价以竞争。大马路一带之绸缎铺即跌亦微细，二马路一带之绸缎铺较平时定价可以短少九五或九六折扣,至多九七,至少九二。三马路一带之称缎局者,专做外埠小店批发,如为熟人购底货则较市面便宜不少,若无熟人则可不必往购,盖此种缎局本不甚注重门市。此指着缎言,若着绉或绸,则托熟人在后马路一带之丝庄中人,由出产所购白胚(起码一匹,另剪则无)论定价目,然后加染,外表不甚好看,而实用则胜多多矣。着布或洋货则大致仿佛,在购物者之精与不精,惟招牌上有特别标识,或"贱价出售",或"一言无二价"等字样,必转较他家为昂贵,宜留意也。英界之洋货店,首称石路丰泰,其次瑞盛,法界公馆马路一带之洋货店暨兼售秋庄夏布者,货色不甚多,时有缺乏之虞,其价则少廉也。惟招牌上尽书划一,苟遇善沽者,亦有还价。帽子老牌,无人不知马敦和、冠五洲、陈天一三家,此三家之中马敦和与冠五洲货色仿佛,价值冠廉于马,惟有时货色有变样之虑,马定价虽少昂,货则从未有稍次者,陈则较冠稍逊。鞋子三井、三进无甚大特色,或云脚趾不痛,而五马路之福兴立,定制鞋子,较之三井等无多让也,苟论其式样而欲鞋之坚固,则城内陆祥云之云底白纸底鞋是其选也。余如大衣、雨衣等,不必定在何瑞丰、何恒丰等预定,苟有熟人,由红帮裁缝包办,式样、货色亦未必逊于字号店家。四马路西自石路、东至望平街一带之缎局、洋货店则万万不可请教,大约货低而价昂,虽有"减价贱售"或"关店拍卖"之招牌,皆骗人上当之一法也。若买现成,曩时以城河浜一带衣庄皆为原当,且取价极廉,今则四马路、三马路间之衣庄亦极正当,惟货色不尽原当,兼有新做者杂乎其中,购者须留意。而唱喝中亦不若内地之喝包,必属便宜,五花八门,淆人眼目,有便宜有吃亏也。石路上另有一种宁波小衣庄，专售新货，如小儿衣服等，则亦万万不可请教。做工大约一寸缝三寸，试问尚堪着乎？而料又极次者，苟走上彼等柜台，务必成交，且不能还价，苟还价或微嫌其货色不佳，则声势汹汹竟有用武之状，比见其口角者屡屡也，还是不请教为上策。

（二）食　寓居海上，饮食一节约分两种，一居家、一请客，兹先以居家言。买盐不值得零碎十文一包买去，弄堂中往往有挑担喊买盐者，苟一角或二角一买，较十文一包之零碎买可以多沾一成之益。油、酱油，南市陆家浜桥万桥酱园者最佳，论价值与市面无甚上下。鲜肉必须麦家圈浦五房，物较他家少贵，而无隔宿及打水等弊病，否则有碍卫生也。其余无甚打算，要以买办之手段为标准。酱鸭四马路尽美斋为最佳，燻鱼必须大马路春申楼对面老大房最佳，惟老大房价虽不昂而其秤分量独小（据个中人云，茶食秤通行十四两，老大房只十二两，先施茶食则十六两，一则独大、一则独小），此居家之大概也。若请客场面阔大者，多赴西餐室或小有天、别有天等餐馆。然西餐真正欧美派煮者，若虹口之礼查、法界天主堂街口之密采里等，则合碧眼黄须儿咀嚼，吾人食之大不对胃口，大约非生即味带腥羶，故不惯者切不可出钱去受罪。有一品香、一枝香等，又专做大帮或熟客，苟偶然光顾一次亦不见欢迎。苟喜西餐，大约万家春、倚虹楼、大观楼等最合式，此数家之中，大观楼最贵，余则不相上下。中餐则有闽、川、扬、广、苏、徽、鲁、京等派别，闽则若三马路之小有天、别有天，云南路之消闲别墅等，吃其全桌较便宜于零点，而神仙鸡一味尤为特著，不可不吃也。小花园之古渝轩，川菜也，价亦不昂，粉蒸肉一味最为擅长，惟有熟人去格外道地，否则亦碌碌如常。三马路老半斋、新半斋、大雅楼等，扬州镇江菜也，苟往吃其壳子（即和菜，个中谓之壳子），加以体面二字，可谓价廉物美，惟须有京江人竟古邗熟人与堂倌说土话，则格外讨好，否则亦寻常耳，苟另点菜，则炒鳝背、枭肉、琉璜菜等为擅长之物。广东馆则翠乐居为最著名，其次若春江酒楼、东亚酒楼等，价目甚昂，菜亦平常，若燕华楼等名之曰宵夜馆，冬菰鸭饭最为值得，余则无可取也。鲁馆大者仅雅叙园以京馆兼济菜，余则无矣。满庭芳有一家纯粹山东馆，价廉而味厚，不配胃口者食之作呕，若余则很爱食其瓢儿汤、炸酱面等。京馆有南、北京之分，南京馆所谓教门馆，大抵回教中人顾之者多，宝善街顺源楼、大新街春华楼为最佳，盐水鸭、炒牛肉丝等为最好，而价亦极廉；北京馆子雅叙园、鸿宾楼、同兴楼、会宾楼、悦宾楼等皆是，最好吃其四丁，其余味虽好而价甚昂，就中以悦宾楼最揽生意，余则仅顾全门面耳。大马路之春申楼虽曰金陵，实完全北京菜，而吃食店中价值最贵者莫如春申楼。某游戏场经理与春申楼交情密切，苟托其代定酒筵，则菜较优于寻常，价目亦少廉也。苏馆即饭店，徽馆较大于饭店，炒鳝丝、煨羊肉等为著名之菜，前十年盛行一时，近则不甚见称于老饕之口，聚宾园、来元馆、同乐园等皆是。因彼等不精益求精，而价又不廉，故见轻于世。饭店之佳者，首推二马路外国坟山对面饭店弄堂之正兴馆，价廉物美，名副其实，炒圈子（即红烧肠脏）一味尤为著名之菜。自石路鸿运楼翻造之时，有一上手司务改就正兴以来，汤卷一味亦有特名矣。曩钱塘汤蛰仙每来沪，早、晚两餐必在正兴，故该馆别名"汤公馆"。酒肆触处皆是,论货论价均不相上下,言茂源陈贤良尤为道地,豫丰泰虽备有热炒而价则较昂,客所以忍受者,贪其便耳。租界定章,十二句钟以后不能售酒、售饭,通宵照会只粥店与暑天之鬻冰室,独三山会馆对面之顺兴馆可以通宵售酒、售饭,盖顺兴馆供给捕房之晚点,每逢下午十二句钟循例送去(以新闸、老闸两捕房为限)。该馆楼上别有一雅座,亦专备天寒夜深,夜班巡捕御寒饮酒之所,以故合洋场如许酒馆、饭店,独顺兴馆可以售通宵。其例已久矣,老上海者类能道之。该馆上午亦不见有人,必待下午十时以后乃渐次上市,夜三时至五时正座无隙地之际也。惟枉顾之客,中下社会居多,食物之中以蛋炒饭为最便宜,而须明其诀窍。苟即曰蛋炒饭,则不甚见佳,当曰小碗蛋炒饭,蛋、饭分二,则格为道地。吃点心,扬州馆之枭面则已有口皆碑,即宣德楼(在盆汤弄)之羊肉面亦尽人而知,四马路之近水台有清肉丝汤面、免底细烧面,味佳而价亦不昂,更有至得和馆(在五马路麦家圈)吃鸭面,名曰轻面加六,轻面则浇重矣,惟恐面过轻食之不饱,故更加六文之面,质言之,多出六文代价,欲其面与浇头两皆道地也,此非老饕者不办。糖炒栗子必须交通路口怡园茶馆底下之栗子摊,价目虽不廉而货色独冠,据传每年销东西洋庄生意甚夥。他如泰丰之公司菜,价目虽廉而罐头品物居多,不甚适口,东亚、大东西餐之公司菜亦然,而东亚、大东西餐之点菜则昂贵异常。至法界二洋泾桥之密采里、静安寺路之别克登、宁波路之卡尔登等,皆为外国饭店,其优点在洁净,又除悠扬不尽之西乐以助兴外,绝无嚣杂喧哗之声,灯光、炉火皆能适度,惟中餐多至一元五角,晚餐多至二元五角,酒则一品香等馆每小杯一角半者此则需五角,水果亦增价颇巨,请客者当注意也。

（三）住　栈房规例,有行李者饭金五日一给,无行李者三日一核预,熟客不在此例。然真正实行此例者绝鲜,旅客寓居于斯,宁可拖欠饭金,万不能多延茶房之代账,若代账多往往终日受逼、遭白眼,且购物宁可自往置办,盖茶房代购大约必须扣除一九五折。旅社最便宜者,首推振华,饭菜最好;次为新旅社及孟渊;若专做客帮老牌子则名远(即老孟渊)、沪台、新宁等,房间定价稍有参差,而内容尚不相上下。栈房价值之昂莫过于东亚、大东,苟非富宦巨商,大可不必枉顾。他如苏锡、吴锡、常锡等旅馆,则观其牌号便可知其专做何帮客人。三洋泾桥一带客栈,外江初来者大抵都在此下榻,此中宵小甚多,即大盗间亦有之,住此等栈房宜格外留意。借房子欲便利清洁,则长浜路一带是其选也,房金在十元至十五、六元一幢,新闸、大通路一带房金较为便宜,出路亦觉稍便,惟近纱厂,煤灰甚多,爱洁者不取也。装电灯第一月用火须格外节省,则以后虽加价亦不过巨,若第一月多费,则逐渐增加亦一绝大漏卮也。自来火稍廉,亦均以第一月为标准。房金至多不过拖欠三月,如过期则必钉门。捐钱必须按期缴清,不可延搁。凡寓沪者,对于租界定章理应遵守,如拾路上遗物为巡捕询诘,亦不能说拾着,盖违禁也。行人与店家万勿斗口动武,如至控诉,则当道保守庇护商贾之门面,语虽直在行人亦必稍稍卫顾店家也。公众卫生务必注意,苟任意糟蹋,必受公家之干涉。如有电灯,千万不可私心自用(如偷电私自多装一盏,或火表上贴以潮湿纸等),若一经查出,科罚甚苛。如遇火事,救火者已来,则细软只可藏于身万不能携于手,盖当时不认此物为汝有而疑为抢火者,如遇左右邻人均保有火险者,则已万不能吝此戈戈,恐有城门池鱼之波及。诸如此类,事虽琐屑,实甚紧要,作海上寓公者不可不注意也。

凡上三则,为余亲身经历之语,绝无向壁虚造之辞,愿阅者毋忽视也。

## 夏季之衣食

欧风东渐,习俗频更,申江为通商巨埠,夙号奢靡,衣、食、住三者尤讲求不倦,中人以上更事增华。当兹炎夏,上海又易一暑景幕矣。聊指微见,亦以见沪人心理之一斑也。

**葛衣之风行**　衣者,章身之具,又体之文也。申江闺秀,大都由青楼以变迁,纱绸、绸帛幻式之速,殆如昙花霞影,即士大夫之服装亦多视此为转移之关键。布帛无论其质地佳否,但经时髦倌人及有名讲求衣饰之人制为服装,即可风靡一时(颜色及长短亦然)。然民国三年以前,无论如何变更,总不去纱罗绸绢以外,中日交涉以降,高识之士咸倡用国货,于是盛夏服衣多以夏布为主,曩之各种舶来纱绢几无一人过问矣。

**冰冻之饮料**　梅炎藻夏之时,火伞威扬,冰纨力弱,我辈浮瓜雪藕藉涤烦襟,西人则喜饮荷兰水、冰忌林、啤酒等物。霞浆一咽,沁入心脾,诚洪炉中一服清凉散也。沪地除西餐馆外,若四马路饮冰室之设,鳞次栉比,入其中,装饰华美,玻盏璃杯有需必备,其诸饮料中惜有多数不洁之和入,未免有碍卫生;且人当盛热时,肺叶膨胀,骤饮冷冰其收缩力过甚,颇有非常危险。此则注重卫生者所不可不知,而亦有公共卫生之责者所不可不禁也。

# 浴 池

公共浴池之创于何时代已不可考,惟创设之时其形式必如今之所谓混堂者相似,自可推想而得。混堂者,筑一约横五六尺、直八九尺、深三尺之大池,四周筑一不盈尺之短墙,别以锅烧汤,以桶倾之池中,可容浴者十余人,每人需费铜元数枚。日本之浴池亦即此类,第日人好洁,浸身池中后必在池外擦身,令无纤垢,始再入池中,领略游泳之趣,故池水常洁,至如水面稍有浮腻必去之易以清水,而水之温度亦甚适中,不致浸久则头目昏眩,费亦铜元二三枚而已。吾国之浴池则与之相反,其中空气闭塞,水腻如油,热度亦过高,故常蒸腾如云雾,咫尺不辨人面,汗臭气与肥皂气中人欲呕,本图一浴以愉快身体,乃反如入蛮烟瘴气之区,卫生之谓何也?其后有所谓盆堂者,则浴于盆中,盆容一人,费约百文,自较混堂为善。后又有所谓官盆,或与盆堂无甚差异,惟其未浴之前与已浴之后所坐之座位略胜一筹,而费则几倍之。又其后又有所谓西式盆堂、特别雅座,费又倍于官盆,而西式盆堂与特别雅座如人各一室,又费又昂四分之一。此盖指沪上一隅而言也。以予所知沪上浴堂之变迁,则十五年前以大马路之天发园为巨擘,数年后则有双凤园、尚洁庐始有西式盆堂一二具,取值约一二角;辛、壬而后,以东荟芳弄内之日新池及三马路之华清池为最;迄于甲寅,则有浙江路之浴春池,西式盆堂已有五六间，继之者有九江路之洗清池，则西式盆堂概设于楼上，约数十间矣；今则南京路之浴德池已分楼房数层，内容亦略如浴清池，取值则皆昂至三角或至四角，然昔之混堂、盆堂、官盆仍依然设置未废也。予言至此，生有三种感想，试言之如次。

一曰伤财。浴身为至寻常之事，且必勤于沐浴乃合卫生之道，最好暑天每日一浴，冷天亦必间日一浴，至久亦必每星期一浴，身体乃觉畅适。姑计其费，则浴费以四角计，擦背一角，其佳者乃至二角，堂倌赏银一角，是每浴一次动需六七角，月计当在三元之甫，若其中附带之费，如修足一角、修面一角或吃点心一角，则每次需一元，冬、夏平均沐浴之数尚有百次，则年需百元，即拆半计之亦已五十元。区区浴身之费，几为中户出款之大宗，较之日本每次三十文而又清洁者，吾穷光蛋之国民当知所取法矣。

一曰费时。吾国人最喜闲谈，终日絮絮于茶楼上无论矣，至浴池则非闲谈之地，然亦必邀约一二朋辈骈坐榻次，啜茗长谈，既浴之后，又必伸手展足，裸体横陈于众人瞩目之中，备极丑态，作其断续之谈话，倘欲修面、修足、吃点心，约计每浴一次动费四五小时，此岂爱惜时光之国民所应列为功课之一耶？

一曰无女浴池。吾国男女之界，每于无谓之处亦分别至严，即如浴身为男女所同有之事，独妇女则无公共浴池，以致咸感不便而无可如何。惟今之一品香有为旅居妇女特设之浴池，然亦限于其馆中之旅客，若外来者仅妓女一流耳。

尚有一事为宜废除者，即擦背至于全身是也。擦背犹可，以自己行之不便，不妨假手他人，若下体亦必由人摩擦，不惟有损他人之人格，而身体亦太失其活动，好逸苟安未免过甚。至其流弊，则近年竟有代人非法出精之事，此则不可道矣。

至其中之组织及佣人之生活，如有调查翔实者揭诸本书，甚愿闻也。

## 男女拆白党之鼻祖

南妓之北去者，自赛金花外继以林桂生、谢珊珊与其妹四宝。珊珊本居城内三牌楼，姿态丰艳，举止蕴藉，颇有小姑风，其父设象牙肆于城隍庙前，一时有"象牙西施"之称。年及笄，因婚匪偶，愤而走闸北，投其母姨家，母姨本非良善，遂诱之入青楼为娼。初树帜于蕙芳里，名震一时，继迁吉庆坊，其房侍中有名小脚阿水金者，貌与珊珊若，富人杨宝宝溺爱之，前后所费不下万金，一日又赠阿水金以珠饰数事，冀将择日归纳之金屋，殊不知翌日杨复往不见阿水金，询之珊珊，始悉已嫁画师沈某去，杨谓："余待彼不薄，何以愿适他人？"珊珊曰："水金夙有贰心，所以不即发者，因沈某家非素丰，且政悉操于其妻之掌握中。今汝以价值万金之珠宝赠水金，适成其恶，故昨夕即去此间也。"陈大懊丧，盖水金贪杨金而憎其貌寝，向之虚与委蛇者，固早存噬其一口而远遁之意也。既归沈氏，沈美丰姿，且善内媚，故水金甘以身许，挟以至者殆两万金，屋中一切铺陈饮食之费皆出水金。久之，为沈大妇所侦知，乃迎水金至宅，告曰："吾知汝德性甚佳，佐吾至宜，惟外居非宜，人且议责吾之悍妒，归宅同居，吾与汝姊妹也，何复参差。"水金初闻大妇之悍，猝见其和蔼谦下如此，不觉输服，且意外居亦不能久，乃随之归，大妇即指定一屋与之居。数日，大妇过其屋，见其陈设曰："如此铺设，仍似堂子，居家不宜也。"令以残败之器撤换美丽之陈设，继又谓其衣饰过奢华，恐遭宵小觊觎，家常不宜服御，又美其名曰代为收藏，悉数刮以去。水金至此，始知被给，然无法抵制之，只可诉冤苦于其夫前。然沈系季常之流，闻之亦无能为力。沈素无芙蓉癖，自识水金，乃习吸烟，久之，瘾甚大，沈妻乃曰："是宜速戒，然兹事不得不亲自料理。"于是沈遂不能与水金见面，水金日惟对影饮泣，未几以郁致疾，寻死，于是沈虽失爱宠，骤为小富翁矣。

其事为朱之榛乃郎所知，欣然曰："婢如此多金，则珊珊可知。"乃挟资来沪上，与珊珊缔露水缘，恣意挥霍，且声称将娶珊珊。不意其状为珊珊所窥破，佯为不知，一日谓朱曰："吾今尽遣诸客，将嫁汝矣。"朱喜出望外，珊珊曰："惟有约，吾以身许汝，汝以后之衣、食、宿三项吾任之，然汝居吾家不得出大门跬步。"朱未知蓄意，昧然允之，乃赁屋于六马路仁寿里，双飞双宿，俨然夫妇。不知者方羡朱之艳福无双，殊不知日间受珊珊指挥，供婢仆之役，夜且与之宣淫无度，不三月，朱将成人腊矣。此着殊出人意料之外，幸朱之友侦知之，乃率多人如临大敌然，将朱救出，声言将归告之，誓彻底追究，珊珊嫣然曰："谁教彼心怀不良，不如是不足以惩其淫恶。"口虽作此语，然心亦惧其报复，未几即北去而为振贝子所昵，招至东城余园侑酒，备极淫亵。时张元奇为御史，专折参振贝子，谓其为珊珊调脂傅粉，殊失大臣体。折上，奕劻为掩饰耳目计，下令尽封南城妓馆，逐苏妓南旋，实则珊珊乘此时已入邸第矣。

夫杨为水金绐而水金又为大妇所迫至死,朱又几死于珊珊,或曰天理循环,实则皆自取其祸,开上海男女拆白党之先河。若小脚阿水金,若画师沈某及其妇,若朱,若珊珊,未可谓非此中健将。十里洋场,五浊之府,居之不易,于斯益见。

## 小生活

凡能自食其力者,皆为良好之国民,故生活无贵贱、无上下,仅就其资本之重轻,姑定一比较的名词,曰大小而已。今日无论何种社会,皆有皇皇失措之态,游民遍于全国,不亡何待!吾人故对此小资本之生活家,实有无限尊敬之意。呜呼!使人人能自谋小利以自存,则地方太平、国家富强,可计日待也。况个中作法复杂,种类重重,言之极有趣兴,拉杂记之,傥亦观风君子所许乎?

### 卖瓜子

此殆为上海最普通之小生活也,凡茶园、戏馆以及一切公共机关中均有之。此等所携者为一篮,近亦有改用大香烟匣者,瓜子凡分两种,一香瓜子、一西瓜子,亦间有售花生者。篮中、匣中所置不多,将售完则再至居处装入,盖其居处去营业之地段必不甚远。查其每日入款,可二三百文。生瓜子购之于店铺,以斤计,亦有即向店中购入熟瓜子而贩卖者。彼等居处即八十钱一夜之小客栈,或数人共借一便宜之后楼,业此者多童子或衰弱之人。

## 黄浦中之操舟

沿黄浦两岸，处处有码头可以渡人，有官渡、私渡之分，官渡者经警署之许可而纳捐者，私渡则否，俗称野鸡渡。上海人凡对于不正当之事事物物，均上以"野鸡"之尊称，如公司、学生、轮船、包车等种种，无不可冠以"野鸡"之名，渡称野鸡，顾名思义，其为不正当可知矣。凡公渡之船有定额，船身约三丈外，宽一丈许，例载二十人，人纳铜元一枚（前纳五文），若欲独令开行者须纳小洋一角，如携有行李而衣服体面者，舟人亦必索铜元二枚，不理可也。按黄浦两岸相离极近，波浪不大，较之襄河水涨、珠海潮来时之渡船，其险夷不可以道里计，而索值竟倍之者，生活程度之高欤。又此等船既例装二十客，中国人之常性，本以时间为绝不足惜之物，故先来之客往往因不满额而久待者，至野鸡船则反便利多也。船式不一，均可容四五人，业此者男女参半，装客既少，故不需久待，通常纳费二十文，独坐亦仅四、五十文耳。公船以二人驾之，一前一后，野鸡船则一人耳。野鸡船身小，于大风浪时较为危险。此两种船好在不同码头营业，不致有争执。业此者均浦东乡人，日可入五、六百文以至于千文，自比田园生活为优胜也。

## 捐　客

捐客之名词独沪上有之，业此者甚众，盖对于买主、卖主之居间人也。凡遇一宗贸易，由捐客介绍而成者，例得酬金，俗谓之"佣钱"。收入之多寡，以操业之种类及贸易之额数而定，如属于地皮一类，谓之"地皮捐客"。沪上地价至昂，每亩多者率在十万元以内，少者亦数千金，遇有此项交易总有万金之额，酬金以一成论亦可得千金。又如告白一类，有专为报馆介绍各业登载者，亦名捐客，所得酬金率在十之二三，月计亦可得数百元。其余各业皆有捐客，虽其间容有为捐客操纵或垄断之处，实亦甚多便利，故各业多乐用之。凡操捐客之业者，概以茶楼为营业之机关，因沪上房租甚昂，居家多择偏僻之处则租金较廉，僻处则不便与有关系者日日聚会，故以茶楼为宜，以茶楼多居闹市也。复以房租过昂，仅以足容家人为度，可不必另辟客室（极小之房如所谓一幢者，亦必有一客堂，但常有一幢居数家者，客堂例归公用，殊不便于会客），因此在家会客，非至熟者多不接待，尤必以茶楼为宜。且茶楼会谈，清茗一壶足矣，即益以点心，所费亦细。既常以茶楼为会集之地即为常客，在茶楼主人之计值自以月计，必较鲜来之客取值为廉，以故沪上各茶楼每至座满，不知者方谓沪人性独嗜茶，而不知其乃为各捐客之营业机关也。

## 报　贩

　　恃卖报为生活者谓之报贩，亦有团体、有机关、有首领。其法，每日天明即以现款至各报馆，计取报之多少以付值，不能拖欠分文。取报之后，即在报馆内或他处将报折叠成份，由报贩之伙友或用人急足分送阅报之家，至月终收值。盖阅者皆不直与报馆定报，必与报贩定阅，以报馆所定报价不能贬损，而由报贩送至者必较定价少四分之一。在报馆与阅报者素未生关系，无由知何人阅报而为之送至，而报贩则日常与阅报者有缘，有习惯上之便利，故即有人直至报馆定阅，报馆亦不能雇用许多使役为之专送,势非由邮局不可,是不特多一层邮费,且亦不及报贩送至之快也。报馆既不能脱离报贩以取烦劳,自当对于报贩另作批发之价,俾其得以取利。大约每份报价三分者月计则为大洋九角,售与报贩则只能取小洋自四角至六角之甫,而报贩转售与阅报者则在六七角之间,所得工值月不过二角,如每月能销五百份以上则可得百元,以之分配伙友或用人,所得亦不多。至于沿街叫卖或至旅馆零卖者,虽取值较多而销售则较少,常视报贩之生活为不及。报贩之生业,无论何人不能夺之,惟光复时之女学生及丙辰后之救国团,皆以学生资格,人数又多,报贩视其卖报而无可如何。斯为特例,但不久仍不得不归报贩之手也。

## 记南京路之赌

沪上洋场十里,为西人势力范围,五方杂处,良莠不齐,故赌博之风,虽禁例森严亦不能清其源也。惟华人新年及春、秋二季西商赛马之期,例得弛禁数日。初,泥城桥以西为中国自辖之区,黠者每当赛马之日公然于此开场聚赌,以收渔人之利。彼以为西商赛马,赌耳,彼可赌则此亦何尝不可以赌?当时西人以权力不隶,置之不问,华官耳目不及,亦不过问。既而西人展拓租界,席卷泥城桥以外诸地,每届春、秋赛期仍沿囊例,宽其赌禁,以是各种赌具蔓延至泥城桥以东,寖假而南京路皆是矣,为害之烈,不可胜言。忧时之士群起攻之,中外商贾亦以为非,工部局董遂毅然下令禁止,故自丙午年来其害遂绝云。

# 赌博小史

**一花会** 沪上之有花会，始为广州、潮州、宁波三帮所倡，数年前，乡愚之受害者奚啻千万。开会者曰筒主，其法以三十六门（内有两门不开）任人猜买，自钱二、三十文至银数十百元均可购买，自封缄，有代收处曰听筒，其上门兜揽者曰航船。三十六门者，（一）正顺，（二）银玉，（三）月宝，（四）只得，（五）井利，（六）日山，（七）有利，（八）万金，（九）茂林，（十）吉品，（十一）山槐，（十二）江河，（十三）青云，（十四）元吉，（十五）攀桂，（十六）汉云，（十七）志高，（十八）光明，（十九）安士，（二十）逢春，（二十一）福禄，（二十二）合同，（二十三）霄元，（二十四）坤山，（二十五）太平，（二十六）明珠，（二十七）元贵，（二十八）必得，（二十九）大申，（三十）合海，（三十一）合梅，（三十二）云生，（三十三）富贵，（三十四）昌奎，（三十五）九官，（三十六）天亮。名目离奇，鬼没神出，无非鬼蜮伎俩，欺骗钱财耳。

**二倒棺材** 花会之外，有所谓放三四者，俗名"倒棺材"。有游民领袖四人组合之，分蓄赌器十二具，永不增减，苟有私设者，必集人毁之。四人者各以器三具分授于其党徒，每具有二、三十人司之，携至华界与租界接壤处以及乡镇，设摊于通衢，出器诱人，乡愚趋之若鹜。器为木牌一块，长约寸半，如长立方形，两面各刻长三、人牌，非三即四，骤视之一若得之甚便者。别有一盒笼罩其上，大小吻合，愚者见之以为罩三必三、罩四必四，决无遁饰。不知罩内之方洞，孔方而外圆，两端有钉系之如轮轴然，可旋转自如，方其迎三而罩下时，以指一捺则牌已斜立，吃紧于摊板之湿布（如无湿布则法不行），外推则三，内移则四，此固理之明显者。其时摊旁复有十数人互相撬霸（假作输赢谓之"撬霸"），押三得三、押四得四，观者眼热，亦随之下注，岂知注三变四，注四变三，变化不测。然有偶得，是之谓钓鱼，盖饵之也。乡愚无知，每为所惑。

## 赛马时之赌局

西人向当春、秋两季赛马时，于跑马厅左近出资租屋，开设赌场，引人入局。其赌具不一，而以西式者为多，且雇无赖华人为之招徕，捕房不之禁，故乡间来沪观赛往往有受其愚者。十四年前，中西各董议决，以赛马时工部局不禁赌博，虽为时仅三四日，政尚宽大，而因之以一掷千金者亦屡有所闻，未始非弛禁阶之厉焉。遂取缔西人设赌，而遇于华人一般摆摊之小赌台，禁之尤极严厉，以是西藏路一带，今仅许小贩搭台者享数日之权利也。

## 前清之彩票公司

沪上之有彩票公司，始于南洋签捐彩票局，继之者为江南彩票公司、湖北彩票公司、安徽铁路彩票公司等，生涯鼎盛。城内老北门、新北门一带各烟纸店有兼售彩票者，亦有设肆专售者，一履城门，"头彩独得"、"一本万利"、"号单已到"之招牌触处皆是，其发达盖可想见。洎乎清末，各彩票公司如南洋、江南、湖北等数家相继倒闭，只余安徽一家，辛亥革命声起，影响所及，亦不复存。自此沪上之彩票公司遂销声匿迹，间有一二奸商手持一种彩票，在茶楼中向客兜售者，只有澳门彩票耳。

## 彩　票

光绪初年，小吕宋以地瘠民贫，政费莫出，乃发行一种彩票，每号十则，每则售银五十仙（港币之名称，按即五角），按阳历逐月出阄，获中头标者立致巨富。此票集中于香港，流行及于沪上，销路殊旺，行之几及二十年，漏卮亦殊可惊。迨该地被并后，票始停办，继此而起者有赤金彩票、皇家彩票等，然旋作旋辍，信用未著。甲午而后，淮属奇荒，慈善界疲于应付，粤人王某以筹赈名义，禀准江督刘忠诚公，附片奏办广济公司，号江南票，设局于沪南外马路潮惠会馆隔壁，每张五元，亦分十则，是为吾国人自办彩票之始。其定章以七五成派彩，月缴赈款千元，予限五年。主其事者初颇惴惴，虑销数不旺，故第一次仅印三千张，小试其端，不意承销者争先恐后，乃以次增额至三万号为止，颇有公正之誉。厥后续办一年，复易名南洋公司，不数月遂禁售矣。与江南票同时竞办者有和济、广益、普济、普益、同利等，不下十余家，均就租界戏园开彩，逐月认缴捕房捐款若干，临时且派探监察。奈供多于求，猎彩之人有限，其结果不得不减设票额，然减额则彩注不丰，虑不为人所歆动，于是乃表面上虚饰空号若干，增其彩金以迎合购主之心理，比及出阄，其所悬的之三大彩胥出于诈伪之一途，仅以小彩点缀而已。久之捕房微觉其奸，突于某公司开彩既毕，穷究其大彩之所在地，该公司瞠目莫对，而社会间亦以此巨赌为诟病，遂一体勒停禁售。近慈善券萌芽方始，纯系义务性质，倡之者又多巨子，其成效固无待鼓吹。余为此说非敢哓哓取咎，特鉴于往事之牟利可耻，致遭外人干涉，此事果能如今之切实奉行，无偏无倚，则鼓钟声闻，虽逐月发行，未始非筹款之一法。复次则所耗无多，货困之流，怀一纸以博希望，亦可稍安义命。或通销域外，且足挽漏卮之一。愿与主其事者共勉图之。

## 开彩记略

自沪上慈善巨子发起救济彩券以来，踵而行之者复有浙江塘工、两湖义赈等名色，纷纷继起，将复旧观。无识之徒遂疑个中内幕，必有大利可攫，所谓巨奖者是否天然产出，抑有人力为之默运，颇惹社会注意。顾沪券纯属义务性质，究与从前广济公司营业牟利者不同，固无所用其致疑也。且开彩已历三度，其手续之精密、办理之公正，有目公赏，无懈可击，故能一纸风行。而尤为特色者，其临场开彩贮珠之铜球，遍体凿孔密若繁星，使内外洞彻，以示毫无成见，此一端最足坚人信仰。惟其号珠开出时，受珠器系用仰瓦形之铜斗，斗之极端复有寸许宽之铜片蔽护之，推其意，盖虑号珠离球，注射力猛，或致跃出斗外，然万目睽睽间不无有半糠蔽目之嫌矣。忆昔年江南等券开出号珠，承以铜线编成之麂眼式小筐，支以三足架，面面赤露，然自元号头彩产出后，疑谤沸腾，销数一落千丈，甚矣信誉之难能也。又闻本届四千六百三十四号之头奖，初时哄传某票店分条售出，近一再查无着落，始知此号实在剩券之内。或谓发出后由某店退回，然公司定章綦严，无收退之成例。意者偶予通融，会逢其适欤？噫！奇矣。

余稿甫竟，客有述及清季广东闱姓赌票事。个中有所谓扛鸡、禁蟹等名目，每值试事，卜彩若狂，而流弊蕃滋。光绪间徐花农任考差，莅任即严示关防，获枪替枷示外，复拍照悬诸大堂，人多惴惴。不知徐实色厉而内荏，暗卜榜花，遣人猜买，凡所卜之姓，不问其文之工拙杂入毂，以是获利无算。国家抡才大典，乃竟为此所颠倒。然苟非粤人赌风之盛，亦无由酿其成也。后科举停，此风始革。

# 下流生活

欲求正当之生活于上海，真似凤毛麟角之不可多得。窃钩诛而窃国侯，天理宁论！彼掠金于市，退而团团作富家翁者，何可胜数。其手段极高妙，非吾人所能得其真相。无已，择其下焉者乎。下流众恶之所归，手段虽未高妙，营业之卑下则过之，缕述如下。

## 露天通事

沪人称能外语者曰"通事"，犹日人所称之"通"。通事而曰露天，其不正当可知。按此种通事皆失业之西崽、马夫之化身，遇外国水手或不能华语之西人，于购玩具或食物时，为之向导撮合，故昂其价，从中取利。其所操之语俗呼"洋泾浜话"，略带英文之音，出以不规则之文法，语极简单，故西人亦能会意也。昔城内城隍庙内往往遇见此辈，今不多见，不知何故。

## 印子钱

内地亦常有形式不正当之借债，利息之重骇人听闻，称曰"印子钱"。业此者究为极少数，又不敢明目张胆。若上海，则凡流氓、侦探之稍有积蓄者，几莫不营此残忍之投机事业，多至数千人，党友多而势力厚，放出之债不怕无收回之望。其内容约分为三类：

（甲）第一类者，债权人放出总额有达一、二万金之多，然被借之每户至多不得过五、六十元，从未闻此类债额之达百元者。因利息太重、债额过多，则负债者必致破产，而放债人亦不利焉。例如借洋五十元，付款之先必须扣去九五（今之国际借债尚不止九五扣），即以四十七元五角作五十，自后每五日还洋五元，限两月还六十元作为本利两清。如是，即以两月之短期而得十圆之厚利，更须成约时现扣九五以偿跑街（即经手人之流，亦小阿瞒辈之小影也）。此项债务人大都为开堂子之老板及堂子中之捐洋钱者（不意国际大借款之王买办，其发迹地亦为堂子）。

（乙）第二类者，债款较小，如小买卖者或拉车者，偶因雨雪或染疾病，由是不得不出此（亦国际借款中之水灾借款或慈善借款乎）。债额三、五元，隔三日一还，利较第一类为重。

（丙）第三类者，借额不过千元，例如借钱千文必日还七十文，一月还清计二千一百文，是利倍其本矣。借债者为初来沪之无聊下流人，欲借此以营小生意者。

## 燕子窝

上海无奇不有，记不胜记，随时势而产生亦随时势而消灭，自生自灭，层出不穷。即以烟毒而论，自十年前开始禁止以来，其中所出奇异之问题多不可记。如现在所最流行之名称曰"燕子窝"者，亦烟业之一种也，遍地皆是，种类极多。如浦东女子之作女红于上海者，其母遂在家开一烟灯，初则熟人来吃，渐亦招待生人，而此女于女红之暇遂作招牌用矣，渐则不可问也，此燕子窝之近于私门头者。亦有沿街开设一店，后楼遂作此小营业，其主人当然亦是芙蓉城中豪客。查法大马路之所谓西式〇坊者，实皆窝也。窝中有卖烟者，亦有仅代客买烟而借枪与灯于客者，并不取资，但收吃下之烟灰而已（按，烟灰亦极值钱）。"燕子窝"三字不知何所取意，旧时王谢，今入小家，飞去飞来，朝朝暮暮，遂醉生梦死于其间矣。

## 小客栈

台基小房子之外，有小客栈焉。自大世界至三洋泾桥，沿爱多亚路比户皆小客栈，上海之小客栈多矣。惟爱多亚路之小客栈最不正当，专作台基小房子之营业，一如汉口之中西旅馆及广州之鹿角酒店然。其沿门口之第一间排列单榻十数，专赁与一般小生活者之住宿，日仅取钱六、七十文，便宜极矣。楼上或后房之单房间收拾亦尚整洁，间亦有红木装饰及铁床者，单客夜仅取资二、三角（单客者专图便宜之寄宿，故亦便宜之），若双客（即不正当之男女）则索价不一，有索至一元以上者，即日间一、二小时之借宿亦须费半元以上。

## 猪仔客之向导

猪仔客亦称"金山客"，近人笔记亦既详言之矣，兹余所述者则为其初至上海之趣史。彼等来游上海，为之向导者大都为粤帮商店之伙友，或一般闲居无事之人，每日导之出游，或至商店购物或至名园游览，有时乘汽车而狂兜圈子，有时入妓院而寻花问柳，彼向导者乃从中获利，每日可得十余元至百余元不等。其最可笑者，有某某二客初抵上海，向导者导之至某广东酒楼用膳，所食不过六、七元而司账乃开至三十元，盖向导人已与司账串通也。然彼满载归来之猪仔客，初未尝嫌其昂而稍露吝色，且啧啧称羡，以为物美价廉当无过于上海，受人之愚尚懵然罔觉，是猪仔客而兼猪头三也！并闻上海之粤人有专营招待猪仔事业者，则近人黑幕中所未言及者矣。

## 三光厂

租界中有一种类似乞丐之人，俗称之谓"三光厂"中人。其实并无此厂，亦无一定机关。"三光"云者，殆即天地为庐，日、月、星三光之意。此辈百十成群，专伺居民迁移之最后一日，任扫除之役，并不取值。盖所谓扫除者，非对于垢秽而言，其目的所在系搬取迁出时之遗剩废件，如朽板、破器等均为搜括，相沿成例，遂有不待主人辨别弃取彼辈已自由行动者，常至喧争不已，虽鸣捕亦无如何。又凡遇拆屋重建时，其承包之工头亦必先与若曹议定规费，方保安全，否则于将拆未拆之际，住户已迁徙一空，所有门窗、地板等必撬取净尽。但此种人数虽众，平日尚无其他不法行为，捕房恒宽待之，故报捕亦于事无济也。

### 荐头行

街道路尾，有所谓"某氏老荐头"者，即介绍仆役之机关，有苏帮、扬帮等各地之分，三五家列肆相望，标明籍贯，便雇主随籍而求，无乡土扞格之弊，计诚善也。设此者多为妇女，虽薰莸有人亦多雌伏以雇佣，取舍之权，人家多由阃以内主政，非男界所能接近也。凡愿投身充役者，预觅铺保，同赴该行接洽，登之簿册，如记名候差然；或坐行以待人家招唤，必先试其勤惰三日而定去取，合则除给工资外另按第一期工价十分之一为介绍费及相当之车力，给予荐头。此须主家独任，间亦有主仆各半者。沪上以供役烦多，故如男子之愿充厨子、车夫、店役等职，苟有的保，该行亦代荐引，需要者亦多于此寻求。故太邱道广，劳动家视为终南捷径，至间有藉此作拐掠之渊薮、导淫奔之媒介者，既难以一例百，且别有黑幕专书，非本书所及，故从略。

## 装鬼吓人案

十六铺以南沿浦马路建于光绪中叶，虽有工程总局司其成，然始事之际限于经费，草率殊甚。董家渡迤南更觉一片荒凉，路灯亦明灭不常，每届夕阳西下，行人绝迹，间有必须履其地者，必结伴而行,久之浸成奸宄渊薮矣。一日,乡人某甲负布十余端,拟赴北市求沽,道经该处,红日西坠,突闻丛箔中簌簌有声,惊顾之,见一人欣然面长,跳跃来前,似将追扑。甲素饶胆略,乘月光谛审之,见其人面如傅粉,两目血痕双坠,舌出尺余,顶高冠,浑身缟素,酷似世传无常状,骇愕间,忽闻划然长啸,声震四野,甲至是毛发森竖,急弃布狂奔而北。及里马路,夜市尚闹,遍告途人,或笑其妄,不一刻复有一人骇汗而来,述所遇相同,于是群哗为鬼。时告局某弁,有强项之目,闻而嗤之,越日率巡兵十余兵名,携火枪戒备而往,预伏蓬蒿间。一更向尽,万籁寂然,弁豢有一犬,甚机警,是夕尾随不辍,众遂喙令先驱。居无何,犬引吭哀嗥,若有所见,众心知有异,持械踪迹之,见荆棘中微露高冠,颤动不已。群疑尸怪,逡巡畏沮,弁奋勇突前,发一枪适中其肩际,隐闻呼痛声,然蜷伏如故,于是始知实非真鬼,四围兜捕之,遂成擒。时工程总局长为翁子文明府,翌日讯供时,该犯仍衣原式冠服以进,观者塞途,诧为奇事。旋讯得此人系淮北产,向操舵工,以赌博丧其业,迫于饥寒,乃出此下策,每藉天阴或更深月黑,伪饰无常,伏于暗陬,见有孤客携包件过此者,即突起攫之,人骤睹厥状,莫不弃其所有,仓惶骇避,间有因此致疾者。问官以其情可诛,其行可哂,仅判令衣以原服枷号游行,期满责释。当游行时,一役掮牌鸣锣,一役执鞭尾随,中间即荷枷之无常,白冠高耸,素服麻鞋,摇摆过市,煞是好看,亦沪上罪恶史中之趣闻也。

记者按,近年新剧所演之《活无常》滑稽剧,殆本此案。

# 老北门之飞蝴蝶

本邑老北门，当前清时代地较荒僻，附郭一带多中流以下居民，越浜而北即法租界，为下级客寓、小押店之渊薮，以故一般恃敲诈为生者多窟宅于此，以其逃窜较易也。闻之老于沪事者，谓从前尝有一种无赖，夕宿客寓，晨兴而不名一钱，乃褫所御衷衣一二事，向押店质银角五、七枚，匿其半以资食宿之用，即以余剩数角并质券，浮托掌心，踯躅沿浜，如有所待。见有衣履翩翩谨愿可欺者，故作匆遽疾行状，迎面猛撞，斯时也，浮托掌心之银角锵然坠地有声，而质券必随风飘舞如蝴蝶然（故曰"飞蝴蝶"），被撞者每自咎不慎，赧然内愧，必俯身代为寻检，若辈乘机觊觎而告曰："先生乎，余家有病人，今将垂危，不得已搜得箧底敝衣一二件，甫自质库易如干角，将归谋医药。今不幸被撞，余又苦于短视，不易寻觅，然则将奈何？"如是呻吟数四，复指质券以证其数，在他人视之，固赫然月日相符者也，其结果厮缠不已，谨愿者既任寻检之劳，则所短之数必误谓滚落街沟，或被途人窃拾矣，终至如数认赔而后已。此事即遇强悍之流，临事鸣捕，而证以质券，若辈又倾囊相示，实无分文，衅起细微，恒劝赔补息事，计亦狡矣。

# 广诚信被骗案

当光绪中叶，沪上鸦片盛行，时为九江路广诚信之出品最著名。该店为粤人所设，熬炼独佳，价亦较贵，嗜之者多达官显宦，故终年营业甚巨。时江督刘坤一烟癖甚深，终日吞吐，非该店之品不可，属员之营求差缺者投其所好，亦购此以献，该店稔知之，常充量积备，千百元之顾主固视为寻常也。一日，有乘马车而来者，翎顶皂靴，望而知为贵官长随二，衣履亦炬赫。比停车，出瓷缸十具，令盈器灌注，店伙如法衡量毕，长随逐器粘封条，固赫然大书"两江总督部堂"之标识也，旋一一入车。正兑算货值间，贵官忽讶问长随曰："银囊携来未?"长随亦愕然曰："忘之矣!"贵官怒直前捆长随颊，谕速归取，长随诺诺而去。既而久待不至，贵官殊躁急，乃饬车夫以原器一一还诸店，且与店伙约曰："少待敝长随携银来，可双方交换也。"视之封识俨然贴迹犹新，固不疑其有他，而车亦辚辚去矣。乃待晚不来，次日踪迹杳然，启缸验之，悉系泥土，始知受骗。盖彼预备同式之器二组，车中一出一入，已以羊易牛，至此徒呼负负而已不及矣。此事沪人知者甚多，而时人所编黑幕诸书漏未及载，爰沁笔述之如上。

## 招考职员之骗局

晚清以来，商业衰落，生计艰困，无论何项莫不有若干之穷蹙无告者，仰屋兴嗟，谋生靡托。谈者或归咎于才不适用，或致疑于身不自检，以致天演淘汰，实则皆非也。世固有材仅中驷、行止多蔽之辈，居然久膺高位者，何耶? 此无他，盖援引之力为多，上述诸苦正蹈此缺点耳，于是狡黠之徒由斯入想，而招考之骗局开幕矣。忆民国初元，本埠有无赖数人，赁居于法界宝昌路，诳称开设大医院，伪造一西人姓名以为院主（其姓名偶难全忆,似是达尔部之译音),同时遍刊各报,张大其词。略谓,本医士来欧洲,得有博士头衔,苦心研求发明一种戒烟奇药,夙闻中土沦于黑劫,值此共和初建,亟宜涤除旧染,为此携剂东来,助贵邦同胞涤新之用,且拟普及全国,分设支院,惟需才甚夥,特设事务所于上海,悬重俸以征求同志,只须朴诚耐劳、粗通书算,即可合格云云。所定资格既宽,所列薪水复厚,惟报名时须交证金一元,定期再行集考,届时投到者原金发还,于是一般失业之人歆其优利,以为机遇不可坐误,相率纳资报考,计先后得二百八十余人。迨如期赴考,则双扉紧掩,阒寂无人,询诸邻居,始悉屋内陈设之几案先一日已由赁器肆取去,盖非价买而来者也。虽报捕请究,终以人各一金,涉于琐屑,后亦不详其结果。

按,今沪上巨肆创招考之一法,自是弥此缺憾,阅者幸勿以辞害意可也。

## 邑庙内之伪药欺人

邑庙内外花园为合邑公共游观之地,无论晴雨行人塞途,春秋佳日又加甚焉。因之尝有一种铃医之流,以术自夸,托言志非牟利,实系仰奉师命,访求猫胞等冷僻药品,修合跌打损伤秘丸以济世,在场诸人苟家有是物,愿以重金购觅云云。实则尽系随口撒谎,设果有如其言而携来求沽者,彼必吹毛索瘢,盖欲拒故迎之法也。当其席地鸣技之初,时必在午后,虑一人不足以歆动众目也,必预邀同类四五辈矗立左右,伪作游人,术者击杯作响,或吹唇肖百鸟之声，号曰"聚麻"（彼中聚人之隐语）。如是诸态百作，好事者恒驻足而观，术者手拾素纸一幅，云扯碎成千百块可变千百蛱蝶，请诸君少待，可当场出彩。不旋踵复将纸折叠不用，别出黄纸剪成人形，钉于壁间，取清水一碗伪作符咒祷告状，令纸人捧之，能坚持不脱，号曰"纸人捧碗"。实则纸背暗附厚竹片，片有罅隙，恰将水碗之边纳入隙内，片之上端有圆孔适当纸人喉际，表面上托言钉纸人，实即钉入圆孔也。此外复有"水碗挂香"、"米碗挂签"，无一非仰赖乎机括之作用，彼中名曰"彩头"。俟围观者如堵，或略演戏术一二幕，即乘机售药，亦有概赠三五人，然后择在场之可欺而囊橐稍肥者，诱令服丸五七粒，入咽后即迫令出资偿药本，非倾其所有不止。在若曹伪术诱人固可诛，然试究其入彀之由，莫不害于贪小取巧之一念。寄语病而求治者，尚慎旃哉！

# 邑庙之乞丐

偶游邑庙，见道旁乞丐男者、女者、老者、幼者、残废者、聋哑者纷呈眼前，或坐地乞怜，或纷随要索，甲去而乙来，乙得而丙至，苦缠不已，环视四周，殆无处无乞丐。其中老者、残废者固无论矣，其年幼者均在六、七岁上下，甚或四、五岁，其父母即命之行乞。余始见而动怜，思与以钱，继而心良不忍，以此种儿童一与以钱，便足以养成其偻俸心，以为长此可以坐而得食，遂无复有自立之希望。然苟不与，则嗷嗷待哺，将安得而食乎？呜呼！难言之矣。

## 输运禁品

　　近时输送违禁品，如烟土、军火之属，非匿之身畔，即秘之器箧，甚或伪托尸枢，设计之巧已蔑以加，然未有想入非非如昔年本埠某案之巧于作伪之甚者也，录之亦足为行险徼幸者之戒焉。某笔记载，嘉庆间海杰蔡牵屡事劫掠，积年不息，航路中梗，当道虑有接济，严断交通，粮米、火药尤冠禁品首，蔡颇苦之。乃饵以重利，凡输送者恒三倍其值，商家艳其善价，则百出其技以应。一日，南市某巨行发彩蛋万枚，挑浦中某海舶，中途息肩酤肆，挑夫某固嗜饮者，窃一枚以为下酒物，剖之内皆火药，历试相同，合市喧传，坊甲不敢隐，乃报县而捕治焉。鞫讯之，始知船户行伙贿通关吏，所犯非一次矣。狱成，悉置于法。

# 七 物产

## 上海有名之物产

上海之名产颇鲜，惟龙华之桃与南门之塌科菜而已，至名物则不少，如宏茂昌之袜、马敦和之帽、三进之鞋、姜衍泽之膏药、雷允上之痧药、六露轩之素面、三牌楼之汤团、县前之猪油糕、文魁斋之糖食、申成昌之酥糖、宓家昌之旱烟、北永泰之鼻烟、长生桥之栗子，此皆为海上有名之物。第宏茂昌之袜受线袜影响，本埠营业今已大减，惟外埠销路尚盛如前，马敦和、三进则正鼎盛之秋。姜、雷之膏、痧，根深蒂固，名闻全国，万非他家所能颉颃，其营业当有盛无衰。宓家昌之旱烟大受卷烟之打击，营业大不如前。北永泰之鼻烟，以新进者日多、老学究日少，故营业亦非昔比。其余则不进不退，今昔相同。

# 水蜜桃

水蜜桃为沪中著名佳果,相传为露香园遗种,故以西城产者为良。花色平淡,果实较小于他桃,皮有朱点如噀血,俗称"满天星",亦称"洒金桃"。及时成熟,桨甘于醴,入口粘唇不解。十余年前,城内有黄泥墙桃园最著于时,园设今文庙相近处,拓地数弓,植桃百余株,每届麦浪晴和时候,游人纳小洋二角,即可饱餐无禁,枝头硕果密如繁星,任客摘取,惟不得怀之出外耳。园中结茅为庐,兼卖座供茗,为憩息之所。惟其树自铲枝接种,须越五载而结实始美,厥后园主不耐栽理,日就荒落,虽树颠濯濯,而游观者仍应时络绎而来,乃预购市中凡品分列诸几案间,伪称宿夕蒂落者以欺客,客亦莫能辨也。今该段地价日昂,园址数易其主,武陵旧境已无问津之途,而桃林多移植城南龙华一带,风味亦迥不逮昔矣。

# 河 豚

河豚一名西施乳,味称鲜美,然烹治不如法,食之毒发不救,所以人恒视为漏脯。近报载有人担售于市,经警局勒令埋弃,诚善政也。有谈旧事者,谓本埠同治间有名医张玉书,求诊踵接,以技致富,供馔之丰埒于贵官。一日出,见市有河豚,归命厨丁购之,得六尾,张素嗜此,独尽一器,复呼弟若子同飧,极口称美。有顷乘舆出诊,中途觉唇麻,急命舆夫市橄榄,初犹自嚼,顷之口不能张翕,舁归半时许,竟气绝。初死面如生,旋闻腹雷鸣,继以膨胀,色如青靛,而七窍亦流血矣。弟与子幸未多食,麻较早,在家已预灌粪汁,大吐得免。比来时有嗜此殒命之事见于报端,故摭其说以实诸沪乘,俾老饕知所鉴戒。

按,河豚之血足以麻肉,其蛋足以胀腹,弃斯二者则固可食也。

此闻诸某名医之言,伯熙附志。

## 沪上特产

沪产甚夥,兹先举其特著者。鳞介之属有虮蟹,捣汁和蛋为衣,味鲜异常。蔬菜之属有塌科菜,分植他处则种味俱变;又有金丝芥,移种异地则不荣茂。饮馔之属有马桥之乳饼,洁白而腻;浦东三林塘之西瓜,甜白而嫩。药品之属有姜衍泽之宝珍膏、王利川之再造丸。器用之属,如张元春马德记之红木器具、汉氏之刀,均名驰全国。此外如黄泥墙之水蜜桃、谈氏之笺、薛氏之糕,失传已久,仅载名于志乘而已。

## 宝珍膏

小南门外有姜宾远药店,记者讶非市招名,询诸父老,始悉宾远系人名。初,宾远之父字公韫者,念家贫无力购贵药,因命其子习医,开药店,廉价以售。一日,宾远出游,遇老人神气飘洒,授以宝珍膏方一纸,宾远归,如法修合,能治损伤诸症,至今有名。

# 顾 绣

露香园顾氏(露香园即今九亩地)工刺绣,擘丝为细缕,多栩栩如生,了无痕迹。曾绣停针图,穷态极妍,观者倾邑,以此名满天下。又有顾会海之妾亦工刺绣,字多有法,故今市招犹曰"顾绣"也。

# 八
# 古
# 迹

## 古　迹

　　谈古迹足兴怀旧之念，发思古之情。邑之古迹，如龙华塔相传为吴主孙权所建；鹤鸣桥（即今北桥）相传为陆机放鹤处；瓶山在北桥镇，相传为韩世忠犒军处（或作袁山松），于此得犒军之瓶，珍为古玩；涌泉即天下第六泉，在静安寺前。此尚可考者，如袁山松备孙恩而筑之沪渎垒，今已无存矣。

## 依的斯船之断桅

　　本埠南京路外滩外国公园南畔草地上有兵舰断桅一支，傍列海军旗一，不知者每误为外人通商来华之初，遭风被难之纪念品。实则此桅与旗建于光绪二十二年，其时有船名"依的斯"者，航海经青海洋面，猝遇飓风，全船漂没，船中计七十七人，所存只五名，抱此断桅随浪浮沉数昼夜，抵山东界之某海滩，由华人之业渔者救起，得庆更生，报由地方官连桅、旗一并资遣至沪，乃由徐家汇教堂将原桅镀以铜质，复仿铸海军旗一面，置之于此以留纪念。制法绝佳，旗之折皱酷肖真形，且经久不坏，每年逢该船遭难之日，必有多数洋人莅场瞻礼，置花圈之属，盖与(巴夏礼)铜像暨公园旁之常胜军纪念碑及近年增立之赫德像，同为西人之永久巨典也。

## 黄浦滩之纪功碑

外白渡桥西人公园向禁华人入内，中有纪功石碑一，四方而上锐，长约丈余，碑镌汉文"得胜"二字，四面各镌西字，纪洪杨时常胜军助战功绩，系同治初年所立。昔年此碑矗立浦滨，后以扩充园址，划入作为名胜。门禁既严，知者渐鲜。

## 前清之衙署

前清上海驻有巡道，署设大东门内，今为淞沪警察厅驻在所。海防同知署设小东门内。县署在县前街，旧为元代市舶司驻所，今辟有马路通方浜路，审判厅驻此。参将署、学署都在西门内，守备署在南门内，黄浦巡检署在闵行镇，数署今皆改为公地。又有县丞署、典史署、主簿署皆在县前街，民国后悉建造市屋矣。

## 江海关之炮位

租界工部局章程,除西人法定团体外,无论中国官商不得置备军械,惟三马路外滩江海关门首有旧式大炮两尊,五十余年前新关落成时所配置。当初尚有炮队,俗呼"花绿头"者四十人,裁撤亦阅三十年矣。

## 云台禅院之由来

明万历癸未,邑有新安布商,持银六百两寄载于田庄船,将往周浦。其银为舟子所窥,黑夜中三人共谋,缚客于铁锚沉黄浦,瓜分所有焉。是夕庄主适纳凉,闻屋上有声甚厉,觅火烛之,锚上系缚一人,锚系己物也。怪问之,商具言遇盗状,且述危殆之际,遇水府三官神出游,恍睹鬼神百余辈,摄起向空,因而坠此。庄主乃藏商密室,俟三人归即诘锚安在,皆骇愕伏罪,出金归诸商。商遂建云台禅院于邑之东门外,庄主及商姓名具载碑记中。

## 七星井

新北门内堞楼旁旧有井七,名曰"七星井",筑于有清中叶。以其地时有大火,特凿井以镇压之,且在昔自来水未通、防火器未备,借井以取水较便也。今井已填塞,而其地盖建市屋,仅存七星井之地名矣。

## 漕仓古井纪闻

客有谈沪城佚事者,谓本邑漕仓为明潘宦旧宅。潘业粮船,雄于财而性复豪放,尝运粮入都,联樯百余艘遵海北行,既抵津沽,必鸣炮若干响以示夸耀。某届炮声过巨,石破天惊,下震龙窟,顷刻掀风作浪,覆溺无算。事闻,以卤莽酿祸戕害多命拟抵,且籍没焉。执行查抄时,潘有室女尚未字,尽以所有金珠贵饰投诸井而继以身殉焉。后有利其物者,缒下辄毙,遂覆以巨石,相戒莫散犯。嘉庆戊午,邑侯汤焘以丸泥封其窦,缭以重垣,题曰"贞女墓",其井盖在仓之年字廒内云。

## 粮　仓

沪上旧有粮仓,在小南门内。自六十年前粮存他处,仓屋遂废,改建求志书院,专究性理,学者亦盛。其后书院废,设测量学校,民国二年又改建省立第五工场。今第五工场及群学会地多系昔日之粮仓基地,仓基国民学校之命名亦以此也。

## 董思白故居考

明董思白生上海之沙冈,少好书,初宗米南宫,后错综晋、唐而自成一家,其画亦集宋、元诸家行以己意,不落凡态,四方金石之刻得其挥洒以为珍,造请无虚日,寸缣尺素,人尤宝之。性和易,通禅理,晚年卜居城之西南隅,筑柱颊山房,亦称"董园",木石奇古。有池一泓，思白尝洗笔于此。亭、树亦布置洒脱，壁有石刻"溪山清赏"四字，系祝允明所书。今园久废圮，石亦不复可问，惟其地犹呼董家宅，而沪人已鲜知其来历矣。

## 三层楼码头

南会馆码头之北、赖义码头之南，名曰三层楼码头。该处房产昔为西人裴里所有，嗣后裴里返国，将房产售与华人，遂得收回主权。据老年人言及，同治末叶此地最为繁盛，烟间、妓馆、茶楼、酒肆无一不有，实为城外极闹热之市场，俨如今日之四马路。因中国官厅保护不力，流氓百般骚扰，相率迁往他处，市面遂不能如从前闹热矣。

## 豫园兴废谈

邑庙豫园为故明四川布政使潘充庵所建，潘时罢官家居，绝意仕进，乃购地四十余亩，叠石凿沼，殚心点缀，竭二十余年之力始克有成，故其中池馆楼台擅一邑之胜，山林、城市兼而有之。清乾隆时，潘氏子姓式微，无力营缮，渐就颓废。某名士过坦氏废园，有句云："空林微雨落花红，昔日繁华似梦中。依旧玲珑一片石，更无人倚笑春风。甲第今来车马稀，断桥流水淡斜晖。可怜芳草萋萋绿，玉燕堂前鸦乱飞。"苍凉景况可见一斑矣。嗣互市而后，商贾辐辏，夫之裔孙某急谋脱售，众遂醵资以贱值得之，易名"西园"，毁垣通邑庙，改作各业公所。后以游人日盛，江湖杂技咸得占一席地,于是竞设店铺,一变而为市场矣。又后门沿浜五石,仿佛大士、奎宿、寒山、拾得诸状,号"五老峰",兵燹之后,仅存其一。旧传此石能幻化人形,时出为厉。近数年来填浜筑路于前,辟场劝业于后,终日市声殷阗,万头攒动,石而有知,当有蘦蘦靡骋之叹也。

## 徐文贞公墓考

相传徐文贞公墓在宝善街旁,自地为英人所租,而楼屋曲折、里巷纵横,黄土一抔,无复旧时踪迹矣。慈水酒坐琴言室主人有诗曰:"结伴来游宝善街,香尘轻软印弓鞋。旧时相国坟何在,半属市廛半馆姓。"噫!钟鸣鼎食,昔时之气焰何豪;草蔓烟荒,此日之英灵安在?魂若有知,当华表鹤归时,固不仅城廓人民之感矣。或谓公墓在徐家汇,云宝善街者,盖未深考。二说不知孰是,姑志所闻以待知者。

## 静安寺

静安寺为吴孙权时建,名重元寺,唐时为永泰禅院,宋祥符元年改今额。寺中古迹甚多,有讲经台,宋嘉定中僧仲依所筑(今无存),虾子潭因僧智俨吐虾得名,涌泉外尚有赤乌碑、陈朝桧、绿云洞、沪渎垒、芦子渡,总称静安寺八景,在沪渎八景之外(沪渎八景即海天旭日、黄浦秋涛、龙华晚钟、吴淞烟雨、石梁夜月、野渡蒹葭、凤楼远眺、江皋霁雪),题咏甚多,元僧寿宁曾订之成岈。今则古迹日渐磨灭，存者止静安寺大殿一所及涌泉、虾子潭耳，书此不禁欷嘘。

## 小娘坟

邑城西北有小娘坟，相传钱鹤皋之女莲仙葬地。国初诸生陈咸元夜过其地，为鬼所惑，入隧道中，携得宝物甚夥，陈归，鬼亦随至，如夫妇者数年乃绝，与卢充幽婚事相类。盖鹤皋据郡城时，知与明兵不敌，故生闭其女于大冢中，悉以女生平玩好为殉也。

## 小普陀

沪城小南门外有寺焉，名曰"小普陀"，相传系三国时东吴孙权之母吴国太所造。该寺钟鼎屋宇古颜斑斓，诚是数百年前建筑物。中有磐石甚大，上坐如来佛丈六金身，高与檐齐，香火之盛，昼夜不绝。清末经穆警务长拆去，改为南区自治公所，今更名淞沪警察第一区第一分驻所。门前有高石桥二，名曰妙莲桥，已去其一，千年古迹仅存此耳。

## 紫霞殿之旧址

沪南十六铺有古刹，名紫霞殿，又名"小武当"，香火之盛，昼夜不绝。相传建自前明，迄今已数百载，朱墙碧瓦，庙貌轩昂，令人见之肃然起敬。嗣因不戒于火,屋宇佛像悉成灰烬,虽经该住持典卖庙产,重新复造,然建筑之完美大逊于前。至光绪末年,僧人奇缘不守清规,被汪瑶庭大令驱逐出境,屋宇招卖,遂成今之内地电灯公司基址云。

## 雷祖殿

本埠城内原有雷祖殿一所,俗名"也是园"(现为公款公产经理处办公处),清季沪人士之吃雷斋素者,均于六月廿四日前往焚香,颇为拥挤。该庙住持乃俗家羽士所充,每年所获香积金甚巨。该园正殿前有极大荷池,迎面假山重叠,西首围廊曲折,并有亭台。当地绅学两界鉴于是园幽雅静致,故每届盛暑,必邀集知友前往消遣,以避酷热,并于晚间设筵畅饮其中,故外间均知是园为沪人士纳凉之好所在。讵光复后有与住持不睦者,呈请省公署收回公有,当由上海县知事令公款公产经理处收管,将雷祖偶像移去,香烟遂绝,游人被阻矣。

## 刘玙古墓

沪城拱宸门内南城根有古墓,观瞻颇壮,墓前翁仲拱立道旁,石狮、石马等物应有尽有,残碑、断碣藓剥苔封,扫而读之,知是前明建宁府知府刘玙之牛眠地。年湮代远,祭扫无人,迨至民国二年竟被近邻乡人陆秀荣掘棺卖地,翁仲等物亦迁往他处,数百年古墓由是荡然无存矣。

# 驸马厅

　　本邑小南门内同仁里曹氏,巨族也,宅第连云,子姓蕃衍,为一邑冠。相传其先世有曹华者,生于明之中叶,美丰姿,然数奇,屡踬场屋,年二十犹不能博一衿,于是愤弃儒冠,走京师,将谋别途。既抵都,闻帝有二女,其长公主将招选驸马,凡稍具面首者闻风麇集,纷投候选,曹闻而心动,随众报名。至期洁身以进,医官循例验视讫,引进大内,余人皆落第,而曹竟获中雀屏矣。盖明代定制,驸马之资格甚宽,只须面貌丰腴、五官无缺陷、体无疮痏、生殖器发达完全者,均可与选,初不限门第阀阅也(说见《随园笔记》)。曹以篓人子一旦缔姻皇族,其幸何如?乃事有出人意外者。定情之夕,长公主硕腹膨脬,桃花源已成坦道,曹窥知其隐,心大懊丧,戒旦入朝谢恩时,故作涕泗滂沱状,帝愕然问故,乃嗫嚅以告。帝怒,立命武士拘公主至,袒腹以验,究所从来。公主惧,投颡哀恳,乞赐死以全颜面,帝许之。盖事涉宫闱,不欲播扬于外也。长公主既死,遂以次者配曹,赐金帛若干,趣令星夜还乡,戒勿宣露。曹挈公主出京,沿途索供张,颇涉骚扰,及抵江南境,欲夸耀于乡里,乃于鹢首高悬旗帜,大书"二娶皇家女,江南第一家"字样,地方官震于声势,屏息迎送,趋奉唯谨。既至沪,大兴土木,并建驸马厅一所以示荣典。后以某事与公主有违言,公主遁归京师,诉于帝,复追述出京时沿途张皇状,帝方以前事为耻,深恶之,严旨逮问,将治以侮辱天潢之罪。曹自悔孟浪,恐惧失次,甫抵京,自缢而亡。至今小南门内之驸马厅犹安然无恙,仍为曹氏世产云。

按，此事沪人士多有知者，惟言人人殊，颇不一致，甚有误谓事出乾隆间者。然满汉缔婚，弛御在光绪末年，前此固无通融之余地，矧事涉皇族乎？惟驸马厅至今衰然在目，建筑崇闳，自非附会之谈。且其构造式样近乎明制，故明代之说为较确。至其年代、时日，尚待续考。

## 吾园一夕话

龙门书院创于同治乙丑，丁雨生、应敏斋二君先后成之，其地为李氏吾园旧址。园主笃嘉京卿，号笋香，饶于资，尝畜双鹤蹁跹其间，每岁生雏，笼赠亲友。好结客，觞咏无虚日，一时山人、墨客从之者如归市。名画家某，工山水人物，寸缣尺素，珍同球、图，每过沪必下榻园中，曾绘《吾园八景》图，题咏多知名之士，称佳话焉。

李生平多豪举，时租界未辟，沪上名校书悉集中于城内虹桥一带，李一夕飞笺遍召，得百二十人，花国一空，侑觞竟夕。迟明客散，一妓忽失所在，疑客有留髡之约，不之意。洎逾日未归，院奴迫索急，姑觅之园中，竟于石洞罅隙处得妓尸，盖已自经矣。初不解其致死之由，幸鸨愿息事舆尸去，嗣探知实由于索逋起衅，然园中侑觞之兴从此以息。

旧俗，每届八月二十七日举行赛珍会，富厚之家就厅事陈许彝鼎古玩之属，任人观赏无禁。李先世藏有白玉宝塔一座，高尺许，嵌雕玲珑，疑出鬼斧，希世宝也，平日扃藏极秘，惟是日必供置广庭，家人罗守之，许他人一饱眼福。时邑有某诸生，多行不义，里党侧目，曾以缓急求通于李，李峻却之，生引为大辱。故事，凡奇珍异品有必贡献内廷，民间不得私匿，违者以大逆不道论死。生既衔李甚，欲借题发挥，冀兴大狱，他日关白于李，请以二百金为包羞费，始允寝事，苟不尔者，矢已在弦，毋贻后悔也。李闻，拒益力，宣言于众，谓宁碎器以毁家，断不令竖子得志。生知无转圜地，势成骑虎，遂以擅匿国宝、弁髦御令等词，讦禀邑宰。宰故酷吏也，阅禀大喜，刻日指李家勘验。先是，生之投状也，事机不密，李早有所闻，急召琢匠至家仿制石质伪塔一，具体而微，形似稚童玩品，竟夕竣工。至是即举伪塔以验，宰不之信，执其仆以去，三木横施，迄无左证。李上下营求，耗金累万，始得释仆息案。遂忿走京师纳贽某相国，以三十万易得光禄寺正卿一缺，泊任满还沪，怡情丘壑，日以啸傲风月为事。家藏秘笈孤本极富，其储书所在号曰"慈云楼"，毁于同治癸丑之役，人多惜之。此事系笋香裔孙李柳溪君为余言者。

# 古　渡

租界未辟以前，沿黄浦野渡最多，著名者有北亭乡之黄歇渡，旧传系楚相黄歇渡江处，俗名"黄渡"。昔人有"野渡兼葭"为沪八景之一，即指此也。今黄渡虽归嘉定辖治，然以前则属上海，考古家不可不知也。

# 铜像小志

沪人之称铜像曰铜人，盖在昔见所未见，普通心理，以谓非佛非神，称之曰"铜人"可也。沪地之铜像凡四，兹略述其始末如下。

**一巴夏礼像**　像在英租界大马路口浦滩畔，西向直立，手持卷册状。巴夏礼以英领事升任驻京公使，当清政府攘夷时代，巴使曾被囚（见英人所著《清室外记》），英人以有功于彼邦，立此像以纪念之。

**二卜华德像**　像在法租界大马路大自鸣钟总巡捕房之庭中，南向直立，旁有炮一尊。卜氏为法之水师提督，前清时以助剿太平军阵亡苏州，有功于清廷。当太平军之来袭上海也，卜氏率领洋兵击退，事平以小东门一带之地辟为法租界以酬其劳，法人之立此像，盖亦表念其功绩也。

**三李鸿章像**　像在徐家汇李公祠，翎顶行装，腰悬宝刀，座有铜铭，多颂扬辞，为德国克虏伯厂所铸赠。其事迹为人所共知也。

**四赫德像**　像在英租界三马路外滩，北向立，两手后弯，背作伛偻状。赫氏任中国税务职数十年，凡税务、航政、邮务诸大政均为赫氏所议举办，清廷颇倚重，授以职衔。赫氏在京时，尝服满清衣冠入觐，其子工八股试帖，曾入国子监肄业。赫氏没后，政府以其有功于吾国，铸像以纪念之。闻像之北向立者，示其望北阙而感恩也。


# 名园之变迁

沪地自通商后，名园之湮没者不可胜数，无惑乎前人八景等散亡之不可考也。兹略举所知，述其变迁，傥亦好古者所乐闻欤。

**豫园**　明嘉靖年潘允端构，有玉华前临（玉华指玲珑石）、涵碧阁、乐寿堂、充四斋、五可斋、醉月楼、留春坞、玉茵挹秀亭、留影亭、会景堂、颐晚楼等景，为一邑园林之冠。今旧址虽存，已非庐山真面矣。

**吾园**　在尚文门内，为李氏别业，有带锄山馆、红雨楼、潇洒临溪屋、清气轩、绿波池、上鹤巢诸胜，当时文人觞咏其间，有《春雪集》行世。今为省立师范校址。

**半泾园**　在蓬莱路后，园中桂甚多，有四焉斋，为曹氏讲学处。今改设西成学校。

**日涉园**　为陈氏别业，在大东门内，旧多奇石，有五老堂、友石轩、知希堂、濯烟阁、问字馆、殿春轩、万笏山房、传经书屋、白云洞诸胜，大可二十亩，足与豫园相抗。其后毁废，石多散失，今竹素堂街即以前竹素堂之旧址也。

**桃园**　在北门外，旧有平江一笠亭、翼然洞。园中植桃甚多，每逢花发，诸名彦辄咏觞其间。今则旧址亦无矣。

**借园**　在道前街，有乐山堂、吟诗月满楼、寒香阁、琴台、宜亭、归云岫诸胜，今为郁氏私产。园虽存，但已山圮石倾，无复可观。


# 十二楼

十二楼在老闸徐家园，平列十二高楼。三十年前，沪上巨商海昌徐棣三筑园于此，园中布置精雅，曲池平沿，花竹幽深。主人好客多能，每当星期休假，招集文人雅士及梨园子弟作宴饮，或琴棋书画，或弦管清歌，即于十二楼中为堂会之所。主人殁后，寂无嗣响，闻八九年前该园已迁移康脑脱路，园之布置一仍其旧，惟无十二楼耳。而老闸旧址亦皆改筑，虽有徐家园之名，不知当时曾称十二楼也。

## 杨柳楼台

沪壖风景今昔迥殊，人物迁流雅俗亦异，如福州路杨柳楼台，几无人能道及者。杨柳楼台在福州路胡家闸以东、浙江路以西，即今一枝香春江楼地址，曩为报界巨子袁翔甫先生所居。门前遍植绿杨，翠荫如幄，先生长于诗，自号仓山旧主，吾乡诗人范云鄂祝先生寿，赠以诗云："一搉寻秋歌浦滨，喜无风雨阻佳辰。手持彭泽延年菊，心祝仓山旧主人。酒国闲评花品格，诗天高步鹤精神。门前杨柳青荫满，如为先生障俗尘。"及先生殁，柳亦渐被铲除，后名校书陆兰芬曾居其处，门前犹存髡柳一枝，第不复见毵毵之舞。未几即改筑，距今已三十余年矣。柳既无存，名亦湮没，吾每过是地，辄不胜其低回凭吊之慨。

## 杨柳楼台续记

当光绪中叶时，沪上报馆只三数家，操笔政者大都为山人墨客，不涉政治意味，编辑之暇，惟以啸傲风月为事。时有袁翔甫者，结吟坛于四马路西段，赁小楼一角，颜其额曰"杨柳楼台"，虽门外甚嚣尘上，车马纷驰，而入其室中则湘帘斐几，幽雅绝伦，几忘其结庐在人境也。一时词坛健将如龙湫旧隐、藜床旧主、瘦鹤词人、缕馨仙史辈，诗酒流连，迄无虚日，东南坛坫诚于此为盛矣。按，袁君钱塘人，为《新闻报》主笔，别号仓山旧主，盖自命为随园后裔也。风雅好事，寓沪有年，尝就耳目所及之事，赋《洋场竹枝词》百首，文言道俗，描绘入微，按日排登报端，传诵一时。其他艳体之作尤夥，犹记青莲阁茶肆未毁以前，女书场之侧有"众仙同日咏霓裳"匾额，亦袁君手笔也。

# 梅花源

观梅必曰邓尉香雪海，其实以前上海亦甚盛也。明王圻植梅数千，花时香闻十里，与邓尉相匹，名梅花源，吴梅村尝诗以纪之，有"客来惟老树，花发为残书"之句。又有小梅源（在城西南）及梅坡（在法华镇），时人比之梅花源，惜邑人于保存之法未周，斫伐攀折，致后人一无所知为可叹耳。

# 赤乌碑

静安寺建于三国孙吴时，梵宇宏敞，濒临大江，今只余佛殿数幢，遗址之迹已不可考。据邑志有寺碑建于吴大帝赤乌年，后陷于江，为水冲去，至为可惜。设此碑若存，则直与《天玺纪功碑》同珍矣。

## 沪北废园

沪北园林首拥张、愚二园(哈同花园不能随时入览),二园之前有申园,在静安寺路今愚园附近地。当辟园之初,有公一马房者,在今迎春坊口,局面极大,车辆亦多,然马车初行,寻常商贾雇而坐者寥寥无几,主人虑折阅,遂辟此园为招徕之计,果如所谋,获利颇厚。厥后为愚园所并,又后为外国酒店,今则愚园几易主人,蔓草荒烟,无处觅申园旧址矣。又有大花园者,在下海浦,地面极大,不久即废。

## 烈女坊之石虎

当有明鼎革时,吾沪有烈女苏香者,许字盛万年。万年有膂力,工骑射,为乔一琦先锋,与敌军战,死于滴水崖。讣至,烈女泣然曰:"彼能以身殉国,我虽未婚,独不能殉烈乎?"遂雉经死,三日面如生。事闻,诏建坊旌之。坊在西门外斜桥东,张所敬、董其昌诸人有挽诗成帙,今其坊已废,仅有烈女亭一所。据父老言,今附近某教会门前之石虎一对,为昔日烈女坊前之遗物云。

## 范烈妇祠

范烈妇为儒士张旦芬妻,妇性至孝,事姑极谨,康熙乙丑以死节著,而烈妇之姑与母亦皆青年守节,及为烈妇建祠,遂置三木主共祀之。康熙后累加修葺,今牌坊犹新,祠在小东门外天主教堂西。

## 蜀商公所

蜀商公所之建设,始于前清光绪丙申年,在宝山县属之南乡九一图名天通庵者,购地十二亩,于翌年夏先立正殿。殿前有走楼,后分三座,外墙辟长廊以通出入,设花圃台沼以资点缀。廊之右复建堂一、座一、楼一,堂曰正谊堂,座曰客座,楼曰乐楼,为四时宴会之所。复有殡舍,有地藏土神祠,有男女厝屋。殿西有义地,布置与各省会馆无甚差异,惟以建筑之费出自商人,故颜其额曰"蜀商公所"而不曰某省会馆也。民国五年冬,梁任公以蔡松坡灵榇由日过沪,商借公所为暂厝追悼之用。蔡于讨袁称帝之役有功于蜀,且系川督,故蜀商许之,并重事修葺,焕然一新,而前都督张培爵之遗骸亦葬于义地。现宝山县拟修邑志,此亦在征求刊入史乘之列,故略纪之。

# 九 名胜

## 淞沪风景谈

　　本邑居海滨片壤之地，无天然临眺之胜，互市以来，虽连甍接栋，恍疑身入画图，无如阛阓纷嚣，益觉俗尘万斛。遥想所谓西湖佳话、虎阜名胜者，辄令人神往不置，尽培塿沟浍之乡，一经文人点染，未尝不可生色也。昔人就沪地之堪作题咏者编为八景，曰海天旭日、曰黄浦秋涛、曰龙华晚钟、曰吴淞烟雨、曰石梁夜月、曰野渡蒹葭、曰凤楼远眺、曰江皋霁雪，后有创为吴淞八景者，曰春江烟雨、断岸潮声、横桥秋月、野渡垂杨、沧浪遗址、古冢残碑、茅庵远火、海天晓日，由瞿君西塘撰定，遍征名人题词，哀然成帙，文采风流，一时传为佳话。

## 新十景

　　曩曰沪渎八景，有海天旭日等（见《淞沪风景谈》),清光绪时景物变迁,已不可同日而语,于是有创制新十景者,专指租界诸繁盛处而言,曰桂园观剧、新楼选馔、云阁尝烟(指鸦片烟)、醉乐食酒、松风品茶、桂馨访美、层台听书、飞车拥艳、夜市燃灯、浦滨步月诸名目,当日繁华风景,略见一斑。但事过境迁,今又大不同矣,未识有好事者创制一二否?

## 龙华沧桑谈

西乡之龙华古刹,建自吴赤乌十年,吴地梵刹,此为最古。浮图七级高插云表,颇称壮丽,昔人多有题咏。《云间志》略云:塔为文笔峰,修之则邑中有科第。相传吴越忠懿王夜泊浦上,见草莽中祥光烛天,乃为大兴土木。宋治平间,赐额曰"空相",嗣后屡圮屡修。山门外有二井,曰龙井,一清一浊,大旱不涸。宋空相寺碑仅存残石,字迹不可辨,惟篆额尚存。明、清两代大内曾颁经赐敕,礼极隆重。咸丰三年,僧观竺募资重修。十年红羊之乱,旋毁。同、光以来,屡有修葺。每逢三月十五日,焚香赛愿者遝迤毕集。光复以来,驻扎军队,蹂躏不堪,无复当年景象。游客亦禁入内,塔渐圮,游其地者令人有荆棘铜驼之慨。

## 龙华道上之今昔

邑城西南十里许有小镇,一曰龙华,镇有古寺,寺南有塔(名文笔)。制造局之子药厂亦位于此间,中因输运军火之便,自高昌庙筑土路直达分局,两旁植柳无间断,路亦平坦,乡人因称之曰龙华马路。上海无公园,鲜名胜,十里洋场甚嚣尘上,居者倦焉,每欲吸换空气,稍弛脑困,苦无其地,而春光大好,龙华寺中香客云集,日以千计,于是此邦士女见猎心喜,借侫佛之盛情,试春游之雅兴,鞭丝帽影,仆仆道中。时则两旁新柳初放梁丝,万缕千条,依依拂拂,而中国式之村落复遍续不断,每见柴门茅屋之旁桃花灼灼,艳丽无匹,令人心旷神怡,如登别一世界。每当春光明媚之天,过斜桥而望,但见香车辚辚,玉轴相接,色色形形,不可名状。迄乎清季,踵事增华,山阴道上不足语此,绝岛之樱花时候,岭表之荔枝良辰,或仿佛万一也。国变以后,寺中驻兵,道旁亦春旗招展,细柳成营,虽桃花依旧,风景不殊,再无人敢问津者矣。吾人观龙华道上之今昔,不禁感慨系之。

## 邑庙内园

邑庙内园清静幽雅,夏日避暑、冬日赏雪,均觉适宜。园中之别有天、洞天石扉诸景,罗汉松数株,皆清奇绝俗,常人入内游赏不取游资,有老者专司烹茗,小池中金鱼历历可数。每逢兰花或杜鹃花盛开,设有花会,取佳种陈列厅上,任人品评,洵城市中一清静地也。

## 内园侧门之机关

城内邑庙内园乃潘尚书所筑,现归庙产,赁与钱业集议聚会之所。不常至,大门阖,无启期,出入由侧门,无人司阍。初履此地,不知其中窍妙,敲推疾呼,竟无一应。客沪久,由友引导,只须抽隙间麻绳向下,则门辟矣。入园地虽不旷,颇具幽雅,亭台楼阁,假山池沼,天然入画,古藤前数年已半枯今又复活,白皮松杂于众木之间,如鹤立鸡群,黄杨在大厅前居于左,当登山入里进要冲,高几及丈,为余生平所仅见,皆数百年物也。邃房曲室,时有年轻男女品茗清谈,何蠓叟书所见诗云:"两两鸳鸯隐碧莲,钩拳接吻意缠绵。丁宁芳履轻移步,好梦惊飞续不圆。"盖过此而咏也。园丁必以茗敬客,味甚劣,不论饮否,每人总须给与铜元六枚,若问值,知为生客,非小洋一角不可。来复日游人稍多,往往有东、西洋人在内云。

# 南 园

南园古为渡鹤楼,今名也是园,邑人乔炜所建,后为太学生李心怡别业,始改今名,嗣又改为蕊珠宫。园中木石苍古,昔有明志堂、锦石亭、息机山房、太乙莲舟、蓬山不远、海上钓鳌处诸胜。道光年间,巡道陈銮设蕊珠书院,课士于此,又添建奎心阁、圆峤方壶、榆龙榭、珠来阁、芹香仙馆、育德堂等处。兵燹后屡加修葺,得未损毁。今园为公产公款清理处、县立通俗教育馆,夏日游息其中,红衣浥露,翠盖迎风,尤别具幽致焉。

# 萃秀堂

豫园为明潘尚书之产,潘氏式微后,园中屋宇为各业收作公所,萃秀堂(又名大假山)一隅为豆米业所有,历年修葺,完好如初。公产清理处委员某查得是地,欲收归国有,粮业中人固不能有异议,惟以历年修葺之费,有账可稽者已达三十七万余元,产归国有,所垫修费理应清偿,某知难而罢。粮业中人益图巩固,即近今修理门楼一役,已费去三千余元云。

## 玉芙蓉

吾宗方伯公于前明辟豫园,极台沼林木之美,今虽改为市廛,而旧址犹可辨认。太湖石之奇观者,如香雪堂前三巨石中之一石名玉芙蓉,又名玉华石,玲珑绉透,百观不厌。以余所得睹而论,除吴门狮子林外,厥推留园冠云峰为第一。他如颐和园仁寿殿前之花石纲一品,尚非特色,西湖文澜阁之美人石更无足论,若以玉芙蓉与冠云峰比较,殆相伯仲。至如豫园之九狮亭矗立一二,亦非常品,然弃置于市尘混混中,曾无过而凭吊者,亦殊可惜也。

## 夜花园

夜花园始自光绪末叶,为夏令之投机事业,名为花园,实等桑间濮上。其法择华洋交界冷僻区域,租地数亩,遍铺煤屑,建搭芦棚,以影戏、滩簧为号召,入其中电灯寥落,黯淡无光,而荡子淫娃借此为幽会之地,通宵达旦,举国若狂,于此中伤生致病者颇不乏人。当道虽有咨照捕房一体严禁之文,然中国官场作事每如儿戏,禁者自禁,设者自设,且有禁令于秋季始出,而夜花园已成尾声者,尤为可哂。自楼外楼创设以来,因交通既便,取价尤廉,此种事业已受一大打击。迨新世界告成,大世界继起,"夜花园"三字已成为历史上之名词矣。

## 苏州河之公园

外白渡桥公园,在廿年前中西人士均可自由入内游玩,初无分畛域也。后西人以华人多不顾公德,恒有践踏花草之事,乃另建一公园于苏州河里白渡桥畔,专供华人驻足之所,园甚狭小,惟布置尚称不俗,游者以下流居多,中等者次之,上等人则绝迹不至也。中有时刻表,以铜制之,下承石麟一座,阳光照处能知时刻,丝毫不爽,今不知何往矣,惟石麟则依然尚存。石麟舌已缺,有两翼已断其一,相传此麟固久受日月之精华,曾变精怪,时出没于黄昏时候,见男则化作女身,遇女则化作男身,受其害者不知凡几,闻者皆裹足不前,然初未知其为石麟之变相也。有某甲月夜纳凉于园,见一丽姝姗姗而来,就与甲语,甲知为怪,急操梃逐之,至园心忽渺,但见石麟矗立于前,他无所睹,甲顿悟,函集众人为言其故,以斧断其舌及翼而怪乃绝。事近荒诞,不可尽信,惟传闻如此,不妨姑作如是观耳。

## 剪淞阁

阁在横浜桥,为潘隐君兰史所居。高丽女士吴孝媛曾携古瑟往弹,并赋诗有"飞花入月水同流"之句,隐君和云:"解识飞花能入月,水天何处遇钟期。"吴昌硕题长联云:"剑气耸双眉,月子来归,意同红拂;酒才拌百斛,瀛洲跌宕,谈比青莲。"月子谓姜夫人也。

## 应天泉

静安寺前之泉本名应天泉,推天下第六。番禺潘兰史喜易实甫自都门归赋诗云:"山人懒问都门事,第六泉边劝浣衣。"即谓此也。泉本在寺中佛殿下,自租界开辟马路,寺址仅守其半,此泉划出郊外,已荒秽不治,无人行汲矣。

## 双清别墅(一)

徐园旧在唐家弄,今移至康脑脱路,一名双清别墅,有池亭水竹之胜。民国二年为永和后第二十六癸丑,吴兴周梦坡大集名士,作修禊会。今年姚志梁亦于三月三日,借此园以咏觞,是日赴会者二百余人,八十叟许子颂、七十五叟吴昌硕皆有诗纪事,可以后先辉映矣。

## 双清别墅(二)

双清别墅初在沪北老闸之唐家弄,园主人为浙湖徐棣山君,故土人皆呼之曰"徐园"。有鸿印轩、十二楼、又一村等诸胜,虽地不甚广,而倚花作障,叠石为山,颇饶园林胜趣,与张园、愚园之半参西式者有异，故有泉石之好者咸啧啧称道之。主人每值春秋佳日任人入内游览，仅取园资一角，可谓取不伤廉。新正自十三日上灯以迄十八晚落灯，每夕张灯，供客夜游，并设曲会、书画会种种雅集，兼制灯虎，清客猜射，命中者赠以彩物。主其事者为徐岫云君，钩心斗角，颇具巧思。元宵夜则例设焰火及各种花炮，于鸿印轩厅事前燃放，极银花火树之奇。惟常日则例止夜游，虽盛暑亦扃闭如故，以被彼夜花园之败俗伤风，诚有天壤之别。今园主人已归道山，其喆嗣冠云、凌云昆仲，以唐家弄市廛日盛，嘈杂叫嚣，不可复处，乃雇巧匠将全园拆卸，移设于康脑脱路，布置悉如其旧，地址较前为宽，第是处较程较远，游人不无有幽栖地僻经过少之慨，故每岁除兰花、菊花、梅花盛开时，仅于日间开会娱宾外，新正灯夜之游竟尔不可复得。抚今思昔，不禁感盛会之难逢焉。

## 学圃

学圃在静安寺西长浜路，为甬商周湘云氏之别业。圃广三十余亩，其间布置悉仿东瀛园林式，疏朗得宜，无亭阁假山丛集之俗，而所植花林类皆精品，一树之值恒在百金左右，且皆苍然古茂，中以松、梅、风、竹、杜鹃、牡丹为著。主人好客，凡投刺入者，园丁招待甚殷勤焉。

## 半淞园

半淞园在沪南车站之前，濒临黄浦，初为天主教友沈某住宅花园，建筑悉从西式，风景颇可观。淞沪护军使卢永祥尝假其地，会沪上官绅议防守，后沈某辟其迤北隙地，增造一中国古式花园，另开门户，始有今名。

## 辛家花园

园在新闸王家库，为金陵辛稼轩别业，较张园僻静。入门为大道，西向有场圃，后接花房，大道东北洋房数椽，昔为主人燕居之所，朱藤满架，长廊曲折，荷沿前临，颇饶雅趣。此外叠石为山，依花引沼，亦各极妙思。十年前辛氏以营业失败破产，园亦易主。曩年康南海在沪，尝下榻是园，名园依旧，风景日非矣。

## 公家花园

公家花园巡捕房订有管理之法，其待中国人非常严酷，沿黄浦之公园且有不准华人及狗入内游玩之厉禁。以华人与狗并书，凌辱亦至矣，然我国人亦有不知自爱者，如吐痰于地、随意采折花木是也。兹辑译巡捕房所取缔诸则，以备自爱者之警惕焉：（一）脚踏车及犬不准入内。（二）小孩之坐车应在旁边小路上推行。（三）禁止采花、捉鸟巢以及损害花草树木，凡小孩之父母及保姆等应格外留心，以免此等不规则之事。（四）不准入奏乐之处。（五）除西人之佣仆外，华人一概不准入内。（六）小孩无西人同伴，亦不准入内花园。

# 名园述略

以住百余万人口之商埠,而公园除西人有数处外,华人则绝无仅有,亦公共观念不发达之一证。即白渡桥畔面临苏州河之所谓华人公园者,亦系西人公园不许华人入内,仍由西人为华人特设此园,以免华人之恶感也。惟私人独有之花园,常有任人游览征收费用之举,沪人士之得以偶避嚣尘,一吸新鲜空气,或为一时之雅集者,赖有此耳。兹举其名于次,一为东园及西园,东园一名内园;二为憩园,在忆定盘路;三为留园,一名徐家汇园,在徐家汇路六号;四为亨白花园,在徐家汇路九号;五为余村园,在姚主教路一百三十五号,李烈钧于讨袁后曾赁居年余。以上四园,平时并不开放,间赁作夜花园而已。六为戾虹园,一名赵家花园,以粤人赵某所建故名,在靶子路,兼中西两式,间可赁为文明结婚之用,光复以后设讨论会,曾假为会议之地;七为徐园,由老闸桥北唐家弄移至康脑脱路者,常可入游,取资小洋一、二角;八为愚园;九为味莼园,俗呼张园,人多知之,不赘述,后张园为王克敏购去,无问津者矣。至于俗呼哈同花园之爱俪园,则为犹太人所筑之私园,备极壮丽,在静安寺路之哈同路。日本商人六三亭主所构之六三园则在宝山路北,与蜀商公所相近,华人给阍者以西式名片即可入游。至新公园在四川路之靶子场,占地甚广,为夏季西人喜游之地。黄浦滩之西人公园及虹口蓬路之昆山花园专为儿童而设,皆不许华人入内也。

# 游园之变迁

　　三十年来,稍知沪事者无不知有张园、愚园,自夜花园出而此两园之声色稍替,自屋顶花园出而此两园几无人过问矣。然于此有一苍头特起之花园,几有当日张园、愚园之盛者,厥为半淞园。是园为姚伯鸿所私有,落成于戊午春,在高昌庙沪杭车站之间,有人为之高山曲流花木诸胜。傅屯艮有词纪之,颇能得其真,节录数句于次,词云:"左右清流映带,东西树竹交加。却从淡雅胜繁华,毕竟园名无价。爱俪本非吾土,味莼知更谁家。一时春月与秋花,都付半淞亭榭。"可以识变迁之迹矣。

# 十 市政

## 上海自治史

上海自治创于清光绪三十二年，苏松太道袁树勋照会邑绅郭怀珠、陆钟玕、叶佳棠、姚文楠、莫锡纶等，改马路工程局为总工程局，为之厘订章程者为华亭雷奋，设领袖总董一人常川驻局，总董二人常川到局，议董由各业各铺董事选举之，在学宫明伦堂宣布章程，投票公举。迨宣统二年，政府颁布城镇乡自治章程，于是改称城自治公所。光复后易名市政厅，设市长正、副各一人。江苏暂行市乡自治制既布，独上海名称不改，而议事、董事两会则依自治制办理。癸丑夏制造局被攻，军人乘势横行，自治取消，于是易名工巡捐总局，复成官治。至六年十二月，又易称南工巡捐局云。

## 上海自治之缺点

凡繁盛之处,必有公花园,所以资地方人士之消遣;有藏书楼、博物馆,所以启瀹社会之知识。上海于此数者一无所备,虽有之亦属外人所设,如黄浦滩公园我国人不能涉足,张园、愚园亦未能合公园之格式。前者李君平书任城自治公所总董时,曾有将庙园萃秀堂、点春堂、得月楼诸处辟作公园之说,徒以经费无着,遂作罢论(今庙园各处由各业分管,萃秀堂归豆米业,点春堂归花糖业,得月楼归布业,内园归钱业)。藏书楼亦未能创办,只有县立通俗教育馆一所,藏书不及五千册,以视徐家汇法人所办之藏书楼犹不及其什一也,余若少年宣讲团亦办有通俗图书馆一所,设于小南门外之水神阁,藏书更少。至博物馆,除法人在徐家汇所办者外,未闻有谈及者。以上海之繁盛,数者犹未一备,则内地各邑社会事业之进步可知矣。

## 会防局之始末

洪杨之役,苏、杭相继沦陷,而上海以弹丸之地独能危而复存者,盖法兰西兵助防之力也。时江浙富绅巨贾闻风麇集,视为避秦桃源,余烬所萃,商务转盛,且为饷源所自出。然四郊多垒,数十里外即烽火相望,法人亦以助剿功,隐有德色,于是中法当道议设会防机关专理其事,凡经过华、法两界之货物须加抽会防捐,以资挹注。迨各省肃清,而此局因循不撤者,以收入甚丰也。久之巡丁藉查验之名,颇多骚扰,商家患之,乃由各业按年包认,仍取偿于客户，其捐率由业中自定，即于成交开票时加盖"代征会防捐"字样之图章，注应征之银数于下。此例相沿迄五十余年，惟当时英、美领事未与此议，故会防局之权限于洋泾浜之南而止，浜北即无此例。逮民国成立，以是项骈枝机关等于恶税，始决议裁革云。

## 工巡捐局之历史

南市有工巡捐局，办理地方一切事务，其先名总工程局，及颁发城乡自治章程遂名城自治公所，光复后改名市政厅，今则隶于镇守使署，易名工巡捐局。兹缕述如后。

**总工程局** 光绪三十一年秋成立，内分二大部，以议事会为议事机关，参事会为执行机关，议事会议董三十三人，一切行政事宜皆于是取决，分城内为东、西、南、北四区，城外为东、西、南三区（北区邻法租界），区设区长，办理各事以赞助之。

**城自治公所** 自治章程颁布后改名城自治公所，办理各事，如前所述。分办事之项目为六：（一）学务，（二）卫生，（三）道路工程，（四）农工商务，（五）善举，（六）公共营业。分城区为五，则与前稍异也。

**市政厅** 辛亥九月上海光复，于是改组为市政厅，设临时市长一人，仿欧美自由都市之办法，增议事会议董之额为六十，权限愈大，特设市舶一科管理船只，分中、南、西为三区，各设办事处，各项章程悉臻完美。良以本邑人办本邑事，故能体察周到。

**工巡捐局** 民国三年合邑戒严，地方一切事项悉听镇守使之指挥，于是参仿天津办法，改名工巡捐局，惟学务一项则划归县知事办理，以房、舖两捐为补助费。今则闸北亦设工巡捐局矣。

## 南市工巡捐局之沿革

南市市公所创于光绪乙巳，维时宪政甫在萌芽，而沪道袁海观氏即照会邑绅，遵照城镇乡自治章程，首先组织，凡警政、路政悉隶属焉。当时有所谓裁判官者，为孙耳山氏，由公所延聘，类乎雇员性质。讯案形式由市董拟订，屏除跪供、刑责等恶例，实我国文明审判先声。光复而后，市乡制颁行，复遵令改组，规模益备，为江苏自治机关之冠。中间拆城筑路、填浜清道、警备、消防诸巨政，斐然可观，几与租界相颉颃。癸丑之役，商团既受徂南之嫌，市公所介两雄之间，左右为难，事平遂不见容于当道，奉令解散，于是而工巡捐局成立矣。一切设施虽循旧进行，职权同，所不同者一为自治、一为官治而已。改组之初，局长为杨南山氏，继任者为朱寿丞，以南市密迩制造厂，与军事有关，故工巡局遂隶属于护军使云。

## 警界沿革谈

光复之初，商团攻取制造局，颇得巡警指臂之助，事定即以沪绅穆抒斋氏任淞沪警察厅长。二年讨袁军起，穆不附和，迁避租界，沪南警士无形解散。民军既退，中央乃特设淞沪警察督办一缺,以海军上将萨镇冰氏任之,并调北警若干名,由警官徐国梁、崔凤舞率以南来,就淞沪原有辖境,划分南市、闸北为二区,均称之为总厅。迄沪事大定,虑十羊九牧之非计,乃裁撤督办名义,二区复并合为一而以徐任之。自厅署移驻旧道署后,至今尚无变更。又上海县署有所谓县警察事务所者,仅限于县属之各乡,盖别于淞沪之商埠警察而言,事简力薄,故附属于县知事职权以下也。

## 闸北之警察

闸北警务比年日见进步,大而道路,小而里巷,警察之站岗者星罗棋布,即最短之路至少亦有警察二人遥遥相对,一遇有事则彼呼此应,转瞬即集。且警察落差非俟他警到来,虽逾所定钟点不能擅自离岗,尤为办理之善处。故宵小匿迹,盗劫之事比租界为少焉。

## 横浜桥北之警察权

北四川路路线极长,然租界范围实以横浜桥为止境,桥北即为华界。前者工部局借口于公园靶子场之故,越界筑路,几经交涉不得要领,而电车公司且敷设轨道矣,其结果该路路政归入租界管理,路之东西两旁不动产仍为华警辖境。至今警察站岗,职权所及仅以各家之阶石为限,上差、落差须沿屋际之小弄出入,若涉足马路,则戎装制服,自身即属违章也。因忆我国凡地涉两县，如甲县所辖之土地有一部分伸出乙县者，在甲方面名曰"插花"，而乙方面则曰"斗入"。若此类者，其亦租界之插花欤。

## 水上警察

民国三年，江苏水上警察第二厅第一专署第五分署成立于闵行，继改为第一分署，终改为第三分署。管上海、川沙两县，其驻船地点在沪境者曰闵行、曰沙港、曰竹港、曰荷巷，桥曰北桥、曰虹桥、曰塘口，川境者略之。民国五年迁分署于沪南高昌庙，兼管制造局浦江巡防，增驻船地点凡五，曰高昌庙自来水码头、曰白莲泾、曰日辉港、曰龙华港、曰杨思港，是为特别流域，至其专署则在闵行，而厅署则在苏州也。

## 英法界之巡捕

沪上英、美租界初只西捕，后因不敷分派，添招华捕，又恐华捕不能得力，续招印捕。民国以前，华捕站岗或巡逻，所恃为防身之具者仅一警棍，不给枪械，盖恐人类不齐，或有持械肇祸之患。民国以来，各省富绅巨贾咸视上海为安乐窝，纷纷莅至，财产日增，宵小觊觎者亦日众，持械行劫之案时有所闻，华捕仅恃一警棍，命与手持勃郎林快枪之匪徒相搏，自无是理。于是选择精壮者授以枪械，教以射击，即包探等上差时亦一律给予手枪，一至傍晚，无不荷枪装刺，戒备森严矣。

日捕之设，迄今仅年余而已，缘自民国五年五月二日闸北华警无端开枪,伤毙行人不少,内有日人三名亦被枪伤,居留上海之日人即以巡捕太少,不敷保护为请。是时工部局议董亦有日人在内,故命捕房添招日捕三十名,专派在虹口日人居留最多之处差遣,故新界中央或沪西一带不常见其踪迹也。法租界向亦只西捕与华捕而已,近十年来亦仿照英、美租界办法,添招安南巡捕。

## 救火会之今昔观

沪上火政之善甲于全国,其中经多次改良,始臻今日之盛。忆四十年前,租界自来水尚未开办,救火器具仅恃洋龙,每因取水不便,于马路中遍开大井,覆以铁板,一遇火警便于吸取。因洋龙需人力抽吸,若逢大火,平常所雇之人每嫌不敷,巡捕即捕在路中闲人帮同抽吸。迨光绪九年自来水成立,此种洋龙已在淘汰之列,即以现用之皮带车代之。彼时汽车尚未发明,以马曳之而行,虽称迅速,然较之现用汽车则瞠乎后矣。如遇高大之洋楼被焚,自来水之力不能达极巅,又用火龙以助其力。火龙之制,与洋龙同一原理,惟用蒸汽之力,故喷射较自来水高而有力,昔年亦用马曳,今则改装于汽车上矣。

英、美、法租界昔年如遇火警,彼此帮同灌救。继因界址日辟,有顾此失彼之虞,经两界救火会之议,各救各界,免多遗误,故近年英、美租界之救火车不见于法租界者久矣。

英、美租界警钟计有两处,一在三马路外国坟山内,一在闵行路巡捕房中。火龙间在河南路、吴淞路、爱文义路、苏州路四处,以河南路者最为完备,苏州路者局面较小。法租界警钟则设于嵩山路巡捕房中，火龙间则在法大马路（即大自鸣钟）及嵩山路。

报警分段及鸣钟下数、悬旗灯等，亦有今昔之别，录之如下。

### 现行分段及鸣钟悬旗灯规则

第一段，虹口河以东，先鸣乱钟，继鸣一下（日间悬红旗，夜间悬红灯一），以下均同。

第二段，虹口河以西、北河南路之东、苏州河之北至华界止，先鸣乱钟，继鸣二下。

第三段，苏州河之南、南京路之北、福建路之东、黄浦滩之西，先鸣乱钟，继鸣三下。

第四段，南京路之南、爱多亚路之北、福建路之东、黄浦滩之西，先鸣乱钟，继鸣四下。

第五段，南京路之南、爱多亚路之北、福建路之西、西藏路之东，不鸣乱钟，仅鸣五下。

第六段，苏州路之南、南京路之北、福建路之西、西藏路之东，不鸣乱钟，仅鸣六下。

第七段，泥城桥外新租界一带，不鸣乱钟，仅鸣七下。

第八段，北河南路之西、苏州河之北至华界止，不鸣乱钟，仅鸣八下。

第九段，浦江及浦东，不鸣乱钟，仅鸣九下。

### 昔年分段鸣钟及悬旗灯规则

第一段，虹口河以东（先鸣乱钟，以下均同），继鸣一下。

第二段，虹口河以西、苏州河以北，继鸣二下（以上二段，日间悬美旗，夜间悬红灯一）。

第三段，苏州河以南、南京路以北，继鸣三下。

第四段，南京路以南、洋泾浜以北，继鸣四下（以上二段，日间悬英旗，夜间悬红、绿灯各一）。

第五段，法界工部局之西，继鸣五下。

第六段，法界工部局之东，继鸣六下（以上二段，日间悬法旗，夜间悬绿灯一）。

第七段，泥城桥外新租界一带，继鸣七下（日间悬英旗加红旒一条，夜间悬白灯二）。

第八段，浦江中及浦东一带，继鸣钟八下（日间悬华旗，夜间悬红灯二）。

按，警钟时有变更，兹特举一例耳。

# 火政之今昔

救火之器，昔惟水袋、唧筒，至清顺治朝唐氏得水龙于倭人，称为救火利器，锣声一鸣，即分传各处。惟水龙以坚木为桶、良锡作筒，重约百斤，荷之行殊感困乏，然当时固以为极便矣（今内地各处犹多用水龙，皆传自上海者）。通商后，鉴于外人救火之便捷，遂极力仿效，亦沪人士办事进步之一也。计上海一埠分为四区，一新租界、二英租界、三法租界、四南市，每区又分为数段，各以警钟之数目表之（警钟号略）。

# 闸北救火会

闸北火政向由巡警总局经办，名曰消防队，招有勇队四十人，队官四人，并购备洋龙、皮带等物，每有火警即由队官率队往救。其时闸北一隅只有该队，遇有东西同时失慎，大有顾此失彼之忧。辛亥以后，该队愈觉不堪，后经自治公所各董叠次与巡警总局筹商，始将该队移归地方自办。翌月又将米业同安社与自治联合办理，遂编成三队，择其市面繁盛地点分设之，第一队救火会设在新闸路（即今之大统路），第二队救火会设在天保里（后又移至华兴路），第三队救火会设在宝兴路（后移至宝山路口），并不用勇队，只仿西商救火之法，由各商自愿担认义务为会员，所需铜帽、衣裤、皮靴、腰带等概由会内发给，除临场救火外，各会员仍得自由经商，并由会内专用工匠二名，长日在会修理器具，每月会费若干，由自治公所津贴。自后市面日盛，救火会亦力谋改良，经众议决，将一、二、三队救火会改为一、二、三段救火会，各举会长、会董、队长以助会务，并由三段职员合组一联合机关，名为闸北救火联合会，遇有重要事件，必须联合会公同议决方能实行。又因人拖救火车，每逢火警总难迅速，遂另购马车，又复购汽车。兹将现有救火利器查录于下，一段汽车一辆、马车两辆、双马车一辆，二段汽车两辆、马车三辆，三段汽车一辆、引擎机车一辆、马车三辆，尚有旧车不计，一、二、三段合共有车二十余辆之多，会员有一百余人之众，可谓盛矣。

## 南市救火会

沪南内地救火会，自光绪二十七年自来水管装设后，城厢内外每段均由各商号、居户捐资设备皮带、车辆，各自分段救护，绝不统一。迨至光绪三十四年二月间起,始合旧有各社组织救火联合会,建总会所及警钟于小南门城根高泥墩旧址,落成于宣统纪元九月。瞭望台高一百零五尺八寸,钟重四千八百磅,高三十九寸,下口径六寸。台为钢骨,今为永久计,钢骨之外实以水门汀,钟为铜质,承造台与钟者为求新厂。分划救火区域为数区,各就其区建筑龙所,在昔凡遇火警均拖车往救,鉴于人力之迟延,近年来广备西洋灭火龙、机器车、马车等,日臻完备,虽不及租界之大备,然于国内各地之救火机关,此可为唯一之模范。兹将遇警鸣钟记数、地段述如下。

城内肇家浜西至中华路止鸣一下(按,肇家浜今已填平,但名仍其旧),城内肇家浜北至城河(即民国路)鸣二下,十六铺至董家渡大街以北鸣三下,董家渡大街以南至沪杭铁路界线鸣四下,西门外西区界鸣五下。


## 南市路政(一)

南市历年之经营,道路逐渐翻砌展宽者难于悉数,而填淤浜筑马路为尤多,爰以调查所得,详列于次。

**黑桥浜** 自福佑门起至穿心街,于光绪三十二年由当地人集款填筑,名福佑路。

**是园浜(又名也是园浜)** 自尚文路至小桥头,于光绪三十二年填筑,名凝和路。

**亭桥浜** 与运粮河浜两浜相联,自杨家桥至西唐家弄横街,于光绪三十二年填筑,名蓬莱路。今建于新县知事公署。

**净土庵浜**　旧自虹桥街讫西仓路,于宣统年间由辅元堂集款修筑,名净土路。

　　**守署浜**　旧自薛家桥至尚文门,于民国元年填筑,名尚文路。

　　**东西马桥浜**　自民国路东达小东门,于民国二年填筑,名方浜路。

　　**紫金桥浜**　旧自方浜路达老北门直街,于光绪三十四年填筑,名紫金路。

　　**静室庵浜**　自曹家桥达杨家方场,于民国二年填筑,名静修路。

　　**西仓桥浜**　自杨家桥至西唐家弄,与静修路同年填筑,名西仓路。

　　**西昌桥浜**　自吉庆桥折至净修路,于宣统年间开工,迄民国二年工竣,名西昌路。

　　**臭水浜**　自西仓桥至肇家浜,于民国二年填筑,先名臭水路,嗣以名不雅,改称小桃源路。

　　**吾园浜**　改筑吾园路。

　　**周泾浜**　改筑肇周路(年月俱已遗忘)。

# 南市路政(二)

　　南市路政,除填筑者外,另辟新路亦甚多,兹列表于后。

　　**车站路**　自黄家阙路直达沪杭车站,辟于宣统元年,民国二年毁于兵燹,事平重修。

　　**大境路**　旧为农田及泥砖之路,宣统年间由大境庙、青莲庵让地拆造,在九亩地附近。

**露香园路**　旧为九亩地公地,宣统二年改为今名,所以纪念顾氏之露香园也。

**青莲路**　亦九亩地公地,辟为东、西二路,民国三年竣工。

**怀真路**　旧为臭秽浜,宣统二年某姓让地辟筑。

**万竹路**　旧为北臭水浜及冢地,各坟主迁让始筑。

**小九亩路**　昔为小浜及冢地,兴市公司让地兴筑。

**黄家阙路**　在中华路西南,毗车站路,为吴君怀疚等捐地集款,购地拆屋所造。

**林荫路**　旧为田地,经杨、魏诸君让地集款,路始成。

**安澜路**　为丰裕公司产,光绪三十四年让地辟筑。

**教育路**　旧为臭浜,光绪三十四年马、邵等姓让地修造。

**寮林路**　北段为教育会后浜池,南段为石片泥路,民国二年接通水木业之学堂路,旧为田地,宣统年辟。

**绍兴会馆路**　自肇周路迄绍兴会馆,宣统二年辟。

**斜日路**　旧为田地浜,宣统二年迁坟拆屋兴筑。

**大吉路**　亦田地浜,宣统二年杨、魏、蔡等姓让地辟筑。

**宝隆医院路**　自法界金神父路起,直通医院,宣统元年辟。


# 南市公园问题

公园为公毕游憩之所,可以呼吸空气,畅快心意,亦公众卫生之一也。南市年来旷地日少,市廛繁盛,而烟突煤雾,空气恶浊,住户天井类多狭小,于是李平书君有规划庙园作公园之意,徒以经费不敷,事成画饼。近来庙园由各业分管,如有人欲宴会议事,必须预为商借,各业所管者,计内园归钱业、萃秀堂归豆米业、点春堂归花糖业、得月楼归布业。

以上各处,兵燹前由东西房道士管辖,兵燹后无力支持,于是让与各业,各业都出巨金为领费,加以历年修茸、建筑,经常各费达七八十万金。当李平书任工巡捐局总董,以无如许巨金相偿,而当时议事会又责以收回改建公园,李愤欲让贤,实以经济有所不敷也。

# 南市商团小志

我沪之有商团,自乙巳租界华商团练加入万国团练会始,时城厢南市各区方举办地方自治,而商团亦崛起于一时。计自清光绪三十二年丙午起,民国二年癸丑二次革命解散讫,此八年中团体多至二十七、人数逾三千,历年保卫地方治安,裨益非浅。辛亥光复之役,厥功尤伟,徒以癸丑之役见忌于袁军,严令缴械解散。摧残以来倏又五载,吾人抚今追昔,能无遗憾?兹将当日各团体名称、人数、驻所列表如下,不特徒资观感,即他年修志亦足取为信史也。

商团一览表

| 名 称 | 团 长 | 人 数 | 驻 所 |
|---|---|---|---|
| 商团公会 | 李平书 | 六百 | 陆家浜 |
| 商余学会 | 郁屏翰 | 三百 | 青莲庵 |
| 商学补习会 | 苏筠尚 | 三百二十 | 浙江海运局 |

| 名　　　称 | 团　长 | 人　数 | 驻　所 |
|---|---|---|---|
| 救火联合会体育部 | 毛子坚 | 八十 | 小南门 |
| 闸北商团 | 钱贵三 | 一百二十 | 闸北 |
| 清真商团 | 沙善余 | 七十 | 和尚浜 |
| 辐怀商团 | 杨栋生 | 八十 | 侯家路 |
| 洋布商团 | 郁葆青 | 一百 | 大境 |
| 水果商团 | 江荣侪 | 四十 | 集水街 |
| 豆米业商团 | 张乐君 | 一百二十 | 江苏海运局 |
| 商务印书馆体育部 | 张廷桂 | 八十 | 北河南路 |
| 沪西商团 | 朱鉴堂 | 一百 | 西门外 |
| 书业商团 | 陆润夫 | 一百 | 九亩地 |
| 参药业商团 | 苏筼尚 | 一百 | 外盐瓜街 |
| 中区商团 | 莫子经 | 六十 | 邑庙 |
| 志成商团 | 叶惠君 | 四十 | 穿心街 |
| 集益商团 | 张乐君 | 六十 | 丹凤楼 |
| 四铺商团 | 毛子坚 | 四十 | 庙东 |
| 十铺商团 | 龚子范 | 四十 | 小东门 |
| 十五铺商团 | 凌伯华 | 四十 | 大东门城根 |

附保安团、保安团创于光复时。

| 名　　　称 | 团　长 | 人　数 | 驻　所 |
|---|---|---|---|
| 十九、二十铺保安团 | 莫子经 | 五十 | 也是园 |
| 二十二铺保安团 | 姚子粱 | 未详 | 关帝庙 |
| 二铺、七铺保安团 | 张逸槎 | 四十 | 蓬莱路 |
| 北三十铺保安团 | 杨味吟 | 二十 | 丹凤楼 |
| 九铺保安团 | 顾益之 | 四十 | 广福路 |
| 西区保安团 | 张菽园 | 二十 | 金家坊 |
| 城南保安团 | 张某 | 二十 | 青龙庵 |

# 道　契

沪上自通商以来，外人得于界内向地主租借地亩，故名租界。若业主不愿出租，虽在界内仍为华人之产，与外人无与也。土地一经外人租得，由会丈局转上海道给契，谓之"道契"；华则由上海县给执照，谓之"方单"，固绝然不同也。按通商条约，外人只能在界内租地，然国势不振，民间惧与外人接壤之地为其侵占，均愿租与洋商，由洋商出一权柄单，视较方单为妥。故今至吴淞、浦东沿浦，上起白莲泾、下至吴淞口以及西门一带，无不在道契范围之中矣。

# 领　事

领事为各国派遣保护其侨民之官，在上海者有十八国，即英、美、德、俄、法、日本、比利时、瑞典、挪威、丹麦、日斯巴尼亚、荷兰、意大利、葡萄牙、奥地利亚、墨西哥、古巴、巴西是也。每年有值年之领袖领事，凡传单提牌告示等，必经其签字方能有效。各领事有审判诉讼之权，所谓领事裁判权也，为中国主权受损之一。此外复有英总按察使、美按察使，其衙署在黄浦滩，从未闻于国际上及市政上有若何之关系，盖几等于闲曹矣。

# 工部局

工部局之组织，设董事九人。董事以外国人为限，其资格以有五百两以上之地产，或为洋行经理及地捐在五十两以上、房捐在一百五十两以上者，始有选举权。选举分两次，第一次，凡选举者无论合于若干人之资格，每选举能举二人，所举之人必系合于被选举之资格而自愿受人选举者。第二次，先于二十一天前将第一次所举各人列为一单，每一纳捐人各得一单，即将单上各人择定，至少一人，至多九人，择定后即将其余各人抹去。总领事将各单汇齐，择最多数之九人为工部局董事，若不足则另行选举，有余即为候补董事，候补董事可以继因故退位之董事也。

董事每年开常会一次，提议之事：（一）选举工部局董事，（二）各项工程之应举应废，（三）巡捕房之建置，（四）卫生部之建置，（五）筹备公共基地房屋，（六）决定预算表，（七）收捐章程。以上数端常会提议时有不能尽善，或办事逾其权限，则可由领事公会，或公部局董事、或二十五人以上之纳捐人签名，均可将理由宣布，公开特别会议，议决后报明领事批准，十日后即可执行。但有人声诉有阻碍者，仍不能执行。

董事有不法行为或不名誉之事，可控告于领事，兹将董事之权限列下：

（一）董事于常会议定各事，有全权办理。

（二）董事经手之账目，须请公正人查阅核准后，始可交后任董事。

（三）董事任事以一年为期。

（四）董事中推选总、副总董各一人为主席。

（五）董事分三股办事，一财政、一工程、一警察卫生，每股办事以三人为限。

（六）各股应办之事，由各股董事随时议决，关涉他股者与他股董事会同议决，仍于全体董事会议时布告各董事。

（七）各股重要事件，由全体董事议决。

（八）全体董事每星期聚会一次，但须三人以上。

（九）纳捐人来函指摘或请办之事，由全体董事决议其从违。

（十）纳捐人除特别会外，不能改变董事议决之事。

（十一）若领事、纳捐人公开特别会议公决之事，全体董事以为不便，可以全体告退，另行选举。

（十二）董事因公事被控，即为控告工部局，凡欲控告工部局者须在领事公会特开之公堂。


## 工部局与巡捕房

公共租界之工部局设于江西路二十三号，为处理市政之机关，如吾国之地方自治公所也。凡界内居民年纳屋租五百两，或有地皮价值五百两者，皆有选举权。以有选举权者公选议员十一人组织之，每年改选一次，英占其七，美、德、俄、日各一（欧战起后德已被摈，其额当为日本所得）。内中互选领袖三人，设总务科长，凡巡警、卫生、火警、工程、捐务、财务、教育之七机关隶之，经费取诸地捐、房捐、营业税、执照费等。然华人从未行其选举权及被选举权，实怪事也。惟法租界公馆马路之工董局，其组织与公部局相同，所异者有华董二人耳。

租界警察名曰巡捕，有总巡驻于福州路之老巡捕房，有捕头驻于各分捕房，计公共租界十二处、法租界八处。捕头之下有巡目，西人充之，其徽章缘金线三条，故俗通称之曰"三道头"。其下则为巡捕，分为四种，一为巡逻，由三道头稽查之；一为管车务，立路口以指挥车马；一为巡路，查破车及违章等事；一为马巡，英、印人充之。此外有包探，俗呼"包打听"。此其组织之大略也。

## 自来水之创设

上海租界之有自来水，创设于西历一千八百八十三年，即清光绪九年。当时风气未开，华人用者甚鲜，甚至谓水有毒质，服者有害，相戒不用。其后水公司遍赠各水炉、茶馆，于是用者渐众，居户之不装龙头者可嘱水夫担送，每担取钱十文，至今租界路旁尚有公用龙头，此亦历史关系，相沿成习者也。至南市之有自来水，当光绪十余年时，关道邵小村曾议创办，旋以绅商反对中止，嗣于光绪辛丑年始由商办成立。

## 公共租界选举权

租界之工部局实即市政公所之变相，以法理论，凡界内住民负纳公益税义务者，当然有选举、被选举之权利，乃一究其内容组织，殊不尔尔。我中国以主人翁资格，户口税额亦十倍、百倍于彼，反不能与参预之列，其故何耶？盖由国人政治观念之薄弱，且客籍多而土著少，受廛为氓者大概存饥集饱扬之心理。况最初设立工部局时，吾人尚不解选举为何物，或疑被选而后须担负何等责任,故竞以束身自外为得计,此一因也。光绪中叶,界务日臻进步,华民亦益繁盛,局内规定总董一员、董事十一员,分配于英、美、德三国国籍者十名,其他各国合一名。其时复有所谓华董名目发现,实则凡西董者既有国籍之支配,复经法定之手续,一旦当选,事事有提议、决议之权,华董列名其间本出于彼族一种之推仰,无所谓权义责任,偶焉被举,亦惟视为名誉上事,增加其商业之信用而已。欧战以来,寓沪西人一致排德,工部局于英、美国籍董事之外,加入俄籍、日本籍之当选权,谋摈逐德意志人种。此虽一时作用,而吾国一片土乃供他人逐鹿之场,喧宾夺主,华人转退处于被治之列,亦可慨已!

## 工部局营业之取缔及捐费

**西客栈及大餐馆** 每季捐费自四十五元至六十五元,按等酌定。酒菜之不堪入口有害于人者,查验确实可以充公,无庸给价。或须转租于人,非工部局允准,不成事实。

**弹子房** 弹子台每季自二元至五元,夜间以十二点钟为限。

**驳船** 当遵管理水道长官之指示,停泊在码头较远之一面不工作时,不得在码头停歇。捐费自二元五角至五元不等,大概以载重吨数为准。华式驳船每月五角至一元,渡船每月一律二元,不得短少。

**各种车子** 各种同类车行走时不得越过前面之车,日入后应点灯行走,载有货物之车自上午八点钟至下午八点钟不得在大马路直行,亦不得在大马路沿路装卸货物。又各种车子中当常注意清洁,各车速率应视行人之多寡及路之阔狭而定,惟转弯叉路或狭窄之处要留心缓行,不得有损害或取厌于人。机器车每辆六元,东洋车每辆二元,货车自二元至二元五角,人力小车每辆六百文,马车每辆四元。又东洋车宜坚固清洁,车夫宜强壮有力者任之,洋铁号牌需钉在车后人目易见之处,不准装载鱼肉菜蔬及笨呆之物,车资则每英里内洋五分、每小时洋两角五分,于定章之外不得多索。

**豢犬** 每犬每年洋一元,未满六月之小犬免领执照,拘留之犬三日内无原主认领,工部局可将此犬充公,如原主回赎,赎费洋十元。路上及公共地方宜套好口套,颈上悬挂铁牌。

**酒馆** 店内不准赌博、喧闹、口角及窝藏歹人,应听巡捕随时入内查看有无劣酒及不洁之菜蔬。每季捐费四十元上下。

**茶馆** 每茶台每月一角至二角,按等酌定。

**当押铺** 应立清账,来历不明之物及外国衣服或只为外国人所用之物,不准收当。捐费自月息二分以内当本每千元捐二元,三分以内每千元捐二元五角,六分以内每千元捐五元,均按季收缴。

**戏馆马戏场** 歌唱、跳舞、赛会、扮演等处,均宜先到工部局报告,捐领执照,每日每夜捐洋一角至五元,按等酌定。晚间至迟十二点闭门。

**游戏场** 宜准巡捕随时入内检阅,不得喧哗及为不规则之行为。捐费自五元至二十元不等。

**客栈** 每年至少粉刷一次,若栈客传染疫病或因病身死,应立即投报巡捕房查验,窃贼下流社会人或客之携有凶险器械,应拒绝或报告巡捕房办理，栈中寄存货物，应准巡捕随时入内查检。捐费每季按等酌定。

**舢板** 入夜宜点灯，俾易瞭见。船资半英里内洋五分，每刻钟洋一角，定章外不准多所需索，捐费每月半元。

## 巡捕房之管理牲畜

凡牛、羊、猪等不准在大马路、四马路、百老汇路及山东路以东之各路行走，惟在北京路则可过山东路以至河南路或北河南路。凡牲畜可以走过之地，赶牛、羊者当防其惊扰，及有碍马路或取厌于坐车及行走之人。待理各牲畜不可鞭虐，违章者即按照英国各救牲会之章程办理。

## 租界殡仪之限制

本埠浦滩马路及南京路向不准婚丧仪仗游行，必不得已只许横穿通过，此租界定章也。又三马路红礼拜堂举祷告时，如上述导从之鼓乐行经该堂相近，立须静止，以免乱祷告之声浪（按，此例向所未闻，但余曾亲历，询其何因，巡捕以上述对）。惟以上种种制限，如经工部局特许者不在此例，第得之甚难，且以为殊荣。闻光绪中叶曾纪泽夫人病殁沪寓，西董以曾侯德望冠时，由局致送照会，准其殡仪周行，人目为异数。后李鸿章之丧，家属扶榇过沪，援例请求照会，工部局竟婉谢不许，其措辞谓一系主动、一系被动，格于定章，爱莫能助也。最近如大名鼎鼎之盛宣怀氏,生前享用已臻极顶,去岁在沪出殡,丧仪绵亘数里,乃其经历路由对于上述禁地仅得半截,且费几多手续而来。说者谓西人之有意操纵,正西人之严守法律也,其然岂其然乎?

## 化学所之牛苗

工部局所设化学所,制成牛苗以防天花流行,诚善法也。初,发行外面之数约二万八千五百管,可治十四万二千五百人不染痘毒之症,后逐渐增加,至今可销至四万数千余管,其功亦巨矣。发出之管装裹极密,标明某时发出、某号牛身所种,以防过时苗性变劣,故一月之内可保无变,而尤忌日光热力,天值盛暑,宜置冰箱以防失效也。

## 上海溲溺之困难

西人讲求卫生,溲溺均别设隐僻之所,此固公共之善政也。然公厕拥挤,前毕后继,常有伫待至数刻始获轮值者。即便溺之处虽由工部局酌量遍设,奈距离既无定准,且多僻处隐隅,不易寻觅,在老于上海者,或就熟识之铺家、或入茶楼,尚易方便,最苦若厥惟初次来申之人,既苦举目无亲,且又习闻租界禁令,设一时迫于内急,竟致手足无措。余友某君,今春来沪游玩,一日独步租界,忽腹痛欲泻,不得已赴旅馆租一小房,费洋五角。又余一夕由虹口归南,步经英界浦滩,中途欲溲,该段素无公厕,乃急雇人力车驰抵新开河,始得一溺。此虽偶有之事,然旅沪者凡某厕在某处，似宜随地留目，庶免临事受急遽之苦也。

## 电灯之始

上海通商虽久，然租界中一切布置亦甚草草，即如电话、自来水等，均至光绪壬午、癸未间始有之。电灯亦始于光绪中叶，创办者为西人德里。创议之初，华人闻者以为奇事，一时谣诼纷传，谓为将遭雷击，人心汹汹不可抑置。当道患其滋事，函请西官禁止，后以试办无害，谣诼乃息。当电车甫行时，众议亦甚沸腾，甚矣世俗之少见多怪也。

## 地　火

当电灯未设之前，先有煤气灯，俗名"自来火"，或竟呼为"地火"。揣其命名之由，系煤气自铁管中来，而其管曲折远达，埋于地下之故。按乡镇大道悬油灯于高杆之上，通称为"天灯"，真的对也。

## 四马路灯火之今昔

上海繁盛，表面上似日有进步，其实日趋省约，而人未注意耳。即如福州路俗所谓四马路者，二十余年前实较今日为胜，各酒菜馆、书馆满眼皆是，入夜灯火烂若繁星，立石路口向东望之，真有火树银花之概。彼时电灯无今日之多，而煤汽灯为盛，各店肆楼前率以煤汽管蟠成各式花样，每间寸许装设一灯，入夜齐燃,每肆率以千百计,笼以五色玻璃罩,光怪陆离,令人惊为奇丽,较今日偶装之电灯牌楼,美观多矣。

## 马路电灯更易大概

马路电灯,计二十余年中亦有数变。英租界初用五百支光之瓷罩灯,大过皮球,去地二丈余,较今日为高,而白光四射,宛如满月,故俗有"赛明月"之称,每隔三层楼房不见灯而见光,初见者常误为月也。人家用者绝少,仅石路口稻香村于店中装设一盏,辉耀殊异,行人每为驻足,后乃易路灯为较小之瓷罩,亦加不透光之盖,使光不费于空中而专注于地,使地上如受日光,后更易玻璃罩,如今时之水月电灯然,光力较前略减,殆已非复五百支光矣。近数年又易作瓷罩而较小,装置亦较前为低,其光略红,而映射处亦远不如前。近则又以五十支光之寻常电灯,四罩并列,去地不过丈余,合计仅二百支光耳。至法租界,前所装置与英界亦相仿,惟光带紫色而射目,近亦易作一百支光之寻常灯矣。往时轮舶进口,遥见租界火光笼罩,高烛半天,亦奇观也。

## 自来火电灯之始

西人每创一巨大事业,必几经艰阻,始克底于成功之域,其百折不回、毅然不可挠之意志,诚有令人钦仰者。沪上自来火创于同治末年,至光绪纪元即开火营业,铁管遍埋,银花齐吐,当未设电灯时代,固足以傲不夜城也。然缔造之始,谣诼繁兴,吾国人以铁管通火之处，其地面必熏灼难堪，此后马路中除蹑厚底鞋者尚可抵抗外，凡赤足小工辈徒跣奔走，热毒攻心，必久而致命。又该厂设西藏路北端，疑地热较烈，相戒远绕。越数年西人立德复有电灯之设，而沪人疑惧更甚于前，其观念不外以电性暴烈，触之即危及生命，影响所及，致上海道移文领事，请禁止其营业，旋经该西人临场，一再试验无害，始允其设。最近十年前电车之行，亦群疑满腹，商界集议，戒勿乘坐，其条件有不遵此约立予罢职之语，可谓深恶痛疾之至矣。今则华商继起，且公认为交通之利器，有一日不可无此君之势矣。试回溯当年情况，有不大堪喁喁耶？上三事若以华人当之，鲜有不中馁者，然而西人之毅力可敬哉！

## 南市电灯公司之成立

南市电灯本属官办，当光绪三十二年间，城厢内外、衙署局所及各街道并铺户所装之电，共一千十余盏，每月需费六百三十余两，而所收铺户电费不及百两，每月约亏五百两有奇。是年六月提议改为商办，集股六万元，订购电机、锅炉，以十六铺之小式当（即紫霞殿）改建为电厂，其时该寺住持僧奇缘已愿得价迁让，嗣有反对者出而阻挠，以火患堪虞为辞，联控道县，并上控督院，又有僧人奇量等帮同诉讼。后经上海县查明，电厂为地方公益，并无火患，始由公司缴地价银四千二百六十九两、房价洋一千六百五十元，并由公司修葺空废之海音庵，移紫霞殿神像于其中，仍由住持居司香火焉。

# 南市之电气公司

南市办理电气事业者,向只电车、电灯两公司,均陆伯鸿为总理。后以两公司分立,不能联络,且靡费之处甚多,遂由两公司董事会之议决,实行合并,改名南市电车公司,仍以陆伯鸿为总理、张逸槎为协理。电车公司始创情形,赵君言之详矣,兹将电灯公司历史略述于下。

电灯于光绪年间由委员翁子文发起,购机试办,电力以二千盏为限。时风气未开,用者寥寥,月约亏二百余金,总董李平书创议改归商办,以小式当(即紫霞殿)为设厂地点,与主持僧奇缘商允以南门外海音庵修葺互易。迨拆屋兴工时,群起阻挠,谓电系危险之物,灯厂四邻必成焦土,附和者颇众,奇缘与之涉讼经年,省委查明后,群疑始释,乃得安机发电,于光绪三十三年秋开幕。灯数日见增加,原有电力不敷应用,势须添购新机,入不敷出,负欠至十余万,遂于庚戌年将全厂基地向汇丰抵借十万两。辛亥六月,董事会又公举陆为总理。近来电灯装出已有二万余盏,颇获赢余。

电车则新辟西门至沪杭车站一路,营业颇佳,惟总不能如英、美、法界之发达耳。

# 会丈局史略

会丈局者,上海华洋商人地皮租买丈量之机关也。考该局之起原,始于上海开埠通商,盖外人于租界内向华人租借地皮,由上海道及外国领事派员会同丈量，由道署给以契据，名曰"道契"，依地皮之价格征收一厘为丈量费，名曰"丈费"。而丈量结果，如照原契据有余地若干，必由原地主缴相当之价金，名曰"缴价"，否则此项余地收为国有。在华界内，华人与华人地皮租买，亦由该局派员丈量，给以道契，其纳费缴价亦同。当通商之始，商业不甚发达，而地皮之租买转移尚不甚夥，会丈事宜亦简，仅由道署派一、二书吏，会同领事派员丈量，所征之费不过为丈量书吏之工食。彼时地价尚低，故收入之丈费及缴价其费亦复无多，会丈事宜亦未设局专管。同、光以来，商务发达，月异而岁不同，地价骤涨，一亩之值涨至数万金或十余万金不等，如黄浦滩之地有亩值二十余万金者，而地皮租买转移之事自因之而益繁，于是始设专局执行会丈事务，而其全权仍直辖于道署。该局之岁入不下十余万金，最旺之年有至二十余万金之多，中央政府从未尝过问也。盖其时上海道兼辖海关、洋务一切事宜，固为国中第一优缺，该局之收入亦不啻为上海道之汤沐地。故在该局之书吏，虽月薪不过十余两，而每年分润可获万金，此外与地皮公司及地保互相结合，种种舞弊更不计其数，闻该局书吏有因此而成富家翁者。

迨辛亥光复之初，上海道已消灭，统一政府尚未成立，外人以会丈之事不能中止，由领事团会议，暂行管理该局事务，仍用原有书吏照章办理。外人以该局办事向无定章，始规定支销俸给各章程，以所收入之款除该局开支外，另行保存，数月之间已积至数万金。民国成立，设交涉使于上海，该局事务由外交部向领事团收回，归交涉使管辖，领事团以数月收入所余之数万金移交中央政府,始知该局历年之岁入如是其巨,清政府之颠顸腐败可见一斑,于是中央始有除正式支销外,按月解交中央之规定,然数年来亦未实行解款也。当时首任交涉使者即前任杨小川氏,道制实行,上海复置道尹,适商务会长周金箴以赞助袁家帝业有功,被任为上海交涉使兼道尹,以继杨氏之任,该局亦属其辖治。后因郑汝成案,周氏于外交不甚得力,杨氏复任为交涉员,周氏仍为道尹,于是会丈局管辖权即起周、杨两氏之争议,而两氏之所以争辖者,实因该局之有利耳。然中央对于两氏之争议亦无适当之解决,只得以交涉员为总办、道尹为会办之名义敷衍两方,至今仍未更也。

自欧战以来,上海商务渐衰,地皮租买移转之事亦少,该局岁入不过数万金,今且入不敷出矣。

## 会丈局之弊窦

会丈局之史略前既言之矣,至该局之种种弊窦,由来已久,现在是否革除,尚待调查。兹姑就所闻者分别而略述之。

**一、地保之舞弊** 上海租界之区域,兼宝山、上海两县之辖境,境内地保有数十人,各划区而管,外人租买地皮于某区,必得某区之地保盖章,证明某地为某人之所有,始认为地主所有权之确定,否则外人不承租,其地收为国有,是地保之权力实可左右地主之所有权,其种种之弊窦即由此而生。盖租房之地原各小地主所有,历年既久,如有遗失契据,地保即要挟种种利权,始允盖章,即有契据者,亦必种种挑剔以难之,故小地主不得不许以特别利权,其他照价之回扣及诈欺索取更不计也。至滑头土棍,勾结地保,侵占小地主之地皮,串同盗卖之事,往往有之,故租界地保因此而致巨富者甚多。然地保既得此种舞弊之特权,与会丈局实有密切之关系。前清上海道履任之初,数十地保必各送仪金于署道,其多寡以各地保所管区域之优劣及家资之贫富为衡,多或万金,少亦数千金,乃常例也。极盛时代,道署收入此项仪金不下十余万,平时结纳馈赠之费更无论矣。故上海地保实可谓小地主之蟊贼、会丈局之猎犬。

二、**丈量之舞弊** 租界内租买地皮,承租人与出租人价格虽已妥协,而丈量地面必由会丈局派员丈量,乃一定之手续。故各地皮公司对于丈量员及监督者,每暗中贿赂,其丈量结果往往以多丈少,以上海地价之昂贵,一分之地有值数万金者,而会丈局既受地皮公司之贿,名为公平丈量,其实予小地主以莫大损害。盖小地主多弱小愚氓,易以欺压,纵有领事派员会丈,其弊仍不能绝,因地皮公司多为外人之营业,以多丈少实外国商人之利,中国小地主之不利,故对于其中弊端不甚措意者,亦无怪其然也。

三、**缴价之舞弊** 照原契丈量有余之地皮,必由原地主缴相当之价金,否则收回国有。但缴价多寡,原无一定之规定,会丈局员有自由伸缩之权,若照时价认缴,如黄浦滩等处之地,一厘之地值且数千金。然该局缴价从未照时价征收,原地主对于局员往往特别予以酬金,缴价得从减少,否则以照价比例相难,故该局之岁入缴价费实居多数,而舞弊之收入亦以此为最巨。

四、**给契之舞弊** 地皮买卖之成立及土地权之移转,以给与道契为确定。各地皮公司多具买空卖空之性质,而地价涨落又复无常,故会丈局关于道契给予,时间之迟速实足左右地皮公司营业上之利害。例如某公司已购甲地,或因市面营业之关系,甲地地价忽涨若干,若道契已给与,某公司可将甲地转卖而获若干之赢利,否则不能转卖也。又如某地皮公司已卖乙地,尚未给与道契,或有丙地因特种原因可贱值购入,预计将来可获若干之赢利,惟资金不敷不能承卖,若乙地之道契已给,即可将乙地道契抵借于银行,以转买贱值之丙地。举此二例,地皮公司与会丈局实有重大之关系,故地皮公司对于会丈局常有特别金钱上之结纳,以冀得营业上之便利也。

## 工部局费用

警费,一百零八万八千两;工程,一百零五万八千两;卫生,二十三万八千两;教育,二十万五千两;官吏,十八万六千两;消防,十万六千两;财政,八万四千两;乐队,四万九千两;商团,四万五千两;藏书楼,三千两。

## 电气厂

工部局之电气厂共有二所,一在河边,一在斐伦路。二厂可发电一亿六百零四万五千零二十一度,出售之电度共八千六百二十七万五千六百五十九分。列表如下:

| | |
|---|---|
| 家用灯电 | 一四四四·四二六一度 |
| 公用灯电 | 一一四·一九七三度 |
| 暖热烧煮 | 八九·九八四二度 |
| 发动机电 | 六六〇二·四八九五度 |
| 电车用电 | 三七六·四六七八度 |

　　就上表观之,上海工业极形发达,故工厂大都装代那模(即发动电机)也。

# 十一　工商

## 金融消息

　　关于本埠金融之消息，有金隆街之《金融日报》，又名《公益报》。其先本别为二家，后以所载消息十之八九皆同，遂并而为一，然板上则仍署二家牌号。报之篇幅其大小如质店之票，仅载本日银角、英洋、龙洋、金镑、金条、银拆、铜元等之价，及英、法、美各国汇价，极为简单。定阅一月需小银元三角，较诸普通之日报如《申报》等报，则此纸张既极劣，印刷又粗率，止如质店之小票者，尚需三角，可谓太昂矣。而人犹乐购之者，以此种报不啻为其专利，其能专利之故，则必其人于商业上有历史之关系，故商人亦不斤斤与计此小费，且亦非勒销，尤无争论之必要。虽各日报亦必每日载有金融消息，究非各日报之专责，如刊载有误，则据以营业难保不受损失，而此报则专载金融消息，各商皆凭此以为市，无不符之弊。

至此项消息，则得诸公所议决者，公所每日会议两次，于午前、午后行之，报所载者为午前所议决，以午后所议者常与午前无甚变动，故略而不载。若晚出之《银行周报》，有学说、有调查，自属最进步之出版物，而于沪市金融亦载之独详，第中下商人多不购阅，乃商界程度太低之故也。

## 金融机关之类别

南北两市金融机关林立，兹特分述于下。

一钱庄　又称钱铺，其所业之主要在两替，中国人所谓兑换，然亦有发行钱票者。其交易之范围殊非广大，资本大者十余万两，最小者仅五六千两，所往来者亦只中下商铺而已，独至大钱庄母财颇丰，能兼业买卖银块、发行银票，与银号相等。

一银号　其营业之性质略与票号相仿佛，营此业者以宁波人为最多，其他各省人亦有之。至其资本虽不如票号之雄厚，然其大者亦间有母财三、四百万，惟普通多在五、六万以至七、八十万之间。若其运用手段殊为灵敏，凡银块行情之涨落、金钱利息之升降等事，一入其手中，其势力有凌驾票号者。

一票号　名称颇夥，有称票庄者，有称汇划庄者，有用别名者，其实皆一也。营业之主要在为汇兑，业此者以山西人为巨擘，机关周密，消息灵通，各地皆有支店，或联络他商以取挹注之方便，除汇兑外，不论官私营业每有举贷与贮款之事。若言其资本，则自五、六十万以至二、三百万，其最雄厚者称有七、八百万两云。

一**银炉** 为制造元宝局之总称,其所业者以自己之资本,购致银块而镕之,改铸元宝,发售于各钱庄,以维持市面为职志者也。或受他商之委托,替人改铸,止收炉炭之资。但其实际,对于各商殊有银行之性质,与他之金融机关不同,惟业此者多为钱庄、票号所兼任。

一**当铺** 统分四种,曰当、曰质、曰典、曰押,亦贷财于人而以其物估价作质者也,故亦谓之质商。质商之中,以当铺为最大,资本多至百万,少亦需三十万两,方足以回旋;次之者为质铺,其本约在五万至二十万之间;典铺则万两亦云足矣。至于押,则卑小不足道,鲜有逾三千两以上者,且业此者多在租界,南市华界则限于律例不易开设。独当、质、典三者,华洋各界几无处不有焉。

一**公估局** 为秤量元宝及评定其品位之机关也,盖我国之钱币错杂混乱,非为此以保证其真赝高低,则金融之流通必大生阻力,故此机关之设立亦断不可缺者也。若其申银水之方法,大抵循元宝之外面而检视之,复以手试其重量,既鉴定后则可为流通之货币矣。以其有多年之经验,故别识之力非常灵妙,曩者日本制币局亦尝铸制数种元宝,输送沪上,令公估局为之申水,课其鉴定之成色,毫厘不爽,当事者大为佩服。

一**外国银行** 其中以汇丰银行、华俄道胜银行、横滨正金银行、德华银行、麦加利银行、佛兰西银行、喀哷银行等为最巨,此数家者概有支店分置于我国各通商口岸,类皆外人投资。今就各银行之资本金额言之,汇丰银行资本一千万元,横滨正金银行资本二千四百万元、贮入额一千八百万元,华俄道胜银行资本七百五十万俄金,德华银行资本五百万元,麦加利银行资本八千万镑。以上各银行之营业,若自其设立之目的观之,略有异同,有专注于商业上者,有别具方针者,即如华俄银行,于其本业之外兼营运送及保火险。不宁惟是,且于我国内地更有采掘矿山、敷设轨道、架立电线之特权,着着实行,节节进取,是以名虽银行,实则经营凡百事业者也。

## 上海之银行公会

从前未有银行时代,各地钱业组织——钱业公所或会馆,为联络集合之机关。凡当日货币行市,均由公所协定,并受地方长官之委托,处理同业中之公共事项,亦有附设汇划总会,以交换票能力,植有基础。但钱庄公所之势力尚未能因之消灭,此亦盛衰代嬗之关键也。故论银行公会之性质,实与钱业公所相类,但钱业公所因非法定机关,仅知在同业利害上着想,不顾当地全局之安危;今银行公会则系法定团体,自当以国家前提,而为金融界谋安全幸福也。自今以往,金融机关惟在银行,而银行公会实不啻金融机关之联合机关,则将来之于金融界,其应尽之职务为何如耶?

## 规银之由来

沪上市用银两,通行豆规,又称"九八规银"(当因内含纯银九八成之故),以一百九两六钱合库平银百两。因中外未通商前,商市以豆业为领袖,故有是称,即今日米麦行肆所用斗斛之较准(在邑庙三穗堂内,即俗称"较斛厅"者是),其权犹操诸豆业云。

## 马蹄银之概略

银两之名目颇夥,票银、银锭皆是也,然通称之曰纹银。以其形状之大小而区之有三种,曰元宝、曰中锭、曰小锞。元宝俗又谓之"马蹄银",言其形类马蹄也,但欧美人则谓状肖中国妇女之靴,故又有"靴银"之名,其重量率计五十两。中锭形如秤锤,重约十两,小者形如馒首,重约五两。此等货币皆以重量申算,较及锱铢,不使稍爽,故云银两。至其所含之质量、造成之重量,向无一定准则,故民间恒得自由制造。上海新制出者称"上海宝锭",其流行通用之原委,请略述其梗概如下。

按,上海制造马蹄银之原料,多由外国银行经手,各家银行皆以此举为一好贸易,每年辇致英、美银条、银块,售与华人。华人业此者既得原料,则输诸银炉镕而范之,每锭以五十两为率,出炉之后请公估局评定成色,加保证之记号,必须钤以墨印,更以朱字涂其上,然后此元宝乃可流行。至公估局所凭以为断者,盖取五十六年前之宝锭奉为准的,而比较其间相差几何,非可逞臆而定也。市上所称"申水",即指其所差而言。由是合其秤量与申水,以九八除之,是为上海普通宝锭。凡商界核计价值、结算账目,咸以是为推。例如宝锭一枚之重量为五十两,申水为二两四钱,合计五十二两四钱,今以九八除之,则为五十三两四钱六分九厘，此即上海银币之值，所谓"九八规银"者是也。而纹银一枚亦以此比率申算，凡有授受悉准之。若诘其因何以九八折除，则视此为一种牢不可易之习惯，盖其原委极长，说亦甚多，莫衷一是，姑阙疑可也。以九八规银与各地之银两比较，列表如下。

取上海九八规银百两为标准与各处比较：

厦门九十一两三钱三分八厘　　芜湖九十三两五钱一厘

九江九十三两六钱八分九厘　　温州九十二两四钱六分

宁波九十五两　　　　　　　　汕头九十八两

北海九十九两二钱五分五厘　　镇江九十三两五钱一厘

汉口九十七两六钱二分一厘　　淮河百零二两一钱一分八厘

宜昌九十八两四钱二分九厘　　天津九十四两二钱五分五厘

牛庄九十七两三钱九分七厘　　芝罘九十五两五钱一分二厘

福州九十八两七钱四分三厘

更以各地通用银百两与库平两海关两及上海规银比较：

| 厦门规银百两 | 合上海百零九两四钱八分四厘 |
| --- | --- |
| 牛庄规银百两 | 合上海百零二两六钱七分三厘 |
| 芝罘规银百两 | 合上海百零四两六钱九分七厘 |
| 天津规银百两 | 合上海百零六两九分五厘 |
| 福州规银百两 | 合上海百零一两二钱七分三厘 |
| 汉口规银百两 | 合上海百零二两四钱三分七厘 |
| 库平百两 | 合上海百零九两六钱 |
| 海关百两 | 合上海百十一两四钱 |

又上海所用之马蹄银,日本大阪造币局尝分析而考验之,今据其所得之结果如下。

上海漕平五十两八钱七分,申水二两八分,合计五十二两九钱五分,九八归除,合上海通币五十四两三分。造币局试验之结果,每重四百九十七钱三分合英量二·八七七八八,品位千分中九八·五五。

普通纹银而外,尚有所谓碎银者,全不备货币之形式,然亦可使用于市上,且亦视为纹银之补助货币焉。其中约分二种,曰粒银、曰板银,粒银者状如其名,琐碎之小颗及小块也;板银则用银锭、银圆及鹰洋之历时久远,形质磨损,失其往时重量,乃剪之为片,以弥缝秤量之差数。故交易之际,必须一手持衡,又因其细碎不便过手,出纳皆用厚纸裹之,其包表常有公估局之笔据,否则不易得信用也。

## 上海之银行

上海银行有汇丰、麦加利、花旗、道胜、正金、台湾、中法等皆外人所设者,至我国人所办者有交通、中国、兴业、中孚、四明等。外国银行中以汇丰为巨擘,总行设香港,其分行遍于世界各大埠,其设立上海之时在同治年间,行中办事人多至百余,其他诸银行亦称是。中国银行初名大清银行,总行设北京,去年筹备帝制时不受停兑之命,营业于是蒸蒸日上。余如兴业、四明等银行,多属稳健,偶有风潮,此数银行常裕如也。惟殖边银行则以滥发纸币、兼营他业,至今一蹶不振,可为浩叹也。我国人所办诸银行名誉亦不弱,但达官豪富多以外国银行为心理上比较的良善,金钱千万悉存于彼,外国银行之发达,此亦一原因也。

## 中国银行之概况

顷此间《银行周报》有《中国银行之概况》一则,言中国银行之历史甚详,亟录之以为留心金融者之参考。据云,当辛亥改革之际,大清银行相率休业,南京临时政府曾有中国银行之设,未几南北统一,南京所设之中国银行旋亦无形消灭,此为"中国银行"名词之起源。其时惟有上海之大清银行,因股东会之维持,兼又托庇于租界,未受外界之干涉,以故亏累无多,损失较少,犹能继续,不致休业。于是将计就计,正式名为中国银行,此亦不过维持现状而已。及至统一以后,国中秩序稍定,财政部即将大清银行正式宣告清理,中国银行于时草创成立,同时任命吴鼎昌为监督。当时银行制度尚未确定,监督一职又无所根据而发生,加之界限不清,处理未当,以故大清银行之债权债务无从清理,而中国银行营业上又无从进行,于是财政当局又另设国家银行筹备处。未几又由财政部合并,即以中国银行为主体,附设筹备处以主持行务,归并清理处以了从前之纠葛,俟清理完竣再将名称消灭。此为民国元年之内部情形,其时则例尚未制定,至二年四月十五日始将中国银行则例公布,凡三十条。当改组时代,既无实在资本以资周转,当局又意见分歧,莫衷一是,以云股本,有主完全召集商股、有拟先由官家垫款开办,至于资金究何所恃,有主拨给三千万元公债以充基金、有定先拨七百五十万现款从事开业,故在则例未公布以前其事权纷扰,盖可知矣。及熊内阁时代,汤明水任总裁,当此之时,政府因鉴于各省金融秩序之扰乱,亦知国家不可无强有力之中央银行以资调剂金融,兼为收回各省滥发纸币及实行全国金库统一之计划,故对于该行之进行扶助不遗余力。前此大清银行原有之各分行号均次第举办,其他商业繁盛地方、重要区域亦均陆续推广,政府复又委托该行代理国库、经收关税,兑换券亦渐得商民之信用,发行额逐渐加增,草创之功,汤氏甚有力焉。未几财政部呈请改归部辖,萨福懋任总裁后,即将内部改组。及民国四年,李士伟任总裁,添派赵椿年为会办。李氏莅任未久,即请修改则例,并请增加资金、召集商股,同时有担任公股筹设民国实业银行之计划及兼办货币交换所事。惜帝制发生,政局变动,未能假以时日俾竟成功。民国五年停止兑现,全体大受影响,京行尤为牵累,但未停兑各行犹能坚树信用,其营业尚有增无减也。六年梁任公为财政总长,沪行副经理张嘉璈升任副总裁,张氏对于中国银行之改革久有具体之计划,因于此时呈请修改则例,缩小股额、增加资本,良以中国开业以来商股既未足额,官款复不认为股款,是名虽为股份有限公司,而其性质实无限之责任,性质不分明,其危险孰甚。且当时制定则例之际,因中央银行所关甚巨,故资本定额较大,原意借坚信用,但时与势违,徒成虚语,转致信用未立、性质不明,反碍业务之发展,果使营业发达,信用昭彰,续召股本何患无凭?此次缩小股额诚为必要之图。该行根本弊害由于银行随政治为转移,总裁屡易,人才不能久于其任,因于此次改定章程,总裁限定由董事中简任,俾得久于其位,不致受政潮之更迭而得专力于行务。再则中国银行受病之原由于官厅积欠太多,内而财政部、外而财政厅,均视中国银行为府库,以致钞票停兑,周转不灵,自张氏任事以后,即通令各分行号不得任意垫款,并于章程内规定,凡金库垫款非经董事会议决不得垫给之条。张氏又鉴于股东会未成立,股东名义不能确定,因于本年召集股东总会,董事会亦于时组织就绪。曩者中国银行因资本未确定、性质不分明,以致妨碍其发展而不能建设为一强有力之中央银行,今既修改则例,明定资本,并规定总裁由董事中简任,是则昔之因障碍关系而不能进行者,今而后宜可以发展其业务矣。夫有人此有法,有法此有功,若谓法立则功必见,窃以为收效无是之速也。威氏(hmilhen)有云,善良之银行,不产生于善良之法律而产生于善良之银行家。旨哉言乎!

## 利民银行

丙午春、夏间,有美商爱德华氏等在各界招集华洋股本十余万金,设一银行,署名曰"大利",盖亦泰西积聚银行之类。中国信成银行亦有此项办法,所谓零存蛋取是已,第利率章程略有不同。按信成章程,蛋存零取、零存蛋取、蛋存蛋取、零存零取,一切办法皆可通融,而大利则仅定一种办法。其法以每月存银若干元谓之一份,或一人而愿多存数份者听,惟每份少不得过一元、多不过十元,份给一单,以后按月照数存放,满十年者除照本算还外,每月加息半元。例如每份一元,十年后可还百八十元,盖母金百二十元而子金半之也。小本食力者流谋为积蓄,集腋成裘,俾他日养生、送死之资,未始非利民之举。惟资本太少,故经营不能持久,致利民者转以殃民,殊可叹也。

# 上海钱庄之概略

上海钱庄因资本之大小及营业之广狭,大概可分为三种,曰汇划、曰挑打、曰零兑。所谓汇划者,因加入汇划总会之故,故亦有称为"汇划庄"者。挑打较次于汇划,业务大致相同,惟未加入汇划总会。至于零兑,则专以兑换银钱为业,实际上仅能称为钱铺。不过上海习惯上对于钱业统称"庄家",所谓汇划、挑打、零兑乃内部营业等级之分,而外人则概称之曰钱庄,此外尚有入园、未入园及大同行、小同行之别。

钱庄因营业上之关系,设立钱业公所、钱业会馆以为联络接合之机关,并议有同业规约,互相遵守。每日早、午之市价均由公所议决,如有涉于同业之利害关系亦由公所会议办法,同业之间设有纠葛,大概先由公所判断曲直,如关于债务、债权之摊派亦由公所商议调处。自有商会以来,钱业因与各业关系较密,故在本埠之商会上颇占势力。至若公所经费,概由同业公同担任,岁举董事以总其成,另推司月主持一切。大致钱庄设立较久,股东财力较巨,或当事人声望卓著并具有能力者,则在公所中必占优胜。新同业加入公所,例须经同业之认可,其未加入公所者不得享其利益,公所亦不尽保护之责。但钱庄亦有除加入公所以外另结团体,以为营业上之扶助者,类似攻守同盟之性质,所谓大同行、小同行、新同行,则狭义联合机关也。自银行一盛而钱庄日渐衰微,非公所之势力岂能存在?惟现在银行公会成立已两年余,自今以往,恐不易相竞争矣。兹将钱庄各联合机关之情况,缕列于后。

(一)钱业公所为南北两市钱业公共会议之所,每年阴历正月十三日开大会一次,集议关于全埠钱业公共之事项,岁举总董司理一切。至全体对外交涉,大概用公所名义。

(二)钱业会馆为南北两市钱业各别之机关,凡关于本市同业之事项均在此会议,岁举董事司理一切并由各庄轮流司月。

(三)钱行亦系南北两市钱业共同组织之所,凡关于同业中轻微事故大都在此集议,实际上则钱业公所系共同对外之机关,而钱行则系内部聚集之所,非遇重大事项发生,从不轻开公所。每日各庄均来参与,早、午二市之货币行市大都在此公决,不啻为钱业之俱乐部也。

(四)汇划总会之性质无异于银行家之票据交换所,实际上并非特设之机关,系附属于钱行之内。所谓"汇划"者,系同业各家交换票据之称,每日午后二时左右各庄汇划应收之票,出一公单,交于付款庄,至四时前后齐集总会,互相核算,出入抵消,如有结余,互找现银,实则仅对于零奇尾数以现银找清,余则另行转票,仍相授受。故非加入总会者不得与于汇划之举,所出之票亦不得注有"汇划"字样,以故加入于此会者均称为"汇划庄",所以表明其性质也。

钱庄资本诸无一定,盖钱庄资本之性质类似无限公司,不在资本金之多寡,惟视股东之财力信用如何。股东之财力即钱庄之财力,股东之信用即钱庄之信用。且开业之始,对于实在资本从无确实数目以告诸外人，大都夸大其词以虚张声势，殊难征信，而局外人对于钱庄亦不深考其资本内容，惟探其股东及经理人以为往来之准则。大概钱庄之资本分为成本与护本二种，成本即股东已缴之资本金，恃以运用者也；若护本则似乎准备金，又似乎未缴之资本。简言之，则成本系实收资本，而护本则为备用股本也。通例，护本约等于成本，预悬相当款额，临时由股东筹措，故钱庄不能以形式上之资本定其大小，股东有若干之财力即钱庄可营若干之事业，股东之财产与钱庄资本有连带之关系。且钱庄大都先有交易而后开业，所以资本金亦不求其多，当开业时预揽一宗存款以为运用。要之，钱庄悉视股东素来之财力、信用及经理人平日之声誉能力以为无形资本，使股东及经理人素无声气，即备足若干巨额亦不足以将事也。

# 报关行

报关行者，专为客商所购之货物代报海关，并代谋运输之便利为业者也。业此者甚多，最大之牌号为招商渝、怡和渝、太古渝，盖是三家其范围直由沪达重庆，承揽之货自较他家止有一部分者为多也。组织报关行亦需资本十万金左右，如购备驳船、垫出房膳等费皆其大宗，其办法则租一巨厦如旅馆然，各处号客皆寓其内，凡供给客商之房饭等费例于每节算还，而客之货物即由其报关及运送。其程序如客已订购某货，自取得一派司（海关验过之一种证据），即将派司交报关行，而行中将派司至海关再报，则知确有此货矣，就后复由客商向卖货者取一栈单交报关行据以出货，即将所出之货由自备之驳船装至特定之轮船运至某处，并即时由行自填明一提单送至轮船公司签字，签毕即交客商，寄至所谓某处之报关行或委托人，据以提该轮运来之原货，此其大略情形也。

# 上海金业之状况

## （甲）首饰业

上海首饰业，大同行如景福、宝成、庆云、方九霞、凤祥、裘天宝、费文元、杨庆和等，其间以景福开设最早，而营业之发达则以宝成、庆云、凤祥、杨庆和数家为最。其后支派蔓延，分店日出，如老宝成之外有宝成德记、宝成裕记，庆云有南庆云、北庆云，老凤祥之外有新凤祥、凤祥和记，杨庆和有福记、发记、久记，今方九霞又有新店、老店之分。犹忆民国三、四年间，同业中以各家分店日夥，营业不无妨碍，乃公同议决，每家牌号以三店为限，不得有第四家出现，盖预防竞争之意也。

**存金之数目**　首饰业开张时，必储备存金若干以作底盘，北市如宝成裕记、杨庆和久记均常储金至五千两，此外如老、新凤祥等家亦各储金二、三千两不等，南北以景福储金最多约有三千两，至少者如凤祥和记亦有四、五百两也。就所存之金而论，宝成德记于民国四年开张时，金价飞涨，底盘货每两作价四百二十两，成本之重令人惊骇。景福开设最早，约已五、六十年，底货二千两，内有五百两仅作价十八两，其易获利者职是故也。

**门市之情形**　上海首饰铺日益增多，每开设一铺资本须在十万以外。上海富家既多,新首饰业之营业亦日见发达,通计各首饰铺平均计算,每日兑出金货可至千余两之巨,上海繁华,即此一端已可概见也。往时门市向推宝成裕记为第一,每日可先出金货一百三、四十两,前年杨庆和久记新开张后,宝成裕记每日短去约数十两,而杨庆和久记则夺宝成裕记跃登第一席。方九霞见而羡之,遂于大马路相空地址,大兴土木,建筑四层洋楼,开张新店,故至今首饰铺当推杨庆和久记与方九霞两家也。杨庆和福记为杨氏与苏州邵氏合股开办,自开办以来已十余年,营业向不起色。上年更易经理,聘请前裘天宝经理郑萃堂后,门市日渐兴旺,一月间可先出金货千余两、白货一千四五百两,较诸昔日陡增三分之二,可见经理之得人也。城内裘天宝向在大东门大街,是处市面萧条,每日仅先出数两或十余两左右。前年迁移小东门后,门市蒸蒸日上,每日先出之金增至六、七十两,可见小东门自放宽街道即臻繁盛,于商业上有绝大之关系也。

**同业之竞争**　六、七年前自新凤祥开张后,首饰业日形竞争,继起者为宝成裕记与新凤祥为劲敌(新凤祥资本约十万两左右,宝成裕记资本十五万两,房屋均自建)。杨庆和久记规模宏大,其开张之第一日先出金货三千五百余两,值洋十七、八万元,真可骇人也。若今年之方九霞,其声势不及杨庆和久记,故号召力亦较逊(或云新方九霞系新凤祥德记主人徐君买方九霞牌号,出资计三万余两云)。苏州恒孚银楼为陈氏创办,开设有年,声望甚著,深为苏人所推重,在苏每金一两兑出较他家增加洋五角。上年设分店于上海,即杨庆和久记旧址,经理人为吴人张庆生,自表面观之虽不及宝成、凤祥、杨庆和、方九霞等,而实则金货成色较各家均过之。然此惟老于苏、沪者能言之，若客班则不知也。

**金价之低廉**　三年前金价总在六十元以外，近数年来逐渐低廉，今则通常仅三十余元。其金价缩小系受欧战关系，交战国需银之用途渐广，故金价日跌。然兑饰物者因其价廉，额外添置，故两年来之首饰业莫不利市三倍云。

## （乙）金铺金号

**金业之种类**　金业除首饰业外又有两种，一为金铺，一为金号，二者虽均做期货，而金铺则又有现货出售，如本标、大条、赤条、沙子金、条金、叶金等。金铺如大丰永、裕丰永、恒丰永等则为金铺，正昌恒、乾昌祥等则为金号也。

**金铺之情形**　金铺所有金类，如本标乃为一种之金条，每条重十两，七条成一瓶，其色为九七八，销路则为内地各埠。至销往外洋标金，每条重七十两，成色九七八，是为大条。赤条每条重十两，成色自九九三四至九九也，其大宗销路为首饰铺。沙子金来自北地山东烟台一带，成色自四五成至七八成不等。条金来自四川、广东，成色不一，自六七成至九成。叶金以广东来者居多，成色九九，以销门市者为多。

**金铺金号营业之状况**　金铺、金号其性质系做抛盘期货为主，为一种投机事业，除自做外兼代客家做期货交易以取佣金，其佣金视所做条子多寡，一钱至五分不等。清光绪末年间，金铺、金号统共不过十余家，至今已开至四十家以外。金铺所做之客帮，以洋货棉纱以及官僚中人为多，近两年来大概做空头而望价小者其获利必丰,做多头而望价高者则多亏,此其大较也。

## 西式金银首饰店

沪上西式金银首饰店均为粤人所设,粤人称为"打银铺",最老者为江西路之和盛,其次为南京路之联和、鸿昌,又其次为河南路之时和,他如联生公司等则开设未几时耳。顾客以外人居多,沪上巨室姬妾亦趋之若骛,故营斯业者无不利市三倍。所制首饰异样翻新,精细无比,有为本埠各大银楼所不及者。往岁银楼同业中人慕其制法之精,曾拟派人往各首饰店学习,多方央求,终未达其目的。盖粤邦同行规例,学习打银只限本省人,外省人则绝对不许也。

## 最老之书坊

上海书店之最老者莫不推扫叶山房,实则扫叶山房虽创业明朝,乃开设于苏州,而分设上海则历年犹未久也。惟大东门外有一店号"黄文正"者,创自有明中叶,至今犹存。予昔寓沪南,尝经过此店,局面之小殊不足言,而资格则老于扫叶山房也。

## 石印书籍

石印法之输入中国,最先为点石斋,继起者为拜石山房、同文书局,一时鼎足而立,然今人只知点石、同文而不知拜石山房矣。点石斋为英人某所办，拜石为宁人，同文为粤人，而校刊印刷以同文为最精，今日得同文版者尚可求善价也。

## 同文书局

中国之有石印，始于沪上之点石斋，为西人美查所设，印造各书均用上等连史，蝇头端楷，精雅绝伦，而按旬发行之时事画报为吴友如等摹绘，每册售洋五分，尤称廉美。次为拜石山房，而同文书局亦同时产生焉。同文创之者为粤绅徐鸿甫，即徐雨之之族，第鸿甫有姊妹行某女士曾削发皈依三宝，然以门第故，于都中贵胄极有势力，时西后颇留心词翰，欲翻印《图书集成》百部为颁赏文臣之用，徐调得之，乃倩女士为介，得引进内务部承办此差。初领内帑三十八万两，订造一百零一部，其板圈字样按照原式放大十分之一，用上等桃花纸石印，原有脱笔均须描补，内一部用黄绫图龙装钉备宸览外，其余百部仅普通道地而已。此书历三载始竣，工料浩大，亏蚀不资，几中辍，幸托有力者向府关说，加津贴十万始得毕事。此后兼印《聊斋》、《三国》、《字典》等书，亦极精妙，至今流行日稀，价亦不贱。其局址即今中虹桥东之元芳路师善里一带云。

## 铅印发轫小志

沪之有铅印书籍，始于同治初年西人创设之墨海书局。用铁制印书车床，长一丈数尺、广三尺，旁制有齿重轮二，以二人司理印事,用一牛旋转机轴。其书版或为活字,或为泥胎绕成之铅板,墨汁、胶棍大致与今式相同,当时人士引为大奇,曾记某名士咏杂诗云:"车翻墨海转轮圆,百种奇编宇内传。忙杀老牛浑未解,不耕禾陇耕书田。"后墨海废而美教士江君别设美华书馆于南门外,造字、制版悉以化学,其后传授工徒日众,西人之续设者有别发,华人之自设印书馆、报馆者亦渐起,如著易堂、集成图书局等,而转运机轴之法亦去牛而以引擎马达代之。近今沪上印刷事业日见发达,未始非物质文明之日进,今试问老手民、老印工其习业之出身地,墨海已如晨星,美华书馆者已足为老前辈矣。

## 科学丛书之发轫

吾国人士之著述,在昔鲜有及于实业及科学者,试一阅《四库全书》目录,关于是项书籍除《农政全书》、《几何原本》二书外,余者无几。二书均系明相国徐文定公所著,《农政全书》凡六十卷,于沟洫之制、桑麻之宜、蔬果渔牧之利灿然大备;《几何原本》为西儒利玛窦所译,文定公所笔削,其籍为欧洲算学之祖,原本十五卷,文定公取其论圆形、线形、三角比例、圆内外形等六卷。此二书实于科学上、实业上最有关系,裨益后人厥功非浅,吾沪人士,宜如何追溯崇拜也。

## 中华书局经过之历史

中华书局亦上海数大公司之一,其经过之历史,前因后果,颇足为兴办实业者之法戒。兹分开创、失败、恢复三时期,缕列于后。

**一开创时期** 自民国元年至五年为该局开创之时期。该局发生于宣统三年武昌起义之秋,成立于民国元年元旦,创办之初资本薄弱,气象狭小,嗣后因营业之发达,为积极之扩充,资本额增至一百五十余万元,分局多至四十余处,盘入他书局及印刷局数处,编辑、办事等员以及厂所工人一跃而至二千余人,而福州路之总店、静安寺路之总厂经之营之,不遗余力,高大巍焕,先后落成,规模宏廓盖几乎与商务为两大之并峙焉。至其内容之组织具有条理,仿立宪国之三权并立,分立法、司法、行政三大机关,所谓立法机关者,董事十一人之会议也;所谓司法机关者,监察二人之驻局监察也;所谓行政机关者,正副局长之执行局务也。法良意美,果能遵而行之,各尽其职,何至失败之立见?无如我国积习,言之匪艰,行之维艰,而任人不当,一着之误累及全局,实为该局失败之由来。

**二失败时期** 自民国六年正月至十月为该局失败之时期。此时期内欧洲战事蔓延愈广,各物原料交通阻塞,昂贵猝加数倍,国内南北交讧,书业生涯骤形清淡,金融又屡起恐慌,分局接济不能时至,该局又因进行之太骤、开支之过巨,任事者之乘便挪用经营他业,嫉妒者之多方谣诼,伺隙而起,遂至信用堕落,存款挤逼,周转为之不灵,不得已而有赁与新公司之举。

**三恢复时期** 自民国六年十一月至七年年终为该局入于恢复时期。新公司为某某等组织而成,接办数月,不甚得法,遂于是年某月解约退还,仍由旧公司接收。尝阅其七年份董事会报告书,仍行三权鼎立办法,而害马既去,积弊一空,痛定思痛,实力整顿,存项债款分年摊还,核减局用,向之每月三万余元者今则每月六千余元,停止优先股,组织垫款团以补造货之不足。即就信用论,近日所出《国民宝库》、英文百科全书等书预约出版,均能如期,销路亦异常畅旺。据个中人云,营业之数亦已复故,出入相抵绰有余裕,核诸近况或当不诬。此两年来入于恢复之大概也。

野史氏曰:中华书局之勃兴,武昌起义利用时会,论者谓有天幸焉。虽然,其利用时会也,亦彼徘徊观望持重自误者之有以启之也。其失败也,由于存款挤逼,运棹不灵,人事不善,万难自讳,盖亦有利用其失败从而下石焉。不然,岂无存款多于该局者?以彼易此,一经挤逼,吾不知其堕落当何如。以颓败之中华而今有回复之气象,则所赖于人事之补救可知也。卧薪尝胆,安知不一战而胜吴耶?该局勉乎哉!


## 鸿文局之失败

开设鸿文书局者,为江苏震泽人凌陛卿孝廉,家世丝商,资本雄厚,与点石、同文等局并驾齐驱。惟所出者多科举时代考场所用之书,如《五经戛造》、《五经汇解》、《大题文府》、《小题十万选》等类,不下数百种,当时非不风行,士子辄手一编,迨科举既废,不值一钱。民国初立,亦尝集合名士编成初小教科书数种,而资本短缺,推广无术,巧妇无米自难为炊,刊行之书终亦束诸高阁而已。其初石印处设于南京之恩庆里(今之大庆里一带是），规模颇为宏大，后设发行所于棋盘街，乃将石印局盘与某某氏，继又将发行所盘于某某氏，而前功至是尽弃矣。凌君学问渊博，性情坦白，待友接物颇能相见以诚，绝非狡猾之书贾可比。该局所出之书，名人诗文等集亦复不少，而大宗以科举书为多，失败之基即由于此。至其预算欠精、用人欠当，则尤其一生之大病，论者颇为惋惜。今间从事实业，营开垦于安徽郎溪县，至老而精神不衰，偕其妻子且读且耕，自以为人生之大乐，虽南面王不易也。区区书业之成败，知不足以萦其念虑矣。

## 文寿记之发达

文某不知何许人，或曰南翔人，或云宁波人，小名阿寿，人即以"阿寿"呼之。弱冠时以卖报为业，风雨不辍，克勤克俭，除衣食外积有余资，辄印蝇头小说数种，如《三笑》、《挖空厢》、《十美图》等，随报唤卖。当时纸价、印工均极廉贱，买客以其舟车携带最便，价又不昂，辄喜购之，福州路之书包亦趋之若鹜，代任销行之职，所赢往往倍其资本之三四。种类既夥，生涯鼎盛，遂弃其贾报之业专心从事于此。初仅设一书摊于某某里口，以便书包之携取，继乃设行栈，购进印机十余架，外埠之来批发者不下数十余处，凡旧小说之流传于世者几于应有尽有，为数五、六千种。创业既竟，坐享其成，终日沉溺于烟霞窟中，个中人为计其赢余，今当不止十余万。惜所出之书大半海淫海盗，蝇头小字又伤目力，受其毒者不知凡几。犹忆同时有戎某者，亦宁波人，同一卖报生涯，继亦设书肆于四马路之昼锦里，生涯颇觉不弱，未几因入不敷出，身死而店亦让诸他人。以视某某之左拥右抱，享有巨资，其苦乐之久暂又不侔矣。

## 文明书局之中兴

教科之编纂始于文明书局，实开商务印书馆、中华书局之先声。该局主任好尚风雅，延聘皆一时之选，所辑蒙小各书虽筚路蓝缕而亦颇适于用。该局之特色为各种珂罗版，罗致名人书画不经见之本，主任一生之心力、财力毕萃于此，惜赏音不多，价又昂贵，销行未畅。某某年让与中华书局，实力整顿，添设进步编辑所，三年中出书至三四百种，营业骤增至二十余万，论者谓文明之中兴焉。

## 商务印书馆创业之历史

沪上书肆其营业最大者，当以商务印书馆为首屈一指，然考其创业之历史，则成立之初亦一藐乎其小之书店耳。按该馆经始于丁酉春正月，在上海之江西路赁小屋三橼，办印机两架，为印刷事业之初基。翌年夏六月迁于北京路，有屋十二楹，为初步之发展。越五年，当壬寅、癸卯之交，始建印刷所于北福建路，设编译所于蓬路，创发行所于棋盘街，而规模粗备矣。自乙巳以还，定名为有限公司，股本已由三十万递增百万，即于今之宝山路改建印刷所、编译所，复于棋盘街重造发行所，基础始固，规模亦大扩张矣。各省添设分馆甚多，京、津两处又各设印刷厂。至甲寅秋，增收股本满二百万之额，益着力扩张，先后合并中国图书公司、中外舆图局数家，营业上之赢余岁有增加，由十五万达至四十万，此近今之进步也。俟有暇当再述其营业之现状，以为从事于实业者告也。

## 商务印书馆事业之现状

商务印书馆创业之历史，已在本报披露于阅者之前矣，至其事业之现状，则分四大类，曰发行、曰印刷、曰编辑、曰制造，兹分别述其大略。

（一）**发行**　以上海棋盘街之发行所为总机关，新造西式四层楼，高敞宏廊，内执事者分别部居，有二百数十人。至各省都会、商埠已设分馆者四十四处，此外各地贩卖处计一千余所，南洋群岛及日本、欧洲、美洲各巨埠亦特设售书处，一年营业之总收入约在三百余万元之谱。

（二）**印刷**　印刷工厂在上海闸北宝山路，基地五十三亩，建筑仿欧美工场制度，有三层楼三所、二层楼九所、平屋六所，约占地二十万方尺，各部职员职工有一千五百余人。印刷则石版、铅版、锌版、铝版、铜版、珂罗版、三色版等咸备，又有最新之胶版、凹凸版，专印精美之商标及银行钞票，现在此项印刷国中惟该馆能为之。此外若京、津两处之京华印书局及天津印刷局，为该馆所分设者，其印刷工艺亦能与上海总厂无异。

（三）**编译**　编译所设于印刷厂之右，为西式三层楼，藏书楼附设于内，编译人员现有百二十人。已编成之图书，计分教科书、法政、地舆、字书、杂志、外国文、小说七类，有千八百余种。近年新出共和国教科书尤为学界欢迎，内国民学校国文一种已叠百余版，销售三千万册。

**（四）制造** 制造厂附设于印刷所之后厂，其制造分为三项：一为铅字铜模。铅字有新式铸字炉以铸中西各种字体，铜模除造普通字体外又有楷书、行书、隶篆书及仿仿宋、楷书诸种，为该馆之创制。二为机器之关于印刷用者，有石印机、铅印机、轧墨机、切纸机、铸字炉各种。关于普通用者，有车床、刨床、刈草机、吸水机诸种，均能自行制造。三为仪器标本，有理化器械、博物标本、地理模型、风琴、幻灯、体操运动器械，以及工场、农场、养蚕、制丝各种器具，均延专家监造，以质朴价廉为主。此外如铅笔、粉笔、墨水、墨油等，亦能自造。

# 说沪上书肆

从来名山事业期乎传诸不朽，虽学术思想代有因革，然词必己出要之今古同揆。有清乾嘉之世，盛行考据，自夸淹博，爬罗剔抉不出故纸堆中，当时识者尚议其类乎抄胥，今则巨剪事业日益发展，两者相较犹觉彼善于此矣。考此事作俑之始，由于戊戌变政竞言富强，上以是求，下以是应，干禄者莫不以报端论说为时务之蓝本，于是坊贾逐利，装剪成书，分类汇编，供人獭祭，如馈贫粮，不胫而走。迄乎晚近《著作律》颁，版权有主，百家杂说益觉风发云涌，莫不欲于名山中占一席地，而利用糊剪事业者亦乘时纷起焉。间尝默计沪上数年来之出版物，崭然名著固不乏人,而移甲就乙、断鹤续凫,标新领异以眩世者,实滔滔皆是。至绮语艳词,虚构情天之劫,描写猥亵之谈,迎合人心以达其敝帚千金之享,则更品斯下矣。呜呼! 道丧文敝,群言庞杂,黠者因利乘便以贪天功,亦风俗人心之忧也。

## 欸乃二字考

自唐人柳宗元《渔翁》诗而有"欸乃一声山水绿"之句,后之小说家形容舟楫摇曳者辄用此"欸乃"二字。按欸从矣、从欠,与唉同,如欸咳、欸叹等字从口、从欠本可相通也,音近蔼。惟忆幼时塾师授读此诗,"欸乃"须读如奥爱之音,作渔歌唱和声解。询诸曾读唐诗者,莫不云然。但考《字典》,则欸音蔼,而乃又作原音,且附注此两字为櫂歌应答貌。总之,欸确从矣固无疑也,惟近年流行之小说,凡铅印者竟排作"欵"字,从无排"欸"字者,初疑或因冷僻字模未备而然,昔年从事某书局偶述及此,索阅原稿,实为"欵"字,是非手民之咎矣,且他稿之用此两字者亦复如是。又汉司马迁《报任少卿书》中有"更张空弮"一语,弮音宦,无矢之弓也。此函自吴留村采入《古文观止》后,近多编诸名人尺牍中,然因传抄之讹,竟作"更张空拳",虽义亦可通,究失原意矣。上海印刷界居全国首领,窃愿缮校诸君子随在矫正,庶免承谬袭讹,亦艺林之隐德也。

## 上海棉花之状况

上海为棉花总聚散地,输出于日本甚夥,其种类除通州棉、宁波棉外，以上海棉为最著。上海棉概出于附近之地，如上海县、奉贤县、南汇县及沙厅等处是也。其出货常以竹笼或麻袋藏之，由小艇搬运。通州棉为通州、海门、崇明等棉之合称，占上海棉花中之多额。其航运至沪时，每因装载之法不善，途中一遇风浪雨雪，则彻底浸湿，故通州棉含水气独多，不及上海棉之为社会所欢迎也。至于宁波棉则不至是，买客购是项棉花者，恒审定上海之市况，乘汽船直往其地交易，即以汽船运棉至沪，甚为便利。上海棉花分南北两市，每年所估价额达五百万两以上，南市有花衣街，为棉商集聚之处。该市之贩卖，以内地为大宗，日本次之，其市上所定计值之本位货币，南市主铜钱（今亦主银两）、北市主鹰洋或银。棉之装置法有大、中、小三种，大袋百八十斤（一斤合日本百六十目）或百八十五斤，中袋百二十斤或百二十七斤，小袋六十斤，又实棉一包之量目五十七斤或六十斤。市上所设棉花店号，有汉口庄、厦门庄、山东庄、天津庄等称，汉口庄主输出通州产之上货，厦门庄则运上海产之上货，分投于山东、天津诸市，所运者多实棉，价格甚贵。至其交易之情形，则有经纪以为买卖之介绍，且有专周旋日本商者，彼等之手数料（行用）虽由卖手受一定之例，然遇买卖两方面或有不详于事情者，则直乘其隙，逞谲诈、贪不当之利者甚多，亦棉业之一大弊窦也。

# 棉 纱

我国棉纱销场以北部及长江一带为归宿地，而其总聚散之区则为上海。顾各地所喜用之货色不同，故由上海输送于北者以十手及十六手装为主(十二两结为一束,即名"一手"),输送于长江一带则十六手及二十手装居多。特与日货竞胜者有印度纱及上海纱,至英纱概皆三十手装,质良而色洁,缕细而力强,为市面之上货,虽其价格较高,与日货亦不相妨碍。又日纱之输入于上海者,十六手装独优,二十手装次之,印纱则十手或二十手装,上海纱则十手或十四手装。长江沿岸之地,每喜十六手装右捻,故近来上海纺织公司专造此货以为抵制,即印度纺织厂亦仿日货所擅长之十六手装右捻,运入上海射利。其物外观颇佳,质量合度,价亦较日货廉二三两,但织工不善右捻之手法,往往于来货中杂左捻者以充数,而受货之家不知其弊,每立约定购及上机使用,以向不习于左捻,动作之际殆多窒碍,因此印纱之销路遂塞。按上海各厂之织造土布,恒以纺织线为经,而以右捻之手缫线为纬,日本能投其所好,故价格略高反能广销,是以对于上海各机房俨有专利之势焉。

## 米　业

米为我国输出之禁品,其输出日本者系缅甸、暹罗、东京、西贡米之一,先入于上海,再为输出。计输入上海之米为江苏、安徽、江西、河南、湖北、湖南六省,六省中平年之收获约三亿石内外,其中十分之三(即九千万石)产于江苏,十分之二(即六千万石)产于安徽,十分之五(即一亿五千万石)可视为四省所出之混合数。此中自用之余多半运输上海,再由上海南输于福州、厦门、汕头、广东,北送于牛庄、芝罘、天津诸港。今举上海米之集散额如下：

　　一来自常熟、昆山、松江、无锡、太仓、苏州等地者额百六、七十万石；一来自芜湖、镇江、汉口、九江诸港者额六、七十万石，一来自嘉兴、湖洲、嘉善、平湖等地者额七、八十万石，总计约三百二三十万石。其由此而分发者，一转输于南洋如广东、福州、厦门、汕头诸港者额百万石，一转输于北洋如牛庄、天津、芝罘诸港者额百五十万石，一上海食料五、六十万石，一北京漕运五、六十万石。

# 兴华面厂之成绩

　　本埠北苏州路之兴华制面公司创于民国五年，主之者为粤人萧乃麟，首尾仅及三载，营业蒸蒸日上，发展之速至为可惊。近且于香港铜锣湾购地建筑分厂，推销南洋一带，为就近供给之计划，冀与欧美各厂并辔而驰，诚国货界之好消息也。初，萧充法商机面公司经理，稔知通心粉一物为西人日用必需之品，长年入口，以此为大宗。欧战起后，来源骤减，法商靳于资，待遇渐苟，会其兄楚楠至自澳洲，悉彼方习惯，拟在沪办相当实业，萧亦以助长外货非计也，遂决意自起经营。复聘留美某技师，购置最新式制面机器，随机来沪，悉心配制，以是所出诸品均能驾乎舶来之上，且有三十余种之多，于中西口味嗜尚肆应咸宜。伍廷芳博士夙以卫生家见称于世，尝谓此面不但香味适口，且含充分之滋养料，苟久服不辍，实胜于稻粱肉食万万云。

# 菜馆之今昔观

沪上菜馆林立，山珍海味极海内外之精华，兹就三十年来之变迁，分述如下。

酒馆业初惟有徽州、宁波、苏州三种，后乃有天津、金陵、扬州、广东、镇江诸馆，至四川、福建馆始于光复后盛行沪上。徽馆兼售汤面，可随意小吃，取价尚廉，租界中以法界之其萃楼为最老。宁波馆现尚盛行。扬州馆昔日有淮阳、九华楼，当时风行一时，现已歇业矣。苏馆如五马路之得和馆、大庆馆生涯甚好，中下等社会多乐就之，以其价廉物美也。天津馆现存者以雅叙园为最老，此外悦宾楼、鸿宾楼、会宾楼皆继起者也。广东馆初惟大马路有之，专售消夜，每客两热两荤、一汤一饭只需铜钱二百文，且可两人合食，其后则遍设于四马路各处，现价亦增至二角五分，四马路之杏花楼、四川路之会元楼、翠乐居等均广东馆中之大者，设筵称曰"开厅"，另雇粤中音乐吹唱，开厅之价需数十金。金陵馆以南京路之春申楼为最著。镇江馆如新老半斋、大雅楼小吃、开筵均可，价亦尚廉。四川、福建等馆均于光复后始开设，盖当时遗老丛集沪上，如樊樊山、易实甫、沈子培、李梅庵诸辈文酒风流，均集于小有天、别有天、醉讴斋、式式轩、古榆轩诸家，而闽、蜀菜馆之名因之大噪，士夫商贾之请客者，意非此种菜馆不足以表盛馔，每筵之价需十金以外。今醉讴斋、式式轩已闭，蜀菜馆之新起者有都益处、锦江春，他如湘之桃源馆，开设未久即闭。至中国人所办之番菜馆，始于一品香，设于四马路中，每人大餐一元、小食五角，当时人鲜过问，其后继起者渐众矣。

外国大餐馆之始开者为法界之密采里，今已闭歇，余如客利、礼查、金隆均旅馆而兼售大菜者也，此外尚有别克登、卡尔登诸家，午餐每客一元二角半，晚餐一元七角半。虹口日本人所设之料理馆，如六三亭、松乃家为彼国之著名者也，料理每客三元，并有艺妓侑酒，但华人之不解日语者须由彼邦人同去，亦有小吃，如吾国边炉之类，分鱼片、鸡片、牛肉片诸食，每餐二、三人食之，代价约一元许。此外饭店、酒店诸类，变迁各异，他日当别论之。

## 泰丰之罐头食物

吾国仿泰西制之罐头食物者始于泰丰罐头食物公司，成立于光绪三十二年，初由粤商卓乐生、王拔如合资试办三年。继乃集股二十万，以王拔如为总理、邓瑞人为协理、卓乐生为总司理，设制造厂于小沙度、厂基十亩，厂屋百椽，内分割宰部、烹饪部、蒸物部、烘饼部、和粉部、冷气室、罐头室、罐头制造所、蓄鸭池、养鸡房，井井有条，司事全系粤人，虽女工亦然也。营业部有二，均设于南京路，除售饼干、糖果、荤素各食物罐头外，近更添售罐头西餐，取价每客五角至七角半不等，欧战以来输出国外尤夥，以故近年营业益形发达，是亦吾沪一大实业公司也。

## 饭　店

饭店之名称牌，在京、津则牌子极好，多仕商集宴其中，若沪地饭店皆中下级社会人物果腹之地。营此业者分宁波、广东、苏州、浦东本地各帮,大致在城厢南市一带者多为浦东本地饭店,著名之菜为干咸肉、燉醃鲜、蹄髈、炒肉丝、红烧肉、豆腐汤、血汤、三鲜汤以及退时贱值之海鲜,惟王家码头之蔡家饭店、董家渡之某馆则日备鲜品,较别家为生色耳。各菜取值以钱码计,制钱七文为一分、七十文为一钱,至贱之菜每馔只三分。此外虹口一带之饭店有广帮、宁帮、本帮、江北帮,大抵专做码头小工生意,与杨树浦之专做纱厂工人生意一也。至英界中心之饭店则门面较大,馔肴亦称讲究,如大马路二马路中间之佛陀街(俗称"饭店弄")有正兴、正阳、春阳诸馆,均为宁帮烧手,吃客多一般洋行、海关执役人员,包饭者多,故每至正午无不满座,所备鲜品亦皆应时,其拿手好菜为炒圈子、托肺、青鱼头尾、烧鳝背、大转弯诸品,沽酒、小酌颇为相宜,价亦酌中不甚昂贵也。五马路之得和馆为苏帮,地位较大,已近酒馆一类,然一般老顾客多为其乡人之供役妓院、领衔乌师者,故知者不入也。

## 客栈之今昔观

上海客栈之多奚啻千数,三十年前惟长发、名利、泰安、长春、全安、万安等为洋房,称为土宦行台,群推巨擘,每日每人房饭钱二百八十文。其次者自备饮食,每日房金只需一百文,其地点多在洋泾浜一带,取其轮舶上下便利也。其后五马路、四马路、大马路等处市面渐繁,开设日众,取价渐自三、四百文增至五、六百文,栈中只备榻架,被褥、帐子均须客人自备,颇不便利。迨光绪末叶迎春坊之沪台旅馆开创,始有不供饭食而备被褥之旅馆兴焉，惠中、孟渊继之，行客称便，而客栈之名字至此时亦易用新名词为旅馆矣。数年来，如新旅社、振华、一品香、东亚各旅馆，房屋、器具备极精良，每日房金亦自数角而至四、五元。并自备菜，旅客可随意点菜，开筵请客，此亦旅馆之进化也。至外国旅馆，以法界之密采里为最先设，今已闭歇，其对面今尚有一家，余如大马路之汇中、三马路之客利、虹口之礼查、静安寺路之别克登均著名者也，房饭金每日五六元不等。日本人之旅馆，多在虹口一带，以丰阳馆、万岁馆为最著名，每日房饭金三、四元不等，其余次等下宿亦有数十家。此外，法界东新桥、郑家木桥、大世界附近之小客栈，类皆下流社会藏奸纳污之所，不足道也。

客栈之沿革上已略述之，尚有客栈之性质，兹摘述数则如下：（一）上等旅馆供政客、商贾之食宿；（二）专做一定之客帮者，如各省各地人之在沪开栈者，其同乡人往往投宿其本乡旅馆，如名利全安之广东帮、梁溪吴锡之常州无锡帮等，类此者甚多；（三）则为专渔利勾引无耻男女奸宿者，此种台基客栈在在皆是，实社会万恶之蟊贼也。

鼎按，当时客栈不备被褥，虽不便于行客，而登徒子之欲权作阳台者殊不易易。今既若是，殆所谓善恶俱进者，非耶？

## 托力克眼镜

近年盛行之托力克眼镜，以其有回旋光线之功，御之者神采焕发，奕奕动人，一般趋时之士几有非此不足顾盼之概。初为高德洋行所创制，该洋人本光学专家，挟其所谓验光镜、磨片机等来申，初造者边与脚仅钢质或镀镍而已，其镜片系一种人造明净厚玻璃，故售价殊廉。继以平平无奇不足以动人观听也，乃一变而为纯金、夹金等架，声价顿高，哄动全市矣。盖其本质至贱，不得不以烘云托日之法出之，吾国人随波逐流，惟以时尚为转移，初未审辨其为晶片、玻片也。行之数年，该洋人已盈橐而归，当此镜流行未几，时有某茶役服务该洋行，执役之暇恒助其验光、磨片等事，日与洋人共同操作，久之得秘奥，藉故脱役，自行创设精□眼镜公司，购机仿造一如其式，且以华商国货揭橥于众，虽步后尘亦称发达。今虽业此者日多，价亦日就低减，然紧接该详人之后首出于众者，实惟某茶役也，以故至今获利亦丰。说者谓，以一茶房之微而能心营手效，克底于成，卒杜漏卮于风靡之时，不可谓非有心人也。以视彼以数十年之巨商，仍逐逐于唾余之末转以自欺其同胞者，相去诚不可以道里计矣。

日前赵观梅君所谈《托力克眼镜》一则，推尊某公司之首先仿造以杜漏卮，可谓能见其大。惟言某君为茶役出身，则与事实不符。盖某君本略知光学，故高德洋行延为助手，当夜间仍肄业于青年会，及得高等英文卒业文凭后，复向美国函授学校研究光学，甚有心得，该西人深为倚重，月给薪资七十元。价值如此，自非茶役可知，因续数言以昭核实。

## 详志托力克眼镜

自托力克眼镜流入中国，旧日之眼镜店遂如摧枯拉朽，一败涂地,延及今日,水晶眼镜几有灭种之虞,实则水晶为天然产品,托力克系烧料,其性质与家居所用之玻璃正复相似,质地脆弱,试置之几案中,偶一移转而裂纹累累焉。物质之不良,固不待智者而决也。而卒能战胜水晶者,何耶? 水晶眼镜多平面式,托力克其形外向作凸式,镜光似较平面为胜;又配置托力克必为之验光,旧式则无之,托力克之与水晶所异者止此耳。迄今风靡全国,即以上海一埠而论,其销数总额已在百余万以上,况各外埠分店林立,是以一大漏卮也。试将各种详情类志于下。

昔日上海之兼售外国眼镜者,有英大马路之双龙钟表店,若专售眼镜者则有明晶,亦在英大马路东首,然所售者皆平片。至光绪中叶,而美人高德者携托力克镜片及验光器具来沪,寓居二马路外国坟山之东首,客利西饭店为出张所,上海之有托力克眼镜自此始。其所以号召顾客者曰眼科医生、曰光学专家,一时趋之者甚众。厥后高德之名日著,托力克之销路亦日广,于是向外洋购办磨片机器,并于英大马路相定地址,正式开张,规模乃大备矣。光绪末年,高德忽逝世,继其后者为西人费德雷,费接任后措置未善,华人之受职于高德者相率解体,不数年而精益、明明、中华各眼镜公司乃次第兴起。

华人之受职于高德者实繁有徒,若辈与高德相处日久,于采办货品及验光、磨片等法研求有素,久已心领神会,又见托力克获利之巨,遂于劳合路之转角处组织一精益眼镜公司,时在宣统元、二年间。股东多高德旧部,复于股东中推举张士德为经理、刘鼎臣为协理。继之者为华明,开张于天津路,以钟表而并售眼镜。又未几而有明明,经理俞圣祚,司验光者为金丽生,亦高德旧部也。其次为精华，其次为中华，经理周宪章亦高德旧部。前年冬华明以天津路地处僻远，遂迁徙于劳合路口，精益据东首嘴角，华明据西首嘴角，适成对垒之势，于是精益亟筹抵制之策，复于劳合路之对面开一光华，此各眼镜公司之大略也。今日者过大马路一带，眼镜公司林立，俨然为眼镜业之市场矣。

当高德初至沪时，登报招请英文翻译周宪章，周本尚贤堂学生，英文饶有根底，得充是选。故论高德旧部，以周宪章资格为最老，若张士德、刘鼎臣（刘亦尚贤堂学生）、俞圣祚辈得受职高德，皆由周之介绍。自组织精益，诸人皆居股东之列，若以人才论，当推张士德为巨擘，自验光、磨片、装配镜脚种种无一不精。本年提议出洋考察造片及光学诸法，其卓然远见、擘画精详，尤有足令人钦佩者（说详后）。

精益以捷足先登，独占优胜，营业最巨，而分店亦最多，如北京、天津、济南、广东、香港、武昌、汉口、南京、无锡、苏州、杭州等处皆有。其余若精华、明明、中华等虽各有分店，然不过三、五处，不若精益之多。至如分店之营业，以北京为最，京师首善之区，达官显宦云集都下，营业既盛，售价亦较昂，故获利亦最优，其次则推济南，其余平平而已。

论镜片之种类，最著者曰托力克，其次克罗克，又其次曰闹维尔、曰罗斯福。托力克已如上述，克罗克自表面观之，虽与托力克无稍歧异，然灯下能发现红色。据个中人云，能保护目力，虽处电灯下不虞眩眩也。闹维尔为淡黄色，罗斯福为深黄色，西国妇女最喜用之。察其意，殆与吾国旧日之茶晶、墨晶同一作用，然中国人以其色黄不甚雅观，顾问者殊鲜。其中又有所谓双光者,上下以两镜片镶嵌而成,如近视、如初花尤为适用(譬如初花之眼,伏案作书必戴眼镜,若远望则不需眼镜,又上方可用平光镜,下方用花光镜)。最近又有无形双光,其镶嵌之法真如天衣无缝,凡此皆外国眼镜之特色也。

托力克来价极低廉,即最优等之货每打亦不过十元上下,配以金丝镜脚每副售至八元、十元不等,甚有售至十余元者,其获利之优已可概见。近年业此者日众,故钟表业之兼售眼镜者,不惜以大廉价照本出售相号召,且直标明价目,每副两元、每副三元,核其成本,实不过如是也。惟费德雷价值之昂不减曩昔,每副几近二十元,费恃有高德牌号,吾国人之富有者又奢侈性成,以价昂者物必佳、价廉者物必劣,故舍去各公司而就高德,若此者正不乏其人也。

托力克获利之优既如上述,然自外洋输送来华,每箱碎片累累,即磨片时破碎伤裂致遭废弃者亦无日无之,故蚀耗亦至巨,盖物质不良故也。又各公司之开销亦甚浩繁,每月广告费几与药房相仿佛,铺面装饰亦极华丽,余可想见也。

精益一家每年营业约可得七、八万,盖平均每日约二百元,此外各公司自一万、二万、三万不等。

高德自来上海后,获利不可以数计,设无精益诸公司以分其利,则高德至今真巨富矣。虽然,今日上海一隅已无人而不有托力克眼镜,营是业者已渐成强弩之势,窃恐过此以往不能如前此之盛也。

精华经理张士德,鉴于眼镜业之日益退步,逆料将来必无良好结果,又以镜片来自外洋,究系漏卮,乃提议至美国研究光学,并考察造片之法,预备将来在中国设一工厂制造镜片,其识见远大诚高人一等。各股东中均韪其议，一致赞成，并公推股东严慊侯赴美。严精通英文，已于前月首途，大约明年夏间可以回国。此事于眼镜业前途所关至巨，吾人拭目以观其后可也。

尚有一事为最不可解者，托力克为舶来品，几于无人不知，而旷观各眼镜公司门首，必悬有农商部注册证书、巴拿马赛会给奖证书，装以镜架号召顾客，抑亦奇已！


## 求新厂

机器制造之发达与否，观国者于是而判强弱焉。吾国藏富冠世界，乃民办之机器厂绝不多见，以欧化最早之百粤、矿产满地之三湘，除十数极小资本之冷铁店外，竟不见有高高之烟突矗于空际，聊作文化之点缀。有之，则自汉阳之扬子机器厂及上海之求新厂而已。然扬子厂略带官办之意味，不若求新厂之完全民办，且完全为私人产业也。故求新厂不但为上海惟一之厂，抑亦独步于中国，其可宝也若是。考该厂实名求新机器造船厂，成立已十四年矣。厂址在上海南市南码头，占地甚广，厂主为朱开甲，字子尧，为天主教中主干人物。盖私欲既无，故能专心于实业。创始之时不过五十万，今已推加至倍余。资本既厚，机力极伟，吾人外观其厂房之高大、烟突之崇峻，已不胜骇异，及入内参观，考察之余，叹为观止。回顾所谓国有兵工厂者，如无物矣。

厂之初建不甚闻名于当世，近数年来极为全国所注意，民国三年前大总统手书"五材咸饬"四字以荣之。厂濒黄浦江，内容凡分造船场、船坞、木工造船处、冷作厂、翻砂厂、火油引擎制造、车钳工厂、木样间、打铁厂、铅铁处、铜工厂等十数部分,复设有艺徒学堂以造就工人之高等知识,而绘图房亦附焉。

厂中所备母机,应有尽有,故无物不能仿造,实有惊人之成绩。不知其内容者,以为不过一冷铁店之变相,至多如各所兵工厂中机器厂,略能修理机件、造小小之零物而已,孰知其大不然。兹略述其一二于下,以介绍于留心大局诸公,使知此厂能力之伟大、关系之重要,万万不可坐视其受意外之损失,而让莫大利权于外国人也(按,此事近日各报已喧传,再详论于后)。略将历年所造各机分列于下。

**船部** 浅水快轮、浅水兵轮、深水快轮、拖驳快轮、趸船、灯船、钢板驳船方船、汽油轮船、挖泥船。

**车部** 公事车、头等客车、头二等混合客车、二等客车、三等客车、行李车、铁蓬货车、平面货车、揿车、电车、拖车、货车、垃圾车、石子车、粪车、扫马路车、捉狗车、洒水车、煤屑车、救火梯车、水汽滚路车、水汽双龙救火车、火油引擎拖犁车。

**锅炉部** 厂用卧式锅炉、船用卧式锅炉、厂用立式锅炉、火车头锅炉、三角多管锅炉、四方多管锅炉。

**引擎部** 卧式水汽引擎、二汽缸立式引擎、三汽缸立式引擎、煤气引擎、船用立式火油引擎、卧式火油引擎。

**抽水机器部** 离心力抽水机器、运水机器。

**纱厂机器部** 摇纱车、浆纱缸、手摇打小包机、水汽打大包机、弹花衣机。

**榨油机器部** 榨床、轧床、蒸桶油池、剥花壳机、剥花衣机、打油泵浦、吸铁筛子、风箱、棉子砂土筛子、机棉子皮肉筛子机、包饼机、升运机、清油缺水柜、进水泵浦、磨刀机。

**造币机器部**　铜元印花机、银元印花机、铜元春饼机、铜元光边机。

**制盐机器部**　烧盐锅、筛盐机、轧盐机。

**肥皂机器部**　油池皂缸、蜜糖缸、压力锅打印机。

**机母机器部**　钻床、汽刨、锤床、剪冲床、轧床、车床、螺丝车床、脚踏车床、锯齿机。

**工程机器部**　水汽起重机、手摇起重机、生铁滚路机、弯道机、轧道分路机、打桩机。

**各重机器部**　制丸药机、手摇洋烛芯子机、手摇九股双龙打线机、手摇卷香烟机、压力机、脚踏织布机、染纱缸轧衣机、轧石膏机、轧浮麦机、饼干机、织袜机、洗衣锅铁床、铜像、铜钟、铁桥、铁房以及他之种种。

以上皆求新厂之能力也，余岂好载此无趣味之名词以厌阅者哉？考其造船之能力尤为伟大，近方为皖盐公司造长二十五丈之大船二。其成绩如是，乃竟以破产闻，此非朱氏一人之失败也。上海近来最伤心之事，当推中华书局及求新厂之失败，而求新之失败尤关国本。上海之商人苟犹有毅力良心者，当助朱氏，不使此吉光片羽夺于外人，更不可弃之于恶政府之手，辗转仍归异族，则余此篇之揭橥为不虚也。


# 保火险之发源

沪上之保火险始于巴拉公司，附设在太古公司内。巴拉初无实在资本，不能取信于社会，故依附太古招牌始略有信用。时方清同治之季，海上通商未久，商人之保火险者寥寥数家，而遇火受赔者百不及一。直至四、五年后，巴拉公司积资稍厚，乃以计扩张其营业，如某处被火，各铺户初未保有火险，巴拉则私托人运动，稍予以利益，嘱为登报颂扬，言巴拉公司赔银若干两，若何迅速，由是营业逐渐发达。而彼时火险公司又仅巴拉一家，故每千两年收费二成，较今之一厘三收费又不知获益几许。且巴拉心计尤工，所获余利悉以收买地皮，不数年间地价骤增十倍，至今新沙逊、老沙逊洋行地皮房屋之多，为沪上诸商冠，皆巴拉产也。赤手成家，巴拉亦商界之杰才也。

## 仁济和

招商局初办时，各船所装之货均由各客向外国公司保险，该局鉴利权之外夺，爰另招股份设立仁和、济和保险公司，仁和专保火险，济和专保水险。仁和遭棋盘街同芳茶楼背后之大火，赔款有三十余万之多，于是仁和、济和合而为一，名曰仁济和，专保水险，不保火险。赖红提单及漕米之力，历年以来公积已达十余万，去年以安平普济失事，公积荡然无存，今年三月初一日发息，仅有官利而无余利矣。

## 香烟小史

香烟行于沪上垂二十余年矣，初时吸者甚鲜，价亦甚廉，每支只一、二文，车夫苦力多吸之，故有"马路烟"之号。迨后老晋隆洋行之品海牌、球牌、脚踏车牌各烟，用种种广告推广法眩人耳目，于是吸者渐众，然至贵每盒不过三十文。其后品海衰而强盗牌兴，日本人三井洋行之孔雀、云龙、凤牌继之，不数年即滞销。至光绪三十年抵制美货事起，老晋隆以美货故，大受打击，于是改名称为英美烟公司。未几国人五分钟之热度渐冷，吸者又日众，香烟之牌子亦日多，如英美烟公司之大英、三炮台崛起于一时，吸者亦惟新牌而价贵者为上品，其次品如鼓牌、鸡牌、称人牌等，上流社会类皆耻吸之，稍次者如僧帽牌、锯子牌皆廿支锡包，彼时妓院中多盛行吸此种锡包香烟，其后绿锡包（即三炮台）势力日盛，至近日而使馆牌、前门牌尤驾而上之矣。英美以外之公司，有协和、贸易、惠斯民、振胜、生生、中华，烟牌有三五、三八、三九土，而其惠斯民总统、白鸽各牌指不胜屈，而南洋兄弟烟草公司为吾华人自办之最大者，出品既美，销行尤广，推广之速不亚英美。其他如日本人喜吸本国之凤梨、白鹤牌烟，则为爱国心所使然也。香烟一消耗品耳，乃销行日广，种类日多，现今市上所有不下百数十种，何二十年来变迁若是其极耶！

## 东洋杂货

东洋杂货之来沪行销者已数十年矣，业此者亦有数十家，兹将其状况略志于下。

东洋杂货行销之初，不过瓷器及小儿玩具，统计每年销数不过十万左右，迨后逐渐推广至五六十万。迨洋伞通销之后，营业更为发达,欧战之前沪上一隅统计各货达一百三、四十万。欧战起后西洋来货告乏,日货乘间崛起,据个中人云,已将及三百万。此中确数虽未必纤悉毕合,然日货与欧战之关系已可概见也。非特东洋杂货行销我华有蒸蒸日上之势,即近年以日本对于商工业上之研究不遗余力,西洋各国所有之物皆能悉心仿造,故自欧战之后,各国以货物缺乏,亦仰给于日本。因是日货之销路更畅,在日之工厂非常发达,工价亦因之增加几一倍有奇。工价既增,货价亦较前更涨。

日本所来杂货名目繁多,不能尽载,而来货最多及最畅销者,以洋伞、毛冷、牙粉、皮夹、洋镜等为最著。其中尤以洋伞、毛冷二物为大宗,洋伞约占十之五六,每年约有百余万;毛冷在近今两、三年内最为畅销,前年又仿造洋针装运来沪,以冀夺礼和洋针之利(礼和洋行系德人,其针最著名),究以物质不敌,限于长江一隅。所来洋针,其牌子为飞马、手枪、狗等,本年铁锚牌毛巾最缺乏,每打涨至两元。东洋杂货在上海之销路,为长江及江浙二省内地,如苏杭嘉湖一带,以交通便利,藉小轮、火车之力均能运输,故以另件为多。至于北地销路,则彼处亦有轮船直达日本,均直接在大阪定货,不假道于上海。自欧洲开战之后,业西洋杂货店以来货缺乏,价格飞涨,前年竟家家获利,而业东洋杂货者以日本离华甚近,定货不过三四星期即能运到,因其来货源源不绝,故在上海东洋杂货一业并无大伸缩可言,然亦各视其营业之手段如何。其余利可获,自七、八厘至一分不等。至去年金价日跌,日本大宗货物币制上大占便宜,而本埠囤户亦无不利市三倍云。

# 西洋杂货

西洋杂货之行销来华历有年所，其货物及营业状况至为繁赜，兹择其要略纪录于下。

**来货之情形**　西洋杂货，其来货昔以德国为最多，法国仅化妆品一部分，英国全系纱织品，美国较各国为少。欧战开后，德货完全缺乏，来货仅仰给于英、美二国，以战事关系之故，厂工缺少，不能如期赶制，上海定货之家到期竟无货可取，法国化妆品亦不多。以货少故，均托邮局寄递，据现今上海各国所到之货，美国已占十成之六，居最多数也。

**销路之情形**　上海西洋杂货以销往天津、烟台、牛庄为第一，长江各埠及川帮次之，内地又次之。上海业西洋杂货者约有四十家，每家以十五万、二十万平均计算，一年约可得六、七百万，大约北帮占十成之四，长江与四川之销路相仿。内地以交通便利，藉小轮铁道之力，以另件居多，然其数殊寥寥也。

**近年之情形**　西洋杂货一业，于民国四年为最盛，其时因欧战发生，一旦来源告匮而存货为数有限，销场则较前大增，求过于供，故各家暗自无增价，及年终均大获利，自二、三分至四、五分不等。若近一二年来存货愈少，而新定之货值又极昂，甚至无货可定，即如某两公司其声势赫赫，而实则东拉西凑，有向内地转贩得来者，以备门市顾客之需，故其进货亏损不小。必俟和平议会告终，能向外洋直接定货，始可称雄海上，今尚非其时也。

**西洋杂货与东洋杂货之关系**　西洋杂货向持德、法、英、美为大宗。欧战既开以后，来货既少，日货乘机崛起，凡西洋货所有之物日本无不仿制，日人工商业手腕之敏捷可羡亦复可畏。且日货之价较西洋货为廉，故人人乐于购用，日货之销路日繁，业西洋杂货者颇受其影响焉。

**各号家其营业之概略**　上海业西洋杂货之号家，其营业最大获利最厚者为巨诚昶，次为锦章源。巨诚昶每年约有四、五十万，锦章源亦有三、四十万金，其余如余泰、巨康、同丰源、信源、义隆、隆兴昌等，皆稍稍知名，然其营业不过一、二十万之数云。

**西洋杂货之种类**　西洋杂货花色甚多，不及备载，其最著名而销路最广者为礼和之洋针、毛冷等。礼和洋针最高时售至一千二百两（小杂货店零售每枚需价三、四十文之巨），其余如纱巾、条头肥皂、纱团、羽毛带等均为大宗。

**将来之情形**　近一年来，欧战议和之说喧传人口，然卒未见诸事实，而西洋杂货业则已受其影响。凡客帮办货者，以欧洲有议和之说，不久可恢复原状，价格或可减轻，或以议和之说不成事实，有故意观望存货多者，有资本短促不免心慌削价求脱者，故年来市面往往漫无标准。今者德皇退位，欧战已停，此后杂货业当另有一番景象也。


# 橡皮股票之痛史

吾国人向有一种信仰外人之习惯性，任何事业在国人言之曾不足当一哂者，苟经他国人言之即可靡然从风，毋亦爱国思想反比例欤。例如洪宪称帝必乞助于古德诺之一论，然后筹安会、劝进表方敢如云而起，当时梁任公驳议有"惜乎吾睛不蓝、吾髯不赤，故十年前所著论说宜不见重于世"云云。橡皮股票事，亦其例也。此公司就沪上而论，发起于光绪戊申之秋，以完全为外人组织，吾国人遂不暇察其底蕴。其券面自三两迄十五两为五级，植树之所为澳洲某属，该公司承办此事经皇家注册律师证明，国立银行代收股款，措词殊觉动听。且于事前数月预撰中西文《今后之橡皮世界》长篇数万言，洋洋洒洒，极言未来三十年中橡皮之需要日广，业此者操券而获巨利，可计日而待等语，实即个中人先期鼓吹之计划也。此文既发表于沪上各报后，一般投机家脑海已有印象，于是该公司始出而应世，如驾轻车就熟路矣。其尤引人信仰者，即汇丰、麦加利等银行均愿收卖抵押，照市核算，以故华人争相竞购，驯至亲友晤叙、茶肆接谈以此探询，视为流行之套语，几与今之托力克功用相仿，非此不足以夸耀侪辈也。券值三两者，以次增至十七两有奇，一若朝投资而夕即致富然，对于本质之栽树收获、制造运销之若何手续，同业之公司及资本股额之若何规定，均付之茫昧，惟知如大气泡之并力鼓吹，万目睽睽以视其继长增高而已。其结果计沪市之损失不下二千余万，而陈逸卿、戴家宝等三钱庄牵连破产，不足且益之以沪道蔡乃煌保借之洋债三百五十万，几酿交涉，蔡复因此而落职远遁。一言以蔽之，则吾国人盲从滥附，实商事知识幼稚之故也。

## 瓜子销场

海上北市本墦间地，自通商以来顿易山丘为华屋，每日柴米不计其数，即以瓜子而论，每日消耗在四十石上，以茶楼、酒肆、菜馆、妓馆为最多，正月可销至六、七十石。按沪上自禁鸦片后，消遣之物以瓜子最为普通，其数殊可惊也。

# 商店之窗饰

窗饰者亦商店营业上之一种广告术也，泰西商店视此甚为重要，凡一店必有专司窗饰者，研究所出之品物，以种种美观之形式肆列窗间，务动人悠然生其睹物思购之心。沪上西商若惠罗、汇司、福利诸公司皆有名之窗饰，其余如西服店之蜡人、花草店之盆景，无一不足以触人眼帘。此种窗饰术，我国巨商惟先施公司与商务书馆尚佳，兹先述先施之窗饰如次。

**一西式房间** 此为木器部所设，右张铜床，左置妆台，中间傍案坐一少妇，系蜡制者，衣裳楚楚，姿首可人，方在观书，容态毕肖。其余衣橱、痰罐之类，无微不备，洵妙饰也。

**一纱隔室** 此为绸缎部所设，由多种绸缎构成，纱格子四扇，外卧一鹿依于窗下。鹿为丝抢缎堆成，棕色而有点，望之俨然鹿也。

**一洋酒肆** 各国名酒罗列整齐，中设一柜，傍立少年按瓶酒，背后巨镜有三，映出诸影，远望几误有一巨酒店，设心诚巧焉。

**一杂类** 会客室、西洋画、自由车、电扇等窗饰，则与平常无异，不甚可观也。

## 药品之滥觞

昔有外人初至上海，见报纸上药房广告之多，遂予吾国以"病夫国"之徽号。溯其滥觞，盖在光绪戊戌前一年，时有孙镜湖者，曾任微秩，于官场稍有所接触，乃异想天开，设京都同德堂药肆于沪上。其唯一之出品为燕窝糖精，采用广告政策，大登特登，称糖精之如何用燕窝提制，滋养力之如何有效，并假官场有名人物之称颂申谢，不数月利市三倍。且定价极昂，每盒四元，购者亦深信其为燕窝精而称值焉，实则糖精而附以杂品，借燕窝之名以欺人耳。不数年拥资巨万，作富家翁，满载而归，不复营斯业焉。其后贾人鉴于获利之厚而易，踵起者日众，虽不能尽目之为滑头药品，要为投机事业则一也。如戒烟梅花参片、亚支奶、补脑、补血等，驯至今日，车载斗量，不可胜数，舶来药品年见增多，昔之燕窝糖精不过其发轫耳。

## 上海女子之营业店

上海女子之营业店有二，一曰女子植权公司，在福州路中市青莲阁楼下；一曰毕肖楼，在九亩地新舞台之对门。植权公司创于民国元年，初开时专售国货，后因营业不佳，遂加售洋货。该店自经理至柜伙均系女子，女子多松江人，能笔能算，暇时则操手工。毕肖楼创于民国三年，其拍照人与司账者亦皆女子，营业尚称不恶。惟拍照主顾多青年子弟，而该楼女子不闻失德，是真可为女界之先导也。

## 再志上海女子之营业店

上流女子之营业店日前予既志之,谓只植权公司、毕肖楼二家。昨日记者因事至南市,见久大马头之里马路有女子美术公司,专售刺绣等物,其任事者亦均系女子,是与植权、毕肖鼎足而三矣。特再志之,以补前志之不逮。

## 拍 卖

拍卖者先于何日何处拍卖何种物件,登报或悬牌示众,届期一人摇铃号召买客,而拍卖者即高立柜上,手持物件令看客出价,彼此增加争买,直至无人再加,拍卖者以小木锤拍桌一下为定,故曰"拍卖"。现在拍卖之所,有鲁意师摩洋行、元芳及怡和洋行等数家。凡委托洋行代为拍卖货物,货价中每元取五厘为酬,每于货物拍卖三次为限,三次尚无人要,以后不再拍卖而酬金仍须照付。凡委托洋行拍卖之人,大都外国人之急于回国者为多,故多不计值之多寡,购者苟目光锐利,常可得便宜之物件。

## 押店利率之奇昂

沪上小押店一业,综计三租界中不下数百家,向止为闽、粤二帮,近则滋生愈多,他帮亦纷纷开设矣。其利率以十日为一期,取息三分,月分三期则九分矣。正息之外复有另放费,每票扣取一、二分不等。另放云者,向惟对于玻、磁类之物品易于毁损者则然,谓须特别藏贮也,今则除布帛外,无论何物均须纳此费,其期限有六个月者、有八个月者,贫困之人以质时得资较典肆稍优,恒趣押而避典,不知通盘计算其利率乃高于典肆十倍,饮鸩救渴亦可怜矣。更有一种心计较工之押店,为招徕计,于招牌上联写"押当"二字,"押"字书作非隶非篆之体,"十八期为满"之"期"字涂去左傍,其字仅剩"月"字,目力稍逊者或误认为典肆矣。从前遇有窃盗案,公堂查吊,本利例不追偿,嗣经该业集议,要求预由捕房印发失单,通知各押店俾便辨认,失单之外即不负责,捕房特设包探一名(俗称"典当包打听")以管理之。惟华界方面前清时曾奉左宗棠严谕勒闭,嗣经官厅定限以三十五家为额,不准添设,至今犹遵守此制云。

## 冒名之商店

上海为商业繁盛之区,每一营业稍有发达者即相继效尤,辄取同名以混人目,其影射伎俩视为惯技。如稻香村也、陆稿荐也、文魁斋也触目皆是,甚至比邻开设,市招、广告亦如一式,初临申地者几无所适从。最可笑者,宏茂昌之袜店,因假冒诉讼,延滞数十年,讼费达数千金亦不顾惜。去岁自遭回禄后,东首一家始于"昌"字旁加一"金"字,讼事始各告终。商店假冒外,若星相家王乔松亦有一冒名者,惟"乔松"二字侧添一"山"字。区区一卜相,尚有射利之徒,无怪商业上之权利多者有此恶习也。

## 法租界之独业

本埠为万商角逐之地，无论何业，必有若干性质相同者亦步亦趋，追随竞胜于其间，所谓有比赛斯有进化也。乃法租界区域内之棺木肆，只八仙桥畔福缘长一处，竟无同业与之争利，亦可异矣。记者初意以如此繁盛之市，人口之密，其死亡率之比例何不相类？乃博访其故，始知法捕房订有特例，制棺者每具须纳税银一两，间月查验，漏则有罚，业此者不胜其担负，故视同鸡肋。即该肆陈列待售之器，恒通年不变其状态，丧家赴购时即导至华界栈房，别付以棺本，而本店之货不啻样本云。

## 著名店铺

沪上著名店铺，如陈天一老万泰之帽，陆翔熊之鞋，李鼎和之笔，曹素功之墨，汪裕泰、胡肇泰之茶叶，王恒豫、言茂源、章东明之酒，四时春之点心，邵万生之南货，稻香村之茶食，雷允堂之痧药，皆有名于时。余如商务印书馆暨泰丰罐头食物公司等，则人所熟知者也。

## 竹篱之广告

广告一项为发达营业之先锋，凡稍具商学知识者莫不知之，西人尤注意于此，铺张不遗余力。沪地有专营此业者，每遇翻造房屋时例须预围竹篱，业此者即向造屋之工头承包此项篱竹上

粘贴广告之权，他人不得侵越，一面复招揽各商号张贴之，一转
移间获利甚丰。双方交受其益，而工头所得之租金以之抵消篱
工有过之无不及，惟仍视地点之肥瘠为衡，最优者且超过篱价数
倍。此沪上独有之事，他处殊不多觏，营此业者以亨维、东方两
公司为营著云。


## 度量衡之概略

　　清初度量衡制，度有划一之规定，载在《大清会典》中，令各
省一律遵行。自同治后渐失统一之力，于是东西南北形式各殊，
官民、商贾使用又异。上海为通商之地，不可不有一定之标准，
请略述其梗概如下。

　　**尺度**　就县志中所揭载之古尺，参考今尺，比较日本之尺
度，列表如下：

| | |
|---|---|
| 古尺（律尺）一尺 | 合日本八寸五分五厘 |
| 今尺（营造尺） | 合日本一尺五分五厘五毛 |
| 一弓（五尺） | 合日本五尺二寸七分八厘里程 |
| 一步（五尺） | 合日本五尺二寸七分八厘 |
| 一里（千八百尺，即三百六十步） | 合日本五町十六间四另八 |
| 一铺（十里） | 合日本一里十六町四十六间<br>四八地积 |
| 一平方尺 | 合日本一二四二九一三六平<br>方尺 |

一步（一弓平方）　　　合日本二七八五二二八平
　　　　　　　　　　　方尺
一亩(广一步、纵二百四十步)　合日本六亩五坪七八一五二
一顷（百亩）　　　　合日本六町一段一坪五二

上所列举者为上海近数十年来所通行之尺度，今更揭载其数种，与英尺、日尺比较之如下：

上海一尺（裁缝尺），合英尺自十四吋零五至十三吋八五，合日尺自一尺一寸七分七六至一尺一寸六分零八。

|  | 英　尺 | 日　尺 |
|---|---|---|
| 量地尺 | 十三吋一八一 | 一尺一寸零四八 |
| 工匠尺 | 十一吋一四 | 九寸三三七 |
| 税关尺 | 十四吋一分 | 一尺一寸九分强 |
| 算盘尺 | 十三吋八分 | 一尺一寸五分五 |
| 匹头尺 | 十四吋 | 一尺一寸七分 |
| 小贩尺 | 十三吋一强 | 一尺零九分 |
| 绸缎尺 | 十三吋六四 | 一尺一寸四分强 |
| 卖布尺 | 十三吋二五 | 一尺一寸四分 |

**斗量**　就县志中所揭载之上海量制，与日本比较之如下：

　　一勺　　　　合日本〇勺五七三
　　一合　　　　合日本五勺七三一
　　一升　　　　合日本五合七刁三一
　　一斗　　　　合日本五升七合三勺一
　　一斛　　　　合日本二斗八升六合五勺
　　一石（二斛）　合日本五斗七升三合一勺

又就上海斗量与各地比较，试以实物证之，如北部东三省之谷量一升，其容积比诸上海不啻三倍，即持此与日本相较，其比率约溢多二合；又四川省之一升恒以四斤为度，则一石达于四百斤矣，取而与上海相比较，不啻加多四倍有奇。

**权衡** 其制分三种，有盘而无钩者曰平，有钩而无盘者曰秤，定其中干而两端悬盘者曰天秤。至其所以分别重量之名词，又厘为九等，曰黍、曰累、曰铢皆以十进位，又二十四铢名两、十六两名斤、二斤名引、三十斤名钧、百斤名担、百二十斤名石。此名词只施之于百物，若夫衡银之称谓则又另有识别，曰厘、曰分、曰钱、曰两，亦以十进位。惟商场营业参差不等，凡十同行者其用器亦不同，因而南北两市恒有十数种之衡器。兹按华英通商章程所载，例如上海一担与英百三十二磅三之一相当，今海关沿用之，若以较诸日本之量衡则如下：

| | |
|---|---|
| 海关平一担（百斤） | 合日本十六贯 |
| 海关平一斤 | 合日本六十两 |
| 海关平一两 | 合日本十六两 |

民间所用诸式秤，大率以库平之制作标准，市上所称九九秤、九八秤、九七秤、九六秤、九五秤等，皆谓较之库平而得此数也。例如九九秤之百两为库平之九十八两，余可类推，而民间又往往称秤库为漕秤，其可不同，按漕平之一斤合日本百五十八刄。

又考担之称谓本为百斤，然上海米每一担作百磅，比诸厦门之作百四十斤、福州之作百八十斤为一担者又大不相同。因是之故,外人之贸易上海者不得不专用一种秤以为则,俗所称"洋秤"是也。洋秤者,行秤也,每百两与海关秤百零五两及漕平百零一两五相当。以上皆就其大略言之耳。

## 上海之度量衡

**度类** (一)官尺(即海尺),为上海成衣、布匹等项通用之尺,约九寸一分,合部定营造尺一尺。(二)木匠尺(又名"鲁班尺"),合官尺一尺二寸。(三)木行尺,约合官尺九寸六分。(四)石匠尺,合官尺七寸六分。(五)绸庄尺,合官尺九寸七分。(六)步弓,以鲁班尺六尺为一步,专量田亩之用。(七)英尺,洋货市通用,以八分为寸、十二寸为尺,每英尺一尺三分半合营造尺一尺。

**量类** (一)海斛,上海米业通用约八斗八升,合部定漕斛一石。(二)庙斛,为邑庙内豆业公所较准之斛(豆业通用),每庙斛九斗强合漕斛一石。

**权衡类** (一)漕平,每漕平一百一两八钱合库平银一百两。(二)湘平,饷银用,每湘平一百三两合库平银一百两。(三)豆规平(又名"八银"),系上海通用之平,每一百九两六钱合库平银一百两。(四)关平,每关平九十八两强合库平银一百两。

又,(一)天平秤(豆油用),每斤合漕平十六两。(二)会馆秤(上海通用),每斤合漕平十四两四钱。(三)司码秤(洋货栈、棉花业通用),每斤合漕平十六两八钱。(四)莱阳秤(豆饼业用),以漕平十六两三钱为一斤。(五)部秤(牛籽苏油用),以漕平十五两六钱为一斤。

## 制盐改革之源流

濒海之地素饶熬波之利，其法以海潮沃污曝日中，日将夕刮碱聚而苦之，明日又沃而曝之，如是五六日乃淋碱取卤。然后试以莲子，用竹筒一枚，长二寸，取老硬石莲五枚纳卤洞中，一二莲浮或俱不浮则卤薄不堪用，谓之"退卤"；莲子取其浮而直，若三莲浮则卤将成，四五莲浮则卤成可用，谓之"足卤"。每卤一担或盐二十斤，而煎盐又必加石灰为酵，其味略苦，俗称"灰子盐"。煎盐之器有锅、有盘，皆铁铸，盘或以蔑编，然不如铁之坚。每灶锅四口、盘一面，皆有定制。自洪杨变后，锅、灶无存，有以饭锅煎熬者，然不久即复。后以岱盐来源过旺，销盐不畅，溢而为私，此私盐所以盛、官盐所以疲，贫民惟事肩挑易米糊口，而肩挑易米糊口与船载私贩不同，盐捕每觑其孤单，指为私贩而截留焉。且近沙场一带，土脉渐淡，不能煎熬，故其利亦非犹曩日矣。煮盐以薪为本，设遇久雨，薪价腾贵，卤不能鬻，灶丁千百为群，聚而求乞，名曰"坐贩"，往往聚众滋事，近海居民深以为苦。自清同治初始行晒盐，其时锅、灶毁于军事，于是仿岱山、余姚之法，以盘晒盐，盘长九尺、阔三尺二寸、边高二寸五分，成卤于卤板中，烈日曝之，每盘可得盐五六斤、一二斤，日可晒一二次不等，即遇天雨仅止不晒，非若曩时更有薪贵之苦也。其费既省，而盐之味反愈于煎者，故价亦较廉，由是灶丁稍能自赡，坐贩之风顿息。惟晒盐有违禁例，屡经申禁，而利之所在，势难改革，迄于今日仍行晒盐之制。当熬波时,灶户载为歌谣曰:"鼠眼獐头充灶户,有盐日向海滨煮。今年淫雨何淋淋,十灶九倾泪如雨。熬波昔日千艘多,豪吏抽捐唤奈何。付与场司输正课,五钱一担交曲阿。奸民贩盐法网触,良民煮盐用不足。灶丁呼天诉积愁,遇雨如入泥犁狱。挈儿称货行前村,富家闭粜天为昏。懦者死矣悍者掠,囚首累累悬城门。"及改晒盐后,又为盐板歌谣曰:"盐板复盐板,其事起岱山。岱山四十里,四面大海环。地瘠石荦确,晒盐层峰间。吾乡争效之,其法久自娴。薪樵既无须,灶倾亦何患。奈何盐场官,反为居民奸。我会告盐吏,良法宜急颁。盐吏不我应,怆然冒雨还。"语虽俚俗,可见居民之喜晒盐而不喜熬波也。

## 潮帮业土之由来

鸦片战争之役,始于道光己亥,终于壬寅,烽火相望者四载,其结果开五口通商之局。说者谓吾国开国际之新纪元实鸦片为媒介,洵非虚语。考输入之初,在广东早有所谓十三洋行,擅承销转运之利,而第一次随洋商贩土至沪者,厥惟潮州郭氏。郭娴英语,人亦笃厚,抵沪后设栈领销,华洋间极占势力,业务大振,西人遂厚遇之,由此爱屋及乌,业土者惟潮帮有特殊优先权,他籍人终逊一筹也。犹忆未施禁令之前,进口箱土除完纳正税外,一经堤岸须另缴落地捐,以故必先停贮浦江水栈,待确定顾主始按箱补纳,而土之市价尤须由大同行主政。大同行者,即潮帮也。苟经该帮承诺,余于马首是瞻矣。今虽厉行查禁,然以七十年之潜势力,根深蒂固,试就现势比较,仍推该帮为最,盖由历史上所取得而来也。

# 洋药公司

中英禁烟条约虽予限十年，而但书指定上海、广州为最后肃清口岸。说者谓"最后"二字引申无疆，不难临事操纵，岂其然乎？当袁世凯蓄异谋时，授意蔡乃煌开三省通销之禁，攫二千一百万金不义之财以备御用，致使黑劫重演，毒雾再蔽，诚罔民之酷政也。于斯之际，洋商之业土者，在沪组织一种极大托辣斯号洋药公司，其主体为信记洋行，该公司乘此时机，明知来源限于逐年递减之约，遂由收买存土入手。自有此公司，凡沪上栈存与夫运到船货一一悉入网罗，实施其垄断手段，因之向售每箱二千余两竟增至万余两矣。投机者复从而煽其焰，日进弥甚，土膏店苦之。于是私土充斥，伪料偏布，该公司借助禁名义，怂恿捕房，授以缉私之权，于是膏店所在，时有汽车停驻，凌晨排闼，深夜叩门，苟涉疑似，立予搜掠，颇滋骚扰。及去年三月三十一号，膏照吊销，业此者渐入幽境，而洋药公司之命运亦于焉告终。闻与股者均获利盈千万，尤以广置房产之某犹太人为巨擘云。

# 江海关之今昔观

江海南关建自清之康熙间，初在小东门外，沿浦城内之海防厅即榷使署旧址也。后归沪道兼管，其署始废。关中主计者例用浙人，有总库、舍人等职，所入甚肥，营斯缺者非万金莫办。犹记光绪中叶者有姚、徐二姓争充涉讼，由抚而督而部，彼此层控不已，而毁家以殉。而徐以积思成痗，双目齐盲，其故可知矣。咸丰庚申，关毁于火，乃移于大东门外救生局，即今所称大关者是也。北关设于道光庚寅，初时一切规制悉受成于南关，司其事者全系华人，然中西货品之异、言语之隔，时起龃龉。癸丑红巾之变，北关几废，驻香港之英使包伶以按诸国际公法例应纳税言于清当道，力请延西人充司税则，于国课、商务两有起色，当道据以入告，清廷许之，于是各口一律照办，遂臻今日之盛矣。

## 海关概略

（一）旧关　上海自明洪武间始设市舶司于黄渡，定双抽、单抽之制以榷税，未立关名，今华泾南三里许土人辄呼"关上"，吴冲泾之吴店塘有桥名关桥，其地近乌泥泾，意即当日榷货之所。迄清康熙二十四年，特设海关监督于县治，专司海船税钞，以内务府司员监收，笔帖式副之，旋命苏州巡抚管带。雍正三年，巡抚张楷奏委苏松太道监收，加兵备衔，移驻上海，名曰"江海关"，亦曰"大关"，在小东门外，东北面浦江。咸丰十年，关毁于长发之役，移驻大东门外老白渡救生公司，统辖子口计十八所：曰吴淞，离关六十里，在太仓宝山县；曰刘河，离关一百五十里，在太仓镇洋县；曰七了，离关一百五十里，在太仓州；曰白茆，离关一百八十里，在苏州昭文县；曰徐六泾，离关二百四十里，在昭文县；曰福山，离关三百里，在苏州常熟县；曰黄田，离关四百五十里，在常州江阴县；曰澜港，离关四百九十里，在常州靖江县，有支口衙前、天生、龙潭三港；曰任家港，离关四百里，在通州，有支口狼山、大胜二港；曰吕四，离关六百里，在通州；曰黄家港，离关五百九十里，在通州泰兴县，有支口鄂家港一港；曰孟河，离关五百七十里，在常州武进县；曰小海口，离关四百里，在海关，有支口官河头一港；曰石庄，离关六百里，在通州如皋县；曰施翘河，离关二百八十里，在太仓州崇明县；曰漴缺，离关一百八十里，在华亭县；曰新开河、曰当沙头，离关各三百里，均在太仓崇明县。统计江海关所管区域，自杭州湾沿海至旧黄河口，又自长江太仓州镇洋县至狼山水道，各子口皆在大关六百里内，由监督输派书含分收汇解。税额照定例每年解，正额银二万一千四百八十两三钱三分，盈余则尽收尽解，自关督视为优缺，群思染指，于是有比较之例，清末时竟有解银六万二千两至七万七千五百两不等，而其取于民也则多方勒索，一以中饱为目的。至税则本有一定之章程，凡安南商船货税进口出口俱以七折征收，东洋商船货税进口以六折征收，出口不论货物概收银一百二十两，闽广船货税进口、出口自三月至八月以七折征收，九月至五月以五折征收，山东、关东商船货税并各子口货税俱八折征收，又安南、关东、山东商船货税俱以加一优免，东洋、闽广商船杂税例免五分、优免五分，又凡铜铁及铜铁器皿禁止出洋，其衣食用杂物货船料税则俱由部颁则例，今关督详刻木板竖立关口。又定制，民间日用器物数不及则者，及零星贸易本仅十余金者、沿海小船采捕鱼虾者，皆免税。又凡海洋贸易商船令报明监督，派员查明，确系殷实良民，将姓名、住居及往何洋贸易取具保结，并依式填造船身络号刊名，填给执照，于出口时验放，回日销号。其从外洋进口者,亦必详查注册,或因风信不能回籍,请照,即在经由该地方官具保给照,回日仍赴原衙门注销之。至于船身梁头丈尺,科征亦有定例,一丈以内每尺征银一钱五分,一丈以外每尺征银二钱二分五厘,每年分上下两次征收,各商船应于季满时赴关缴销旧牌,完纳银两,换领新牌,行驶贸易。惟往东洋办铜贸易洋船,应完梁头银两定例一丈以外至二丈每尺征银一两,二丈以外每尺征银二两,各船出洋一次征收一次,汇入正税项下报解。乃日久弊生,每当征收之际多不照章办理而上下其手,初无一定之规程,是以各物税率若何、每年收税若干皆无由调查之,不若新关之有年终报告贸易册也。

（二）**新关** 清道光二十三年鸦片战争而后,开五口通商,上海居五口之一,于是有新关之设。关归苏松太道兼理,在北门外头坝南面浦,为巡道宫慕久建,专司洋商税务。咸丰三年,巡道吴健彰以洋税散漫难稽,于英、法、美三国中择一人,责令在关帮同纠察,名曰司税,八年改司税为正税务司一人、副税务司一人。同治元年,巡道吴煦设河泊所,派英国水师官司其事,专引各国商船在所定界内指令停泊。自吕海寰、盛宣怀与英使马凯氏改订中英条约,内载免内地诸税、增海关税一件,而后上海港内一切商权尽操英人之手,其所掌管之税种类凡五,曰输出入税、曰沿岸贸易税、曰吨税、曰子口半税即通过税、曰鸦片匣金税。兹将各税之概况略纪如下:

一输出入税。自南京缔立条约以来,凡港内输出、输入,无论何种货物,征税皆值百抽五。其后天津条约及诸条约虽稍有变更,分重税品与无税品,而税率大概为五分。至光绪二十八年改订条约，有值百抽六、七之说，免除内地一切厘金税，实际上仍与值百抽五无异也。

一通过税，又称子口半税，即旧关税与厘金税之抵税也。昔于旧关课之，今于新关课之。凡货物之往来转运，皆以"逢关征税，遇卡抽厘"八字范围之，不论其复出口或转口，一例照章征税。及货物输送至目的地，总撮其征纳之额实不止值百抽五，英商多感不便。故英国特于天津条约改订之际更订一附章，略言货物之转致境内者只须预纳抵代税，照输出入税则二分之一，则一切内地税尽可豁免。自是以降，对于有税品则遵税则纳二分一，对于无税品则从原价纳二分半。迨甲午一役后，日本亦援例订中日通商条约焉。

一沿岸贸易税。我国沿岸商港林立，设有货物欲由此输彼，则除照纳输出税外尚须再纳附则税，此即所谓沿岸贸易税也。其税额与上所言之通过税相当，至其征收之方法尽由新关经理，凡内地货物之输入上海境内而转内地之别港，则其所应课者与一径输出外国之物事同其税率；及运抵该货归宿受货之地，该货便视同入口，又常缴输出税之半额于新税焉。此等税实属于额外增加之税，而其名称则定为沿岸贸易税也。

一吨税。依船舶之吨数而定，如在一百五十吨以上者每吨课银四钱，不及此数者每吨课银一钱。进口未开舱欲他往者，限二日出口，不征吨税，逾限即须全数输纳。纳税后欲往通商别口，该船主禀明监督，发给执照，至别口时送验，无庸纳税，以免重输，仍以四个月为限，如在四个月之外，另纳吨税一次。其舢板小船及雇浦江内船艇，每四个月纳税一次。

以上各税并无定额，历系尽征尽报，听候部拨，所有支收各数按年造具细册，送部核销。

## 海 关

上海海关（俗称"洋关"）创设于道光年间，与江海大关迥异，专司各轮舶暨其他船只之税则，每年收入颇丰。办事处设于黄浦滩，门户甚多，初入者每多迷于歧路。其中科类各别，条理井然，惟大权多操自西人，华人悉仰其鼻息，不能有所建议也。当我国未与德、奥开衅以前，此两国人亦甚多，今则德、奥人之位置皆代以英、美诸国人矣。

海关办事人员，除例假外，每晨九时即到，到后须签名，晚间以四时为率，然事多则需延长办事时间，不能预定。办事虽苦，薪俸则年有增加（大率年增一两之谱），服务年限久而勤则可得养老金。办事人有疾病，则关上代请名医诊治，而医金归海关支取，偶有死亡可支抚恤金。优待如此，宜人多乐就也。十年前海关每年招考办事人员数次或一次，但能英文、通达算术、敏捷即当其选。十年前风气未开，应考者殊寥落，故考取极易。现欲在海关办事皆须入北京税务学校毕业后，量其才而派送各处海关上，不招考矣。

## 华商谋组交易所

我国企业心之淡漠与夫募股之艰，论者恒归咎于办理公司之不善,实亦无证券流通之正当机关有以为梗也。此项机关英国名曰"爱克司川治",在日本名曰"取引所",其宗旨为流转一国股票金融上之枢纽,故资力雄厚,信用昭著,具有酌盈济虚发展社会经济之功能,非巨商莫属。沪上为商市一大都会,近十年来渐趋重于结合营业,乃此项组织尚付缺点,间有个人绍介与客茶会之属,畸轻畸重,唯力是视,殊不足以语此。民国五年冬,孙中山在沪,有鉴于斯,曾与虞洽卿谋设交易所,旋以政争中止,部亦百计阻挠,越三年而有退股之事,竟让日人擅自设立取引所,实可痛也!

## 衣　牌

沪上钱洋码之大小,上下以衣牌为标准。考衣牌之由来亦已久远,按日由衣庄同业查照市情,核同钱行银两升缩情形而定,每日由衣庄公所发单通知。盖在昔衣业营业,在沪上各业中占有一部分之势力,犹之豆规银之创有豆业,是亦沪上金融界之一故事也。

## 书籍免税之发起人

海关税则,除列举各品、订有一定税率外,其他概从值百抽五,益以浚浦捐(俗称"码头捐")千分之二五,共合为五二五。换言之,即每货价值百两,即应纳关平银五两二钱五分是也。书籍暨印刷品向章每百斤估价银六十两,例征税捐三两一钱五分,以每箱二百余斤计之,约合九元余。光绪戊戌之交,新学勃兴,百科并举,锡山廉君惠卿方主上海文明书局事,编译各级教科书,积极进行,复于京、津各埠设庄分销,轮运不绝于道。常言书籍为教育基础、知识渊薮,宜别于普通商品之外免予纳税,俾得流转无阻,以副国家教育之盛。时袁世凯方握直都篆,且与廉君友善,闻之颇韪其说,遂令廉以书贾名义正式禀求,即日为之奏请,得旨报可,遂著为定案。惟浚浦捐发生于奏案之后,未能援免。然二十余年来,不特书贾隐受其赐,即莘莘学子亦得减轻负担矣。

# 十二 交涉

## 四明公所

四明公所为宁波人创立之会馆,其团结力之坚固,有足称者。当前清光绪年间,法人尽力扩充马路,四明公所适当其咽喉,于是先拆其围墙。方事工作,宁波人闻之大愤,公议即日罢市,于是数十万人立即如约,法人无如之何,公所及义冢赖以保全。今四明公所屹峙路左,殊足令人回想当日勇于公愤之情形也。

## 记法人拟迁四明公所案

清光绪二十三年冬,驻沪法总领事白藻泰徇法界公董局之请,欲迁移西门外四明公所义冢,而就地建造学堂、医院及宰牲场等。备文照会关道蔡和甫(钧),关道以公所为寓沪甬人善举,创立且百年,尚在法人开辟租界之先,且查同治十三年法人曾拟迁此冢,致肇大祸,前法总领事葛络干君颁发告示,已有令筑围墙划清界限等语,事仅二十余年,岂容顿翻旧案?备文却之。领事再申前议,谓此地贵国租与法国,即应归法国管理,且中外公例,地方有不便于民之事,官厅可以改革。四明公所义冢逼近居民,人鬼杂处,易生疫疠,于民实属不便。关道因饬公所董事,从即日起领出旧柩回籍埋葬,不准再有新棺权厝,所董遵谕办理,并在褚家桥畔别购隙地以寄新棺,一面仍嘱前寄旧柩陆续领葬。后法人以详请驻京钦使为言,关道则以具禀总署作答。延至次年五月二十八日黎明,突有法战舰弁兵等八十余人各挥军械,护以两炮,至公所拆墙,甬人猝出不意,群起大哗,所董飞禀到道。关道即出城拜会白领事,以此案既达京师,务乞静候示谕,不宜轻举妄动,致贻后患,白领事许以姑从缓议。时寓沪宁班可三十余万人,势甚汹汹,而所董又创议罢市,遍发通告,宁人激于义愤,至二十九日宁商一律停市,佣工者相继罢工。衅端既启,马路游民复从而和之,或攫石以投洋人,或抛砖以毁捕房,或持械以击灯杆,法捕均荷枪梭巡(时巡街捕无荷枪者),驱之不散,遽放枪轰击,先后毙华人十五人,为祸愈烈。且宁人相约停工罢市,不仅法界也,英、美租界凡籍隶宁波者亦一律停市,省中闻报,亟派藩司聂仲方(缉椝)莅沪商办。聂久榷沪关,于六月朔日至沪,次日与宁人会商,先劝其开市,庶免波及局外洋商(沪上商业宁班实执牛耳,工人亦占多数,罢市四日,轮船上下货物如山积),初三日市肆安堵如故。聂藩司与蔡关道迭次与白总领事会商,仍未得要领,时值溽暑,关道奔驰于炎风酷日之中,一面饬署中书吏,通查旧案,忽检得光绪四年前法总领事李梅照会一件，内有议单一纸，又前关道褚心斋(兰生)与李总领事会衔告示一纸，内有"四明公所房屋冢地永归宁波董事经管"字样，较之葛领事告示尤为明确，当即照送法署，于是法人气夺，而此一大公案遂和平了结。兹将李领事照会及褚关道、李领事会衔告示录后：

  大法国钦命驻扎福州领事调署上海总领事事务李，为照会事。照得四明公所义冢，前于同治十三年三月十八日华洋互闹一案，现在议办完结，本总领事缮就议单一纸，移送贵道，请烦查收照缮送署。并将议偿法、璁、意三国人民被失房屋、物件等项关平银三万七千两，移交本总领事，以便转呈驻京大臣白查收分结完案。为此照会贵道，希即查收施行，须至照会者。计送汉、法文议单各一纸。右照会大清钦命署理江南海关苏松太兵备道褚，光绪四年七月十七日。

  大清国署江南海关监督分巡苏松太兵备道褚、大法国驻扎福州领事调署上海总领事事务李为立据完案事。查上海前因四明公所义冢地内欲开马路，于同治十三年三月十八日华洋民人在法国租界互闹，华人毙命七名，法界房屋被焚一案。两国查办，日久未结。本道现奉南洋通商大臣沈、苏抚宪吴饬知，本总领事现奉驻京大臣白饬知，经总理各国事务衙门与法国驻京大臣白面商，略云两国律例专论交情，彼此相让完结，嗣后两国均不得援以为例。所有法、璁、意三国民人被失房屋、物件等一并在内，由中国偿还关平银三万七千两,其毙命华人七名由法国自愿给恤银七千两,彼此交割完案。此后法国租界内四明公所房屋冢地永归宁波董事经管,免其迁移;凡冢地之内永不得筑路、开沟、造屋、种植,致损葬棺。由本总领事转饬公董局,令巡捕随时照料,以全善举而敦和好。为此缮立议单一样两纸,彼此画押盖印,各执为凭,详明上宪立案。须至议单者。计附法文一纸。光绪四年七月十七日、一千八百七十八年八月十五日。

## 记争执推广租界详情

清光绪三十四年,外务部接驻京英使照会,谓:"本年六月间驻沪各领事照会两江总督,将租界北线展至沪宁铁路为止,拟展之地虽有华工部局(指闸北巡警局)管理警察、卫生各事,无不因陋就简,二十五年推广租界时本拟将是处包括界内,前督恐车站包入,又因宝山境内租界事未议妥,故未允办。今租界北至铁路几成为洋商圈地,新界亦不包车站,而江督复称二十五年推广之举为永不再展之意,宝山非通商口岸,未便包入租界,警察、卫生各事将来必渐完全等因。本大臣以此事关系重大,未便就此抹倒。春间本大臣至沪时,更躬往查阅,极知华工部局腐败各节,且此等事件每每在外交涉,不足以证贵王大臣辑睦之谊"等语。外务部接准此项照会,并未详查档案,即照录来文电询江督,略谓:"此事案准贵督咨部,现在如何情形?前次展界案内有无不得再展明文,希即查复,以凭核复英领"云云。并谓:"该处警察、卫生各事,应亟饬华局认真整顿。"旋接江督复电,略谓:"前据上海领袖领事照请,将公共租界北面推广至铁路轨道为止,当以上海租界本极广阔,二十五年刘大臣核准由中国自行推广公共租界二万一千五百余亩,较原定英、美租界几增两倍。其所以格外从宽者,原欲一劳永逸,后此不必再展。不谓今甫数年,界内空地尚多,又复称益。现新、旧租界共三万二千一百余亩,无论日后洋商如何加增,断无不敷之理。所请推广之地,以租界与铁路中间所夹之一段,刘大臣所坚持未允者,该处在宝山县境,非约开口岸,洋商在彼租地本系通融办理,岂能据以为例,遽请展拓?且宝山县已在吴淞,自开商埠尽可在彼借用等语,切实驳复在案。奉电前因,查前次展界经刘大臣饬沪道李光久,作为自行推广,权操自我,与各领商定界址,并未另立新章及合同。其往来函牍中虽未切实声明以后不得再展,惟其时争论两年,坚不允宝山地划入租界,则不可再展之意甚为明显。惟工部局久涎此地,上年擅填上宝交界之川虹浜,私拔界石,饬由沪道屡与交涉未了,八月中曾咨达钧部。现在英使续请,盖欲抵制前案,务求钧部力为主持。除抄来信件、照会另函奉达,并饬将警察、卫生认真整顿外,谨先电复。"越数日,江督又续电外部,内称:"饬据沪道蔡道电复,英使所借口者不外华局腐败,遇事在外交涉,及洋商租地两端。不知沪南北与租界毗连处甚多,南市及西门外警察从未与法局巡捕龃龉,同一自办之警察,何以闸北独屡有冲突?此中交涉复杂原因,究由洋商抑由华局,不难立判。况自汪道晋京后,职道督饬员司认真整理,凡事和平处置,迄今汪道回差,亦仍守和平主义,不事激烈,谓为腐败,毋乃太甚。即以洋商租地论,其拓界内未用之地固多荒僻,《太晤士报》尝论其荒芜不治,专肆意界外营求,斥为无理。此可见公道在人。且新闸桥南毗连租界,如梵王渡等处,历以洋局早年在彼围筑马路,华局未经设巡,可供洋商租用之地尤广。如谓华局卫生等事欠妥,何以西人不择居于未设华局地方,而欲择居于卫生欠妥之处,虽愚当不出此。况中国有保护洋商之责,闸北华商设巡又为地方应办之事,无论租界处于何等地位,中国总不能不自设巡警。即有事不能不与洋商交涉,亦岂能因借口华局腐败一语,一概抹倒。至宝山县地非约开口岸,从前洋商借作靶子场,即今北四川路,一名'靶子路',曾由黄升道与英总领事韩君哲君立约订明,特别通融,此后不得为例,本成铁案。后虽经刘前宪准照租地杂居,亦议定由宝山县给契,不给道契,以示区别。其谓当时不允包括界内,实与立约原案之意相符"等语。当由外部据情酌复英使,驳拒沪宁车站之不划入租界,其详情如此。

## 法捕房拆让铁栏案

吾国有言:"只许州官放火,不许百姓点灯。"盖专制时代,在上者口含天宪,惟知以法律束人,对于自身唯意所欲,一若超乎法律以外者。观夫近日报载江宽被撞案,承审者投鼠忌器,枉法祖徇,益以见西人断狱之公矣。因忆距今十余年前,时法租界之公馆马路不及现今宽广,嗣见市面日繁,路政处提议展拓,乃师邻界成法,遇被灾或翻造请领照会时,饬令照章收让若干尺。此章宣布后,迤西之市屋三数年间次第遵让无异词,惟捕房自身沿路铁栏尚仍其旧。未几捕房东首之屋兴工翻造（即今谦益洋布号之处，旧为福园茶肆），屋主为某大律师，亦法国籍，路政处循例饬令退让，屋主抗不受命，且上书公董局，大致谓："让私产以广公路固属美政，所可怪者，捕房为一方表率，乃徒斤斤责人，而于自身之铁栏初未移动分寸。如果敝产遵章退建，则该栏必凸出当道，不特无以服众，且大碍观瞻"云云。经公董局谕以此事须待年会决议后执行，无须贵地主越俎，仍请依法收让，否则当勒令停工。屋主愈不服，促承造者循址架屋，毋稍馁。工头介于两大之间，左右为难，嗣经双方各备理由书诉于西贡督署（按，该段视为法国殖民地，故不由驻京公使裁判），其结果判令捕房先将铁栏收让，该地主始无异词，而所让之尺寸仍视铁栏为进退焉。此案自始迄终达半载之久，承造者亦辍业以俟，洎判词抵沪，人多服法兰西官民之服从公理，不护己过云。

## 英义冢辟路之交涉

当民国二年以前，北城九亩地仅大境路一条通拱宸门，交通犹形不便。城拆后，北首仍有六十丈之英兵义冢阻隔，必须将该义冢东边之地让出若干，方可将支路接通外达，由法界直达至新舞台。初与英领事磋商，未遽应允。嗣英工部局规划租界马路，欲使大通路与新闸路相接，因大通路路线上有中国善堂义冢阻隔，要求迁让。磋商数回，议定华界内北城基之英兵义冢让出东边之地一分七厘四毫，归我国筑造公路（即今之露香园路）；其公共租界内大通路路线上之中国义冢亦让地一分七厘四毫，归工部局，双方各得其所。是年十一月议定，由县知事会同交涉使与英领事订约交换。

## 讨倭檄文之交涉

甲午中日之战，湘抚吴大澂自告奋勇，请命督师。吴本书生，以翰苑洊任封疆，博学强识，文采斐然，所上平倭十策，中有七纵七擒、十荡十决等句，极铺张扬厉之致。德宗壮其志，奉旨治军前敌，统率马步各队以往，军容甚盛。迨师次牛庄，营门高挂"投降免死"牌，并榜示讨倭檄文，历叙天朝深仁厚泽，怀柔远人，而于壬寅中英、甲申中法两次战事赔款，讳言抚恤外夷，恩威并用之至意，略云："玉帛干戈，丑类安知礼教；雷霆雨露，王者不外恩威。"此文遂由《申报》登出，各西报亦译其原文，英、法领事见之大哗，谓赔费约章具在，何得巧肆侮辱，遂致书诘问，几酿开罪邻邦之衅，卒由沪道复词引咎而罢。然吴于临敌之先虽大放厥辞，乃甫一交绥全军溃散，遗弃饷械无算，遁回湘任，旋奉旨开缺不究，仅斥其居心巧诈，言大而夸而已，亦幸事也。说者谓吴之为此，殆欲效舞干羽以格有苗之故事耶？录之以戒文人之轻言战略而不谨于口者。

## 商品冒牌案

商品以鼓吹畅销为职志，苟有机可图、有隙可乘，无不思利用之，以达一己之目的。此种策划，无中外商人也。近见报载日本仁丹因沪上龙虎人丹有同音之嫌，遂耸求中国官厅示禁，而懵懂之官吏竟不求其实，贸然遂其所欲，以一纸摧残之。不知该人丹固早经呈由内务部许可立案者，殊非伪冒可比。乃复天假之缘，湘当道以日本仁丹冠有"中华民国"字样，迹近伪冒国货，移请沪关查办，竟发觉类似国货之仁丹有四种之多，一笔勾销，葛藤悉断。此举不先不后，一若造物者巧为安排，以矛陷盾，殊快人意。因忆二十年前，英公堂曾发生一外人控告华商冒牌案，原告为祥茂洋行，被告则皂厂主徐某也。徐无锡人，同、光间其父供职制造局，有巧思，凡外洋新发明之机械，一经寓目，虽无样本，构思片时，立能装凑成器，以是曾国藩深器之，锡以江南巧匠之号，因而致富。殁后徐袭遗产，就局畔设肥皂厂，时皂牌群推祥茂为巨擘，长江上下游岁销达数百万，徐命名祥芪，货亦不弱，而定价远逊。商贩逐什一利，咸舍彼就此，祥茂大受刺激，控于公堂，指为象形影射。徐不服，反唇相讥，两造律师各具理由，廨员无以难（时我国尚无商标注册例）。原告诘徐既为华人，不应用西文商标。徐谓祥茂既为洋商，亦不应于皂上刊印"祥茂洋行"汉文之字。辩难移时，徐袖出《康熙字典》，检草部内芪字，谓此并非杜撰，华人用华文，有自由择定之权，初不知某字为冒、某字非冒。原告语塞，乃判祥茂为败诉也。

## 追记拒约会之盛

光绪乙巳间，我国有排斥美货之豪举，闻发云涌，全国响应，旅华美商索索无生气,且有因是而辍业者,民气之不可侮也如此。此事发起于沪上,倡之者为曾公少卿,今虽事过境迁,而社会流行之"同胞"口头禅实权与于此,辛亥之役且用以号召排满之具,则斯举又可谓为光复之先兆也。初,美国加罅尼省旷土甚多,彼邦资本家招工开垦,闽、粤沿海之人纷往应募,赴之如归市,积久成一团体,颇占势力,且以生活简单、工价较廉,土人之劳动界大受影响,遂生分我杯羹之感,积妒而成仇隙。至是要求彼政府下取缔华工之令,一切皆从严格着想,设种种苛例以快其忿,有裸身检查、熏洗住屋及用铜管于谷道抽验粪秽诸虐政,华工不能堪,分头诉救。我国驻美梁星使争之不获,乃电告清廷,方交涉间,而该处唐人街之华人居留地悉被焚毁,于是曾公闻之大愤,虑国势孱弱,不可力敌,乃创不购美货为消极抵制之策,其举止一出于文明,力戒暴动。翌年四月初旬,演说于商务总会,听者累万人,后至之人至无可插足。曾本长于词令,临场宣布原委,椎胸顿足,痛哭流涕,人心大为感动,相戒遵约,至有归家焚弃美国物品以示深恶痛疾者。未几广肇、四明各公所继起,南洋各岛华侨亦通电呼应,声势寝及域外,而老晋隆洋行经售之品海香烟号称老牌者,至是已完全绝迹,该公司乃改以派律脱(强盗牌)复冠"英美"两字,始渐通销,美最时亦易名好时洋行。当风潮汹涌时,吾国人既搜辑合众国之货品商标,刊印传单,以为去取之辨识,复于各家门墙上榜贴"不用美货"纸条,同时各洋行遍登告白,声辨国籍。时新闻报馆有装理思者,确为美籍,该报遂遭摈弃,无人顾问,原登广告者纷请停刊,嗣经该报声明辞退始罢。是役也,交涉卒赖转圜,民气后盾厥功匪细,而禁烟之动机亦以斯举所嚆矢。不知今日段祺瑞卖国之交涉,有无曾少卿其人,能使社会感动如此之速也。噫!

## 会审公廨之今昔谈

上海租界之会审公堂有二,属法租界者向设于浦滩大马路口,至去年卢家湾之新廨落成,始迁徙焉;英租界则最初设于南京路香粉弄口,先后四十年间地凡三易,然均不离乎南京路,惟渐向西移耳,最后乃就北浙江路华界相近处建筑西式制度之公堂,适推放租界之议告成,乃确定名称为公共公廨。当在南京路时代,头门匾额于"会审公廨"四字之上复冠以"洋泾浜"字样,盖根据同治七年所订洋泾浜设官章程,故必冠此三字也。华人互控之案,凡罪应枷杖者,当自由中西问官判定,仍令犯者还押,次日早堂提案,归华官单独发落,西官不复过问。缘笞责必裸其下体,西人视为野蛮之刑,不欲寓目也。谳员任职最久者,为陈实渠、蔡二源,今关炯之君,视事均达十年内外。陈为始创之人,心极慈祥,曾捐资设栖流公所,人甚称之。蔡则于判案之曲直视外人为转移,虽有干练之名,而声闻稍逊矣。维今关君不亢不卑,颇为中外人士所信仰,故能任职至今。即如昔年粤妇某氏因携带小孩多名,致捕房疑为拐卖,贸然逮捕,酿成大闹公堂之风潮,华商至愤而罢市,幸关君力争,隐为后盾,得以无事。他如停止刑讯,在当时州县衙门恒多抗不奉命,独公廨毅然撤除刑具,以为之倡,使吾华人此后不再裸体受辱,亦关君斡旋之力也。故光复后再任斯职,中外欢迎焉。

# 光复时之公共公廨

洋泾浜会审公堂初设在郑家木桥，为便于英、法二界接近也。厥后法租界土地权被沪道片言断送，别成独立性质，法公廨遂附属于捕房，由是英美公廨初迁南京路，复迁浙江路。然在前清时代，廨员由沪道札委，而内部组织有签押房、收发处，有书吏、差役，有押所、女监，凡中国衙署之形式莫不应有尽有。其讯案办法，除刑事不满三月拘押捕房、五年以内禁锢西牢，不受公廨节制外，其他及民事各案有直接处分之权。辛亥之役，会审官宝子观及德某均以旗籍之嫌，挟款潜逃，男女押所闻变哗噪，领事团乃公举关炯之、聂榕卿、王崧生三君主持廨政。事后虽请刘道襄苏加札委任，然已启外人干涉用人之端矣。未几复发生一趣事于其间，即领团自由雇用孙羹梅为襄谳员是也。孙湖南人，以县令听鼓苏省，清季曾佐理廨务。时甫交卸奉贤县事，在沪赋闲，迫谋一缺，虑公论之不与也，竟挟美领事同车莅事。至捕房干预之始，即在光复之翌日就廨内设检察处（西文竟称监察处）为西人办公之地，裁革差役而以巡捕代之，一切开支暨廨员俸给悉由检察处西人主政，一转移间华官亦仰承其鼻息矣。闻所定薪水，正审官月给八百两，副者半之，竟与政府各部总、次长相埒。此事一由于宝氏之席卷公款，再由于刘道之移交库银三百五十万于领袖领事，两者酝酿相迫而成。吁！可慨矣夫。

# 上海丧失治外法权之原因

吾国自开海禁之初（七十余年前），当道者不知法权之足重，一遇外人犯案,视若非吾法治范围内之所当理,而夷然置之不屑与较,甚或既拘其人而复听其索还,任彼治罪以了之。至其借口中西法律之相异,则起因由于某西人初来华,视沪上演戏者,每见剧中有审讯情节,一案到堂,初不招则批其颊,再不招则杖其臀,复不招则男子夹其腿、女子拶其指,而犯人招矣,而重案定矣。意谓此不过演剧然也,后入城见邑尊讯案亦复如是,绝无稍异,乃驰书本国政府,诧为未见,于是要求领事裁判权者踵至。吾国外交中人无能折服其词,而迢迢租界,唯租借国得完全行使主权,而主权国反退处于无权之地位,不敢过问矣。民国初元,江督咨外部上海商埠拟设审判厅,后复据沪道禀陈司法独立之必要,胪陈公共租界所设之会审公廨为行政机关之大阻碍,而以前总理衙门与各国所订之章程实外部与公使力争收回之枢纽,诋各公使及各领事以为违背条约及定章,答复至于不允闻命。噫!不意一戏剧耳,自入外人之目,遂铸成大错,永留租界上之一污点焉。

## 公廨华案预审之预因

吾国罪犯逃避租界者,向由华官签差持票,至值奉总领事署签字后,即可直行捕拿,归案审理。自清光绪二十六年二月初九日,江海关道余晋珊观察接奉上宪行文,访拿康有为、梁启超二犯及其党羽,访悉逃匿沪上,即札饬英美租界公廨谳员翁笠渔直刺,签差至总领事署。时总领事为华德师君,允之。康、梁等大恐,急禀求英领事设法保护,因是通饬各捕房,嗣后公廨提人,无论何案须先管押捕房后,解送公堂讯明实情,再交华官办理云。盖认康、梁为国事犯也。而奸徒犯法,遂视租界为逋逃薮亦自此始矣。

## 浚浦局之权限问题

上海之有浚浦局,始于清光绪中叶。当庚子拳变后,明年辛丑与各国订和约,即以浚浦为附件,载在条约,注明以二十年为限,厥后改为四年。责我所有浚浦情形以及工程等,随时报告上海领事团,然仍由上海道会同税务司禀承江督办理,其权限固未尽失。讵期满后工未及半,税务司及工程师又以续办为借口,经江督咨部转知使团,并饬沪道将浚浦局改为善后养工局,查照合同,随时辞退洋员。至辛亥各国复提议修改以前条款,时临时政府内阁总理唐绍仪以迫于势,遂承认之,乃照原绘图内第一段自制造局起至吴淞口为止,及修改后工程师海德生续绘之图,则且越松江直至西太湖为止矣。其章程虽系暂行,而载有该局所辖之境,由长江处起至潮流停止处止,其越界不可以道里计。初,浚浦范围不过限于黄浦本身,浚治通畅,与内地水利无涉,今则漫无限制,水道主权又将继领事裁判权一去而不复返。呜呼!不知今之水利局,果能抵制之而挽回之乎?

## 浚浦局

浚浦局为上海一大工程,设局开工历十余年,其中糜款侵权之处国人多未之知。民国八年春，有苏省议会钱淦、朱祥绂等提出议案，言之详尽，录载于此以存故实。

提案云："窃按浚浦局之设，原根据于前清辛丑公约，其时各国以还我故都示恩要挟，致所订浚浦条约三十七条，种种丧权辱国，诚迫于势之无可如何。然且卒赖前两江总督刘忠诚公、署督张文襄公之力，不允派员开办，相继坚持，建议修改，内外协助，越前后四年，得以收回自办，声明并不抽捐，由中国国家每年认出经费四十六万两，以二十年为期。嗣又缩短年限，提前筹款，宣统二年大功告成，前两江总督张安帅即拟撤局竣事。外交团乃借局于筹款养工，提议认抽货捐接续办理，于宣统三年另订浚浦暂行章程十一条，糜款侵权，更甚于辛丑公约。外部初未承认，迨往返磋商，于原拟办法多所纠正，只以第一条局员人数彼此争持，迄未就绪。适民国肇建，领衔英使乘我南京政府崎岖成立之际，复申前议，再三要求，当时办理外交人员未遑考查中央成案，遽允照办，举前外部所业经商改者至此亦归无效。于是民国三年，该局遂有海工程师拟请给照测量溯及隔省港河之举，并管理沿浦升科滩地、侵涉内政官产之权。前江苏省长韩国钧曾提出修改浚浦暂行章程意见八条，分别电呈政府，旋即以调皖去职，力争未果。上海交涉员杨晟又以浚浦局员之一，碍难抵抗，复由局员会议，借口于暂行章程第八条所载为清理黄浦江岸出卖公地及应升科滩地之办法，续加条款附订为第十二条，而沿浦所收滩价及规划港埠主权悉入其掌握矣。六年七月间，浚浦局乃犹以攫我港权为未足，更进而谋我沿浦路权，于是复有授意上海工巡捐局借款筑路之事业。经本会于上届提出紧急动议，咨请省长勒令工巡捐局,迅向浚浦局取消口头讨论,停止工作,一面派员严行查办。浚浦局卒以屈于公理,让还路权,顾于测量内港潮流为扩展航权计划,则迄今骎骎未已,近且有测至浙省平湖、乍浦之信,其为逾越浚浦权限昭然无疑。原浚浦初意,无非以黄浦江日就淤塞,专就沿浦及浦口入海处从事疏浚,届便出入商轮,故辛丑公约于该局辖境,只限自江南制造总局起至扬子江中红色浮标处为止为其工程范围。今浚浦工程如填筑石埂、开挖淤泥,所以为刷深浦口入海计者,早经蒇事,目前实无工程可言,该局即无存在之理。乃复无中生有,节外生枝,转而干我滩地内港之权,侵及内政,国家岁耗四十六万两巨款,更益以关税,盖以滩价名虽我国自办而权不我属,不啻专为外人增殖势力,养虎以自伤。按诸国际公法,港权之得失即关系国家之存亡,今幸欧战告终,我国得列席和平会议,凡从前损害主权之条约,各国既容许提出,予以相当之保障,及此时机似宜亟电中央政府,请令饬外部查明浚浦档案,提交欧洲和平会议,将辛亥南京政府成立时所订暂行章程及四年续订之附件一律废除,另议养浦工程切实简单办法,免再虚糜巨款,损害主权。是否有当,伏候公决。”

又致北京政府电稿云:“北京大总统国务院总理钧鉴:上海浚浦局自前清光绪三十一年依据辛丑公约设局开工,由中国国家每年认出经费四十六万两,以二十年为期。嗣又缩短年限,提前筹款,宣统三年业已竣事。外交团乃借口于筹款养工,提议认抽货捐接续办理,于宣统三年另订浚浦暂行章程十一条,乘我南京政府崎岖成立之际,要求承认,复于民国四年增订附件九项,继续执行，于原拨经费四十六万两之外并须加抽关税、代收滩价，悉供该局用途，于是干涉我沿浦升科滩地及内河测量，近且测至浙省平湖、乍浦一带。按诸公约原订浚浦界线显轶出范围，国家岁耗四十六万两巨款，更益以关税、益以滩价，名虽中国自办而权不我属，不啻为外人增殖势力，养虎以自伤。在国际公例，港权之得失即关系国家之存亡，今幸欧战告终，一切国际上不利益之条约，各国既容许提出，为公道正义之主张，矧章程本号暂行，绝非永久性质，国会未经通过，尤有余地磋商。应请饬令外部查明浚浦档案，速电专使，提出欧洲和平会议，将辛亥浚浦暂行章程暨民国四年续订两件一律废除，另议养浦工程切实简单办法，免再虚糜巨款，损害主权。无任迫切跂望之至。江苏省议会叩。"

## 日人搜购藏书案

吾国开化最早，数千年来前贤著述汗牛充栋，徒以丧乱频仍，存者百不逮一，因视为艺林珍秘。就满清一代而论，藏书最富者，除《四库》秘笈外，以江浙之文澜、文汇、文宗为巨观。洪杨之难，三阁悉毁于火，承平后，惟浙之文澜稍复旧观，其他已不可复睹。私家所储者，莫如宁波范氏、杭州丁氏、湖州陆氏。陆即潜园主人，号存斋，曾任某关道，党附李鸿章，时论颇不直之，然蒐罗海内孤本，虽千金不恤，其储书处号"皕宋楼"，百城坐拥，满目琳琅，实巨宝也。陆于光绪中叶物故，后十余年家道式微，会日本静嘉堂文库主人岩崎氏携巨金莅沪，收罗中国古籍，陆之后人以十万元割让于彼。其事甚秘,外人无知者,岩崎既得,星夜运归东瀛,由岛田彦桢作《皕宋楼藏书源流考》,印成巨册,夸示中外,事始大露。时阳湖吕景端氏在沪首得此信,走告盛杏荪,拟倍价赎回,然已无及矣。嗣为江督端方所知,乃发公帑七万五千元,尽购杭州丁氏藏书,建金陵藏书楼以贮之,惟宋椠本不及陆氏之多耳。民国二年,宁波天一阁藏书为奸商盗卖于日人,事发控于英公堂,得截留大半,然逝者已随流水而东矣。所望有力者设法呵护,庶国粹所关,不致斩丧以尽,则艺林之幸也。

## 记万国禁烟大会详情

清宣统元年正月十一日起二月初七日止,在法界汇中旅馆开禁烟大会,各国均派代表莅会。计先后会议十四次,其所议定草案由各国代表各交其本国政府察阅,如可发表则将决议印行。兹就当日公决九款,分条列下:

(一)中国政府以禁除全国鸦片烟出市行销之事,视为重大,实力施行,且舆情协助,得以日见进步。故本会会员承认中国之坚诚,虽各处成效不一,然已获益不浅矣。

(二)因中国政府有实行禁阻吸烟之例,他国亦同有此举动,故本会敦请各代表,陈请各该政府,于其本境或属地内,体察各国情形,逐渐推行吸烟之禁令。

(三)本会查得鸦片烟之用,除作医药外,在会各国均视为禁物,有颁行严密条例,使之逐渐消减。因此本会承认,各国情形虽有不同,惟应敦促各国政府借鉴别国办理之经验,考订其取缔规则。

（四）查各国政府均有严厉法律，其宗旨或直接或间接，以禁止鸦片烟暨鸦片质提制之品私运入国。用此本会会员声明，凡与会各国均有责任订立相当之规例，以禁止鸦片烟暨鸦片质提制之品私运入国。因此本会会员声明，凡与会各国均有责任订立相当之规例，以禁止鸦片烟暨鸦片质提制之品运往已颁上开禁例之他国。

（五）查吗啡之制售、流布漫无限制，早酿成巨患，吗啡痼疾已露蔓延之象。因此本会甚愿力请各政府制定严厉规则，于其本境或属地内以取缔此项药物之制售、流布，及由废片中提制杂和之品，研究其质，倘若妄用与吗啡毒质药相近者，一律限禁。

（六）本会会员于组织上，碍难按科学之理研究鸦片烟及戒烟药品之性质功用，然深悉此项研究极为重要，故本会甚望各代表将此项问题陈诸各该政府，酌定办法。

（七）本会极力敦促凡在中国有居留地及租界之各国政府，倘于各该居留地及租界之内尚未实行关闭鸦片烟馆者，须仿照他国政府已经施行之禁令，参酌情形，迅速举办。

（八）本会会员敦促凡在中国有居留地或租界之国各代表，须陈请各该国政府与中国议定条例，禁止制造、贩卖内含鸦片烟质或鸦片提制品之戒烟丸药。

（九）本会会员劝勉各国代表陈请各该国政府，凡在中国有居留地或租界者，施行药商专律于领事裁判权限之内，俾该国之民有所遵守。

会议告终，美国代表白兰脱、丁嘉立两博士暨芮特君均于当晚乘车赴北京，英国代表斯密斯君及其余各员亦先后入都。会议之结果如此，吾人所当永矢勿忘者也。

## 纪日嫠归宗事

当陈宝渠太守视事英廨时，有日本嫠妇携子来沪，请求移转国籍，随子归宗。旋以格于彼邦定例，日领出而否认，事不果行，仅令留子而遣其母。庭判之日，陈太守以该日妇关心宗胤，不负故夫，其行可嘉，其情可悯，特捐廉奖给百元以赆其行，温谕再三，观者莫不感泣，亦东瀛彤管史中之美谈也。

先是，有赣人徐业良者，弱冠赴东京习公输子业，嗣受雇于神户某西人处，所入殊微。然徐颇勤于事，寸储累蓄，日与邮便贮金为缘，凡五载积数百金，而年事已二十有五矣。顾飘零身世，渺焉寡俦，欲占凤于彼邦，托同侪为之物色。会有横滨女郎叶氏名德者，椿萱早谢，依伯氏以居，虽绿窗荆布，而貌德兼赅，遂由徐友陈春浦一言撮合，两姓缔姻。既娶，伉俪甚笃，先后七载，育二雄焉。两年前，徐得痨疗疾，药炉茶灶，嘘寒问暖，氏躬侍之，无怨词、无怠容。徐本食方之流客，中无可缓急者，典衣鬻钗，悉由床头人撑持其间，窘可知矣。疾革时，徐执氏手泫然曰："余累卿矣。室如悬磬，孺子尚幼，卿将何以为计？第徐氏宗祧赖有此耳。且贵国火葬之俗，余实惧之，倘得归正首丘，免罹此厄，感且不朽。"氏泣誓天日，既殁，殡敛悉仿华制。复挈同二子扶榇来沪，访其夫兄徐三平，要求伴返赣州故里。三平以事涉外人，不敢遽允，乃禀请公堂发落，卒以与例未符，事遂中止。有见之者谓，该日妇练裳布衣，二子瓜帽袍褂，悉遵中土服制。洎三平奉谕领侄归宗，母子分途之际，该氏恋恋不舍，泪荧双眦，观审者莫不为之酸鼻也。

## 司法权丧失之由来

民国二年，徐宝山购买古磁花瓶，由上海古玩铺倩人送至江北军署，甫启匣而函弹爆裂，宝山死焉。彼嫌疑者为管复初、李文清、尤小溪三人，皆上海之业骨董者，案发皆被逮。江苏高等检察厅致函会审公廨，欲将管复初等引渡内地归案讯办，英领不允。谳员关诵作书复之，函中述租界设官章程及历年成案颇详，录之可知租界司法之丧失主权所由来者远矣。其函云：

敬复者，接奉钧函，以英领对于徐案嫌疑犯管复初、李文清、尤小溪不允移交，嘱敝廨按照函开各节检示英领，以免误会而息争执。正在遵谕转达英领，借筹对付，惟念事关国际交涉，虽在下愚苟有可知，正不妨陈述意见，共筹对外之良策。查上海会审公堂之设，本以前清同治七年上海洋泾浜设官会审章程为根据，按照章开各条，领事当然不能有所干涉，惟日月变迁，事实遂不无更易。检前清光绪三十一年沪道上外部文，对于领事推犯签字之条案语有云："此项习惯租界行之已十余年，不若由条约迳与订明"等语。是领事签字在光绪三十一年以前各条约外之引动，而自三十一年续订补充之条约则此已为正当之办法矣。此对于领事干涉提人之不得不申言者也。至英领对于徐案,非俟证人到庭不能交解一节,查此项办法本无章程条约之根据,惟检查敝廨历办旧案,其在前清时代已有此等办法(即如前清宣统元年七月二十日慈溪县协提枪毙戎才富之凶犯陈蕙亭、周阿五,后由尸亲戎才伯、戎德大及见证陈阿四等到廨证明;又宣统三年七月十二日嘉定县移提拐犯杨生林,经该县地保韩顺泉到廨证明),论作俑之何人,固不胜放弃主权之概,而在敝廨职司审判,于业经办有成例之案件,欲借无后盾之口舌以与之争,无论来廨陪审之副领,每成推诿为无权过问,黠者且以事非今始,为反唇之讥。论国际之原则,本无习惯之可言;论事实之发生,则已积非而成是。善后乏策,愧恧交加,此对于预审一节之不得不申言者也。至上海商埠称曰租界,与我国内地自行开放之商场性质略有异同,虽在我认为只有租地盖屋之权,而在彼已不认为民法租借之例。租界二字之名义不明,双方之见解愈误,种种窒碍,非从根本解决,必不足以挽已失之国权而固将来之领土,此又不能不仰望钧厅之力与维持者。又有进者,论者每谓租界丧权之举大半发生于光复以来,在敝廨同人奉职无状,正宜深自引咎,惟念民国成立以来,各项官制尚未正式厘订,故统系淆而办事之困难愈甚。即就敝廨而论,在前清时代为完全审判机关,遇有声明条约及其他交涉事项发生,均由沪道提出于领事团,故得力多而收效速。若以敝廨当外交之冲,不特于交涉上难操胜利,且于本案上易起决裂之端,此又敝廨光复以来办案之困难情形也。

# 十三 宗教

## 青年会

上海青年会为中国基督教青年会之总会，即世界基督教青年会之分会。此会之大本营在美国，分会遍于地球，乃世界最大会社之一，其目的在以基督教之教义陶冶世界青年之身心。其会徽为一圆圈，由圆心以三个半径线划此圆为三部，而以"德育"、"智育"、"体育"三词分写为三部中。其会之略号为 YMCA，盖 Young Men's Christan Association 四字各个之冠首字也。

上海之青年会在四川路中，建于一九〇八年。房屋闳大，为申江有名之建筑。共计四百间，略分之为二部，曰成人部、童子部，详分之有数十处，曰办事所、曰殉道堂、曰阅报所、曰会议厅、曰寄宿所、曰藏书处、曰附属中学堂、曰会食堂、曰学生寝舍、曰屋顶花园、曰西餐馆、曰理发所、曰浴池、曰游泳池、曰弹子房、曰体育场等等，其中事务亦分德育、智育、体育三部。德育部、智育部常请名人演说，又常开演戏剧活动演戏等，每一星期皆有数起，又有半夜学堂，造就商界青年。体育部教授各种练身之术，凡系会员皆可自由学习。会员分为四种，一曰赞成会员，二曰赞助会员，三曰特别会员，四曰普通会员，盖以纳资之多少而定，而在会中所享之权利亦遂由之以分等差。大概为特别会员最便，盖纳资不过多亦不过少，而各种权利皆可享有也。该会之功用不一，而在繁华之上海，则能使一般青年子弟度其闲暇光阴于有用之地，以杜邪逸之念。譬如会中各种举动，如游泳、沐浴、体操、会餐、讲演与及德育、智育上之影戏等等，固较他种游戏场所内之事为有益也。会中执事屡屡易人，今年（一九一八年）主任会务者则为曹雪赓君，又驻会之执事每晨皆有祈祷诵经之事，而每星期日殉道堂中尤必有牧师讲道，盖不离"基督教"三字之本旨也。

## 上海之青年会

基督教青年会发起于英人卫良佐治。卫一布店伙耳，鉴于同业道德之堕落，慨然创设祈祷会。初仅就卧室中邀集二三同志虔诚祷告，出而劝人，信从者众，乃赁咖啡店之一室为会所，每星期租金只一元二角，时西历一千八百四十四年也。今则青年会普及全世界，统计会所之价值已逾数千万，常年用费达三千余万万矣。至中国之有青年会则始于上海，上海之有青年会则始于一千八百九十八年。设于苏州路，时仅赁屋数椽，会员十余人而已。后迁南京路，又迁四川路，日渐发达。今则墉垣峻伟，百凡俱备，距初创时才二十年耳，而会员已达二千一百余人，日校学生四百八十人、夜馆学生四百九十人、商业班学生一百二十人、体操班学生一百八十三人、童子六百二十一人、寄宿舍会友六十人、学生一百六十人、圣经班学生五百九十二人、童子六百八十七人、中国干事员二十三人、美国干事员三人。内部组织有大演说厅、圣经学校、各科学专修科、各国语言补习科、藏书楼、阅报室、器械体操室、游戏体操室、游泳池、弹子房、球房、浴室、储蓄银行、西餐室、中餐室、寄宿舍、理发处及其他种种，皆为会员享受之权利（非会员须照定价付值）。一千九百十八年（即民国七年）以原有之会所尚不能容三千余会员之活动，乃建筑新会所于香港路四川路转角之地，与原会所接近。除较原会所四层增为六层外，其上更有屋顶花园，占地一万二千八百英方尺，屋高八十英尺，可容万余人，建筑费二十五万，皆由募捐而得者。新会所之内容，有卧室二百五十间，上下七层，用电梯升降，除最下一层外余悉为课室、餐室、会堂、寄宿舍等用，每层有浴室、便所、火炉、风扇，布置均极精雅。

## 各处青年会之继起

上海青年会既著成效，北京、天津、保定、奉天、岫岩、吉林、济南、威海卫、烟台、开封、太原、南京、福州、厦门、兴化、杭州、汉口、长沙、西安、成都、广州、香港、云南、汕头、台山、安东、南昌等处接踵继起，所得会员共有十余万。青年人士因之进德修业，怡心养性，造就尤众。官吏其能竭诚保护，知为世界最高尚之社会也。

## 学校青年会

以上所述,世称城市青年会,为一般人士而设,更有学校青年会,附设于各大学校,为学生课余交换知识、砥砺道德、游戏娱乐之机关。此种机关用费甚省,故在中国,学校青年会之数五倍于城市青年会。美国更有陆军青年会、海军青年会、矿工青年会、铁路青年会、工人青年会、消防队青年会、聋哑青年会、伐木夫青年会等,我国尚未能备也。

## 青年会之功效

青年会三育并重,故能使人灵魂、身体、知识均臻完美愉快之境。中国青年会养成人才亦已不少,今日朝野名人品学兼优者,大半属于青年会矣。

中华民国第一任大总统孙中山先生有言曰:"欲建设完美强大之中国,其责任何在? 即在我青年会所造成三育并美之青年。"

众议员议长吴景濂君有言曰:"中华之改造,得青年会之助力为独多。"

日本伊藤亲王曰:"青年会者,铸造人品之惟一团体也。"

美国前任大总统塔孚德君曰:"青年会所用之财,皆为人群谋增进幸福。世多行善之富翁,其以赞助青年会为先务乎?"

美国现总统威尔逊有言曰:"欲知一地方风俗之厚薄者,但观其人对于青年会之热心如何。"

# 上海之天主教势力

耶教之入中国，始自上海人，故天主教之势力根深底固，有不可忽视者。徐家汇一地，殆全国天主教之策源地，有可容万人之礼拜堂，每遇主日，各级社会之信徒皆来顶礼，西国士女亦多加入，有教无类，共集一堂。所办学堂，有徐家汇公学、震旦大学及孤儿院等多处，女学亦有启明、崇德两校，有天文台以测气候，有藏书楼以飨学者，有月刊、周刊以通教中消息。近更以国中信仰旧教者多中下流社会，因组织公教进行会，以期普及于上流人物，成效虽鲜，亦足见苦心也。巨商如求新厂主朱子尧氏、电车公司经理陆伯鸿氏，皆该教中中坚人物。近马相伯氏脱离政海，仍回徐家汇，热心教务，不改当年常度。吾人尝考察该教所办各种事业，皆足模范全国，而信徒之见义勇为、坚忍不拔，亦为普通人士所远不及，因决天主教之势力仍有蒸蒸日上之望也。

# 徐家汇天主教之事业

徐家汇天主教之势力有蒸蒸日上之势，已约略言之矣。因其关系于国之主权及教化者至巨，故屡往调查，渐有所得，以此记之，幸国人注意焉。

（一）**溯原** 徐家汇者，明徐文定公光启之故乡也，其子孙亦世居焉，而肇嘉浜及法华泾二水于此汇为合流，因名曰徐家汇。清道光末年，天主教始建堂于此，修院及育婴堂附焉。光绪初，拓旧地广建西式楼房，于是规模宏敞，渐臻发达，以迄今日。

内分耶稣会修院、圣母圣心修院、耶稣圣心修院、徐汇公学、类思初等小学、天文台、藏书楼、博物院、圣衣院、圣母院、土山湾等名目，大道如砥，林木纯碧，置身其间，一种尊严肃静之气象，有非笔墨言语可形容者，内容更井井有条，无一不备。岂特天主教之策源地，亦中国之模范村。略述一二，以策国人。

**（二）天主堂** 旧堂建于道光之末。光绪三十二年，于其右另建新堂，宣统三年落成。堂之钟楼高百六十九英尺，长二百五十尺，最阔处为百三十七尺，狭处为九十一尺，可容三千人。祭台十有九座，大小楹柱六十四，悉用金山石精刻垒成。堂建六年而成，工程之巨，实冠远东。每日致祭，以昭诚敬，礼拜诵经之候、弥散大祭之时，一堂穆穆，有教无类，真他教所远不如也。

**（三）博物院** 创自清同治初年，发议由法国神父韩伯禄氏。韩氏为理化及博物学大家，故院中搜罗极富，珍禽异兽装成模型，栩栩欲活，而以麋鹿一门尤为丰富。韩氏曾著鹿学专书，得国家之审定给奖，其价值可想。现由柏神父主任，柏精禽学，每年远足猎珍禽以归，心得极多。院附藏书楼一，专收中外博物学书，内有华文古本之书，极有价值，每日午后准人参观，无游资及入场券之例，入门投刺即有人招待导观也。

**（四）天文台** 徐家汇之天文台，亚东之公共气象台也，航海者于此以定趋避行止，居处者因之而准气候时刻，科学家往焉，游历家集焉，受其赐者盖不知几何人、几何事矣。彼所谓中央观象台者，何足道哉，何足道哉！台创于同治十二年，法神父高镐鼎氏为发起之第一人，台本位于今圣心报馆之编辑所，光绪二十七年新天文台告成，遂迁移焉。现劳神父实主其事，马、田两氏副之,司事者十余人。塔门之左有机曰赛基风机,记风度迟速大小者也,并记风雨表升降之度,无藉人力,自记于红格之纸,纸每八日一易。正厅东壁有风雨表一,极捷便,承以纸,自转成度,无少差异。正厅西北隅玻璃柜内,藏有风雨表及其他天文之仪器,内有窥星午镜,窥时必在夜间,用以校正时镜。旁有二时镜甚准,约十昼夜仅差一秒钟,一年仅差三十六七秒而已,台中即用此钟以报上海午未及夜间九时用,自千八百八十四年以来及今已三十年矣。厅西有藏书楼,专贮天文、算学等书,外洋泾桥之报风塔每日由此台宣示一切。又台之东南隅有方厅一座,内设磁石测验所,各国之问讯者有四百余处之多,可见此台之价值矣。

**(五)藏书楼** 上海号称文化之先导,乃无公共之藏书处,而徐家汇反设有此楼。楼分中西二种,上层属英文,下则为中文。西书多古本,为不可多得者,人皆赏之。中文书部分列经、史、子、集,悉遵《四库》书目编制,志书一门最饶价值,广搜至千余种之多,佛经及古钱、古碑等类琳琅满目,叹观止焉。

**(六)圣衣院** 院在土山湾慈云桥之东,创自同治初年,专备守贞之教女超世绝俗,修道至于最高之地位。中西女子均有,寥寥二、三十人耳,会旨专以克己修身、祈祷为主,列入天主教中至高之级,会规极严,虽与家人晤见亦不得久谈。终其身不肉食,例自阳历九月望日起至明年耶稣复活瞻礼日止,各守严斋,恶衣粝食,寡欲清心,日间作工或祈祷,无时或息,即中夜亦须起身祈祷。虽无传教之直接,而以祷祝等功程祈求天主赐福国家、社会,其操身之坚苦、旨趣之高洁、功业之悠远,教中人均叹为望尘莫及,致十分之敬礼也。

**（七）徐家汇公学及其附属**　创自道光之季年,现分中学、高小及附属三种,学生达四百余人,岁费百二十元,执事者三十余人。校长为翟神父,法人,华语之利便几驾吾人而上之,事无大小悉亲处之,不收通学生。课堂、卧室、饭厅等百数十间,近方添筑四层高大之洋房,操场广逾二十亩,功课之高深、管理之严肃,吾国学校莫得望尘焉。毕业后或送震旦,或送出洋,绝不致造成中等之游民。附有类思初等小学,学生在二百人外。大好青年,吾人不能教之,而使操教育权于外人之教会,其裨益于青年者固非浅鲜,其如国体何? 此岂仅士大夫之羞耶?

**（八）圣母院**　游徐家汇者莫不知有圣母院。圣母院者,天主教大事业之一,占地百亩,二桥横空,两水潆潆,女墙之内崇楼杰阁,不知西东。创自咸丰初年,始在王家堂(徐家汇东南一里),同治七年迁至今址。内实分女修院、崇德女校、启明女校、聋哑学堂、幼稚园、育婴堂、刺绣所、花边间、裁缝作、浣衣厂等种种,部勒精详,秩序划一,容人计千数百人之多,诚教育工艺及慈善事业之伟观。近人侈谈职业教育,其实何必取法于远,即圣母院已足模范一切矣。

女修院分拯亡会及献堂会两部分,拯亡会之修女专掌女界教育及传授刺绣花边等美术,兼管育婴堂事务,现有中西修女五十余人,分任一切;献堂会则悉系中国贞女,凡二百余人,分发江苏、安徽等省耶教已普及之地方任事,留院供职者亦二十余人。吾记此女修院之内容,有一事不可不兼及者,前《苏报》主任陈蜕庆先生之次女公子前年亦舍身入会,此为吾党之大光荣也(按,陈先生与吴稚晖、章太炎、蔡子民三先生并为大江下流革命之先觉，而陈先生最不得志，贫死于癸丑年间，子死孙夭，一家遂绝。弥留时，惟次女某某女史侍侧，先生最后之痛言，"惟耶教可以救亡"一语耳。女史曾游学日、美，长数国文，感怀身世，遂入圣母院守贞。殉国、殉教，忠孝一门，非吾党之荣乎）。

崇德女学专收已入教之女子，无通学例。程度系高小，兼授英、法文及重各种高等之手工，学生二百余。

启明女学专收未入教之女子，有中学科，并设有英、法文及美术各专科，程度之高、校风之美，足为全国模范。试卷例送英国阿克斯福尔大学阅核，毕业证书亦由该大学颁发。学生约二百人，方新建校舍，预备扩充也。

聋哑学校学生十一人，有女修士一人，专授聋哑女生以口讲、笔写诸法，游客见之，叹赏不已。

育婴堂，男、女儿一并收入，男童满七、八岁送入土山湾育婴堂，女童则教以文字书算、刺绣花边等艺术，随才器使，长则为之择配，既嫁之后仍赁居于该院附近，日间作工于院中，自食有余。且有一事余不得不大书特书告中国人之自办育婴堂者，夫育婴堂遍于中国，保护之不周、设备之不善无论矣，最可痛之事，即婴儿一入此堂则终身不知其身之何自来，长焉终为流氓、为婢妓而已，此等为善不终之事业，还是无之。若圣母院之育婴堂则不然，婴儿入院即为之记其姓氏，亲生之父母仍得以时相聚也。故四乡之贫民感激至无地，且办法既备，亦寓两利之意，断不致使院中大困。现在堂中之儿几百，自初创至今共收万一千四百六十四名，造福于儿童也如是，可不敬哉！

幼稚园以修女及保姆等掌其事务，教以书写、诵读、游嬉等事。幼童百余名，极天真烂漫之致。

刺绣所，花边间、裁缝作、浣衣厂等女红共四百数十人，刺绣花边等品，为吾国各处所望尘莫及，每年销出外洋之数极巨。

余述圣母院之大概既毕，敢赘以辞曰：圣母何人？耶稣之母玛利雅也。以玛母之高洁艳世，实足母万世。今吾国女子之离高洁渐远矣，教育不足以救之，反以贼之，宜乎全国有身价、有眼光之人物多以徐家汇之圣母院为惟一养成女子人格之地，而此院之发达，遂日日千里。中国幸有此院，得以养少数之高洁女子，得以愧死提倡不良教育者（外间人多谓此院一切均好，惟规则太严，娇养惯的小姐恐因不惯而逃学事诚有之，然处此狂澜欲倒之时，更不能不用严格主义。若岑西老之女公子未必不娇养处之泰然，可知事在人为，习惯则成自然耳）。

## 尚贤堂

本埠法新租界石牌楼之尚贤堂，为美教士李佳白氏所创。李旅华最久，长于汉文，著有《约章述要》、《筹华刍言》等书十余种，均经验心得之论。缔交遍中外，即我国公卿士夫亦多以一接其謦欬为荣。革命时于清帝逊位条件多所尽力，民国元勋亦器重之。尚贤堂创于光绪末叶，其职志在贯通世界各国宗教，冶真理于一炉。尝谓基督教虽经纬万端，然抉其要不外三德，曰信心、爱理、愿力。譬之筑屋，信心，基址也；爱理，材料也；愿力，栋梁也。又以已往、当前、将来喻之，颇觉言简意尽。以中国之儒、释、道精义亦殊派同源，无所用其主奴，遂有教务联合会之设。堂中缁流、羽士兼容并涵，互相发挥，期悉纳于大同之域。列名者除欧美领事外，如伍廷芳、梁启超辈诸名流都参与其间，崇论宏著载诸月刊，尤以姚菊坡君之孔教演说词为精罃透辟云。中外多士携手一堂，吁！盛哉。

按，李佳白氏去岁因反对对德宣战，致触彼政府之怒，迁谪某岛，堂领因而中辍。然日月之蚀，固不久旋复其光明也，企予望之矣。

## 广学会之略史

广学会创自英人，李提摩太以欧美名人著述迻译中文，以饷中国人士，其人其事至为可敬。初设编译所于虹口之三元宫，后设发行所于四马路老巡捕房之西首，其时中国墨守成法，故会中所出书籍罕顾问者。清光绪甲午中日役后，我国人士始渐觉悟，人人皆知读西书之可贵。会中所出之《万国公报》多记载泰西各国地理、历史及社会风俗等，我国人多读而善之，每月行销至四千余册（《万国公报》系月报）。又《泰西新史揽要》一书，内地学堂多有用作课本者。《万国公报》主笔政者为美人林乐知，光绪末林忽逝世，会中欲继续出版，林之子要求给予三千金，不之许，林子不可，会中遂取消斯议，另创办《大同周报》。然销数无几，乃函请各直省督抚认销，故报中所载多谀美官场之词，阅者多腹诽之，至民国后又改为《大同月报》，然亦不能风行。欧战既兴，会中经费多移拨作战事经费者,而报亦停刊。今会中虽仍译述各书,然范围已缩小,李提摩太亦归国,皆受战事之影响也。其编译所之房屋在虹口时,本赁屋而居。清宣统初,有英人某(佚其名)游历来华,至上海视察教育、商务及各种地方公益事宜,大加赞赏,归国后忽病故。某富于财,遗嘱以五十万金拨充上海地方各公益事宜,而广学会亦分润得两万金,遂于北四川路之北新靶子场附近购地造屋。计洋楼四层,崇楼高耸,地虽僻远,然颇岑静,当明窗净几伏案著书,状亦甚乐。余曾一度入其中,略举所知,纪之于此。

## 上海中国圣教书会

中国圣教书会创于前清光绪五年,由上海中西名人丁韪良、范约翰、林乐知、咏颜经、吴虹玉、鲍华甫等提倡成立,迄今已四十年。专事编译书籍、报纸、小说等类,补助传道家、演说家言语之所不及,期以道德感化人民为宗旨。数十年来始终不变,故历年所出各书不下数百余种之多(惟《旧约圣经》、《新约圣经》二书系上海英国圣书公会、美国圣经会两家专卖之书,不知底蕴者往往误以圣教书会与彼等为一会),统计每年发行总数恒在数十万卷。或以文言,或以官话,内而二十余省,外而各国华侨,一纸风行,雅俗共赏,诚感化人心之要着,亦改良社会之利器也。至历年会中用款,向仰给英、美两国之圣教书会。自民国成立,人民信仰自由,道德程度日见增高,不惟教会购买书籍者络绎不绝,即政、商、学界中人亦多采购。会中人有见于此,因思筹划扩充之法，于民国三年夏间约集中西董事，公开会议，推举王正廷、曹雪赓、王亭统、高凤池、丁斐章、徐维绘诸人为募捐委办，议定印发捐册，寄发各埠，以为实行扩充劝募捐款之计划。开募伊始，即有政、商、学界名公巨卿赞助巨款，旋因欧战发生，捐事不免阻滞，然计自开募起至民国四年九月三十日，第一期结账已收至三千五百七十七元四角三分，已超过开议时所预算二千元之原额。其中上海富商及诸教友捐助者二千元，各省教友及海外华侨个人捐募者一千元，其五百余元则为国内外六十五处之教师、牧师所募集者也。所收之款悉数存入商务印书馆，以二千元为长期八厘行息，余为短期五厘行息，充作书会之印刷费及长年经费，凭司库高学海自由支用。民国四年而后，各埠之认捐缴款者仍源源而来，已达二万余金之谱，其售书之进款亦岁有增加，营业之发达，与上述英、美两书会大相悬殊。事务所本设在青年会，嗣于民国四年四月十四日迁至美华书馆，正会长麦乐义、副会长潘慎文、编辑主任斐有文、发行所经理周培行，此其大略也。

# 十四 教育

## 江苏省教育会

省教育会在西门外万生桥南，发生于光绪三十四年，至宣统初方成立，设有会长、评议员等额。今会长为南通张謇，余若王任之、沈信卿诸先生，对于该会亦欲有所尽力，关于教育方面如职业教育、国语教授等皆鼎力提创，虽任命为教育厅长亦不就也。

## 群学会

群学会在中华路，有地五亩，洋房五幢、华式房屋四幢、日本式屋一幢，球场、运动场、花圃、浴池均设备完善，为华界所绝无而仅有者。藏书约三千余册，阅报室则日报、月报应有尽有。音乐社员十余人，昆曲社社员二十余人，夜校分中学、高小二级，又有通俗讲演社，则时请名家讲演，月一次或二次。上年设小学教员讲习会，成绩尤著。主其事者为王燮功，本法律专家，曾任市议事会议员。会长为苏筠尚，本沪上巨商。副会长为高砚耘，与王同为该会之发起人。会员五百余，每员每年仅纳会费二元。该会成立在清光绪三十年，初设小南门外仓桥滨罗宅，发起人为张栋云、高砚云、郁屏周、王暮诘、丁仲英、周子品、胡益甫、沈耕义、沈仲芳、罗祝平，旋迁谈家弄王宅，三迁至郁氏宜园即郁屏周别墅。明年创设义务小学校（即今之仓基小学校），因呈准学部督抚暨苏粮道、苏松太道拨用仓基地建筑会舍，其时地方绅董如曾少卿、李平书辈亦与有助力焉。

## 广方言馆

满清太平之役，奏肤功于洋枪小队，于是先觉者知火器之足恃，如曾惠敏、李文忠辈遂力排群议，一意以提倡西学自任，乃创广方言馆于沪城旧学宫之右，此举尚在设招商、电报等局之先，洵老成蓄艾之硕画也。初，主馆政者为冯桂芬中丞（冯榜眼出身，笃信西法，著有《校邠庐抗议》一书，戊戌变政之始奉旨颁发各省参阅），手定馆章十二条，肄业文童以十四岁以外、颖悟端方者为及格，额设四十名，以西国语言文字为主要课目，旁及算术、格致等学，每三月一考验，优者以次升级，毕业后得派充翻译官。迨同治八年应敏斋任沪道，拓地于制造局旁，建书院，门外植竹万竿，绿荫夹道，其内则楼阁绵亘，掩映入画，翌年春落成，馆亦移附于此。其后厢设翻译馆，人各一室，分担撰著、译述之西士傅兰雅、林乐知辈，均湛深学理之流，笔受者则有徐雪村、华若汀诸君子,冶中西于一炉,集格致之大成,锓版行世约二十余种,研求新理之士皆借是为入德之门云。

## 格致书院

六马路广西路格致书院,创自清光绪乙亥九月间,发起者为驻沪英领事麦君,西董为伟烈亚力及傅兰雅,华董为唐景星、王锦堂、徐雪村与其子仲虎,捐资赞成者为总理北洋通商大臣李伯相、总理南洋通商大臣李雨亭、天津关道孙竹堂、上海关道沈仲馥、九江关道沈品莲、上海制造局总办郑玉轩等。落成后,将中西有关格致之书籍,以及日报、物产、器具均陈设于其中,俾吾国人有志西学者得纵观焉。时天南遁叟王紫诠先生由粤回沪,当道延其掌教,每岁四季由南北洋大臣命题课士,而由王紫诠评阅之,一时都士向风,人才辈出,国人之有志实学虽谓于此开其先河可也。庚子而后,院务废弛,几同虚设,今由工部局拆卸,改建格致公学,业已竣工矣。

## 复旦公学

复旦公学与震旦学院本为一校,震旦系法人所办,后因学生与主事意见不合,乃拆开自起炉灶,聘外洋留学生办之,别其名曰复旦,是为十二年前事。校址时在吴淞某衙署内,先后任校长者有马相伯、严几道等,是时周馥总督两江,每年许由海关关税中抽提若干以为补助,故经费不虞竭蹶。辛亥一役,校舍焚毁,学生星散,复旦二字几乎中断,年余,有该校毕业生与前教员数人提倡恢复,乃请前教员李登辉为校长,以徐家汇路之李鸿章祠堂为校舍,于是复旦又复恢复。李公祠地僻气清,风景幽美,当中楼屋两幢,平房数十间,恰足用为教室、寝室等等。两旁有东、西二园,西园稍荒落,东园犹新,有李公铜像、湖心亭、四角方亭、荷花池、假山、曲廊诸胜,比之徐园、豫园,竟无多让。校中本有中学四班、大学预科三班,中学与他校同,不分文、理,专授普通学科;大学预科分为文、理两班,自迁徙后,由民国二年至民国七年每年皆有毕业学生,而由其大学预科毕业者且能直接入美国大学本科,或更插入其二年级、三年级中。现计在东美者三人、中美二人、西美九人,在西美者皆在加利福尼亚大学,故此校中之中国人以复旦毕业生为最多。以上所述,盖为其校迁徙后五年间之略史,至于一九一八年该校又增设大学本科文科一班、商科一班,于是复旦公学之名遂变为复旦大学。教员西洋学者与中国留学生各半,校长仍为李登辉君。校长虽有全权,而其上尚有所谓董事会者,解决最要之问题,其中董事有唐少川、聂云台、王正廷、王宠惠等数君,盖皆尝予该校以经济上之辅助者也。

## 南洋中学

南洋中学校原名育才书塾,前清光绪二十二年由王维泰发起,在大东门王氏家祠内隙地上建楼数楹,不敷则租用祠屋。其时定章分正、备二科,科目为经史、词章、算学、化学、英文等。创设之始,来学者约五六十人。迨庚子年王培荪于是夏接任校长任务,乃订立中学课程,并易名为南洋中学,就外日晖桥购地二十余亩自建校舍,于清宣统元年迁入,自创办迄今已二十五周矣。毕业者二百余人,现有学生四百余人、教员二十余人,将来发达正未可限量也。

# 圣约翰大学

圣约翰大学创设于西历一千八百七十九年,初仅一普通西文之学校,迄今已三十八年,而人材之盛、名誉之隆、课程之备,乃为吾国学校所莫及。其间经五度之扩充,由中学而升为大学,且经美国政府注册,凡大学之高级生毕业者得援美国大学例,一律给予学士、硕士、博士等学位,办理之善可想而知。兹将其经过之历史,分志于下。

(一) **校址之推广**　一千八百七十九年,上海美国圣公会以先有之培雅与度恩两校合并一校,改名为圣约翰书院。购地八十亩于上海西北乡梵王渡,阅十年乃建四角形之洋房为校舍,于一千八百九十六年又建校舍一所曰格致室,一千九百零二年建同学厅一所,藏书室、寝室皆隶焉,阅六年又建太学校舍一所,阅三年以银十四万两购比邻兆丰花园,又得屋一所,即今之校址,于是校基三面滨苏州河、一面可直达马路矣。

(二) **经费之募集**　该校经费多出美国圣公会之捐助,如有不足则募自我国及美国各大善士。一千八百九十四年,筹得经费四万余元,内六千募自中国,余皆募自美国,是为首次之募集。一千八百九十九年募得美金一万五千元、规银四千两,是为第二次之募集。后由本校学生自行募得银元一万三千元、规银一千一百两，是为第三次之募集。更七年又募得美金一万五千元、规银六千五百两，是为第四次之募集。一千九百十三年募得银元二万一千九百余元，亦为校中各生徒捐募而来，是为第五次之募集。计历次所获共美金三万元、规银一万一千六百两，又银元七万四千九百元。观其募款之巨，足见中、美士绅之热心教育矣。

**（三）学生之增加**　该校初成立时，仅学生七十人耳，阅六年始有首次之毕业生三人（胡濬康君、曹福赓君、吴任之君）。嗣后来学者日众，校舍亦日增，近已达六百余人，内大学学生二百五十余人、中学学生二百二十余人，附属青年会学生一百二十余人，可云盛矣。

**（四）课程之完备**　该校程度分大学、中学及附属之青年会等三级，学科中西并重。青年会毕业得升入中学，中学毕业得升入大学。大学分医科、理科、文科、道学科、大学院科，医科五年毕业，可得博士学位；理科、文科各四年毕业，可得学士学位；道学科三年毕业，欲更求高深者可入大学科肄业，又三年毕业，可得硕士学位。


# 沪江大学

沪江大学原名浸会大学，创办于清宣统初年，亦美人教会在中国创办大学之一也。先是，美国浸礼会在沪东杨树浦购地数十亩，设一神道学校，以供教中人研究道学之用，其时限于神道，各种科学均未完备，故来学者亦无多。后乃兼收教外生徒，增设英文及科学等门,来学者于是日众,复又在校外购余地百亩,并在各地设立预备学校,中学凡七、高小二十、初小一百九十九,于是负笈来者益众。今则大、中二学约三百余人,合各附属学校约五千四百余人。大学正科系分科制,共分五科,为文科、理科、社会科、神道科以及国文专修科,大学毕业后均授学士学位,盖其得美国威其尼省教育部之承认也。校产共计金洋三十万二千元,今分录如下:

| 项　　　目 | 价　　　值 |
| --- | --- |
| 原有校基(一百六十五亩) | 八万元 |
| 新购校基(一百二十五亩) | 六万元 |
| 晏　堂 | 三万九千元 |
| 斐　堂 | 二万二千元 |
| 体育馆 | 二万二千元 |
| 寄宿舍 | 五千元 |
| 膳　堂 | 五千元 |
| 校　门 | 一千五百元 |
| 梅　堂 | 六千元 |
| 医　院 | 六千元 |
| 教员住宅(六处) | 四万元 |
| 藏书室 | 九千元 |
| 科学用品 | 六千元 |

学生生活亦殊活泼,有军队两队、童子军一队、军乐一队,此外尚有体育队、演剧团、英语演说会、历史研究会、科学会、国文会、圣道班等。校中每月又发行月报一册,每年终又有年刊,盖已有欧美各大学之雏形矣。

沪江大学校为中国各大学中年龄之最稚者,十年之前校基仅一芦荡,前任校长柏高德博士暨万应远博士等竭力经营,始克渐臻完备,至魏馥兰博士任校长时则已由开创而入于发展时期矣。兹略述其十年中校务之扩充如后。

**(一)学生** 当一九〇九年该校开办之时,大学学生四人、中学四十五人,本年大学学生七十八人,与前为二十与一之较,中学一百三十五人,较前可三倍。按十载之中学生年有增加,惟一九一〇年曾较上年度减少一人耳。

**(二)程度** 当开办之时,中学之科学悉用中文教授,自一九一〇年迄今,中学除一、二年级以外,均用英文原本。大学于一九一六年采取分科制,其目凡四,曰宗教、曰文学、曰科学、曰社会学(国文专修科于下学期开办)。六年前大学一、二年级所用之科学,今则中学三、四年级于一学期中毕之(自下学期起大学修业年限改为五年)。

**(三)课外作业** 学校生活与欧美大学相仿,《天籁报》于一九一二年出版,年刊为一九一六年。毕业生产生青年会、感亲会、英文辩论会、中学辩论会、体育会、各种球队、社会服务团、科学会、德文会、剧社、学生贩卖部等,凡此种种均足激发学生之自动,而使校中之生活益浓厚有兴趣。

**(四)经费暨附属学校** 校产(原有校基一百六十五亩,本年新购校基一百二十五亩、校舍十六幢及藏书室、科学部实验室、体育馆中之器皿)约值三十万二千余金,经常费每年九万一千一百金有奇。以学生二百人计算之,每人应纳费四百五十元始足出入相抵,今则每年学膳费统计不过一百二十五元,约占校用四分之一有强。他如附属该校之小学共一百九十九所、高小二十、中学凡七,学生总数达五千四百有八人。

## 同济德文医工大学校

同济德文医工大学校开办于一千九百零七年,成立之功当归于德国前任驻沪总领事威廉克乃伯博士。盖建设此校之计划乃博士与东方著名医学大家宝隆先生所定,维时在德国教育界最有势力者为内阁总理阿而托夫君,厥后博士回国经营校事,亦得其助力,此三人今皆物故矣。时校舍未建,先在宝隆博士等所创设之同济医院(后改名宝隆医院)对门,僦西式三层楼房三座,即白克路二十三、四、五三号也。当时功课惟德文、汉文及医预科,德教员三人,沈德来博士任德文,大学教授谛部君及阿门君任医预科各种科学,后阿门博士回国,未几即得德国学校、工厂、书肆无数赠品,如挂图、标本、显微镜、器械、书籍等类,其中最可贵者为解剖与生理之挂图,乃摹绘自柏林大学,故此图除柏林与上海外为他处所无。惜教室甚不合式,因门户既窄、窗牖又少之故,至空旷草场则更阙如,学生课余非在室自修,则徘徊户外而已。幸此时于宝昌路南、金神父路西华界法华路购得一隙地,面积十二亩,堪以建筑校舍。惟其地荒芜殊甚,无路可通,江海关道特为筑一石路,始可出入。开学之始,两江督院选派陆军小学及陆师学堂学生十人来学,至一千九百零八年学生人数大增,报名逾额,录取者仅得其半,盖无地可容也,于是而教授精神亦为之一振。德文科头班十二人,无二班,而三班人数甚多,遂分为二。威多福君授三班之德文,用陪来朱氏之教授新法,化学家那萨安君担任德文科化学课程亦采用此法。又聘陈巽倩编修(梅)、宗伯高教谕(嘉谟)来授各班汉文,兼长斋务。驻沪领事馆书记官、前军舰曹长尺梅尔君则授体操,唯教习人数尚未能敷,不得已每星期五时将医预科及德文科头班合上一堂,而谛部与阿门两博士教之。阿门博士授博物及显微镜学,谛部博士授实验化学及物理,其中拨出一时用为造就学生普通知识者,乃初桄谈论之钟点也,所授者为术语学、行星学、地质学、矿物学、地理学、气象学、天文学、结晶学等,其余钟点则沈德来博士任之。如德文、平面几何、植物、历史、地理等科虽人少课多,然学者均孜孜不倦,足使教者心悦也。开学之后,两江督院续送学生十五人,山东抚院亦遣三人,中国红十字会资送十人来学,学生人数为八十二。当一千九百零九年之始,方兴之学校忽遇困难,克乃伯博士筹款于柏林,遘遘不愈之症,总理宝博士甫自德来,又一病不起,于是一切进行为之停顿,幸而福沙伯博士至申继任总理,苦心维持,竭力推广,至一千九百十年暑假内,校舍业已落成。凡授课之堂、办事之室、藏书之楼、阅报之处、寄宿之舍、接待之所以及膳堂、浴室、厨房、病舍、操场无一不备,沈德来博士与谛部博士遂督率校役,将书籍、仪器及一切什物运入其中,完全无缺。假满开学,除医正科生在宝隆医院实习并住宿外,凡医预科及德文科诸生与德教习二人、汉教习二人在法华路校舍住焉。一千九百十二年又增建房屋二所,一为医预科课堂,教授解剖学及生理学,兼贮教科标本、图书等类;一为第二宿舍,可容学生六十人。宝隆医院旁亦购置西式楼房一所,专备医正科生寄宿。一千九百十三年校中增设工业一科。该校之进行,其大者厥有二端,一即工科与医科所设之德文科相联合,二则由校董会议决,于原有三级之德文科外增设一级是也。经此扩充,又增购地基于校舍之旁,为工课堂及机器室等建筑用地,合之德文科、医科原有之地共三十一亩,德文科堂之南增建教授室四楹,为化学课堂、化学实验室,兼应后日增设德文课堂之需。又将第二宿舍向南接筑,使足容生徒百二十人住宿焉。医院内建筑病理学与卫生学之课堂,落成而装置 X 光线之室,因须增建第三宿舍及雨中操室与运动场,又购入大宗地基,以是全校基址遂有四十七亩五分之广。适法人新辟一大路于校东,而该校交通益甚便利矣。六月德文科监督林丕雷博士辞职,柯乐维康博士继任。暑假时,二次革命军进攻沪南制造局,校中虽不免有流弹坠入,而屋宇、器具并无丝毫损伤。医正科病理学及卫生学课堂于一千九百十四年告成,其翌年监督柯乐维康博士辞职,以费提克博士继任。暑假时欧战发生,实为该校进行之一大顿挫,盖多数良好之教习均因此而去校焉,所幸德人之留沪者尚多,一经聘请,如大学教授密勒博士、谛部博士、库洛士博士、惟尔开君、发利敌立虚君、宝尔君、何士德君无不联袂偕来,故离校者虽多,假满仍不至于停课。后青岛开战,青岛之特别高等学校停办,生徒悉转入该校,是年承中国绅商名人慷慨资助,得建第四寄宿舍,有裨于该校不鲜,如贝润生、周宗良、邱渭卿三君尤最。一千九百十六年,生徒又增,数约八百左右,德教员四十余人、汉教员十人,于是德文科班分为四年,卒业时该科生徒极多,故每班分甲、乙、丙课堂面授。如由德文卒业欲入医科者,须于医预科学习二年,然后入宝隆医院实习三年，欲入工科者无预科，惟正科四年即可卒业。该校内设有工厂，各种机器俱全，工科课程有电学、机械学、枪炮学、土木工程学等类。去岁中德绝交，法人会以他故封闭该校，乃迁至吴淞，改名中国公学矣。

## 澄衷学校

澄衷学校于光绪二十五年己亥九月，由叶澄衷捐地二十九亩、规银十万两，创设于美租界塘山路。至二十七年辛丑正月，校舍落成，定学额一百四十名，不收学费。后因经费不敷，始酌征之。至二十八年，设寻常小学五班、高等六班，翌年始设中学班，学生增至二百八十余名。至今则有初小八班、高小五班、中学预科一班、中学六班，学生多至七百余人。教法完善，规模广大，成绩卓著。该校又注重体育，故运动甚佳，篮球、队球、足球三项为海上各中学之冠，今年沪属高小联合运动又得第一，声闻愈著。叶公之惠固可感，而承其事者亦可佩矣。

## 江苏省立第二师范学校

江苏省立第二师范学校旧址为龙门书院，系苏松太道所建，汤蛰先寿潜任校长时，徇沪绅之请，始改为师范学堂，经费由苏松太道任之，故三属人士咸得与于弟子之列。设监督一人，初为沈信卿恩孚，继之者袁观澜希涛、夏琅云曰璇。初设正科三年毕业，简易科一年毕业，光复后改制，以贾季英丰臻为校长，设本科,第一部四年毕业,第二部一年毕业,惟中学毕业生入之。入第一部者须经预科毕业,预科仅一年,须高等小学毕业者入之。然每届招考,投考者辄三百余人,故入校极不易。校设附属小学,本名二十二铺小学堂,在刘公祠内,今移于尚文路者称附属小学校。第一部系守备署旧址改建,而于刘公祠内设第二部,以师范校长统辖一切,另设主事一人以专其责云。

## 上海公学

白克路上海公学,系民国六年由金骥臣、陈汉卿等发起,并由沪商邱渭卿、荣宗敬及前安徽都督柏文蔚之赞助,公举前寰球中国学生会日校校长杨德钧主持校务,惨淡经营,不遗余力。内分中学、高小、国民三部,创办之始即有学生三百余人,远如南洋群岛之侨商亦遣子弟来学,所请教员如钱印雪、李硕林、许松云辈皆一时名宿。嗣以学生人数较前更多,蒸蒸日上,将与民立南洋诸中学并驾齐驱矣。

## 留云学校

德宗季年,清廷以预备立宪诏全国,其所列清单首以筹设初等小学为先务,盖为普及教育计也。各地地方官迫于功令,多就原有神庙祠宇悬一额,雇数人以涂饰耳目,绅士辈复揣合上意,视祠庙公产为砧上肉,缁流黄冠之俦群起自卫,于是分途歧趋,各设学校以相抵抗,实则兴学其名,权利其实,固不值识者一哂也。惟沪南留云兰若则异是,该寺住持僧密通在家时本薄有资产,披剃后俱以之助寺中,丙午冬群议纷起之际,密通率其徒印广柬请沪上富绅周金箴、朱葆三、虞洽卿等,述其素志,愿破产兴学,并声明课本悉遵部章,不参释典,惟托迹方外,未便担此重任,致招物议,故求诸檀越主持,至开办费岁约以千金为率,由该寺独任,不需外求。周董等嘉其热诚,乃为之订校章、聘教员,定名留云学校,禀于邑令,转详提学使立案。初定生额为六十名,所聘校长为汪锡增,教员管肇奎、戴兆熊、王师曾、张耀、陈因、吴衡、汪志达诸君子,悉系学界明星,化雨春风,至今犹称颂不置也。

## 工部局之教育

上海一隅,自辟为租界,外人经营不遗余力,若道路、警察、火政、饮水等事,无不为各埠之冠,惟教育一途尚未十分发达。自西历一千九百零二年由工部局发起,经纳税西人之董事会议决,在租界分四区设立四公学,教授租界中华人子弟。旋于一千九百零四年首先开华童公学,是为北区公学,校址在爱而近路克能海路转角。一千九百十二年开设育才公学(即 Ellis Kadooio Pablio School for Chinese,因其地基为西人嘉道理君所捐赠,故西文名嘉道理公学),是为西区公学,校址在卡德路山海关路转角。一千九百十六年开设聂中丞华童公学(因其地基为聂中丞缉椝所捐赠,故名聂中丞公学),是为东区公学,校址在培开而路。一千九百十七年开设格致公学(因其地基为格致书院之旧址,故名格致公学),是为南区公学,校址在北海路。四公学学额每校均以四百名为限,学费每年四十元,章程悉照英国公立学校办理,内容大旨与西童公学相仿,程度自国民小学校至大学预科毕业止,中西并重。每星期授课五日,两日半授中文、两日半授西文。四公学之校长均西人任之,华童公学为康普君,育才公学为陶伟君,聂中丞公学为推纳君,格致公学为雷那君。四公学以华童开办最早,故考入英国开桥大学(Cambridge Locals.)者已有三十余人之多,自去年起改考香港大学,华童与育才各考取五人。聂中丞与格致二公学因开办未久,故尚无人投考也。

## 洋文书院

洋文书院为西人藏书楼,所藏各书均欧籍,院在南京路之市政厅,藏书有三万余卷之富,各科俱备。会费每年十六元,半年九元,每季五元,每月二元,华洋人均可入会。已入会者,入览、借出均可。会员换书时刻,每日午前九时至午后一时,午后二时半至七时,星期休息。其附设之阅报室,备有英、美月刊、周刊,华洋人均可入览,不须纳费。

## 博物院

**一徐家汇博物院** 徐家汇天主堂之广庭中,蓄动物一、二种,楼下贮鱼鸟兽类之枯骨,楼上陈列者有虫蛇等类之皮骨数种。蛇类中有四足蛇一,长六尺余,全身作灰色,其卵酷类鸡卵,浸于酒精中。又有一鸟自湖北飞来，被教会中人猎获者，羽毛淡黄，灿烂有光，首小身修，而尾可长三尺许。又有方砖一，中央有石影作山峰状，又似石塔，闻得自宜昌。如有介绍书，由教士允许，可入览也。

**一公共租界博物院**　院设在博物院路五号楼上，室凡二间，右贮兽类，如獐、猫、狼、豹、猴、猪、刺猬等，及贝介蛇鱼类；左贮禽类，大半中国产，蛾蝶、鸟卵、鸟巢之属。有一怪兽，长约三尺许，高二尺余，体似牛，毛作黄灰色，鹿头无角，蹄如马，尾尖细，苊松如狮，此兽自北京来，西名大辟鹿。又有一鱼，失名，长尺有半，体扁色灰，足有四，间生蹼，嘴扁如鸭，尾短若狸。编者按，即鳄鱼。又有一鸟，名华丽鸟，西人称天堂鸟，高不及五寸，喙尖，遍体作墨色，惟胸前略带翠色，尾似孔雀而小，两翼紧阖，背上别生一翼，如折扇之高张，胸前又有一翼，稍小，略带翠色，此鸟得自爪哇。又有木制模型，首象身猪，且有长鼻，为一千八百九十四年产于江都者。入览并无售券，唯星期日停止观览。

# 童子军

童子军始于十九世纪末叶，南非洲英国陆军中将贝敦保氏所创设。沪上之中国童子军则始于一千九百十二年，发起之人为工部局华童公学校长康普君（英人），即以校中学生编一模范队，初仅六人，旋学生投效者渐众，始组织一小团，即今之上海第一团，亦中国第一团童子军也。其后继起者有青年会中国学学生，即今之第二团也；圣约翰大学生，即今之第三团也；沪江大学学生,即今之第四团也;圣约翰青年会学生,即今之第五团也。

一千九百十五年,远东运动会举行于沪上虹口公园,内有童子军大操之节目(所谓大操者,仅以上五队),及服务于会场中者一星期,精神活泼,招待周到,由是国人始知有"童子军"三字。后服务于各大会场(如哈同花园等),大为国人所赞许,于是各校继起。现经总司令部认可者,沪上有二十团之多,沪员约一千五百余人,分城内、租界两大区,租界又分东、西二区,西藏路以东为东区,西藏路以西为西区。总司令部设于某校,总司令为英人罗宾孙君(即第一团团长)。去年十一月因津直水灾,童子军筹款助赈,特开大会于张园,全沪童子军自黄浦滩经南京路整队直达张园。

工部局定章,凡四人之横队式满百人者,除万国商团外不能过南京路,童子军因名誉甚嘉,为工部局所特许。同时盛氏出殡,以总商会之名义,费十万元之代价竟不可得,童子军毫无凭藉,乃昂然列队而过,亦研究上海掌故者不可不知者也。

## 学界燃犀录

沪地教育素称发达,然亦有专借以牟利者。即以新闸路一带而论,资格最老者如白克之竞雄女学校、静安寺路之寰球学生会附属学校、大王庙之和安学校以及派克路之养性女校,皆开办多年,成绩亦多可称,此外则多属无业少年,觊觎上列各校学生之众多,遂亦假办学为生活,如某校某校者皆是也。某校办学者为曹姓,实一羽士,右手风瘫,人皆以"拐手"呼之。某日夜学校则为某行西崽应某设立，此辈之学识、经验无庸赘言，究其能如其大胆，则必为小有才者之经营。询之三校，皆以黄某对。黄盖本城学前街某高等小学未卒业生也，粗通文理，心术狡猾，或唆此校攻讦彼校，更由彼校破坏，或使一校而分裂数校，皆黄之力为多。余曾至各校参观，并索阅章程，其中谬误甚多，传单韵言多不归韵，即语句亦多不通，其程度实在普通商人之下。据葛君修甫云，此项章程纸贴尚系倩人捉刀，若令此辈行文，恐字未成行即笑话叠出矣。诚如葛君之言，则此辈误人子弟，尚堪问耶？所称某为师范毕业生、某为女子师范毕业生者，皆如前清捐班例，凭空虚衔也。因恐人受愚，故言及之，求学者其稍加意焉。

## 学校之注重运动

十余年前上海各学校多新开办者，各有不可一世之气概，极注意运动，春秋佳日各开盛会，校旗招展，军乐洋洋，士女倾城，观者若堵，兴高极矣。年年如此，久而生厌，又朝旨煌煌，方以变相的科举消磨人才，致文弱书生还彼本来面目，洵至有终年不过上操场一二次者，运动之会一时无闻。民国创始，人心厌乱，亦未注意及此，不料近来因感远东运动会之潮流，省立各校年年会于金陵，各以夺得锦标为荣，于是各校之预备竞争极为剧烈，聘请专师列入正课，真有枕戈以待之气象，即市立、乡立各校亦年开联会，军国民教育遂普及于沪上各校。最奇者，徐汇公学为天主教所立，而独注意于中国之拳术，此亦快事也。

# 十五　报纸

## 发行日报之开始

吾国向无报纸，只有邸抄，即王荆公所谓朝报，识者即指为报纸之滥觞。然其内容第及朝政，不涉民事，仅有实录，并无引申，不足云有益于社会也，有之，自上海之《申报》始。该报创始于前清同治十一年三月二十三日，是为出报之第一号，至光绪二十六年十二月二十六日已满一万号，迄今又将二十载矣。自该报出，遍传各省，风气遂开，于是若广州、若汉口、若天津、若福州、若宁波，接踵以起，流行益广。至民国而沪上报馆愈盛，然忽起忽灭，未能久立，存者皆属晚生，其足以略窥吾国四十余年来之故实者，舍该报莫属。即今日一般无知识之妇孺，不问何报皆呼曰《申报》，亦其开创独早之故也。

# 报纸体例之变迁

我国之有报纸，自以上海之《申报》为鼻祖，虽稍后又有《字林沪报》与之对峙者达二十载，然《沪报》消息陈旧，印刷恶劣，遂有难语抗衡之势。光绪癸巳《新闻报》出世，价廉而取材新颖，后来居上，几夺《申报》之席而有之，至今商界广告以此报为中坚者，职是故也。报纸体例亦有可言者，在戊戌以前二十余年，陈陈相因，完全不改其常度，封面所刊之论说大都不外尊王攘夷之宗旨。百日变政期内，德宗提倡舆论，谕准指陈得失，始各昌言无忌，而泥城桥且有《昌言报》之设矣。迨西后复政，革新返旧，瓜蔓及乎报馆，当时上谕中有"上海报纸莠言乱政，系斯文败类"云云，虽未克实施封禁，然词锋顿敛矣。又科举时代每届乡试之年，各报于揭晓前必延聘科甲老手，拟作江浙闱题文，刊登封面，以代论说，相沿成例。放榜之日，题名录先由电局录示门墙外，当晚已排登报端，此际凡与试之戚友等亦必购阅一份，销数陡增，价亦较贵，亦一投机性质，而举国之沉溺于科举梦者亦可见矣。其他所刊多委巷琐谈，本外埠虽略分层次，然逐段标题多带文学意味，如"春明梦语"、"虎阜钟声"、"歇浦秋潮"等，日日翻新，随地点缀，在中流以下之人骤读殊多费解，不若今之直称某地、本埠较易寻阅也。

# 报界杂述（一）

上海为全国第一通商大埠，又为全国舆论之中心，凡诸改革皆视此为发源地，盖有数十年来而已然矣。至前清末叶，报纸势力渐呈伟大之象，清室竟因之而亡；袁世凯称帝，报界不赞成，即至倾覆，此其最著者。以故收买报纸及贿通执笔之事时有所闻，或竟独出巨资创办一报，为一人或一派之机关者，亦所在多有。国人不察，任阅一报，即曰此舆论也、真象也，则未有不为所蔽者。兹时历年报界之概略，述之于次，亦谈故实所不可不知也。

**日报** 上海有日报，自以《申报》为首创，今已四十余年矣。继之者除不太著名者外，则为《同文沪报》、《苏报》及《新闻报》。《同文沪报》亦歇业多年，当时亦于国家、社会上无何种关系，《苏报》则含有革命意味，不久即被封禁。《新闻报》则注重纪苏、沪、浙最近各处之事，苏、浙风气较内地开通独早，以邻近易于接触之故，多欲购阅，此报之印象遂久含于多数人之脑中，至今凡茶楼、酒馆、浴室、理发店以及各商号并与沪上各业之有关系者，莫不有《新闻报》一份，其远因盖如此也。后以告白日多，遂不啻以告白为一种正式公布之机关，较新闻为正确，人以有利害关系，尤不能不阅。至《申报》则以资格独老之故，凡妇孺之称说何种报纸皆名之曰《申报》，近则凡登告白者动曰"曾登《新》、《申》两报"为固定有效之名词。民国元年，后进之《民立报》以革命有大功，销数骤增，直驾《新》、《申》两报而上之，癸丑随民军而失败，至今仍为《新》、《申》两报执报界之牛耳。《时报》则于庚子唐才常等失败后，以办粮台余款创设之，后康有为办保皇党，遂以该报为机关，至今亦历二十余年矣。其间之《中外日报》、《舆论报》、《南方日报》、《神州日报》、《天铎报》及光复后之《民权》等报，无虑数十家，今除《神州》尚存外，余皆消灭。护国一役，以新设之《中华新报》为最有力，《时事新报》次之，但至今销数亦不多，以人多以党报视之故也。

**杂志** 变法维新时代，有《时务报》及代销之《清议报》（日京出版，沪地发行），皆为革新政治之报。至梁启超之《新民丛报》出世，改革思潮为之锐进，后因宗旨一变，而与之对抗者有日京出版之《民报》，第沪上不多见耳。后梁氏复办《国风报》名亦颇著。总之上海销行之杂志，以言势力当属《新民丛报》，以言持久则为《东方杂志》，外此率出数期即停，无甚关系，就中惟在沪发行之《甲寅》尚有引人注视之点也。

**号外** 凡日报遇有特别紧急专电之新闻，不及待至翌日印出而即时刊售者曰"号外"，盖日报于出版第一日之报曰第一号，故其间不按日而增出者谓之"号外"，沿用日本之名词也。此项号外在昔则谓之传单，送人阅看，至号外则必取铜元一枚，由报贩趸购而转售，沿途叫卖，所入甚丰。后奸商常以影射报馆之名刊数条已见之新闻，亦充号外以骗钱，致号外之信用顿失，警政不良，抑可慨已。

**小报** 三十年前即有一种所谓小报者，专纪风月，为名士之消遣品，篇幅约占今之日报四分之一，后以《繁华报》为最有名，自是小报常有十种左右。至南北议和，始有一种变相之小报，篇幅如小报之大，而纪事、评论则专为平和，全张无告白，派人赠送，不取报资，盖纯系北方一派人之政法作用，又系一时的而非永久的也。创始者为《平和日刊》，主之者为闽人林万里，以其形式精形与大报异，故谓为变相之小报。

**通讯** 前无所谓通讯之组织，有之，自戊午编辑社始。盖前之路透社、东方通信社、中孚社等皆以电报通信，此之所谓通信则指印刷物而言，日以消息送交报馆，只望其登载不求其酬金，而势力常较日报为大。例如甲、乙两报各销万份，苟两报均登其消息，则该通信不啻销至二万份，虽该两报所销有重复之处，不能即以二万份计，然决在万份以上可知，况他埠报纸亦多照登，其传播之力自大。社之组织又较日报简单甚多，故联合通信社、平和通信社、国民通信社等皆继之而起，亦报界最近发生之利器，至不取酬金自属一时例外，非常轨也。

**小说报** 以杂志体裁而专载小说者，以《绣像小说》为最著，以《礼拜六》（即周报）销行为最多，以《小说月报》为最久，其余报名甚多，不必备述。

**画报** 画报最为妇孺所喜阅，清末曾有人行之，不久即停，继之者亦无甚声望。近则惟《世界画报》有持久之性质，但系册报而非日报也。

**白话报** 最先主张用白话作报者，为李辛白之《中国白话报》，中隔八九年曾一度赓续为之，惜亦不久，近则《新青年》专提倡白话矣。

# 报界杂述（二）

十余年前之《申报》及《新闻报》皆用有光纸，其篇幅适合商业柜台之大，商人就柜台展阅甚为便利，即此一端，可见当时新闻家之知识专注重于商界，凡政治上、社会上之事不甚措意，故此两报之销行及广告以商家为多，其历史之关系盖已久矣。

广告之术，本系专门，而吾国报纸上之广告则从无延专门者任之，故登广告者非出绝大之广告费则收效甚小，几等于未登广告者然，实不经济之甚也。惟光复后之《太平洋报》，以广告杂于要闻之中，配置合适，为广告界开一新纪元，此后不闻有嗣响矣。

## 西文报

上海报界至为复杂，文字有华文、日文、西文，国籍有英、美、日、德，自对德宣战后，德文报已消灭，而刊印华字之报纸亦有为日本及他国之机关者。兹将西文报纸叙其概略，度亦留心舆论界者所欲知也。

**《字林西报》(The Noerth China Daily News)** 此报出版于上海有年，纯为上海英商之机关报并工部局之机关报，故工部局之报告皆每期附送，持论偏于保守，其意见有非吾国人所能全赞同，然其内地之通讯、报告内地之消息较沪上诸报尤为灵捷，后部关于金融经济之状况报告详细，颇有价值。每年报费二十四两。

**《字林西报周刊》(North-China Herald)** 此报即《字林西报》取日刊材料之重要者每周刊行，以便阅者存储参考之用。每年报费十三两。

**《文汇报》(Shanghai Meroury)** 此报系晚报，英人主撰，在上海西字报界资格颇老，持论稳健，批评吾国事情尚能持平，惟内地通讯较少，并无专电，是其缺点。每年报费三十元。

**《大陆报》(Th Chin aPress)** 此报系上海惟一之美人机关

报,出版迄今七岁,行销颇广,对于中国事情颇能持平立论,材料丰富,通讯、专电应有尽有,每星期发行增刊一次,载各种有趣小品文字,平时插图颇多,尤为特色。报费每年二十三元。

## 最初之告白费

偶阅同治壬申年《申报》,载当时该报告白刊例,凡足五十字或五十字以内者刊一天取资二百五十文,第二天一百五十文,如多十字照加钱五十文,一礼拜后每字照第一天减价一半,西人之告白另议。当时登者寥寥,以视年来广告之发达、刊资之增昂,已有天壤之别矣。

## 报界之今昔观

我国之有日报实发源于澳门及香港,然所刊系西文或中西合璧文,若以纯粹华文论,自以上海之《申报》为开山祖矣。当其初筚路蓝缕,日印数百份,每份仅一纸,售价五文,除洋行及有拍卖与先令磅价关系之华商订购长年外,剩余之报逐日雇人挨户分送,受者亦不欢迎,甚有厉色峻拒者,比月终收取报资多寡不计,唯唯承颜,几同沿门托钵。当此时期,父老且以阅报为子弟戒,视为玩物丧志之一端,故馆事简单,兼印书籍,所称"申报馆聚珍板"者是也。即《新闻报》肇始数年间,亦有祥记书庄之设,盖亦视此为副业之出品也。甲午而后,中日交涉,人人先睹为快,虽所载亦多浮夸(如刘渊亭夜壶阵等),然究胜于街谈野语,销数既增，广告因而发达。戊戌之际，鼓吹新政，已隐操舆论之权矣。庚子拳乱之变，江、鄂二督倡东南互保之约，卒免骚扰，实报纸持论严正，斡旋于无形之中，厥功尤足多焉。然南北梗阻，消息隔阂，百货停滞，广告衰歇，阅者因而锐减，报界于此际最感苦痛。即戊戌以迄辛丑，四年间旋起旋仆之短期报亦记忆不全矣（按，梁任公著有各报存佚考），至传播革命者，自《苏报》失败，《民呼》《民吁》前覆后起，鼎革之交，言论大昌，海上报纸如云，有清逊国，实文字先驱之功也，而尤以《民立》《民权》二种立论既深惬乎人心，即小品、短评亦纵横恣肆，有泛应曲当之妙。惜癸丑以来一落千丈，乙卯秋始有讨袁之《中华新报》。呜呼！回首前尘，愈增抑郁，所喜报纸一项已成一种专业，以视二十年前之陈迹，不可谓非舆论机关之进步也。

## 报纸评剧之溯源

中国戏剧，昔日士大夫多鄙不屑道，晚清以来国人醉心欧化，事事皆模仿西人，又以西人以戏剧为社会教育之一，于是中国改良戏曲之说渐次勃兴。上海之《时报》首先登载"剧谈"一门，此为上海各报纸评论戏剧之滥觞，主笔政者为徐半梅，报中署一"呆"字，每日仅一则，寥寥百余字或仅数十字，其地位在第三张新闻之末尾，略如今日之时评。自是而后，作者踵起，然各小报优为之，而大报则未之见也。《民立报》全盛时代，日出画报一纸内载戏评一则，皆出郑正秋之手，正秋善属文，其以评剧获盛名自此始也。

# 报 窟

十余年前,英租界广西路宝安里一报窟也,屋宇轩敞,几窗明净,小有花木之胜,自来报馆之僦居于其中者不可以缕指计。吾侪旅沪日浅,见闻较隘,仅就所知者,如《笑林报》,如《花世界》,如《上海报》,如《风月报》,如《国华报》,如《阳秋报》(以上皆小报),如《官商日报》,如《嬝嬛杂志》,如《医学报》,如《国魂报》,如《浦东同人会报》,如《春申报》,即最赫赫之《民呼报》亦发轫于此。人杰地灵,洵当之无愧矣。宣统末年当有《阳秋》、《花世界》两报,《阳秋》光复前数月因案被捕房发封,继而《花世界》亦迁移(光复前亦停刊,说见"捕房惩罚小报"文内),偌大之报窟,至民军起义竟与清室之大好山河随与俱灭矣。

宝安里与小花园望衡对宇,于繁华世界中别有曲径通幽之胜。小花园旧为西人住宅,马路纡回屈曲,古木阴森,画槛层楼高矗林表,是尘俗中之一片清净土也。自西人他徙而沧桑为之一变,酒馆累累焉,碰和总会累累焉,旅馆累累焉,妓院累累焉(其时妓院虽多,然皆在小花园内,且不若今日之多)。光绪之末,小花园茶馆开,而其地愈臻繁盛,于是书画研究会、雅歌集、票房相继发生,游人如织,洵一时之盛。宝安里报馆之绵绵不绝,实以小花园地理之胜而然。惜胜地不常,烟云过眼,今则过其地,但闻莺声燕语,已成混浊世界矣。

望平街之有报馆,自《新闻报》始,今番菜馆之北镶牙店、铅笔画照等店,是其旧址也,时在光绪甲午中日战役后之一二年。其次为《中外日报》,其次为《神州日报》,其次为《舆论时事报》

（《舆论》、《时事》本两家，蔡乃煌任沪道时，上海报纸收买几尽，而两报遂合并为一，后又改为《时事新报》），若《时报》则自四马路移入，老《申报》虽报界先进，光绪间犹在三马路之东首，最后始移入者。若《天铎》、《太平洋》皆后起之秀，《民呼》、《民吁》经两次恶潮而价值益增，最后又改为《民立》，咸阳一炬，可怜焦土。光复以后，又有《共和报》发见，其地址虽在四马路，然距望平街不咫尺也。其后又有《商务报》，不久即灭。今新《申报》又巍然崛起矣。今日者过望平街，一带报馆鳞次栉比，每晨曦初上，报贩肩摩毂击，纷至沓来，胜于宝安里远矣。望平街地位狭隘，办报者势不能不另择一适宜之地，以为尾闾之泄，《民立报》自被焚后迁居法界之三茅阁桥，法界之有报馆自此始，其大刀阔斧之手段，卒以造成中国之革命，《民立报》实有力焉。今日法界仅有一《中华新报》而已。江西路三洋泾桥附近，光复前先有一《天陆》英文报，光复而后遂有《民权报》之发生，继之者有《民国新报》，然如昙花一现，不久即隐。余如英大马路春申楼之隔壁，光绪末有一《民议报》，两三月即停刊。又山东路之转角处，袁皇帝时代办一《亚细亚机关报》，后被人掷以炸弹，且袁皇帝寿命既不长，报亦旋逝。他如麦家圈之《国是报》，棋盘街之《民国日报》，今复迁居郑家木桥，要之望平街既无地位可容，不得不另迁，亦事理之所必然也。

## 七年来之双十节与报界

**民国元年** 是年此日革命始告成功，一切建设均在草创，报界对此庄严神圣之纪念日尚鲜注意,间有出红报者,然为数不及半,余皆不过陈华绚舃皇之颂辞而已。

**民国二年**　是年南北统一,大本粗安,虽南北要人尚多隔阂猜忌,然表面上固如兄如弟,无分彼此,且先期由政府颁布以是日为纪念日,故上海之报纸无论何党何派皆一律庆祝,其典甚盛。

**民国三年**　时袁世凯专国,异己渐尽削平,上海民党报纸封闭殆尽,怨怼之气溢于四宇,报界对于此日皆类抱绝对之悲观,其有庆祝者亦强为欢笑,不足代表上海报界之心理也。

**民国四年**　彼时筹安会方为袁氏鼓吹帝制,各省区皆得停止庆祝之令,上海报界之视此日无异民国之末日,吊之不遑,贺于何有?故皆消极异常,毫无动静,唯《中华新报》于是日发刊第一号,颇震动一时。

**民国五年**　是岁袁毙黎继,国会再集,海上各报皆兴高采烈,庆共和之复活,各报多增刊数张以表示庆祝,且有增刊至七张者,可谓盛极一时。

**民国六年**　是年此日值张勋复辟之后,段氏窃发号令以诛锄异己,对于护法各省以武力相待,故上海报界亦甚沉寂,唯梁启超等新得志于内阁,故《时事新报》独放异彩。

**民国七年**　是年此日南北已成峙立之势,非法总统徐世昌以三朝元老点污首座,上海报界自无欢迎之表示,间有增加小品以点缀令节者,想亦无甚意义也。

嗟夫!已往之双十节其变态如此,未来之双十节又将何如,不禁令人默然以思矣。

# 记《时务报》之始末

初，康、梁设强学会于京师，至光绪乙未九月又设分会于上海，湖北张南皮制军首先捐银三千五百两为开办费，沪上诸当道亦有捐助者，会所设王家沙。既而京师强学会为言者所诪被封，沪会亦停办，康乃议由沪改办一报以续会事。时汪康年、梁启超及黄公度京卿遵宪均强学会会员，愤会之停散，谋再振之，亦以报馆为倡始，于是三人日夕谋议此事。当沪会解散，会中尚余银七百两（即张南皮捐款之余），又将房租已交去一年之租价收回半年，得洋三百五十元，会中书籍、器物等变卖得洋二百余元，至是黄京卿复慨捐洋一千元以为倡，并云："我辈办此事当作为众人之事，不可作为一人之事，乃易有成。吾所集款不作为股份，不作为垫款，务期此事之成而已。"同时邹殿书部郎凌翰亦强学会同事之一，志愿与公度同，复捐五百元，吴季清大令德潇亦鼎力赞襄，事乃大定。丙申四五月间，草订公启一册，广为分送，其列名五人即黄、邹、吴、汪、梁是也。康年欲与天南遁叟争短长，主办日报，公度与启超力主旬报，乃定让，并推康年总理馆务、启超专主撰述，并聘请张少塘为英文翻译、古城贞吉为东文翻译，至七月初一日出版。报中论列朝政，语多透彻，且极痛快，故风行一时，不逾年销数达一万余份，骎骎乎极一时之盛矣。惟张南皮以语多过激，迹近谤毁，屡非斥之，于是梁启超遂去沪，继之者为麦孟华，亦粤人也。是时德宗方力行新政，许人民上书言事，万机余暇，披览各种报纸，见《时务报》大加褒扬，至戊戌六月遂有改归官办之旨，并谕令康有为驰往上海督办报务。汪康年以

《时务报》改归官办，不啻被人驱逐，权利剥夺殆尽，乃改为《昌言报》。是年八月适有颐和园之变，德宗被拘瀛台，六君子被杀，而康之办报亦同作无形之取消，而《昌言报》不久亦即停刊云。

## 《苏报》案

《苏报》实一革命机关报，主笔政者为山阴蔡元培、武进吴敬恒、阳湖汪文溥、衡山陈彝范。因光绪戊戌政变以后监谤益严，国中志士知非从根本改革不足以救国，于是有昌言革命者，而《苏报》实其先声也，故华阳邹容、余杭章炳麟所著《革命军》及《訄书》皆载诸《苏报》，为之鼓吹。适某日该报社论有"载湉小丑"四字，大吏遂商诸上海领事，列名逮捕。仁和叶瀚知其事，密告之，蔡、吴、汪、陈皆逸，章独不行，遂被捕，既而又以书诱邹至，同受审讯，侃侃自承，不稍讳。外人以其为国事犯，不允引渡，但以有背租界治安律判禁西牢三年，邹体弱，瘐死狱中，章则谈笑如平时，期满得释。

## 《苏报》案佚闻

光绪季年，沪上《苏报》以提倡革命排斥满族为职志，是报主人为阳湖陈梦坡先生，相与周旋而担任撰述者为章炳麟、蔡元培、邹容等。后以指西后为淫妪、德宗为民贼，获大不敬之罪，遭清吏封禁，且捕其主任。案发时陈、蔡出亡，章、邹判禁西牢，得免引渡者，领事团之力也。邹蜀人，年仅弱冠，身羸瘠，竟瘐死狱中，此人人所知，世所称《苏报》案者是也。然其间李代桃僵，颇足资为谈助。当查办时，清吏稔知为陈君所设，务欲得而甘心，密饬侦探乔装往访。适该馆会计程某出而应客，陈、程音同，侦探以为是矣，遂报捕拘程以去，梦坡乘间得脱走东瀛，辛亥后始遄返沪渎，韬光晦迹，不闻外事，而程、章已早出狱矣。

## 《华商联合报》

上海之有《华商联合报》，起自清宣统元年，创办者为宁波人陈颐寿君贻。当报未成立之前两年，陈以参议中国华商银行创办事务，渡海而南，至香港上溯广州，由广州回香港至新加坡，遍历南洋群岛。适值荷兰爪哇一带巴达维亚、慕月谏里义、文都鲁、苏马浪及泗水华侨学堂，均派送学生随叶子安归国就学，陈与之同行，由泗水起程，往仰光、安南、缅甸、呗叻、吉隆坡、霸罗等处，又至派克浪、井里汶、三宝垄、巴达维亚，迄新加坡而止，旋由新加坡起程回上海。统计所至之地，为埠十余，每至一地与其地之华商开会集议，彼此均以吾国人在海内外者均未能联合一气，未免为外人所笑，因拟发起一报以为联络机关。以上海为交通便利之地，议就上海择地设立，请海内外各埠商会、学堂、会馆担任义务，随时将商学实业分别缓急函电通报，当场之认可赞成者甚多。陈既归沪，乃告诸李云书兄弟集资创办，并以谋诸金雪滕、陈交甫、张渭占、江觉斋等，以期规划尽善而报遂成。发行所在上海四马路小花园三号，宣统元年二月十五日第一期出版，月出二期。命名为《华商联合报》，其原因有二焉，一以上海各业若钱、丝、茶、药、布、船及米、麦、鱼、盐等业，皆有会馆、公所为联合机关，下而至于肩挑负贩之流，托业虽卑，获利虽细，亦各有同行以自相联合；一则以光绪二十七年严筱舫在上海发起创立商业会议公所，二十九年政府特设商部，改上海商业会议公所为上海商务总会，后此海内外各埠相继设立，或称总会、或称分会、或称分所者，统计已达百数十处，光绪三十四年上海商会特开大会，召集海内外会议商法提纲，所到一百余处之商会代表，有欲尽行联合海内外所有商会创设华商联合会之议，陈氏往南洋时曾将上海商会所拟华商联合会简章携带分布，经各埠侨民全体赞成，综此两因，故定名如此。该报之内容共分十四门，列上谕第一、海内外图画影片第二、海内外时事社言第三、海内外纪闻第四、海内外半月大事表第五、海内外要电第六、海内外通信第七、海内外公牍第八、海内外学务第九、海内外商情第十、海内外实业第十一、海内外调查丛录第十二、海内外比较杂志第十三、海内外社会小说第十四。此其创办之缘起及内容，至其消灭之原因，姑俟异日述之。

## 小报志略

上海初未有小报，自申左梦畹生、高窗寒食生暨现在希社社长高太痴等评花品叶，仓山旧主鼓吹西部，于是始有小报，而最著者为南海吴研人、昆陵李伯元所主持之《繁华报》，一时有"花国《春秋》"之誉。时下名人如潘老兰、陈巢南等亦曾办过小报者，彼时小报势力甚巨，妓院、戏园咸视之为蜂虿，一字褒贬有华衮斧铖之概,非若光复以后之小报价值一落千丈也。办小报之获利,一言以括之曰敲竹杠,而彼时之敲竹杠手段缜密,索价甚巨,今之敲竹杠咸抱合偷一牛不如独偷一狗之念,于是每况愈下也。即以开花榜论,昔刚斋主人取李巧林为状元代价七百番,今人美其名曰"花国选举",而一总统之选出仅不过百元左右之运动费,且主事者分肥不匀,致自相攻讦,未免为刚斋等窃笑于地下也。然小报敲竹杠亦有幸有不幸者,常熟人庞病红主持某小报,为揭破艾罗补脑汁之滑头,该药房主人衔焉,翌日招庞病红宴于一品香,席次出百番为寿,求其更正。病红初不虑其有他,欣然收受,尽欢而散,殊不知某药房主人已网罗四布,所付之番佛咸有暗记,既给庞后,即以被盗报捕,且禀明番佛上之记认,庞尚未知。越三日庞在昼锦里购物,为眼线瞥见其洋,即拘留之,幸庞乖觉,且赖友朋之助,会讯时庞直认敲诈不讳,始以不应借词索诈罚以重锾,逐出租界,否则不知伊于胡底也。自后又有登载淫词小报被封、主笔被逮者三、四案,于是"捏笔流氓"之名大噪沪上,小报之价值一落千丈矣。

## 捕房惩罚小报汇志

小报始于光绪丙申(二十二年),至光绪末年已成强弩之末,迨至今日更无价值可言。小报中所载大都不外游戏谐谈,且间涉猥亵语,即敲诈之事亦屡见不鲜,故凡厕身小报界者每为正人君子所不齿,而捕房之对于小报取缔尤严,特加干涉。宣统末年及民国初元,小报之被捕房封禁或惩罚者不知凡几,兹就所知汇而志之,办小报者可借镜焉。

《阳秋报》 《阳秋报》为任堇叔所办。时吴人有张二者雄于财,父甫死即挟资来沪狂嫖,《阳秋报》特赠以绰号曰"七里完",言七里即荡其家产也。未几其弟张三亦来沪,难弟难兄同出一辙,《阳秋报》复赠以绰号曰"要紧完"。张二见而恶之,倩人说合,愿以五十金为寿,堇叔不允,意谓张二之富有资财,区区五十金又何足云,乃日事诋毁有加无已。张二亦大忿,乃请各包探径讼公堂,堇叔闻报即先期遁去,新署遂将《阳秋报》发封,时宣统三年夏间事也。

《笑林报》 《笑林报》至宣统间为新舞台伶人夏月珊所有,后月珊以报纸之与舞台并无何等效力,转送与邑绅沈缦云,缦云组织《民立报》,而《笑林报》遂为《民立》之附属品,日出一大张,主任编辑者为刘束轩。报中有"笑话新闻"一栏,大都剪录外埠各报,本不甚注意,用以充篇幅而已。有陆某者,为《笑林报》之编辑人,漫不经心,一日竟将淫秽语编入其中,有"我从你前门进来、后门进来"等语,不数日而捕房之传票至,传主笔到案质讯。刘束轩适丁内艰回籍,捕房催传数次,不得已令某君代表前往公堂,以报中登载淫词,判罚洋三十元并谕令停版,此宣统三年夏、秋间事。

《采风报》 《采风报》主人俞达夫,其形式精神与今日之《飞艇报》、《图画剧报》正复相似,不过纸张及印刷之费告白尚可相抵,编辑者为俞之弟子汤邻石(达夫善画,邻石在达夫处学画者),无一字不剪录旧报,盖完全敷衍性质而已。一日又有登载淫词之事,最奇者其所登淫词新闻与《笑林报》一字不易,盖两方面皆系剪报,故彼此不约而同也。自《笑林报》案发生,而《采风》亦遭波及,捕房传票至,汤则恐惧万状,达夫温谕慰之,谓:"捕房拘传又安可逃?不如放胆前往,如有意外自有余在,无畏也。"既至公堂,判令报纸停版,主笔押一月以儆,时距《笑林报》案不过一月余事耳。同时尚有《花世界》、《花天日报》亦俞达夫之物,其办法与《采风报》同,自《采风》被惩,两报遂自行停刊。汤邻石期满开释,瘦削不可言状,彼言在捕房亦无他苦,惟每日三餐皆有限制,苦不能一饱,饥肠辘辘令人难受耳。此邻石亲为余言者。

**《国华报》** 《国华报》主人吴大慈,主任编辑者为徐馨荃。徐吸食鸦片而花间又少酬应,故每日撰花界新闻,向壁虚造,搜索枯肠,至以为苦。一日有某甲来告新和三弄谢□□(其名今已不能记忆)怀孕已数月,为鸨母所知,以药堕其胎,今不幸死矣。徐闻而狂喜曰:"此绝好之资料也。"乃刻意摹画,词多藻饰,翌日复告余曰:"吾每日撰花界新闻,语多泛泛,觉太无意味,若清和三某妓之事乃真新闻,吾不以撰述为苦,反觉醺醺有味。"言次若欣欣然有喜色者。不数日又闻清和三某妓实无堕胎身死事,方疑虑间而捕房之传票忽至,乃遍阅旧报,逐条检查,实未登载淫词及他样情事,何以捕房忽来传票?一面先将谢妓新闻先行更正,一面托人探听,后捕房催传再三,吴大慈不得已遵谕前往,至则公堂以报纸示之,始知即为某妓事。盖某妓自阅报后径向公堂告发也,大慈声称此项新闻前已更正,公堂谓人之生死未经查明,岂可任意登载?太无人道。且查该报数月前因登载淫词罚洋三十元在案,今两次过犯,宜加重惩,判罚洋五十元,然报纸未停版亦云幸矣,事在宣统三年八月,距革命不满一月也(按,

《国华报》登载淫词被罚一案尚在吴大慈接办之前,其时办《国华报》者为四马路盘记号各伙友,主笔何人及何项新闻今不能确指矣)。

**《新笑林》**　民国纪元,刘束轩复创办《新笑林》,舍铅字而改用石印(用汽水墨书写者),报中插画,即以各舞台本日戏剧插入(今之《国画剧报》尚其遗制),阅报者既觉耳目一新,而内容亦极优美,可知束轩办小报亦确有能力。出版后竟风行一时,销数亦日渐增广,最多时行销至二千份以上,此自李伯元后罕有见者。后捕房以《新笑林》即旧《笑林》之变相,旧《笑林》既罚令停版,《新笑林》未便任其发行,亦饬令停止。

**《滑稽魂》**　《滑稽魂》为甬人夏华贵所办,编辑之役华贵自任之。华贵为章佩乙之高足弟子,佩乙办《中外日报》时华贵即追随其间,年少狂躁,胆大妄为,自办《滑稽魂》小报,甫出版即向各小报挑衅,破口骂人,然卒无一应者,复以登载"牛口"二字,捕房出票拘传,华贵得此消息遂偃旗息鼓,自行停刊,而此极滑稽之灵魂竟辞人世而长逝矣,距出版尚不满半月也。《滑稽魂》报既停刊,编辑所房屋亦退租,而望平街各店铺之水门汀本为各小报之发行所,捕房至此无可查究,此案遂为无形之取消。

**《黄浦潮》**　《黄浦潮》为钱庄帮某伙友所创办,若辈皆年少翩翩,岁入亦丰,平时本花天酒地,见各小报登载花界新闻,或毁或誉,报纸实操有评论之权,艳羡不止,乃醵资办一小报,延徐馨荃主任编辑。时中华大戏院(今药风新剧社址)适聘名武生俞振庭来沪,振庭虽武伶,然极好色,沪上某妓前在京师时曾与振庭交好,馨荃以此次振庭至沪,与某妓旧雨重逢,其爱情不待言喻。

此种理想新闻本寻常事,馨荃乃刻意描摹,词极藻丽,中有"深入小港,荡彼小舟"等语,不数日而捕房亦出票饬传。馆中得此消息,遂登一极大之广告,略谓"本报主笔某因事旋里,已于某日出馆"云云,告白中并隐去真姓名而捏造一伪姓名,一面复将报纸自行停刊,一面复请托茶会中之各包探令其帮忙,此案亦遂为无形之取消。

以上所记,皆宣统三年及民国初元两年间事,其他未经捕房干涉者概不列入。

# 民国七年之各小报

是年海上之小报共计有八,以材料之丰富、笔墨之优劣相比,则可分为三等,上者为《大世界》《新世界》,次为《新舞台》《新游戏》,又次则为《图画剧报》《电光报》《鸣报》《小新闻》,兹将各报内容述之于后。

《大世界》 编辑主人为沈漱石、刘山农,以故文人雅士群乐投稿,资料自然丰富,加以纸张洁白、印刷精良,阅之令人赏心悦目,故其销数每日在千份以上,各埠定阅者有二百份左右。

《新世界》 编辑主任为郑正秋,正秋以剧务关系,故不恒见其笔墨,现主该报编辑者为奚燕子与张心芜。二君赋性风流,笔墨每多狂态,常作杜牧之游而不觉扬州之梦,故笔墨亦不过作几篇花史而已。然而花界消息之灵通非他报所能比,即笔墨之风雅亦非他报所能及,海上走马诸君大都喜阅是报,故其销数每日亦有五六百纸也。

《新舞台》 主笔政者曰郁慕侠（即《沪报》之主任），近来办报颇得意，盖得力于鸿福券也。自办《新舞台》日报，得《新舞台》之每月津贴，进款益多，于是以小报主笔之衔头时时出入花丛，惜貌不扬，故跑来跑去都是"我爱平儿，平儿不爱我"，郁君不耐，多加毁谤，故信用不著，闻现止有三百张之销数云。

《新游戏》 在《大世界》、《新世界》未出以前曾执小报界之牛耳，今则相形见绌，为次等之小报矣。主任为刘东轩，主笔为谢慧禅，薪水以日计，日取五百文，故其花史大都出之理想。剧谈昔由秋帆君担任，今则久不见其著作，而作剧谈者为瘦竹君，谈评中殊少精警语，第比之《新舞台》之多出抄袭则较佳矣。

《图画剧报》 创办者为郑正秋，出版时计有二张，一张评剧、一张图画，图画由沈伯诚君主任，风行一时。后正秋创办新剧，即将版权赠与詹脉脉，将图画一张停刊，唯以木板图画插入报中。其评剧大都剪诸外埠各报，有时亦有脉脉之笔墨，其所评各剧多属精当，盖是君本深通剧学者也，惜不多见其著作。销数每日在百份左右。

《电光报》 主任曰吴大慈，其资料大都抄袭杂志或外埠各报，唯花史一栏苦于不能抄袭，不得不每日做两篇，空中楼阁，子虚乌有，随意造几句，故往往有揄扬某妓若天仙者，实则媒姆耳。销数每日止五十张而已。

《鸣报》 主任曰黄佶泉，主笔曰陈耕渔，每日销数与《电光》相伯仲，材料全张多耕渔之笔墨，文理不甚通顺，小报主笔中之最劣者也。

《小新闻》 主任及何人主笔政皆未详，其全张资料均出自抄袭,与《电光报》相同,销数亦止四、五十张。

## 续志海上各小报

前阅恨侬君之《各小报》一则,言论无私,剔精抉微,纫佩莫名,但于各小报之内容尚有未尽者,爰就管见所及赓续如后。

《大世界》 该报主任为孙玉声,别署漱石生,曾著《海上繁华梦》说部,风行一时,后为《繁华》杂志主任。大世界未开幕以前,为《新世界》报总编辑,后因黄楚九与新世界脱离关系,别建大世界,孙君遂辅之,《大世界》报亦由此而胚胎矣。更延聘天台山农为总编辑,其余名誉编辑为樗瘿香、如瘦菊、涤烦大可、颍川秋水等,图画主任为阙君十原,较诸雪泥似略胜一筹,其内容丰富、纸张纯白固不待余之喋喋。惜其交换券自献岁以来改为三十张换游券一帧,是以大受影响,然每日仍能销二千余份。

《新世界》 此报主任为郑正秋,总编辑奚燕子,号莲侬,海上有第七才子之誉,曾编辑《翻魂语》杂志,生平著有《燕子吟》,此次主任该报,实为正秋所介。编辑者为桐花、鹓雏、老白、瘦鹃、野鹤、小蝶、绮缘、切肤、剑云、花萼、君博、襟亚、秋星、木公、半狂辈,图画主任者为孙雪泥,更有丁悚、杜宇诸君之画,益见五光十色,故剧谈、花史、画图为各小报冠,其交换券较大世界少十张,惟限期只可十日,十日之外即废,因此不免稍受打击。现正秋已隶某舞台演剧,而燕子等亦已脱离,另聘杨君尘因矣。至于报纸之销数,每日有二千五百余份之多(按,恨侬君云五六百份,实误)。

《劝业场》 是报总编辑为苦海余生,即昔日创办《雅言报》之刘沧遗也,后办中华编辑社。当此报筹办时,欲聘李定夷为总编辑,以李主任《小说新报》,无暇兼顾,遂让诸苦海余生。该报内容颇有价值,所选之稿大都宁缺毋滥,其中编辑员如箸超、豁公、海沤、寄尘、蛰叟等皆一时名士,是以骚人墨客群相乐观,其交换券每月可换观览券三帧,奈销数未能十分发达,因此三月甫满即告中止。

《友声日报》 此报宗旨与以上各报之性质纯然不同,为寰球学友会所发刊也,以性质言之为联络友谊,以宗旨论之为昌明国粹。主任者为倪轶池、张织荪,皆浙东之宿儒也。其中所投之稿限于社员,若局外人投之,虽有佳作一概屏绝,现其销数并外埠共有一千余份云。

《新舞台》 该报经理、编辑一人兼之,即办滑头《沪报》之郁慕侠也,后延聘范鹦哥为编辑,内容稍觉可观。今久不见鹦哥之笔墨,未知脱离与否?按,该报为新舞台之机关报,月津贴二十元,故其"粉墨场"一栏对于新舞台之旦角莫不揄扬而赞叹之,遇有价值之剧谈,偶含规箴意辄付诸纸簏中,由是为马二、豁公、小隐、剑云、义华、鹧鸪、脉脉、秋星、木公等所不齿,间有舍予、半狂之佳作亦逃不出奖励之范围。其交换券亦联号十张换得戏券一帧,期限一年截止,惟欲交换券时每张须贴费一角,且非逢星期六则此券无效,所以该报之前途殊难发达,闻每天只销九百份左右。

《大舞台》 此报编辑者为刘束轩,印刷虽不及《新舞台》之精良,然其资料丰富较新舞台略胜一筹。现已休刊。

《新游戏》　该报亦为刘束轩所办，主笔为谢慧禅，论慧禅笔墨尚清顺，但亦不过能做几段花史而已，今兼某小报之校勘，此则困于经济问题之故。若言报之内容，半系并刀一剪，半系撰述，自《新世界》、《大世界》暨《新舞台》发行以来，几有一落千丈之势，唯印刷尚不致模糊，每日销数只二三百张。

《电光日报》　是报开办迄今已四历葛裘矣，可谓小报中之老资格。经理为吴书箴，即大慈，最初编辑者为沈情虎、顾粉郎。是时投稿颇不乏人，如天笑、董叔等，其价值可知，至今竟成一团糟，推其原因，实无竞争心，不图改良，所以至此地步。昔日之兴高采烈，与今日之冷冷清清俨然判若两报焉。呜呼！所谓电光者，殆成为谶语也已。

《图画剧报》　自正秋赠詹禹门版权后，不图改良，销数日见退步。其所以能支持迄今者，全赖广告报中戏剧画，均系木板，共三十余块，循环排印，因此日积月累，糊涂异常，不堪入目。惟剧谈间有脉脉之手笔，尚可寓目，惜讹字太夥。逐日销报之数止数十纸而已。

《飞艇》　该报经理亦为詹禹门，溯开办时能销一千余份，可谓盛矣。曾几何时，《新世界》、《大世界》、《劝业场》、《大舞台》、《新舞台》相继出版，阅者如入山阴道上，竟有应接不暇之势，该报自知力不敌，日衰一日。今探得个中人云，每日之数销止十八张，亦可慨矣。

《鸣报》　是报初为天外天之机关报，故天外天开幕时加"天外天"三字于其上，嗣后天外天停办，该报不得已脱离，于是《天外天鸣报》改为《鸣报》矣。总理即黄估泉，主笔为陈耕渔，笔墨无精彩,其价值等于苏州之吴语报,名不副实,良可浩叹。

《小新闻》 此报经理为颜问生,协理为吴大慈,编辑亦为陈耕渔,薪水每月只得两元,煞是可怜。虽然,论该报之资格与《电光报》相伯仲,其时编辑者为姚民哀,今至观之竟判若霄壤,吾不禁有沧桑之感矣。

## 再志上海各小报

上记上海各小报至为详尽,殆亦小报中之老斫轮手也。惟其中尚有遗漏,且微有错误处,用补志之。

《飞艇报》创于民国元年,发起者为李铁公。铁公,前清官僚也,听鼓鄂省有年,武汉光复避地来沪,工诗词,尤长骈体,人亦倜傥风流,暇则涉足花丛,征歌选色以取乐,于是有创办《飞艇报》之议。与其事者为陈宝宝、詹禹门,出版后风行一时。居半载,铁公以资用困乏,而小报又万不足以存身,遂去粤。又久之,陈宝宝亦远去,遂由詹禹门一人独办矣。《飞艇报》之在今日已处于殿军地位,禹门厕身报界有年,沪上各界无一不相识,即各舞台之经理如天蟾之许少卿、第一台之尤鸿卿、大舞台之童子卿亦无一而非旧交、无一处而无贴费,《飞艇》之得苟延残喘而不至告终者,赖有此耳。现每日印报不满二十纸,不过为登告白者备送阅而已。

《小新闻》为吴大慈、严文生两人合办,吴与严皆前《商务报》之伙友,其报即由《商务报》馆承印,印费极廉,不过排字房略给排工而已,又不须房租杂项开销,吴、严既同居报馆,而兜揽告白又有近水楼台之效。《商务报》既停刊，近向达兴公司承印，其性质与《商务报》同。

《新世界》、《大世界》两报之销数，多恃报尾之交换券，《新世界》报近两月尚可售一千八九百张（前报云五六百张，误），《大世界》报可售二千七八百张，盖大世界游客近来较新世界为多也。

按，是年尚有新出之《笑舞台》，体例甚佳，笔墨亦多精警处，惟其内容未悉，不无遗憾。编者附志。

## 补志各小报

上海各小报前已详言之矣，兹悉尚有两报为前报所未及者，更补纪之。

《精华周报》为抛球场精华眼镜公司所办，以一眼镜公司而办一小报，故纯属广告性质，每星期发行一次，计两张，新闻一张、图画一张，于六年旧历七月下旬出版。其初由天台山农主编，今由郑子褒主编。郑为精华伙友，粗通文墨而已。投稿者概不酬现金，酌量字数多寡，赠送托力克、克罗克等眼镜。

《笑舞台》报编辑主任宋忏红，无锡人，为南社社员，光复后曾入春柳社，于新剧上亦称熟手，以之主持报务，可谓得人。其余如朱双云（前后台总理）、郑正秋、郑鹧鸪（演剧员）均有襄办报务之责之三人者，厕身新剧有年，惟又喜研究旧剧，未免驳杂耳。据朱双云语人云："此次组织笑舞台，兼办一小报，缘近来上海各评剧家对于新剧多加痛诋，对于新剧演员唾骂尤不遗余力，吾自办一报可借此以为抵制之法，且可竭力鼓吹，于营业不无裨益。报尾附设交换券，庶几座客可望增多。盖新剧舞台从无满座之日，与其门可罗雀，何如广为送券，使增加座客之为愈也"云云。

## 鸿福报

海上有一种报纸，既非小报又非大报，报止一大张或张半，其编辑也在沪，其发印也亦在沪，而于沪上全社会中乃绝不一见其报纸，其销售反在数千里、数万里外之地。此种报颇能风行，盖效既闭《商务报》之故智，用鸿福券赠假金表，亦今日社会中之黑幕也。此种报无以名之，即名之曰"鸿福报"。

鸿福报今日海上有三，曰《沪报》、曰《民粹报》、曰《中外大事汇报》。《沪报》开办至今八年矣，而举行鸿福券则在近三年中也。其行鸿福券之秘诀，皆得之于《商务报》之邹某，行之数月，定报纷来，故主任郁某遂一跃而成富家翁，去岁续娶妻室，贺客盈门，极一时之盛。呜呼！谁实致之？金表饵人之力也。

《民粹报》自五年夏发行，办此报者系《商务报》之馆役某也。资本只百元，而至年终获利有三千元之多，今则坐包车、娶美妾，大非昔日馆役之面目矣。

《中外大事汇报》创办者亦昔日《商务报》中人，系合股而成，非独办者也。其出版在五年八月，盖垂涎于《民粹报》之获利而思为《民粹报》第二也。然此种黑幕行之既久，渐多识破，故定报不及《沪报》、《民粹》之盛，收利亦不及《沪》、《民》两报之丰也。

嗟呼！报纸为开通社会之机关，乃竟假之以饵人金钱，败坏报界之名誉实非浅鲜。吾愿日报公会当出而干涉之，以免同胞再受其愚。

按，日报公会曾申明此种报纸未入公会，以免受欺，但未积极干涉耳。

## 续志鸿福报

恨依君所志鸿福报一节，所言赠送金表其祸甚烈，恨依君遗漏甚多，爰补录之。

孔子曰："始作俑者，其无后乎？"讫于今追原祸始，《商务报》之王薇伯实为罪魁祸首，正可杀也。王自《商务报》停刊后，即挈眷避居吴中，又转辗至北京、东洋（东洋为王薇伯熟游之地），盖上海实无彼之立足地矣。滑头下场，如是如是。

当《商务报》全盛时代，山西路杨家坟山《沪报》主人郁慕侠见而艳之，窃其故智，亦发行金表赠券。此为王薇伯之第一高徒，行之一年颇著成效，《沪报》本倩人代印，至此乃办一手摇机器、购置铅字，自行印刷，至次年更花天酒地，俨然一报馆老板矣。其次为小高，小高本《商务》伙友，因事去职，乃于后马路赁屋一幢，开一《民报》馆。出版仅两月，除开销外可余一千数百金，乃小高独具远见，知滑头报馆之终不可以持久，遂急流勇退，乘机收场。其人年仅二十余耳，其识见不可谓不高人一等也。

自《民报》以后，人人皆以此为发财捷径，其祸愈益蔓延，子子孙孙,孳乳相生,而《民魂》、《民达》、《大华》、《大中华》、《新共和》、《义大声》、《民粹》、《舆论》、《公言》、《昌言》、《中外时事报》、《中外大事汇报》次第发现(以上所举不过就脑海中所记忆者,尚可遗漏),然忽起忽灭,此仆彼继,其中攫得金钱以去者固不乏人,所得不偿所失者亦正比比也,获利最优者为《民粹》。《民粹》为《商务报》茶房名尧臣者所创办,开设于老垃圾桥浜北之厚余当弄,事在五年初夏间,至年终结束定报竟达九百份之多,计收入共八千数百元。然开销亦最巨,尧臣本一目不识丁者耳,剪报需人,校对需人,写信、发报、司账在在需人,兼以房租杂费等计,每月支用约须五百元(连送表在内,此等金表每打约须洋三十元,然十人中到手金表者不过一、二人耳)。然能如小高之急流勇退,则盈余二、三千金亦意中事也,乃小人得志,遂忘却本来面目,衣则文绣、食则珍馐,拥抱汤排,以旅馆为行辕,至冬间复婚娶一妻,费尤不支,非特造孽钱化销殆尽,且负债累累矣。六年正月望后始勉强出版,然光顾者极鲜,不一月遂宣告休息。其次为《新共和报》,开设在野鸡聚市之劳合路,其办法除送金表外并订有招股章程,凡入股者均有特别利益,其获利虽不及《民粹》,然亦不恶。其余或仅能归本已云幸矣,其赔蚀血本者亦实繁有徒也。吾愿沪人慎勿学此拐骗行为,试观王薇伯本领虽大(王薇伯余曾与之相识,确有滑头本领),自《商务报》停版后(在上年春间),腰囊如洗,且上海不能立足;小高贫穷如故,现充《黑幕日报》之编辑员,每月求得数元之薄俸而已;《民粹》之尧臣,今日欲以办报为糊口固不可得,欲再充茶房则心有不甘,且多一家主婆之吃饭问题,茫茫前途正不知如何了局也。

七年春间尚存四报,英大马路民丰里之《中外大事汇报》(今迁法大马路八仙桥东新屋)、厦门路西牢对门之《昌言报》,法界四明公所后面宁波路之《公言报》、法大马路德顺里一弄之《中外时事报》,就中惟《中外大事汇报》自六年秋间开办以来能顾全信用,定报者金表照章分送,而报纸亦逐日付邮寄递。然正惟如此,目前已不能支持,何况将来?其余三报一律停歇,尧臣近又组织一新报,"民粹"二字已成戳破之纸老虎,不得不更换名称,然问津者终鲜。盖外埠受欺者已盈千累万,恐此后无复有人受愚者矣。

统观以上所述,滑头金表发源于《商务》,而种毒实自《沪报》、《民报》始。《沪报》为旧有之报,而《民报》创自民国五年秋间,尚不满两年。其中经过之现象如此,此后必归淘汰固不待言,而外埠之断送金钱,统而计之正不知其几何也。吾故详叙其事以告沪人,以上所述如有虚言,请烂吾三寸之舌可也!

## 报界人物

王韬字紫铨,又号仲弢,晚号天南遁叟。吴之长洲人,侨寓沪滨,仕官粤省,以偏袒太平军去职,远适重洋。同治庚午归自泰西,杜门却聘,闭户著书。光绪年曾任《申报》主笔,月撰论说六篇,月薪七十元。其著作之刊行者,有《弢园文集》、《普法战记》、《瀛壖杂志》、《淞隐漫录》、《甕牖余谈》诸书。旅沪日久,故于沪闻谈乘所著尤夥。

# 于右任

上海之有报纸已四十余年，其于政治发生最巨之影响而能百折不挠者，惟主办《民呼》、《民吁》、《民立》之于右任一人而已。右任陕西人，髯垂及尺，人多呼之为"于胡子"。为人倜傥不群，书法亦佳，文能追踪晋代。主以报纸为革命之先锋，初办《民呼》，触禁而闭，继办《民吁》，旋又被禁，复办《民立》，则至癸丑讨袁失败后始消灭。然护法时代之民国，犹是于之灵魂也，当《民呼》被封之日，市人多焚香于馆门，且有失声而哭者，足知该报之感人深也。《民立》销数竟驾数十年前之《申报》而上之，其能力可知已。

# 十六 交通

## 铁路之原起

中国之有铁路，固当以上海淞沪一段为起点。时在光绪初年，英人某君创办此路，沪人士多数反对，几经波折，历数年之久始告厥成，但只通吴淞，未及炮台湾，土方、轨道、车辆、房屋，一切设备均甚草率。其沪站设于北河南路文监师路转角等处，南北河南路所通之桥今称"铁马路大桥"，盖由此得名也。迨后沪人士终以少见多怪，每多疵议，而该铁路机关车适以烟囱爆裂，死伤多人，群起攻讦，官吏无法护庇，乃由苏松太道刘瑞芬呈请政府，议价购回。迄时台湾基隆正开煤矿，遂将该铁路全部分运往矿区应用。又距数年，乃由清政府派员正式建筑，仍先从淞沪入手，规模较为宏大，其路线一仍其旧，即今行驶者是也，惟车站已迁于华洋交界宝山路左近等处矣。刻下铁路几遍于国中，交通称便，初不知始创时情形若是也。

## 铁路之始有于沪者

中国之有铁路始于清光绪二年,其路线自上海至吴淞,故命名淞沪路。其时风气未开,人民少见多怪,且路为外人所办,官民哗议,旋由沪道刘芝田商承江督,由政府收买拆毁。此路行驶火车仅五阅月之命运,然为中国办理铁路之开始,他年足为史料者也。

## 上海之铁道

淞沪铁道者,由上海至吴淞间之线路也。于一千八百七十六年即前清同治五年六、七月间,英人尝立一公司,名渣甸马治逊,始行营建,至光绪二年六月已成其一部,上海至江湾可以行车,厥后延长达于吴淞蕴藻浜,是为中国铁路之嚆矢。然当时人民不知为文明利器,咸深惊怖,两江总督沈葆桢请于政府,以国币三十八万五千两购而毁之,其轨条车辆转送于台湾。至光绪二十三年中东战后,迷梦骤醒,政界诸公晓然于铁道之功用为促进文化之阶梯,加以李鸿章游历诸邦,目睹其利,归国后组织铁路审议所,政府乃命李鸿章、张之洞、刘坤一等为路政大臣,以盛宣怀为监督。由是政策一定,于是年四月兴工,依前线而敷设之,与杨树浦各种器械所相连接,且拟别设支线,自居留地竞马场以达西门,分为二线,一由小东门外至招商局码头、一由南门外至新筑马路。迨光绪三十四年九月,上海吴淞间全线开通,中置停车站二所，承办者为德国人，现时已设复线式而支线则已作罢。

沪宁铁道其次序由上海至吴淞由吴淞经苏州而至南京，长约四百余里，工费计四百万两，英国某公司及香港上海银行握其大权。

沪杭甬铁道从宁波至杭州而达上海，亦一重要线也。清光绪二十五年五月，经英国某逊公司以二百五十万镑巨资而得敷设管理之权，及光绪三十三年，苏、浙两省人民以及旅沪各界同乡竭力收回自办。苏路自上海起点，经高昌庙、龙华、梅家弄、莘庄、新桥、明星桥、松江、石湖荡、枫泾、嘉善、嘉兴、王店、硖石、斜桥、周王庙、长安、许村、临平、笕桥、艮山、清泰、南星而至闸口，再由闸口而至拱墅桥；浙路自杭州湖墅江干起点，先开干路北通苏松、东达绍宁，其支路分四大线，在浙西者二，一由湖州越长兴达广德，一由湖墅越海盐达浦东，在浙东者二，一由绍兴越台温至处州，一由江干越严衢至玉山，其严衢一支又分两派，一由严州越淳安至休宁、一由衢州越江山至浦城，现已次第竣工。沪站在南市高昌庙附近，俗称"南站"，而以沪宁铁路属闸北者称"北站"。民国六年沪宁与沪杭接轨，交通益觉便利。


# 钢丝车之今昔

现时通行之所谓黄包车者，莫不以钢丝为轮，自用之车（即包车）更无论矣，而并不名之为钢丝车，乃二十年前即已有之。其时人力车率用木轮，极奢华者始用钢丝，盖为值不赀而取其行时无辘辘之声喧耳也。惟木轮无橡皮，行则隆隆响震，无待警告行人自知避让，钢丝则不然，车夫又不惯警告，每有冲撞行人之弊，故工部局亦提议禁用约十余年，至前五六年始间有用之者。后有大力者组织黄包车公司，既装钢丝轮，推行日广。数年以来，木轮裹铁车已成罕见，而工部局钢丝车之禁天然取消矣。

## 人力车之今昔观

上海所通行之人力车，多不知其创办之始，实则创自同治年间。初出时不过二三百辆，轮高身阔，可容二人，后因日久弊出，至有男女苟且等事，捕房以事关风化，即行取缔，改小车身，只能容坐一人，相沿已久。不数年，复有泥城桥塄日通公司发明钢丝胶皮轮三湾式车出现，其价五分以至数角，华人因价贵多不坐，所以皆停息在大英总会门首及黄浦滩一带，专揽洋人生意，其余各马路中则不多见，故旋即消灭。继有铁轮之东洋车竞起，约八九千辆之多，价亦低贱，凡有法租界照会者，由大自鸣钟至十六铺小东门等处价仅十六文，如英租界四马路至该处亦不过三十文而止。其后车价日涨，车辆日渐朽败，至庚戌、辛亥间黄包车出现，此种车辆由巡捕房逐渐收回照会，至今租界中遂至绝迹。此人力车创始及沿革之大略也。

## 包车禁止响器

现时北京、南京等处通行之自用人力车（俗谓"包车"者）率皆装置响铃或小喇叭，而上海独无，人每异之。其实二十年前，上海所谓包车者莫不有之，故码头上"叮叮"、"呜嘟"之声不绝于耳，后以某西人住宅近临马路，以其有扰睡眠，其人本工部局议董，于常会时提议禁止，从此遂寂然矣，其实与今日摩托车汽筒呜呜者相去远矣。中国人马车不准与西人马车争驰之禁，亦与前条同一议案。

## 包车照会

包车为沪上最流行之品，中人以上之家无不各置一乘，故发出照会每季约有七千余号。在昔此项包车有照无捐，凡居于租界内者，只须持巡捕捐票至工部局，即可请得照会一纸。继因请求者日多，乃定每季征收捐款一元，十余年前尚只收二元，现已增至三元。虽所取不多，而合计每年已达八万余金矣。

## 人力车之经过

人力车为便利交通之一种，上海初开埠时由日人创设此项车辆，故人呼之为"东洋车"（或云此车盛行于日本，故名），拉车者亦均日人，后因语言不通，遂由华人继办。车为木轮，围以铁圈，行于马路异常震动，踏脚之板系木板实拼，一遇大雨车中积水盈寸，使坐者无置足地，后亦改为漏空之板条。至木轮车之消灭，为期亦已六、七年矣。

公共租界捕房取缔人力车素严，昔之木轮车造成后，须至捕房验看,是否与捕房中所存之样车一式坚固,苟不合格即不能捐照营业,如验系合格者,于车之后身及两轮毂上均錾有号码,使此车之轮不能与彼车互易,其所錾之号即执照之号数,令执照亦不能互易。又定每月验车一次,将各车调至闵行路捕房逐一验看,如有朽败者即将执照扣留,非修理完固不可,故绝无车毁伤人之事。且车行中欲领执照,须先觅殷实店保,设乘车者于车中遗失物件,只须记明车号即可根究。然因执照均在车后,乘者一时不易观看,自民国三年以来,乃将执照之号数另制白磁牌,钉于叶子板上,俾人人一望而知矣。

黄包车始于光绪末叶,盛于民国元年,衰于民国三年。初设之黄包车形式与现行者略似,惟用木轮,外缘实心橡皮,行时较为平稳,均漆黄色,执照亦不钉车后,故有"黄包车"之称。车数不多,赁价昂贵,惟外滩及跑马厅一带有之,继又改为胶皮空气轮,较前更形妥善。民国成立,各省绅富群集沪上,鉴于黄包车获利之丰,竞相开设,一时车数增至万号以外,捕房因木轮损伤道路,逐渐取消,至民国三年已无木轮车之踪迹。而黄包车因供逾求,一时赁价低落,绅富所设之公司均因经理不善,相继倒闭,综计损失约在七、八十万之谱。目下所存之黄包车,以法人所设之飞星公司最为发达,次之英人之汇芳,盖西人办事不厌精详,且人力车夫深秉奴性,西人之车不敢拖欠拖资,于华人之公司则任情拖欠,亦有非车夫所欠乃包头所欠者,此种营业决非吾人所能获利,鄙人亦失败之一分子,故知之甚详也。

车之赁价,木轮者每日四百六七十文,黄包车初则一元二角,继而六、七角,又跌以五、六角,现非八、九角不可矣。

# 乘马车之今昔观

昔年租界章程，凡马车之驰于道中，乘车者为西人始可超前行之车而过之，若为华人所乘，固不能超西人之车，并不能超华人所乘之车，否则拘罚不贷。盖以华人乘车，出游者居多，固无须乎急急，且恐起祸端也。自民国肇兴，此禁已弛，现大马路一带繁盛区城，亦有华人之车超出西人之前者矣。

# 上海惟一之新发明

久居上海者，并不觉各种事业之发达，及游历通都大邑，采访之余，始知中国不论何项事业无不以海上为先导、为巨擘而莫之与京，然上海所有事事物物亦不过抄袭欧美之文章，取其陈规强自装饰，虽面目焕然、称霸全国，究属于发明史上无一记之价值，此亦上海之缺点也。不料三年前，电气事业上竟有重大之改良，于发明史中可占一地位，即无轨电车之创办是也。按电车之制，轨有多种，因地制宜，而无轨之法则创自上海，环球各国未之先有，差足称豪，惜发明者非中国人耳。

# 最新式之自动车

沪上近日自动车一最新式者为立行之两轮车，立人处之板位于轮轴平面之下，此车之异于他式者即在立行，而其各种机件均藏于制动机之柱内，制动机配于握手处，其汽机约二匹半马力，配于前轮中。因既均藏诸柱内,故无沾染尘埃致有损坏之虞,汽油亦藏柱中,全车舍此柱及握手柄外并无他种横杆等物。据制造者言,在乡间每小时可行二十英里,所费之汽油每行百英里仅一加仑云。

## 汽车丛话

汽车行驶于沪上已十有一、二年矣,现据工部局捐务处调查,计大小共有一千四百余辆,每辆捐钱分二等:(一)自用车每季缴银十两,(二)出租车每季缴银十五两。在昔自用车与出租车其号牌有黑底白字及白底黑字之别,现则概为黑底白字,惟出租之车限定一百辆,其号牌照会特定自五百零一号起至六百号止,诸君如见出风头、兜圈子之坐汽车者,欲分别其自有或租来,一觅其号牌即能明白。至工部局之特定此五百号内之出租车,盖欲于汽车肇祸后易于使人认别也。尚有红底黑字号码照会之汽车,则为暂用试车之特别标识。至铜牌与玻璃之号牌,均车主美观的装饰,无甚关系。至驾驶汽车之车夫,现章取缔甚严,须经工部局考验及格,拍照存具证金,方给凭证可以开驶。然肇祸之事尚时见诸报端,盖若辈均持有护符无恐,设或辗毙华人小民,罚金若干、拘留数月即可了事。诸君犹忆前年时事新报馆之记者林寒碧君被车辗毙后,其结果仅监禁数月了事,而独于辗毙某西人之爱犬一事,开审数堂,某汽车行大延律师辩护,用去讼费万金,其结果适因西人返国,遂以五百金之罚金了之,若西人不急于返国,恐尚无如此便宜也。呜呼!华人性命不如西洋狗,固不自今日而始然矣。

汽车史中尤有一趣事，闻第一号照会之汽车昔为仁记洋行之西人所有，其后西人归国，照会撤销，适为牛庄路周湘云氏所捐得。事亦偶然，不知西人之好奇者竟愿出重价以购买之，周氏亦沪之富商，勿允其请。现一号照会之车仍为周氏所有，亦足为华商生色也。

## 汽车逸谈

西人名汽车曰摩托车，闻十余年前，上海最初购乘者为犹太富商哈同之夫人，乘驶极迅，行人常有不及避让之势，然捕房只有取缔马车等规则，而于初发见之汽车无法取缔，惟准马车等规则自亦可推之至于汽车，遂禁止其快驰，否则议罚五百金，其人欲快意，恒怀钞票数十金疾行于南京路，巡捕干涉则如所罚之数予之，虽一日数罚不恤也，巡捕亦渐任之。迄后汽车日多，伤人之事亦夥，除私家自备外，别开公司以待雇者亦踵相接，于是纨绔之子、青楼之妓竟以此为出风头之具，乘一小时价约四、五元，车价则自千元至数千元不等。据民国七年工部局之报告，共有汽车一千二百四十八辆，较前年增二百六十辆，其中私有者九百三十四辆、公有者一百二十一辆、运货者二十三辆、其他一百七十辆。汽车前嵌之两巨灯，光力至猛，射入眼欲晕，巡捕皆以为不便监视，曾由工部局令缩减光力，否则议罚也。

## 电　车

上海公共租界之有电车，始于西历一千九百零八年六月（即清光绪三十四年），为股份有限公司，每股银五十两，二十五年后归为工部局，故一切均受工部局保护，创办以来今已十年矣。此十年中，营利日见发达，其股票价值已超过原票额之半，现有正车百余辆、拖车百余辆、无轨电车十余辆，卖票及开车人各三百余人。法界之有电车亦于同时成立，当时英、美两电车各行各路，后始通车，行者尤便。华界电车始于前年成立。兹将各界之电车总栈地点分述如下：公共租界，一在静安寺、一在提篮桥；法界，在罗家湾；华界，在沪杭车站。电车之发达，初非意料所及，盖议行电车之际华人绝对拒绝，谓乘者易触电伤死，犹忆当时反对派之纷纷开会，各业相戒伙友不搭电车，甚且立惩罚章程。开通最早之上海而有此现象，亦电车史中之一段笑话也。

## 红白灯牌

癸丑秋，余友胡海峰自美界乘电车越垃圾桥而南，是桥两边近堍初基低垂，正中渐高，对面不见，桥仅单线，适同时由南而北之电车亦达单线彼此始觉，北车则退倒原道（平路双轨），拖车不能自主，误入歧途，正拖被牵制，皆失自由，横亘轨道，乘客已跃下，而南车揿机停顿，桥势倾莫能遏，互相碰撞，损坏尚不甚巨。甫经一月，电车公司在此桥中间立一木牌，可以旋转自如，一面垩粉、一面涂朱，派人专司其事，遇两车同至，转垩粉向先到之车放行，背面涂朱向后到之车令止，待先行车过单线，然后转垩粉示后车行，危险永免矣。

法界电车多单轨，车行有定时，车单轨起点、终点及转角处俱设有电杆,高悬电灯,无分昼夜,安有电线,由近达远,如甲车入起点单轨,未启行时司车人趋电杆,转其机至终点电杆,灯见红色,令乙车待候;如甲车已出单轨终点,转灯现白光,而乙车知前途无阻,放胆进行,复在终点转机至起灯电杆,发红色灯光以阻丙车,循环不已,诚良法也。

## 英美租界电车路牌

上海英美租界之电车,每于车之首尾悬一木牌标明第几路,使乘客一望而知为往何处者,法至美也。惟自一路至十五路,间有未见路牌者,或早夜起点着点不同者,特为揭出,居沪者不可不知也。

**一路** 自静安寺至十六铺,惟夜间十时后至外洋泾桥为止(自大马路外滩至十六铺可买英法联票)。

**二路** 自卡德路至新靶子场,惟上午七时半至八时半、午间十一时半至下午四时半或五时半,及夜间八时后,有直达静安寺者。

**三路** 自麦根路经新闸路至东新桥。

**四路** 惟夜间十时后由沪宁车站至东新桥,即五路之变更者(不悬牌或将五路牌反悬)。

**五路** 自沪宁车站至法界斜桥止,惟夜间十时后至东新桥为止,即改为四路(自五云日升楼至西门可卖英法联票)。

**六路** 即外圆路,自沪宁车站起,东西各有车若干辆背道而驰,仍各至沪宁车站为终点。

**七路**　自沪宁车站至提篮桥(昔名里圆路,因所经地点与现时不同,故已取消)。

**八路**　自十六铺至杨树浦尽头,夜间十时后以外洋泾桥为起点(经东西华德路)。

**九路**　自十六铺至杨树浦桥(又名兰路),夜间十时后亦由外洋泾桥为起点(经东西华德路)。

**十路**　自外洋泾桥至提篮桥(经东西华德路,不常开,不悬牌)。

**十一路**　自外洋泾桥至新靶子场,惟于晨间、午刻及傍晚时开行(钟点与二路略同)。

**十二路**　自靶子路至马霍路口。

**十三路**　即自郑家木桥至天妃宫桥之无轨路(不悬牌)。

**十四路**　自外洋泾桥至提篮桥(经东百老汇路,不常开,不悬牌)。

**十五路**　自外洋泾桥(经新闸路)至麦根路。

法租界电车路名均载明价目表,悬于车中,无庸钞录。

# 电车号数

公共租界行驶各电车,观其号码达二百余号以外,不知者以为车数至多,而实则不然。电车统有轨车、无轨车而言不及百辆,拖车只数十辆,其编号规定,首尾开门之车自一号起、拖车自一百零一号起,中段开门之车自一百五十一号起,无轨车则自二百零一号起,其中缺额固甚多也。

## 南市电车成立之经过

南市建设电车,当清季时早为外人觊觎,总工程局成立时,有美商古纳之函请及东方万国公司之要求均经工程局拒绝。民国元年春,内地电灯公司总理陆伯鸿氏以内地电灯公司现储电机多座,极合驶行电车之用,呈请市政厅列入议案通过,遂集股开办。计自筑路铺轨以迄行车为期仅十阅月,中经波折,又遭癸丑兵燹,其办事之势力殊可嘉也。

## 租界电话之创始者

近租界电话线纵横四达,不下六、七千号,今年复有中央线、东西线之分,机铃振亿,有条不紊,可谓极人工之能事矣。考其造端之始,实起于光绪壬午之夏,距今仅三十七年耳。时有英人名皮晓浦者设公共电话,自十六铺达正丰街,两端各设一局,凡通话者,每次纳制钱三十六枚,即可邀人对讲,惟沪人士视为游戏性质,不久遂废。翌年春,天主教司铎能慕谷复由徐家汇架线以达英法租界各洋行,为预报风雨之用,人咸便之,嗣是以次推行,由架线而改地线。至今凡百商业之稍具规模者及住宅之稍有余力者,几无不家通户达,脉络相贯矣。《书》曰:"作始也简,将毕也巨。"企业家当知所从事矣。

## 南市电车创始记

上海南市电车创于一九一二年四月,主之者为陆伯鸿,奔走运动,竭力提倡,得官厅之许可、资本家之协助,于是集二十万金而成此伟大之计划,亦即华人破天荒之自办电车也。其中投资者、管理者悉为华人,所仅有之外助只西门子洋行谷邱君一人而已。谷邱初充工程师,迨路工告竣后,即退处公司顾问之职。

铁轨购自德国之豵霍纳木厂,每一米特长计重一百瓩轮;车购自英伦泼兰斯登公司,与租界所置者性质相同;至电线、电机及附属各件,皆有西门子公司承办也。先是,各项材料系于一九一二年五月分头定购,本可早日兴工,不意运轨之船行至地中海遇火,因复折回汉堡,比抵沪已在一九一三年之三月,而敷设工程历三阅月而藏事,时已届六月之杪矣。电车发动机最大之速率每小时行十二英里,然初仅自十六铺筑至沪杭火车站止,其长为两英里半,拟定于二十分钟到达,故平均速度饶有余力也。车座仿法租界式,分头、二两等,承造车身者为求新厂。电车之电力由上海内地电灯公司供给,该公司旧有一百启罗瓦特之汽机二具,因一九一〇年别记新发电房,于是此二机废搁不用,至是由工程师勘验无异,遂改为电车所有,更益以比西司式蓄电池及推起器各一具,保其平衡,即电机偶遇断续亦无影响也。电机能发五百五十弗打之电力,至电线,每一汽机能驱车十八辆乃至二十辆。是年七月初试车,适讨袁军起,沿轨夷为战地,车厂亦受损害。及秩序回复,乃于八月十一日正式驶行矣。


按,此系南市电车初创之概况,故以"创始记"标题,今则环路落成,进步日昇矣。

## 华商电车路线

华商电车路线计有四道，一高昌庙至小东门、一西门至沪杭车站、一西门绕小南门至小东门，均属华界；一小东门至西门，为中法交界，与法商共之，盖因其营业在先也。

## 电报起源

光绪初年，李合肥驻节于沪，倡始以电线通消息，迄三年五月五日始成一段，仅由行辕通至制造局耳。时民识极陋，见者莫不称奇，及七年十一月而北通天津，九年三月又南达粤东，于是总局成立开始营业，蒸蒸日上，以迄于今。溯数十年前创办之初，居民之观念盖未尝不如西印度人之骤见哥伦布轮舟，以为天外飞来也。

## 电　报

电报起于清道光十七年，时在西历一千八百三十七年，有苏格兰人阿里士发者在伦敦首先创造，其行于我国则在光绪八年秋，以李鸿章所架设于上海至天津间者为嚆矢。厥后除中国自设电报局外，复有大东电报公司、大北电报公司、大德和电报公司等次第兴设，以上海为总枢纽，更于海底电与无线电之设，消息益灵。兹仅就上海通外洋各国之电报，略述如下。

**水线**　由上海一至川石山达台湾，一至日本之长崎，一至英属之香港，一至荷属南洋各岛达暹罗、锡兰、缅甸，一至澳大利亚及太平洋诸岛,一至非洲达高加索、俄罗斯,一至美洲合众国。

陆线　北由上海至蒙古,达俄之恰克图,经珲春达俄之海参崴;南由上海至广西镇南关,达安南之动坦,或绕香港,经南亚达土都君士坦丁,或绕广东之东兴达安南之蒙开;西北由上海至天山南路,经中亚细亚直达俄都圣彼得堡。

# 招商局之略史及成绩

现在我国航业之公司,其最大而资格最老者首推招商局。该局创始于前清同治十三年,初属官办以便运粮,继改官商合办而扩充之,督办等职由官兼充,美其名曰官督商办,其实为官僚发财地耳。及中法役起,乃以兵费问题牵及该局事业,结果竟以银五百二十万两抵押于旗昌洋行,幸为时未久即行赎回,以迄于今四十余年。今该局总理等职咸由股东选举,已具完全商办之形式矣,惜仅有汽船三十一只,供来往沿海江河各埠,至海外航业尚未计及,是其缺点也。兹将该局所有之汽船三十一只船名、航路、装造年份、载重数吨等项列举于后,以备研究实业者之参考焉。

| 船名 | 航路 | 装造年份 | 载重吨数 | 速　率 |
|------|------|----------|----------|--------|
| 江孚 | 长江 | 同治十二年 | 四〇〇〇 | 一〇·〇 |
| 江裕 | 长江 | 同治十二年 | 四〇〇〇 | 一二·〇 |
| 江永 | 长江 | 光绪二年 | 三五〇〇 | 一一·〇 |
| 江宽 | 长江 | 光绪二年 | 三五〇〇 | 一一·〇 |
| 固陵 | 汉宜 | 光绪十一年 | 二五〇 | 九·〇 |
| 快利 | 汉宜 | 光绪十九年 | 八七九 | 一一·〇 |

| 船名 | 航路 | 装造年份 | 载重吨数 | 速　率 |
|------|------|----------|----------|--------|
| 江天 | 宁波 | 同治九年 | 三八〇〇 | 一一・〇 |
| 海定 | 温州 | 同治十三年 | 一三〇〇 | 一一・〇 |
| 海晏 | 福州 | 同治十三年 | 一三〇〇 | 一二・〇 |
| 江新 | 长江 | 光绪三十一年 | 三三七二 | 一六・五 |
| 爱仁 | 厦汕 | 光绪十六年 | 一三四三 | 一〇・〇 |
| 致远 | 港粤 | 光绪七年 | 三〇〇〇 | 一〇・五 |
| 广利 | 港粤 | 光绪九年 | 三〇一〇 | 一〇・五 |
| 广大 | 港粤 | 光绪九年 | 三〇一〇 | 一〇・五 |
| 美富 | 港粤 | 光绪五年 | 二五〇〇 | 九・〇 |
| 江通 | 广澳 | 同治九年 | 五六六 | 一一・〇 |
| 丰顺 | 北洋 | 光绪元年 | 一三〇〇 | 一一・五 |
| 图南 | 北洋 | 光绪七年 | 二八〇〇 | 九・五 |
| 普济 | 北洋 | 光绪八年 | 一一〇〇 | 一〇・五 |
| 飞鲸 | 北洋 | 光绪九年 | 一五三九 | 一〇・〇 |
| 广济 | 北洋 | 光绪十三年 | 五〇五 | 一一・〇 |
| 新裕 | 北洋 | 光绪十五年 | 一六二九 | 一二・五 |
| 新丰 | 北洋 | 光绪十七年 | 一八四六 | 一一・〇 |
| 新济 | 北洋 | 光绪十八年 | 一八四六 | 一一・〇 |
| 公平 | 北洋 | 光绪二十年 | 二四七五 | 一〇・五 |
| 安平 | 北洋 | 光绪二十三年 | 一八五七 | 一二・〇 |
| 泰顺 | 北洋 | 光绪二十三年 | 一九六二 | 一〇・〇 |
| 遇顺 | 北洋 | 光绪二十六年 | 一九六二 | 一〇・〇 |
| 新昌 | 北洋 | 光绪三十一年 | 二〇〇〇 | 一一・〇 |
| 新康 | 北洋 | 光绪三十二年 | 二一四六 | 一一・〇 |
| 新铭 | 北洋 | 光绪三十二年 | 二一〇〇 | 一四・〇 |

# 招商局

前载招商局情形，兹就鄙见所知，其中尚有未尽之处，爰续志之。

创办招商局之鼻祖曰朱云甫，当时为运漕起见，经营航业，其意盖欲收回外溢之利权也。朱殁，李鸿章挽之以联，中有"创中国数千年来未有之局"，即此一语，朱氏之功已可概见。继起者有唐景星、徐雨之，唐借徐之财力，徐借唐之才力，互相辅助，遂使招商局逐渐发达。厥后该局被旗昌售去，幸办事人严芝楣闻信即日赶赴天津，面禀李鸿章力求挽回，因向旗昌收回。惟该局自盛宣怀为督办后，独断独行，所用悉系私人，相沿至今，尚未见有若何之改进也。


# 宁绍公司成立之由来

宁绍轮船公司系浙商虞洽卿所创办，成立于前清末叶，原因三公司（招商、怡和、太古）来往沪宁（宁波）之轮船运费昂贵，虐待乡民，大动宁绍人士之公愤，遂由该二府人士发起是公司。数百万两股本嗟咄立至，购船只、立码头，未旬日宁绍公司脱颖而出，其魄力之巨诚非他处人所能企及，虽外人亦莫不钦服焉。初惟有船一、二艘专往来宁沪装运同乡，取价极廉，既而添购新船，推广航路。迄今仅十余年，已有汽船多艘，内而江河、外而沿海，几无一埠无其公司，其进步亦云速矣。

# 公票局

自上海至汉口之航线来往轮船，计招商局五艘、怡和洋行五艘、太古洋行六艘、日清公司八艘、鸿安公司四艘。船只既多，各公司之竞争遂日烈，争揽搭客、贬售票价，无所不至，与定章相去既远，而营业之前途愈不可问，于是当局者日鉴于航业之日益堕落，乃发起组织一团体整理一切，此公票局之设立所由兴也。

**公票局之历史**　三年前，有大资本家某君等筹集资本十余万元，开办普益公票局，聘王某为经理。当时因铺张过甚，开销太巨，每月须一万一千元之数，而内容又极腐败，弊窦百出，不数月而十余万元亏蚀殆尽，局遂停办。越年余，局中原有人员雄心未死，乃卷土重来，谋第二次之成立，招集所有轮船买办各出资本五百元，组织长江公票局。各轮船买办以公票局于航业有密切之关系，一致赞成，遂于民国五年阳历元旦开办，是为长江航线有公票局之历史也。

**公票局营业状况**　公票局第二次成立后，力图振作，每月开销减至三千余元，但营业状况则日减一日，其原由大半受火车、小轮之影响。自沪宁铁路通车以来，而上海人之至镇江、南京者惯座官房舱之客，利其时间迅速，去者已十八九，普通舱客人贪其价廉，尚蒙惠临，今公票局所取票价与火车三四等票价相去不远，故镇江、南京二处之客至今均以改乘火车者为多。况自镇江至南京、至芜湖、至九江、至汉口，处处均有小轮，公票票价既贵，旅客改乘小轮者亦不在少数。故公票局票价虽较前增取一倍以外，而旅客则较前大减也。

**公票局之组织**　现今公票局之内容，其资本概由各轮船买办集合而成,痛痒相关,整顿自易为力。其组织之法,各轮船水脚由公票局向各公司按船订定价目,俟轮船回沪后,由各轮船买办将所售票资悉数交与公票局,公票局除缴与各公司所订定之水脚外,再贴还每船之开销(亦按船之大小定数之多寡),其票资之盈亏概与各买办无关,由公票局负其责也。

**公票局之过去及将来** 公票局自五年阳历元旦开办以来,已三年有余,以铁道及小火轮等种种窒碍,营业上未能十分发达,而各股东股本折蚀几尽。其实自开办以来,于水脚足可敷衍,所亏耗者局中按月之开支耳,盖每年须四万金之谱也,然较之昔日已进步不少。设或公票局一旦消灭,团体涣散,则各公司必互相争斗,互相倾轧,其损失当更不在少数,试较量乎重轻,则亦此善于彼也。

## 长江航线轮船买办姓名及水脚开销一览表

自上海至汉口航线,招商局、怡和公司、太古公司、日清公司、鸿安公司所有轮船,除招商局之江宽已被撞沉外,现尚有二十八艘。兹将各轮买办姓名,及公票局与各公司所订水脚及认贴各船开销列后。

| 公司名 | 船 名 | 买 办 | 水脚数 | 开销数 |
|---|---|---|---|---|
| 招商局 | 江华 | 王百年 | 一九八〇 | 八〇〇 |
| | 江新 | 王子章 | 一九八〇 | 八〇〇 |
| | 江裕 | 林晓泉 | 一五七〇 | 七五〇 |
| | 江永 | 袁仲慰 | 一二八〇 | 七五〇 |
| | 江孚 | 孙铁舟 | 一一六〇 | 七五〇 |

| 公司名 | 船　名 | 买　办 | 水脚数 | 开销数 |
|---|---|---|---|---|
| 怡和 | 德和 | 吴日葵 | 一三〇〇 | 八〇〇 |
| | 隆和 | 王超然 | 一三〇〇 | 八〇〇 |
| | 吉和 | 钱梓堂 | 一一〇〇 | 七〇〇 |
| | 瑞和 | 严明远 | 一一〇〇 | 七〇〇 |
| | 联和 | 史日初 | 一一〇〇 | 七〇〇 |
| 太古 | 武昌 | 魏宝炎 | 一一〇〇 | 七〇〇 |
| | 安庆 | 王润身 | 一二〇〇 | 七〇〇 |
| | 大通 | 朱记炎 | 一二〇〇 | 七〇〇 |
| | 洞庭 | 陈吉元 | 未详 | 未详 |
| | 联益 | 盛少鸿 | 一一〇〇 | 七〇〇 |
| | 鄱阳 | 未详 | 未详 | 未详 |
| 日清 | 凤阳丸 | 李九香 | 一三〇〇 | 七〇〇 |
| | 岳阳丸 | 王桂增 | 一二〇〇 | 七〇〇 |
| | 襄阳丸 | 解少白 | 一二〇〇 | 七〇〇 |
| | 南阳丸 | 吴志清 | 一二〇〇 | 七〇〇 |
| | 大福丸 | 向宝顺 | 九〇〇 | 六〇〇 |
| | 大贞丸 | 陆清寿 | 八〇〇 | 六〇〇 |
| | 大利丸 | 顾荣根 | 八五〇 | 六〇〇 |
| | 大吉丸 | 丁郇膏 | 七〇〇 | 六〇〇 |
| 鸿安 | 长安 | 王学泉 | 七〇〇 | 六〇〇 |
| | 德兴 | 胡乐三 | 七〇〇 | 六〇〇 |
| | 宁绍 | 张春发 | 一三〇〇 | 七〇〇 |
| | 华盛 | 周咏璋 | 未详 | 未详 |

# 上海之航务

上海南市十六铺以及租界黄浦滩一带与夫苏州路等处,航埠林立,内通各省及本省内苏、常各属,外通东西洋各国,航务之发达,日盛一日。从前运米之船有四,一曰沙船,船商多隶江苏及本埠,惯行北洋;一曰蜒船,船商多由浙、宁来此贸易,能行南北洋;一曰卫船,船出直隶之天津及山东界,贸易南来,只行北洋;一曰三不像船,船出福建,与各船相似而不同,故名,亦能行南北洋。以上各船俱雇商承揽,每船装米三千石至一千五百石不等,随船身之大小验定派数,均以八成兑运粮米,二成听装民货,免其税。每石给水脚银四钱,耗米八升,承运白粮每石耗米一斗,另给每船赛神银四两,犒赏银三两,天津挖泥压空钱一千文,每百石垫舱芦席银一两三、四钱不等。凡船商承运至一万石以上者,准给顶戴,承揽之船限十一月集黄浦,候抵津交卸。其他则本港商船蚁聚浦滨,舳舻尾衔,帆樯如栉,由南载往花布之类曰南货,由北载来饼、豆之类曰北货,率以墨银成交,利遇倍蓰,转瞬可致富。迨泰西各国通商后,准火轮驶往各埠贸易,于是沙船等之利分,而土著之商贾大受困窘。然当时外国入港船舶,只能距港十二里之处下碇,不得上驰至黄浦,船上各物不得擅自以小船卸运,又上海官吏不屑与之直接应对,遇有交涉概令经纪传达言语,而船舶之课税及船长、船员之犯罪皆听处分于此经纪,且非经经纪之手不得买卖一物。及鸦片战争后在南京改订通商条约,以上海为商埠,中日战争后在马关缔结航船通商条约,日本得由上海入吴淞之自由航权,而中法条约、中美条约相继订定,上海贸易遂盛,航务日益发达。然当光绪二十五年六月我国从英公使马克纳尔特之要求,始实行开放内地水路,得由上海乘小汽船航行各区域,限于省内之有商港者而已。翌年,马公使又请益,遂改小汽船为汽船,而航程亦展开一步,将"商港"二字删去,故今日皆得自由来往,而船舶之集于浦江者较前更盛。兹就上海通江海航路及内河船路,列表如后。

**上海通江海航路表**

北洋:由上海至山东之胶州、烟台,直隶之天津秦皇岛,盛京之营口;又由烟台至仁川、釜山及日本之长崎;又由塘沽至盛京之营口,朝鲜之仁川、木浦、釜山,日本之长崎、下关、神户。

南洋:由上海南至浙江之宁波、温州,福建之福州、厦门,广东之汕头、广州;又由福州至福宁、至兴化;又由厦门北通福州,南至汕头、香港,东航台湾之淡水、安平;又由香港至广州、汕头,北通厦门以及上海,南往吕宋、新金山,东至台湾、日本,西赴南亚及欧洲诸海岸。

东洋:由上海东航日本之长崎、神户、横滨。

长江:由上海西航通州、江阴、天星桥、镇江、仪征、江宁、芜湖、大通、安庆、九江、武穴、黄石港、黄州至汉口,又从汉口至新堤、岳州、沙市、宜昌。

**上海通内河航路表**

江苏:由上海西南至闵行、松江及浙江诸地,西北至黄渡、白鹤港、朱家角、昆山、巴城、常熟及苏州,东北至崇明、海门,又从苏州南至吴江、平望、震泽及浙江诸地,北至无锡、洛社、五牧、横林、常州、丹阳、镇江,再从镇江西至仪征、江宁,或从镇江至瓜洲、扬州、仙女庙、邵伯、高邮、界首、氾水、宝应、平桥、淮城、清江浦。

浙江：由上海东北航苏州至嘉善、嘉兴、平湖、硖石、海盐、海宁，西北航苏州至南浔、湖州、菱湖、塘栖达杭州，东航舟山、镇海达宁波，西航余姚，南航台州之海门。

福建：由上海出吴淞口至镇海洋面往福州西航洪山、竹支、闽清、小若、大若，至水口东航大桥、马尾、洋屿、闽安、浮峙潭、研石后福至梅花。

安徽：由上海经江宁达芜湖，航雍州镇、运漕镇、巢县中庙而至庐州。

## 沙　船

本邑当商埠未辟以前，因地理上之关系，居民操航业者甚多，邑中富户由此起家者颇不乏人。所用之船名曰沙船，以其形似沙鱼也。往来闽、广、鲁、直一带，载南货而北，又载北货而南，转辗之间获利倍蓰，尤以道光中叶改河运为海运，百万漕粮由沪至津均以沙船承其乏，一时生涯鼎盛。迨海禁大开，汽船云集，漕粮归招商局承运，沙船生涯日形寥落，以今视昔，不及十之一二矣。

## 洋舢板

宁波舢板一名"洋划子"，多泊浦江码头，船身与蓬氈以色漆，颇美观。操此业者多粤、闽、宁波人，船均向水巡捕房捐照，载客生涯颇不恶。惟若辈操舟者半多匪类，遇异乡过客或带有银钱者，船至浦心，停橹勒索，谋财害命之事在所不免。搭客欲防此害，下船时可记明其船上号数，讲明价钱，清晨、深夜万勿搭坐，则不至受愚也。

## 漕运之升沉观

海运兴于胡元，明、清仍之，胜清咸丰五年，江浙漕米悉于上海交兑起运，苏以海防同知主其事，局在陆家浜海神庙左，浙则设局于小南外王家嘴角西，由浙抚派员来沪司其事。其运米之船有四，曰沙船、曰蜑船、曰卫船、曰闽船，皆招商承揽，均于仲冬时群集黄浦，装米赴津。迨后改由招商局轮船转运，光复后漕运消灭，苏、浙两局地产旋收入官产标买，而浙局为沪官产处收没，经浙省几度之交涉，始得收归浙有。

## 邮　船

日本有邮船会社，其船较三公司之船为巨者甚多，且多航行欧美，以此之故，凡遇航海之巨船，无论为何国者，人多以"邮船"呼之。三公司航海之吨（此所谓海乃指沿海而言，非如邮船之航太平洋、大西洋而名为航海者可比），不过一、二千吨，邮船则自一万吨至二、三万吨以上，速率亦快四分之一，价则头等自四十元至六十余元，较三公司之官舱十余元者加数倍（三公司之大餐间每人六十元，多以其价昂不值，乘者甚少）。其公司有东洋汽船公司、东洋轮船公司、日本邮船会社、太平洋邮船公司等为最著，其船只能停于吴淞口外，以浦中水浅故也。近年华侨创设中国轮船公司，有船曰南京、曰中国（又名支那，实则名差拿）两艘而已，且在美国注册，然亦足以自盖其羞矣。

## 邮务分局设立地点

上海邮局除北京路总局外，支局已有二十处，各分疆界，收递信函，亦有只管理收信而不管理递信者。兹将支局地点录之如下：

第一支局　城内旧校场福佑路

第二支局　城内采衣街（不管理递信）

第三支局　南市行仁码头

第四支局　浩东河塘街

第五支局　百老汇路（不管理递信）

第六支局　西华德路

第七支局　北四川路

第八支局　路界

第九支局　卡德路

第十支局　新闸路

第十一支局　南京路

第十二支局　巨籁达路

第十三支局　天主堂街

第十四支局　西门徐家汇路

第十五支局　　里马路
第十六支局　　西华德路蓬路转角
第十七支局　　闸北共和路
第十八支局　　霞飞路
第十九支局　　杨树浦路
第二十支局　　徐家汇徐家汇路

# 人头龙头

沪滨中下等社会人,往往称邮票曰"人头"或曰"龙头",不知何所取义。后问之老于洋场者,始知其得名之由,盖当中国未办邮政以前,外国先有一种书信馆,专为彼邦人交通利便而设者也,其邮票上印其国元首肖像,故人呼为"人头";迄前清创行邮政,票上印一龙,故又呼为"龙头"也。袭谬承讹,至今此语犹时一闻之。

# 十七 军事

## 中国练洋枪之始

  清当洪杨之役,节节溃退,郡县望风而降,三分天下已去其二,宗社不绝如缕,卒以上海一隅地为东南之巨梗,由是而士绅乞师,由是而派兵应援,不逾年军声复振,次第荡平,竟借此寸壤而推翻全局,延胡祚六十年之久。说者谓其存亡之枢机实系于上海之外人效命,其首功即美人华尔之洋枪队也。华尔长于粤,尝经商沪上,至是募壮丁数百,窄袖短衣,作西兵装束,授以洋枪步伐之法,号"常胜军"。厥后推广军额,不下四、五千人,战守攻取,所向克捷。当时主其议者,苏抚吉尔杭阿也。后华尔以攻宁波阵亡,同时又有法提督卜罗德,亦以协剿柘林殒命(法捕房之铜像即此人),清廷并优恤之,而洋枪队实始于华尔也。

# 制造局溯原(一)

制造局在城南高昌乡,满清同治元年江苏巡抚李鸿章平长发之役,得洋枪炮弹力居多,因令苏松太分巡道丁日昌在沪设局鼓铸,僦居浦北虹口洋房,名机器局,以候补道应宝时、冯焌光、沈保靖总其事。无何,丁日昌擢充巡抚,会江苏曾国藩来沪,以旧局狭隘,奏请扩充,适应宝时补充巡道,为筹划经费,始定议移建今处。购田七十余亩,以二十余亩为局房及制造之所,以四十余亩设船厂、船坞、马头及洋匠住房,其中匠住房则另于厂东购地五亩盖造焉。监造者为候补知县孙玉堂、华蘅芳,经始于满清同治五年八月,成于六年冬。八年秋,续建翻译馆于西北隅,以广方言馆生徒移附。九年春,又于西北添设厂屋四座,而局制始大备。局濒黄浦,三面缭以高垣。前则列木为闲,署其门曰"江南机器制造总局",中为公务厅,厅西迤北为公局,局亦有厅,厅后有楼四楹,官吏筹议局事于此,局东为文案房、为画图房,又东为总库房,又东迤北为生铁厂,又东为木工厂,正北一带皆厂房,攻治大炮之地在其东,大机器厂在其西,气炉厂及造轮船、机器、锅炉厂皆在焉,实为制造总汇。厂门外治直道以达黄浦为马路,东南隅洋房两座,为西匠所居,东北隅百楹错杂,则中匠所栖止也,直道之东为船坞,又东为船厂,坞西则为木栈,又称西厂为储积材料之所,局西迤北为翻译馆,为广方言馆,又西北为洋枪楼,楼东为熟铁厂,楼西迤北为汽机厂,内设汽机、锅炉各二,又北为卷枪厂,于是广袤凡四百余亩。初,火箭厂借地为之,六年冬令知县丁惠安别建于陈家港,计地五亩,是为机器局火箭分厂。九年冬又于龙华购地八十余亩,建厂房自制洋枪细药及铜冒炮引,共费白金二十余万,总办局务者为应宝时、沈保靖,而以冯焌光、杜文澜、徐宗瀛、郑藻如为会办。过此以往,时复扩充,迄今则规模大备,成为制造局之巨擘矣。

## 制造局溯原(二)

洪杨之变,洋兵常胜军及李部之淮军多驻于沪南高昌庙,便教练也。乱事既定,中兴诸将知非讲求制造无以争胜,会奏创办制造局于高昌庙,名曰"江南机器制造总局",直隶于两江总督,沪人称之曰"铁厂"、曰"南铁厂"、曰"制造局",实皆非正当名称也。龙华之分局专造火药枪子,故亦称"子药厂",张南皮等曾奏定另设局于大冶,规模极大,约倍于今之汉阳兵工厂,而名义上则附于沪局,可知沪局之见重于当道者由来远矣。清季改隶陆军部,光复后曾直接于沪军政府,旋即仍归部属,民国四年七月后复改隶于全国兵工厂督办处,去年再归军部,为统一名称计,改称为"上海兵工厂",以至今日也。

## 制造局溯原(三)

李合肥之规复名城也,以得力于外来之军火者居多,遂在浦北虹口设局试造军械,名曰机器局,冯焌光、沈保靖等先后奉派主其事。同治五年,曾湘乡至沪,以局之规模太小,成效极微,遂与丁日昌合奏扩充之,移建于城南高昌乡,占地七十余亩,以二十余亩为局房及制造所,即今之制造局也。以在城南,故俗称曰

"南铁厂"。监造者为孙玉堂、华蘅芳两人,自五年八月开始,六年之冬告成。八年秋创翻译馆以译西书,开广方言馆以造译才,今日大名鼎鼎无头脑之外交家如陆征祥辈多人,即此馆之出产品也。自后逐年扩充,以至有今日之盛况,数十年前开始之情形,亦安可数典忘之耶?

## 制造局主办人名称之变更

制造局既极为中央所重视,故历来主办该局者多为红员,往往一跃而至督抚,比比然也。自创办以至清末,主事者均称总办,光复后李平书氏主局事始称局长,及陈洛书来则自称督理矣,以示别于他省之局厂。及郑汝成时代,各省遍置将军而以督理军务名之,因恐名之相混,遂更称总办以至于今。吾人溯制造局之称谓,处处涉及政事问题也。

## 火药火箭局

洪杨变后,当道渐知泰西火器之利,乃择各省冲要之地设局制造。沪局在城南高昌庙侧,度地四百余亩,周以缭垣,局中规模宏敞,器具精良,工匠多闽、粤、宁波人,以西人之精通机器者督之,凡锯木、熔铁、铸炮、造船以及钻、凿、刮、磨等事,俱借蒸气之力。其局初在虹口,后经丁雨生中丞奏请移至今处。于局侧设广方言馆,招华童之聪颖者肄业其中,延西儒傅兰雅、林乐知、金楷理诸君授以西法算学、光学、行阵、造作诸事,兼聘中儒教授诗文，岁一考试，拔其尤者充翻译、驾驭等任，其事创始于李少荃而观成于应敏斋，谋国远猷，至今利赖。制造局之外又有火药、火箭二局，火药局在龙华，火箭局在陈家桥，其局务各有委员总理，而制造之法皆延西匠指授，苏省各营军火皆取给于此。其局建于丁雨生中丞，盖由制造局所推广云。

## 火药局轰炸旧闻

火药者不祥之物也，硝烟弹雨，不惜以世界为大墓，供其牺牲者无论矣，即于贮藏之时亦往往因热自炸，与人以无妄之奇灾，虽在列强亦不能免，吾国尤甚。即以去年论，各省药库之自炸而见于官书者已不下十数，龙华造药厂自开办至今，失事亦已多次，此据新式的无烟药而言之，不料数十年前上海之旧式药库曾起极大之奇灾，足供一记之价值。初，鸦片战起，沪上居要塞之一，当局者假义仓为军需局，储药四万余斤，以备缓急，即今九亩地万竹学校旧处也。壬寅三月初，药忽爆发，声闻数十里，黑烟弥天，地陷丈余，震死多人。最可异者，黄渡镇同时空中坠落一尸，血肉狼藉，盖七十里外被炸而飞来者。

## 记二次革命攻制造局事

上海光复之初，既设沪军都督，李平书充民政长，李复创议设沪防军，招募新军两营，又益以旧有之沪军等营及闵行水师三营，共九营，以李英石（名显谟）统率之。英石，平书族侄也。初设司令部于南市大东门工程局旧址,继迁城内旧道台署,大局既定,沪防全军移归沪都督陈英士节制。元年九月,沪都督府取消,而沪防全军归苏都督接收,改编陆军混成第三旅,计步兵四营、炮兵一营,仍以李英石为旅长,并统领水师。其步兵第一、第二两营为李招募训练,第一营营长庄少云,本日本士官学校学生,而各下级军官亦大都自学堂中出身者,故训练最有法,而成绩亦最著,李旅长尤宝爱之。未几,庄少云以殴辱岗警案撤任,继之者为曹肃青。肃青名梓桐,常州人,光复前充江西某营排长,光复后马元良充江西都督,曹以夤缘而充卫队管带,未几因案去职来沪,其人善奔竞,庄既被撤,曹乃补充营长。惟其人刚愎自用,遇事无远识,御下亦不能服众。至二次革命时而有攻击制造局之事,第一营与司令部同驻旧道署内,嗣因屋宇逼窄,乃迁居城西石灰港之新屋,亦李平书创建者。民国二年二次革命,江西首先倡义,东南各省皆蠢蠢思动,是时第一营下级军官及兵士等皆已被人运动,曹未之知也。某日正约期举事,而是日午后各兵士将已有衣服襆被等典质一空,并在兵棚内醵资大饮,狂笑欢呼,曹犹懵然罔觉。至晚间吹号熄灯后(军中兵士熄灯归寝例须吹号,即晨起及午餐、晚餐以至上操场类皆有号),各兵士在黑暗中预备武装、绑腿等事,少顷各队官、排长等在操场大吹叫子,各兵士闻声携枪而出,曹营长至此方知有变,疾奔而出,排长唐尧臣即出手枪向曹迎击,曹亟奔避,中其足胫,而全营兵官已排队向制造局进发矣。曹此时仓皇失措,急以电话报告旧道署司令部,司令部得耗后亟调第□营(亦驻扎城西者)前往剿捕,追踪至制造局附近,而第一营之兵官仅存四十余人,遂俘获十余人以归,余悉被遁去。

当事之初起也,地方既风鹤频惊,而李旅长亦惴惴有戒心,深虑各营兵士有变,乃通饬各营将子弹一律解缴司令部,而所有枪支仍存留营中,以备兵士照常操练,故当日各兵士向制造局出发,不过携有空枪。及出营以后,各兵士亦渐觉悟,行至半途潜逃者已过半矣。各兵士本皆下流社会之愚民,滥竽充数,固不足惜,独彼为官长者无意识若此,其愚真不可及也。

各官兵既被捕,翌日李旅长严行审讯,为首者排长唐尧臣、排长汪杰、中士谢□□(佚其名)等,李旅长以执行枪毙不足以示众,乃用前清枭首旧制,当取其情节重大者四人,一排长唐尧臣、一中士谢□□、兵士二,绑赴道,道照准斩首,其余各兵士均系胁从,发交营仓严行拘禁,而此四人之头分送制造局司令部第一营等处悬竿示众。曹营长事前漫不觉察,临时又措置失宜,发营仓看管。排长汪杰夜间已被脱逃,通令缉拿。其后曹一再向李旅长缓颊,旅长为言于江苏都督,言营长曹梓桐虽平时未能严行约束,而子弹已预先遵令缴解,其心实无他,请予撤职免究,都督许之,而曹之不死,实旅长保全之也。第一营所余之兵士,遂下令遣散,发给恩饷两月。曹自经此役后神志颓丧,不敢如昔日之趾高气扬矣,迄今五年之久,尚未得一噉饭地,居寄法界宝昌路之某里,为马路游民之一云。


## 癸丑制造局之役

民国二年自宋渔父被刺后,人心忿激,舆论哗然,屡有民党图攻制造局,迭为军警破获,袁政府复命郑汝成率北兵南下,屯驻局中,严密防守。七月中旬,宁垣独立之信息传来,而民党之欲攻制造局益来,既而刘福彪率镇军、钮永建率松军陆续而至,战机已成,危在眉睫。淞沪警察厅长惧而辞职,及民党设司令部于沪南,风鹤之惊,一日数起,加以土匪分布谣言,将肆焚劫,南市居民纷迁租界以避危险,并临时集设保卫团以防劫掠,学、商各界以弭兵主义屡议分别劝阻无效,至二十二日晚而兵端开矣。南市距离战线至近,炮火易达,老弱妇孺宵中闻警仓皇出走,途为之塞,白日停战,入夜交锋,连续数夜,毁屋伤人,流离载道,电灯、机水均受击损,至二十六日始止。是时各办公机关尽失维持之力,巡警、商团无从防卫,溃兵满路,巷无居人,匪众乘间抢劫,无日无之。民军既遭失败,司令部徙至闸北,二十八日又徙吴淞,战事始告终焉。

## 上海光复记

辛亥九月十三日为上海光复之期,迄今忽忽八年,人已淡然忘之,然此实沪上民国以来第一大纪念,讲求沪乘者不可不知。兹将当日经过之情状,分志于下。

(甲)城内之光复　是日下午五时,有国民军四、五十人,臂缠白布,戎服荷枪,列队由小东门入城,纷向四处粘贴安民告示。至十时许,民军至道署及县署,时上海道已逃往租界,县令亦出走,道署、县署同时失火,消防队急往扑救,旋火熄,城内遍悬白旗,商店仍照常交易,毫无惊扰,而上海城遂完全入于民军之手。

此城内光复之大略情形也。

**（乙）制造局之占领**　同日午后三时许,有国民军二百余人排队过沪军营,两方兵士各举手为礼,营中已高悬民国军旗矣。民军既至制造局,有敢死队一百二十人徒手进攻,旋由领袖向守军演说,谓彼此均系同胞,并不伤犯,幸勿见拒等语。讵局中防兵立放排枪,民军未有准备,致受伤数人。是时民军知不可理喻,乃退走。次日黎明,复有民军一队、沪军营兵士数百人进攻制造局,守兵仍开枪相拒,约二时之久,守兵知难抵御,始向民军投降,而制造局遂完全入于民军之手。此当日占领制造局之大略情形也。

**（丙）闸北之光复**　同日下午一时许,闸北巡警总局之巡防队请领枪弹,不获,大噪。适贴邻某氏居失火,局长姚某以为民军起事,当即遁去,马巡列队绕局一周,各区巡警闻风而集,各以白布缠于臂上,整队出巡,至五时许回至总局,建立光复旗,公举巡防队长陈某为首领,出示安民,而闸北遂入民军之手。此闸北光复之大略情形也。

# 记民国元年警察罢岗事

光复之初,沪上设有沪防军,初归民政长李平书节制,后改归沪军都督节制,司令部设旧道署内,统领有李英石。署之西隅并驻有学生队一队,计六十人,大都皆毕业于小学校者,粗通文义,于操法亦略有门径,学成而后分发各营见习,以备补充下级军官之用。至元年八月,大局已定,沪都督府取消,苏都督程德全来沪点验，接收各军，沪防军改编为混成第三旅，其余各军或裁撤、或改并，而学生队本属骈枝，亦同时遣散。学生队为李统领招募，平日极端注意，一旦解散，意颇戚戚，乃大设筵宴，为各学生祖饯。席间面谕学生，谓："学生队半途中辍，非本统领始愿所及。今日与各学生相别，请尽力痛饮。"陪席者如司令部中之参谋副官、军需官、书记官皆与焉，约共八十人。觥筹交错，意兴甚豪。学生队营长本由第一队营长庄说兼充（第一营同驻旧道署内），是日亦在座，庄为人本极狂诞，且无酒德，每饮必醉，日已西席始散，庄竟大醉，乃乘坐包车回寓。寓在也是园，出道署驱车西行，不半里适有一乡人卖芦粟者经其前，芦粟长可丈许，误触其军帽，帽竟坠地，庄本醉眼朦胧，至此乃大醒，时乡人已狂奔而去，见一岗警在侧，停车向之诘责，岗警言："乡愚误犯尊威，请量予曲恕。"庄不问情由，拔腰中指挥刀当头猛砍之，幸刀尚未开锋，不至伤及生命，然已痛不可支，亟向警察分所疾驰而去。庄亦下车疾追，至分所内肆口辱骂，并捣碎其几案等，警员知不敌，不敢与抗。庄怒犹不息，后回至营内，意欲带领兵士攻打警所，如临敌然。李统领知肇祸，亟亲自上前拦阻，并令第一营各护兵拥入卧室中少坐。庄胡闹许久，几同狂犷，终以狂饮过度，酒力不胜，状至困惫，傍晚始派人护送绕道回寓，次日而城区警察全体罢岗矣。

是时警察厅长为穆湘瑶，其人多机警，有权变，亦沪绅中之表表者。与李统领平日尚契合，至此乃大忿，次日即移文诘质，并会晤李统领，声言："吾与若本交好，今双方须各顾全公事，即使决裂，而吾两人之私交当为别一问题。"其措词圆婉而又锋利如此。李统领自光复后统率防军以来，保卫地方治安不遗余力，遇事皆力顾大局，故颇为地方绅民所信仰，至此双方对峙，磋磨至数日之久，终以庄营长挪亏饷项、挟妓饮酒，肆无忌惮，声名狼藉，遂撤其差。李与庄本同在日本士官学校毕业，且李光复前在南京充马队营管带时，如庄蕴宽及第三标标统庄谔等颇受提携之力，故庄营长虽飞扬跋扈，皆曲予优容，至此刀劈岗警、殴打警所亦万难袒护，而穆厅长亦准予息事，不再深究云。余在沪防军内始终几一年，目击其事，所纪皆实录也。

## 闸北开战之危机

民国二年七月二十八日，闸北发现一极可惊之事，几至酿成重大交涉。盖民军自攻制造局失利后，司令部移至闸北，饷项支绌，曾向某印书馆商假数万元以充亟须。经理夏某非徒不允，且引外人以自卫，立即报告英美捕房求为保护。捕房徇其请，派武装西、印各捕深入华界，该区巡警因主权攸关，出而阻止，顿起龃龉，西商团练相继驰往，华界巡警亦武装相向，几至决裂，人民纷纷迁徙，秩序大乱。嗣经红十字会柯克司医生竭力调停，西兵始允退出，人心大定。其后夏某为人暗杀，闻与此事有关云。

## 敢死队与剪辫

民国肇建，剪发令下，有识之士莫不以划除胡制为首务，风行草偃，固不待劝惩而自能咸与维新也。独一般乡农村夫群以戴笠为借口，几视此为天然之系带，守护维谨，激烈之军士必从而督促之，强迫厉行，不稍宽假，甚有怀剪游巡以取笑乐者，因之酿成惨剧，见诸报端，数见不鲜。当敢死队成军之初，事起仓卒，应募健儿鱼龙并进，若辈既未受军事教育，渺不解风纪为何物，暇辄结队浪游市廛间，以选事为能。某日，有兵士数辈踯躅于徐家汇镇，迎面来乡人四，皆豚尾长垂，一兵士突出不意，曳而割之，三人惊奔，兵尾追将及，相距尺有咫，乡人极声呼救，众疑为盗，荷耡执梃，闻声毕集，反戈相向，兵士大受奚落，踉跄跳逸而免。归诉队长达司令，求所泄忿，复迁怒于警士，以其坐视不救也。司令惑其言，立下动员令，欲与警厅为难，有解事者谓之曰："沪军有都督在，非可造次。苟有所求，宜赴军府请命。"司令然之，复转旆而北，斯时也声势汹汹，如临大敌，将效鬻拳兵谏之故事矣。英士闻之大惊，急以电话调沪军营入署，与之对抗，两军前锋已迫，旋经说明原委，始悉误会之由，双方归队寝事。然该司令之轻举妄动，自此益为上级所疾视，最后遂以移驻宁垣为权宜之安插云。

# 红羊劫中之上海

清咸丰十年，太平军自金陵下窜，苏、常失守，遂侵松郡。将至闵行，为乡民所破，遂转窜泗泾、七宝而屯于徐家汇教堂，薄城之西南隅。当时清军假外人力，用开花炮击之，太平军被歼甚众，忠王李秀成重伤，又借西国兵舰往来巡驶于浦江，殃军渐退，邑得以安。

# 乌龟船破敌之笑柄

道光壬寅，中英失和，吴淞戒严，江督牛鉴移驻上海，求奇材异能之士，一时鱼龙并进。有鲁人丁小仙者，操君平术，以卧龙自负，至是由京口来沪，造制军行辕求见。牛延之入，亟叩所长，丁曰："敌所恃者火轮、火炮耳，破之之法当用水轮船、乌龟船，以水制火，以小攻大，彼技立穷。"水轮船者，以人力踏轮，激浪而行，用以环攻敌舰。乌龟船其体若龟，以八人掉浆，像四足，蒙牛皮为龟背，驶近敌船，拟凿其底。并云其式出自敌中参谋某华人所授，某虽身事外人，固愿效顺中朝者也。制军惑其言，令其如法制造，费帑累万，及成，试演于黄浦。是日浊浪排空，水轮船竭数十人之力，屡前屡却，乌龟船八艘甫至江心，即为怒涛卷没，掉浆者无一生还，丁废然潜遁，不知所终，未几遂有军溃吴淞之变，而宝山、上海相继不守云。按，星卜家以龟为玄武，属北方水星。丁持此说，毋乃惑于生克之见，竟虚题实做欤？一笑！

# 十八　侠烈

## 万福华

国内政治上之暗杀未成案,始于万福华。福华湘人,性亢爽,有胆气,为民党强健分子。当癸卯之岁,王之春为桂抚,时桂省为革命党秘密运动之策源地,之春恐,谋保位计,乃乞援于外人。福华愤之春假外力以助满政府,不恤自残同类,思所以锄除之。未几,之春避其锋,潜至沪上,一日赴宴于英租界金谷香餐馆,甫至未入室,即轰然一响,弹击未中,发枪者遂被逮,后知为福华,由公廨判禁西牢十年,此甲辰十月十三日事也。至丁未,又因闹西牢案,公廨指福华与其列,复判加禁十年,直至民国肇造,始得出狱回复自由。

## 金玉均

光绪二十年二月间,有韩人洪钟宇刺死其国

人金玉均于本埠某旅馆一案。时韩国尚隶我藩属,故公廨验讯后凶犯即解送上海县狱。事后由韩王电请总理衙门归国自办,清廷许之,其电文有云:"洪钟宇奉我命诛贼臣金玉均,并非私怨仇杀"等语。故洪抵韩,韩王即授四品官以酬之。先是,光绪十年,该国开化党金玉均、洪英植、徐光范等,乘中国法越之战,谋脱我羁绊,驻韩日使竹添进一郎实阴构之。时袁世凯以道员兼营务处驻扎汉城,闻耗率兵入宫,相机因应,颇得手。日军溃退,清廷复派吴大澂、续昌两星使驰往查办,执其大院君李昰应以归。事平,洪英植伏诛,玉均等出亡,易西装遍历欧西。英植之子钟宇改名严田和三,尾随十年,至是遇于上海,卒成其志。论者谓洪杀一金玉均,除国之蠹、干父之蛊,一举而忠孝两全云。

按,厥后朝鲜离华自主,改国号大韩,改元光武,非不大放厥词,然不旋踵已舆图易色矣。今之言中日共同亲善者,幸少留意焉。

## 黄勋伯

黄勋伯,广东南海人,沪上万国团练华队副队长也,执业于泰和洋行,寓居美界桃源坊。光绪三十三年二月十五日夜半三时许,邻居被盗,黄君闻声徒手往救,被盗刃伤二十余处,伤重而死,然盗亦终为黄君所捕。是月之二十二日为黄君出殡之期,先由商团公会同人在操场搭盖彩篷,将黄君灵柩及照像供设中央,二时许开追悼会,华队队员戎服分站灵前,由南市商团各学堂代表及学生等依次朗读祭文,行礼而退,继由各国商团列队行举枪敬礼,三时许西武员带炮车至,工部局西乐队及中西巡捕均列队而至,旋由华队排长八人舁灵柩登炮车,各国团练均举枪致敬,次由团练司令传令出发。沿路致祭者甚多,两旁观者不下数十万余人。西人来观者,灵车过时均脱帽致敬。沪上华人照阵亡例,以炮车为灵车者,黄君实第一人也。

中外人士之推重黄君者,谓其能牺牲一己之生命,力图社会之公安也。盖当时华商队初成立,乃有此尽力社会之好男儿应时出现,一时叹赏不绝,不独吾国人推为侠义之奇男子,即西人亦同声致敬,谓中国商团中大有人在,举平日藐视中国之观念一扫而空,于是工部局特辟新例,允黄君灵柩用炮车舁载,从河南路起直走南京路,至卡德路止。此可敬可荣之黄君,遂永为上海之光。时新舞台特编一剧,曰《黄勋伯》,能将黄君英毅之概曲曲传出,并勖国人以尚武,每演座为之满,感化之力至大。惜年久不演,今知其名者鲜矣。

# 金琴孙

十年前金琴孙被刺,亦为沪上暗杀之最著者。先是盗魁范高头者,以盐枭横行海滨,沪上尤为党徒出没之处,商民受其害者冤莫能申,大吏缇索甚严。或称金琴孙才,时金已由商而官,入资为候补道,于是苏抚以属金,语之曰:"能得范高头者,当酬以不次之擢。"金心动,然审知范不易与也,请试为之,毋限岁时。出则侦范所部有甲若乙者,咸耽酒而渔色,先是百计交欢之,且阴以金佐其挥霍，甲、乙皆喜，以为相知恨晚，久之即为兄弟。一夕饮妓家，两人被酒自豪，举杯谓："金君见厚如是，得毋有所为耶？如有故，当为君尽力，刀斧汤火不辞也。"金微笑曰："事则有之，恐君辈力不及耳。"两人被激，皆暴怒曰："吾侪乃有不能为之事耶？君毋蔑之！"金从容引杯曰："吾语过，两公怒固，当罚此一卮，何如？"两人固问何事，金佯闷之，已而曰："拘一人耳。"两人益跃跃曰："是何难者，请矢为之。"金麾左右出，乃授以意，两人舌挢良久。金探怀出两奖札，授两人职，皆千总，赫然两人名也，相与筹议久之。酒罢十余日，官军猝叩范所居，范跃出，方格斗，见甲、乙来，以为助已也，既近，忽左右掎之，遂擒范，枭吴市。苏抚奏章甫出，而金已饮弹死于四马路之某妓院之门口。噫！度自金案以后，十余年以来，暗杀之案层出无穷，可以观世变矣。

## 宋遯初

民国二年三月二十日夜十时四十五分，沪宁铁路车站忽发现一可骇之暗杀案，即宋遯初先生之被刺是也。先是，宋先生定于是晚十一时乘特别快车赴宁，转附津浦车北上，而不意刺客已狙伏于此。当此案未发现以前，即传说有人来沪谋刺先生，并得友人警告书多通，而先生夷然置之，不介意也，谓："当今政客竞争，岂容此蛮野手段？吾终不以此而懈吾责任。"闻者咸服其阔量，然先生亦竟以此而丧于宵小之手矣。先生至车站甫十时四十分，在议员接待室小憩，即由引导员吴仲华与拓鲁生、黄克强、陈勤宣、廖仲恺行至车站口处，未及剪票处而枪声已轰然，诸人皆惊问，莫知所由，先生曰："吾中枪矣。"时于右任尚在接待室，闻变出视而先生已倒地，遂呕呼快捕凶手，嗣以急欲扶持先生，未遑他顾，竟任凶手脱逃而去。当被刺时，枪声凡三响，第一响最低，盖已中先生之腰部，余二响，有人目见凶手匍伏于地，以枪左右发放，恐吓追捕者，时车站警察已若弗闻。于右任以先送先生入医院疗治为急，即借某君汽车，亲送先生至沪宁铁路医院，至则先生已痛极，谓于君曰："吾殆将不起，今以三事奉告：一、所有在南京、北京及东京寄存书籍，悉捐入南京图书馆。二、我本寒素，特老母尚在，如吾死后，请克强与公及诸故人为我照料。三、诸公皆当勉力进行，勿以我为忧，而放弃责任心。吾为调和南北事，费尽心力，乃嫉忌者不知苦衷，反多误会，究竟亦是常事，虽死无悔"等语。言极沉痛。医生以手术检视先生伤处，左右腰骨稍偏，直至十二时三十分始取出枪子，形尖小，为六寸六响之勃郎宁手枪，故先受弹处流血不多，而痛苦特甚，盖伤处已近心脏故也。及枪弹取出，医生注射止痛药水，使其安睡，而先生呻吟宛转，犹呼痛不止，曰："吾不畏死，特苦痛耳。出生入死，吾习惯之，果医者能止吾之痛，则死亦何恐。"在旁皆为之悲惋，抚慰者再，然其痛尤急，复愤煞口："吾不料调和南北之事，竟若斯之难。时事至此，奈何奈何。惜凶手在逃，不知彼为何许人？"言次泪涔涔下，见者皆举袖拭面而已。后医者谓须开割始有望，乃决议剖解。其创口约六英寸，检视大肠已破，故饮食时溢出于外，此为其痛楚之一原因，其血亦随破裂处阑入肠内，此为其大小便流血之一原因。及缝其洞口，血块除去，而其痛仍不稍止。迨至二十一日夜四时，先生热度渐低，手足渐冷，已不能语,然犹以目周视故人,其两手忽作合十形,继又回抱其胸际,若有不尽欲言者。右任附耳呼曰:"钝初你放心去罢。"乃逝,然其目犹未瞑,以手抚之使瞑,未几又睁,如是者数次,至殓时始瞑。呜呼!痛已。杀先生者,造意犯则为大总统袁世凯、内阁总理赵秉钧,而教唆犯则为秘书洪述祖、共进会会长应桂馨,实行暗杀凶犯则为山西平阳龙门武士英。后袁、赵皆死,武毙于沪狱,洪述祖亦遭显戮。昨过宋园路,衰草荒原,萧条极目,不禁指墓门而长叹矣。

按,民国八年四乱皆起因于刺宋一案,可谓罪大恶极,故皆不得其死,而最后死之洪述祖,原定绞刑,乃至头断,亦异事也。

## 夏粹芳

夏粹芳,青浦人,少贫,营小印刷业,才智过人,得为商务印书馆创办人之主脑。后馆事日益发达,竟执书业界之牛耳,为国中最大商业之一,皆夏之力也。癸丑冬,忽被枪击毙于馆门之首,刺客立被夏之马夫所执,讯词未实宣布,不能断定其案情。论者多谓是年夏因宋教仁案,民党起兵讨袁世凯,设总司令部于闸北华界,粹芳运动外人派兵干涉,民党恨之,故及于难云。

## 郑汝成

郑汝成为北方军人中之饶有才智者,袁世凯特命镇守上海,以防民党。癸丑之役，讨袁军败衄，实郑为之祟。大革命家陈英士虽败于郑，而犹爱其才，尚冀郑能悔悟。迄袁欲称帝，郑仍翊赞之，遂有北方健者王小峰、王铭山枪毙之于外白渡桥。闻行刺之前夕，王纵饮乐甚，以明日郑必亲诣日本领事馆贺日皇之喜，可狙击之，故先以酒自祭。届时郑乘汽车至，王发枪未中，跃登汽车连发十六枪，弹空被执。事闻于英士，英士叹曰："在吾党固去一大敌，在中国则少一人才矣。"旋二王引渡，处以亘古未有之极刑，而杨度挽郑之联语尚以帝王况袁，识者鄙之。

## 陈其美

革命党之大实行家，以陈为首屈一指。陈浙人，号英士，其志行之强毅、才识之优长、功业之炳烁，世多知之，沪人震其名者遍于妇孺，亦一代之伟人也。袁世凯盗国称帝，欲求外交赞助，英士恐其成，首联络海军之肇和舰发巨炮攻之终宵，事虽未成而外人遂援以为口实，反对帝制，于是滇、黔乃起兵讨袁，袁遂恨英士切骨，悬七十万金募死士以刺之，竟被害于萨坡赛路之寓中。自是恶政府之横行，不复措意上海矣。

## 慈善团之始末

沪上慈善事业甲于他处，所有各善堂之创设及归并情形，兹为一一详录，以供阅者参考。康熙四十九年有育婴堂之设。乾隆十年有同善堂之设。嘉庆九年有同仁堂之设，兴办未久，遂与同善堂并合。道光八年同仁堂开办救生局，十六年同仁堂兼管育婴堂事务。道光二十三年辅元堂继之而起，二十六年设全节堂，咸丰五年一律合并，更名曰同仁辅元堂。八年建果育堂，同治二年设同仁辅元分堂于法界，六年有普育堂之建。十年果育堂设轮船救生局于杨家渡，兼管八铺之仁济堂事务，是年建清节堂，嗣又添建保节堂，此二堂均归果育堂管理。光绪九年果育与普育合办闸北同善粥厂，十七年普育堂加设保赤局。鼎革后，普育及清节、保节以补助官费无着，难以支持，遂统合为一团体，兼筹并顾，酌盈剂虚，遂于民国元年二月设慈善团事务所于同仁辅元堂内，即将果育等堂事宜合办以省开支。新普育堂经费及普益习业所常费素仰给于工巡捐局，嗣因工巡捐局拨款较少，不敷开支，亦求助于慈善团。考各善堂所办各种善举，实事求是，厥功甚伟，非办事者之热心不能有此成效焉。

## 各善堂之创始

一育婴堂，在闾水桥东。清康熙四十九年建，倡议者张永铨，捐宅者曹烂曾，李士达、曹炳曾、曹培廉、曹培年解囊相助，李宗袁、曹锡栋、曹锡黼任其役。乾隆三十九年朱之灏、朱朝栋增建屋宇，又与李宗袁、凌存淳、李焕秉、瞿忠等鸠资千计，郭其相捐田七十亩，绅士又从而和之，共得一百八十七亩有奇，取租以供育婴之用。乾隆四十八年乔钟沂议以育婴余资赡给贫老，朱之淇首捐银三千两，共集得钱八千缗、田一百七十二亩有奇，以租息散给，每月人六百文可给数十人。日久弊生，事有不继，嗣以海关税行，具票领银千两，岁取海舶厘钱以给之。因盈亏不齐，司事者闻于官，五十八年巡道李廷敬将票销毁，定以每月海关公项内捐给五十人、税行捐给五十人，命贫老按月赴关署验票而领，永以为例。道光十六年知县黄冕以育婴事谕同仁堂兼理，咸丰五年知县孙丰及众钱业各捐市房一所，董事经纬又集捐置华金田，收租充用。

一同善堂，在虹桥南。清乾隆十年知县王侹同绅商公建，基一亩有奇，好善者又捐田一百五十四亩有奇，并市房一所，岁取租钱,为施棺、施药、惜字、掩埋之用,又设义塾,延师教里中子弟,司其事者为邢正铨、金应杓、乔承颐等。越六十年,改名同仁堂。咸丰初,有医士周棠劝、沈维桢创立惠育之举,凡贫士初生婴孩,月给汤药之费,俾资抚育。又于同治五年将维桢所捐银三百五十两,并婴儿二十七人,交济善堂接办,房屋交同仁堂兼管,且于其中设两义塾焉。

一同仁堂,在药局弄,清嘉庆九年设。先是,嘉庆五年知县汤焘捐置北郭田,偕邑人朱文煜、徐思德等设立义塚,榜曰"同仁",欲建堂推广其事未果,至是绅士捐购乔氏屋,建为堂,司总者李炯、朱朝坤、陈元锦、江发瑞等。其捐有总捐、岁捐,豆业按月提捐,其事一恤嫠,凡旧族孀居贫苦无依者,月给钱七百;一赡老,凡年过六十贫苦无依或残疾不能谋生者,月给钱六百;一施棺,凡贫无以殓者予之棺,并灰砂百斤;一掩埋,凡无主棺木及贫不能葬者,一例收埋,后又建义学、施棉衣、收买字纸以及代葬济急、水龙放生、收瘗路毙浮尸等事,他如栖流救生、给过路流民口粮悉与焉,故同仁堂为诸善堂之冠。

一同仁辅元堂,即同仁堂也。清道光二十三年邑人梅益奎得杭州赊棺条规,遂与海门施湘帆、慈溪韩再桥募捐,就龚氏屋设赊棺栈,司其事者为朱增龄、江驾鹏、龚锡华等。二十六年典同仁堂后陆氏屋为局,于是合局栈为一,造正副号棺,衣冠之贫乏者皆得赊用焉,又集资施药,自仲夏始至仲秋止。咸丰五年董事经纬归并为一,乃易今名,又加代给尸场验费及收卖淫书、挑除垃圾、稽察渡船之事。同治五年又置华、金两邑田五十三顷八十八亩有奇,以三十八顷八十三亩有奇归同仁辅元,十五顷四亩有奇归育婴,建仓房于华邑德冈镇,收租充费。咸丰三年金陵之役,难民南下,劝捐留养,共费钱六万余缗,嗣于十年四月间苏、常失守,被难男妇转徙来沪者不下二万余名,复劝捐留养,由巡道给予护照,陆续送至海门、镇洋各邑安插,又费五万余缗。同治元年以全节堂嫠多费寡,添保守两等,俟缺额以次补入,保月给钱三百、守月给钱二百,其捐在辅元所收松上五善堂捐内分拨,益以官绅月捐。

一全节堂,在淘沙场。清道光二十六年陈炳煌、江驾鹏、叶介寿等募捐建立,以嫠妇年三十内外分冰、霜两等,冰字月给钱七百、霜字月给钱六百,每月发嫠粮外,并设赈葬局,凡有墓田而无力营葬者由局埋葬,即同仁代葬旧规,而云赈者,隐其名也。

一果育堂,在全节堂后袁公祠内。初,江驾鹏、费培镇、顾锡麒等于庄家桥南借民房设义塾,邑人刘枢以"果育"名其堂。至咸丰八年,于袁公祠后添建楼房迁往焉。义学之外,若施赈棺木、掩埋义塚、恤嫠赡老等事,皆仿同仁堂行之。又集捐资添备水龙、水担,施医药衣米,立达生局以济产妇,置苏太谊园以瘗旅魂。同治二年昆山、太仓相继克复,巡道吴煦谕董事葛绳孝、瞿世仁等前往收埋,并设粥厂,苏城克复亦如之,后与同仁分管查察渡船之事。

一仁济堂,在安仁桥。初,朱铉等为卫生起见,专办产母婴孩需用之物。咸丰八年推广为矜孤一事,又广为施医、施药、给孩棺等事,司之者果育、同仁也。

一济善堂,在县治南申明亭左。咸丰九年叶绍虞等以暑疫流行,客寓贫民每为寓主所不容,沿街倒卧,因请县示禁,如有在寓患病,到堂报明,延医往诊,给药炭费,痊则赠以川资,死则施以棺椁。同治三年购申明亭亭地建房,并重建申明亭为乡约所,又添义学、施医、水龙、水担及接办惠育之事。

一复善堂,在南门外教场西。董事徐泰、戴国钧、陈义华等于同治二年捐买民房为堂,基地六分二厘,举行诸善,后又添修葺古墓一事。

一善育堂,在半段泾。初,巡道应宝时于淘沙场陈公祠延董设局,收养丐童,抚而教之,艺成听其自去成立,其有残废不能自赡者,就半段泾茶商旧所派员董廖纶、余治、李曾祜设堂留养,并推广之,分立七所,收养老男老妇、残废男女及养病、抚教、贴婴,并设义塾及医药两局,其老男及男残废、养病三所每所以六十名为额,老妇及女残废以二十名为额,抚教以八十名为额。以上六所均在堂内,器用什物衣食均由堂给备,共额三百名,其堂外之保产贴婴每年以百名为额,每婴贴费三年为止,层递而下,至三年额亦三百名,其常年经费在关库月给发五百串、松沪厘局月给钱三百串,余俱由丝商茶栈抽捐充费。堂房及基地七亩五分七厘九毫,系各茶商李振玉等公捐,其东数楹于同治八年由董添造。保息局在县治西北广福寺。同治元年夏大疫,时苏人避难来沪者甚众,苏绅公建为施医药、施棺代葬之所。其始专为苏人避难者设,厥后旁及他处,不分畛域。苏城复,局分苏州而沪局亦如旧,经费以丝绢为主,故嘉湖人亦与闻其事。倡捐经始者为秀水王亨谦,凤好善,后以子成进士得封云。

以上所述,就上海著名之善堂为近今所存在者而言,其余无甚著名之堂及现已消灭者,亦不详其原始焉。

# 同仁辅元堂之沿革

（一）**命名**　沪上办理慈善机关，向只同仁堂一所，所办慈善事业止施棺、恤嫠等事。上虞人经芳洲遂起倡辅元堂，补同仁之所未及，其后以经费故，两堂合并，故定名为同仁辅元堂也。

（二）**现在之情形**　现在所办之事业共分六科：

第一科：恤嫠、赡老、矜孤、济贫

第二科：施棺、赊棺、赊葬、义冢

第三科：育婴、保赤

第四科：养老院、残废院、贫病院

第五科：贫民习艺所

第六科：妇女工艺院

以上六科，非一机关所能悉办，于是有普育堂（专管第四科）、新普育堂（民国二年成立，辅助普育堂者）、育婴堂（专管第三科）、清节保节堂（专管第六科）、贫民习艺所（民国元年成立，以前为勤生院）之设，可谓为沪上办理慈善事业之总机关。嗣于民国元年以经费暨办事之不能斟酌尽善，乃联络诸堂，统名慈善团，以同仁辅元堂为办公处，基础益加坚固矣。

# 孤儿院历史

上海之有孤儿院，实始于光绪丙午之夏。时适北省兵灾之后，疮痍满目，嗷嗷待哺之鸿蔽野而来，大江以南所在皆是，沪上当江海之冲，又夙以繁富称于时，以故鸠形鹄面之辈益以斯土为目的地，挥之不忍，济之不给，一般慈善家大有穷于应付之势。所谓博施济众，尧舜其犹病诸，此类是也。高君凤池，本耶教信徒，为商务印书馆重要职员，秉性慈祥，以博爱为人生无上之天职，目睹及此，悲从中来，于是不得已而思其次，以难民中最可悯者厥维失怙之孤儿，每因力不足以自赡，随众流离，非误入歧途，即槁饿沟壑，茕茕赤子，果何罪而罹此浩劫耶？因商之李君平书、沈君缦云、王君一亭等，谋创孤儿院以救济之，初次集议于徐园，是日狂风骤雨，而与议诸君应时莅会，志不稍衰，遂推定干事员，并认常年经费三千余元，复委张君廷雍赴日本冈山孤儿院调查办法，盖以事属创举，不厌求详也。张固热心好善者，即日欣然就道，并携有卜女士介绍书，抵东邦，极蒙冈山院殷勤招待，尽一月之力，始克毕事，复至大阪扶植会参考一切，弥觉周到，回沪后遂决议着手进行。

初以房屋一事煞费踌躇，适大东门内火神庙西首有两化堂者，为长老会之公产，该堂原有小学校，因事停办，商诸西董，慨允假用十年，连同空地亩许，不取租金，于是孤儿院之基础始确然成立矣。时已届隆冬，彼孤儿之托足无所者，短褐不完，嗷嗷待食，就地调查已不下数十名，遂择其中尤苦者先收十五名，一面雇匠就隙地添筑楼房四幢，即令此十五孤儿任搬运土木之役。至翌年四月，工程告竣，承造者为陈君基明，不但建筑合度，且以事关公益，愿将此项工料、伙食全数充捐，陈君之热心好义真足为工界放一异彩矣，可不敬哉！夏六月，行正式落成礼，来宾极一时之盛，沪道瑞莘儒、邑宰李紫璈咸莅止焉。秋七月小学堂成,定名育孤工读学校,计收生徒五十三名,以年岁不等,分四级教授,尤长者拨入清心书院。冬十一月工艺所成立,以地位窄狭,先办穿篾一门,时仅半载而毕业此技者达十三人,出品精良,定价廉于市售者十之一,以故人人乐购,常苦应接不暇。此外如音乐队成绩尤佳,凡给役于婚丧喜庆,随班游行,步伐整齐,抑扬合节,为沪上首屈一指。且他队之行经华租各界遇有禁阻奏乐地点例须停止者(如礼拜堂及制造局等处),惟孤儿院音乐队得照常通过,亦可见其得人崇仰之一斑矣。嗣该院院董以开办以来,报名求进者络绎而至,大有人满之患,因力谋扩充而赈孤苦,遂向六合公司以贱价购得龙华附近基地二十余亩,建筑斋舍、操场,并辟菜园一畦,即令院生任灌溉之责,布置井然。至今该院之独能传播人口者,实始事诸公苦心孤诣之功,至该院立法之谨严、章程之美备,在我国孤儿院中当首屈一指也。

## 贫儿院

贫儿院以收养寒苦子女,教成一能一技,俾能自活,且使地方减除恶劣分子,即为社会培养良善为宗旨。考其创办之时为清光绪三十二年,由故绅曾少卿及商会诸董发起,成立于清宣统元年。蒙政府褒奖,院址设于斜桥南,开办时只基地二十五亩,迄今已较前增加四十余亩,规模宏敞,布置有序,先后教养男女贫儿四百二十七人,由该院出身现供职于社会者,计交通事业四人、音乐家二人、各项商业十四人、工人十人、军人五人、女教员二人，由该院介绍而得职业者四十一人，代为出嫁女子一人。院中设有国民学校，男部分四级、女部分三级，高等小学补习科，男部分三级、女部分二级，或由该院保送或由本人考入各中校、各专门、各师范学校以及各书局、各实业机关学习者三十二人，现留院教养者仍有二百十二人。该院经费均赖沪上慈善家慷慨乐输，主其事者为总董周金箴、院长施子英、经济部董苏本炎、主事高砚耘云。

## 中国救济妇孺会

中国救济妇孺会始创于民国元年十二月，由绍兴同乡会董联合宁波、湖州同乡会等十余团体组织而成，定名曰全国妇孺救济会，公推徐乾麟、袁芸生、许默齐、田资民诸君管理会务。嗣因事务日繁，乃于民国二年二月二十七日在沪北总商会开选举干事会，遂更名为中国救济妇孺会，并举定干事员三十三人，由黄翊昌、许默齐二君修改会章，暂借闸北森康里楼屋一所为妇女留养所，斜桥永锡堂为男孩留养所。留养妇孺日多，房屋不敷应用，遂租江湾玉佛寺为留养院，迨至六月初十日修葺工竣，遂将留养妇孺二百余人悉数迁至江湾新所。十二月七日邀集全体会员在江湾开成立大会，并由会员举定董事三十八人。十二月二十七日由当选董事选定正副会长及各科办事人员共三十余人，内分经济、文牍、交际、调查、庶务、教育、评议等科。溯自成立迄今已经七载，受其惠者万有余人，他若大连等处并设有分会云，此亦是沪上慈善事业中之巨擘也。

## 放牛局与狗棚

清同、光时上海有金梅溪者,善士也,创放牛局于小南门外,乡间老牸不能任犁锄者,皆可售与局中,刍秣之属无不具备,俾得了此残生,不致宛转于屠刀之下。其有病者,延牛医治之,愈后仍准赎回耕作。又见巡捕之杀犬也,建狗棚数十间,请于捕头,凡所获无主之狗俱送至棚中,不数日狺狺者以千百计,保全物命,德莫大焉。好为苛论者,乃以贱人贵畜讥之,未免过矣。

## 戒烟会

风潇雨晦之天,一榻横陈,烟霞呼吸,亦觉人生乐事,今则黄花,明日徒为黑籍者叹耳!昔租界中大小烟馆数以千计,其著名者南诚信以高敞胜,眠云阁以清雅胜,入其中者但觉画栋雕栏,色色华丽,桌必云石,椅必文楠,庭罗中外之名花,室列名人之书画,别开生面,雅近风流,费青蚨二百头即可勾留半日。然销铄精神,废时失事,人皆知其祸害,而染之者卒难戒绝。若西人之患则不在烟而在酒,往往杏花村近,蚁绿香浮,濡首不知,沿途滋事。甚有工作之人日得数百钱,衣食且不暇顾,而梨花春暖,鸟唤提壶,竹叶香浓,人思挈榼,血汗之资有半供红友之需者。耶稣教中某西士恻然悯之,因就南京路西首设一戒烟会,凡愿戒之人咸得入会,会中音乐间作,果馔并陈,打弹、踢球无所不可,惟不许白面秀才及青州从事辈杂坐其间,立法可为美善矣。苟有志戒烟者,仿而效之,亦何患鹄面鸠行,为人鄙视也耶!

## 沪北之栖流公所

昔时沪滨之北、新闸之南有栖流所,系安插流民而设,闻毁于兵燹,遗址无从查考。光绪乙卯陈宝渠司马悯荡子之飘流,谋贫民之栖止,禀陈道宪会同厅县于新闸大王庙得公地一方,鸠工庀材,阅三月而成新所,当委瞿开桐为堂内董事,嗣后扩充号舍,留养贫民至二百余人之多。常年经费全赖公堂罚款,及众善士之乐输。宣统初年,因章程仍有未善,由堂董重行修改。溯自开办迄今已历四十寒暑,教养游民不下数千名,亦上海慈善机关之巨擘也。用纪大略,以告留心社会事业者。

## 刘江氏捐款十万元

刘江氏因妻妾涉讼案,遵故翁刘听泉遗嘱,于清宣统二年十月二十四日亲自由沪赴苏,带洋十万元,交程(雪楼)抚案内,声明此款专助上海学堂经费,抚批刘江氏与杨斯盛同一奖励云云。后经学界议决,呈准此款拨入江苏教育总会,在上海设立法政学堂。讵刘江氏缴款至一年有余,而十万元之巨资竟掷诸虚牝。嗣经至戚江确生函致教育总会姚子让,恳其呈请彻究,于是若大之款始知被裕苏坐办革守李厚裕悉数擅行放出无存,而沪道刘襄孙与之通同一气者也。夫以一妇人毁家兴学之产,而仅供贫官猾吏之私囊,食其赐者不过南洋中学区区二千元而已,岂刘江氏始愿所及料哉?然则刘江氏不朽矣。

# 医院地址

医院为慈善事业，沪上所设者有二十余处，然散布各地，病家每患急症，常以一时不明所在地，殊多贻误。兹调查各院地址，列之于后，以备居沪者之参考焉。

宝隆医院　白克路

公济医院　北苏州路八号

广仁医院　西门外斜桥

同仁医院　西华德路十二号

广仁医院　爱文义路二号

广慈医院　金神父路

仁济女医院　麦家圈六号

工部局医院　靶子路一号

广福医院　沪军营附近

妇孺医院　西门外方斜路一〇六号

大同医院　霞飞路

仁爱医院　吕班路

上海医院　南市新泰码头

中国公立医院　宝山路天通庵西

　分医院　九江路七号

中国红十字会总医院　徐家汇路七号

中国红十字会市医院　天津路八十号

中国红十字会南市医院　十六铺

广肇医院　海宁路一二六号

仁济医院　山东路

## 采芝堂宰鹿受罚

西人于虐待牲畜一事悬为厉禁，凡非法宰捕致令受不正当之痛苦者，捕房有干涉拘罚之权。近因旧历年关，租界居民购买鸡鸭以供度年之用，每因不谙定章，倒提两足，以致纷纷拘罚。捕房对于此事虑华捕之忽视也，又悬赏以鼓励之，故违章者百无一免，不知者或疑捕房有意苛待，实则向章如是，不过平时为华捕所见或略加指斥，或拘罚三五角而已。犹忆昔年南京路采芝堂药铺，因宰鹿遵用古法，用绳缢颈，正在鼓吹喧阗实施悬勒之际，为卫生处西人所见，指为残忍无道，鸣捕拘罚。盖吾国古时视鹿为仙兽，其血肉皮骨目为温补珍品，故宰时不用刀割，使血不外溢，则功用自全。此固载诸医书，而业此者必于事前预筮天医吉日，张饰鼓乐，遍贴广告，以炫其配合之悉按方书，藉以扩充其销路。乃西人不解此意，遂冤遭罚锾，亦可见中西误会之甚矣。然自是而后，租界药铺鉴于此事，凡遇宰鹿，遂移入华界举行矣（按，可以杀鸡而不可倒提其两足，以一正当一不正当为词，使鸡而能言，不识以为然否？一笑）。

## 西人火葬地

上海自辟租界以来，西人旅居者日多，死亡自亦不鲜，其瘗埋处除二马路警钟楼下之外，若静安寺路左近亦为西人之坟墓地。西俗如有葬事，则司事坟丁及工部局医官均须莅至，各司其职，墓地之屋内设簿籍，载明某人葬埋地段及方向记号，备家族或关系人查阅之便。西俗尚火葬，如行火葬礼，必禀明医官及死者之病单证明，方可施葬。如欲开掘或移葬，或另建设墓志碑石等，亦非申请医官不可。其火葬费，现今上等者需银五十两，下等者亦十余两。地葬之地价，上等五十两，次者十两，预购地亦可，但亦需费银十两。营造坟茔，下等者费银五两，中等十二两五钱，上等二十五两。以视我国人停枢不葬，卜地择年，以致暴露荒郊，受风雨之摧残，弃骸骨而莫顾者，自彼善于此也。

# 二十 艺术

## 上海之书画家

本邑僻处海隅,然书画之驰名艺苑者未尝无人,为录之以塞本书。

顾昉,字若周,号晚皋。工山水,追踪元代四家。

张焕文,字斐成。书宗苏、米,画仿黄鹤小樵。

董廷桂,字西西。善水墨花卉。

曹培源,字浩修。工山水,深得麓台之秘。

吴阶升,字南吉,号芝因。善作栈道图。

陆大木,原名培玉,字用成。作渔家乐图栩栩欲生,花鸟草虫亦颇有致。

俞宗礼,字八仪,号东帆。善山水,尤以白描人物为其特长。

周其永,字涵干。工真草书,偶作竹石小品,亦娟秀不凡。

此皆前人之佼佼者，至若近今之任立凡、俞达夫、沙山春、何诗孙、吴昌硕、黄寿山、蒲作英、陆廉夫等，各擅一技之长，均昭昭在人耳目，为沪滨生色不少也。

## 上海书画家之今昔

昔者，各省书画家以技鸣沪上者不下百余人，其尤著者，书家如沈共之之小篆，徐袖海之汉隶，吴鞠潭、金吉石之小楷，汤壎伯、苏稼秋、卫铸生之行押书；画家如胡公寿、杨南湖之山水，钱吉生、任阜长、任伯年、张志瀛之人物，张子祥、韦子钧之花鸟，李仙根之传神，类皆造诣甚精，屠沽俗子亦知得其片纸以为荣，盖甚盛也。近时书家声闻隆盛者，若汪洵渊，若康南海、郑苏勘、何诗孙、高邕之、黄静园、吴苍石、杨东山、李梅盦，亦各负盛名，唯画家则仅沈泊尘、丁慕琴、周柏生、郑曼陀、张聿光诸人略有可以寓目，余则皆一见可作十日呕。兴言今昔，感慨系之矣。

## 严筱舫之书画

沪绅严筱舫观察工书法，学孙过庭《书谱》确得其神髓，家藏旧拓《书谱》多本，晨夕展观不释手。盖观察于作书亦性之所好，晚年致身通显，索者踵相接，而求则辄应，虽事务殷繁，每日上午必作书一小时，即有客荏止亦必令其暂坐，俟书毕后始与客晤谈，其勤如此。或又谓严公书画芦雁，方之边寿民，实则非也。严公贫贱时曾一为之，亦不过游戏三昧耳，故晚年于此道一概谢绝,人谓其芦雁之名贵,此耳食之言也。且其画仅限于芦雁一门(其书法亦于《书谱》一门),其余禽鸟、花卉一无能者,此可见矣。若以赏鉴家眼光例之,称之曰画家,实诬之也。余与严公有一面之识,非敢诋毁,亦欲存公是公非耳。

## 蒲作英之狂草

蒲华,字作英,前十年以书画鸣于沪上而尤善狂草,时人称之为假名士。所作之字率尔涂鸦,骤观之几令人莫辨,当有人作一诗以讽之云:"春蛇秋蚓太模糊,绝似茅山道士符。挂壁不徒能吓鬼,教人吓得骨都酥。"亦谑而虐矣。后齿脱落,倩某牙医装补之,一日食物不慎,致齿下咽,鲠于喉中,遂不起,年七十余。今日获其寸缣尺幅者,亦颇宝之。

## 瞿松涛之音律

咸、同间本邑有瞿松涛者,住老闸市,精于音乐。瞿童时就塾即酷嗜此,恒以曲本匿书袂中,暇即玩索之。既长,丝竹之器不离座次,而尤工于鼓板,随腔点拍,不失累黍。其法以清取胜,不染花乱俗套,器必自制,虽糜百金弗惜。室有长几,镂刻甚工,而愿以五百金相易者,瞿不之许。或谓几为檀木质,制板必清脆动听,乃立锯之以试,其举动之豪大率类此。梨园仿其式,号"松涛鼓板"。家本素封,坐是中落。性朴讷,不解治生,音律外一无他好,暮年贫益甚,日削鼓槌得百钱以自给,箪瓢屡空,未尝乞助于戚友，缊袍鹑结，怡如也。噫！若而人者，殆古畸士之流亚欤？

## 乔孟安之医

凡地以名称，大抵其由来均有所考。沪城之药局弄，初以为其地有药皇庙，故称之，不知其中尚有遗闻足资谈助也。偶阅乔重禧《沛泽堂全集》载其事，有乔镇者，字孟安，邑庠生，以医名。偶步郭外，见殡者有血自棺缝中流出，询知为贫民妇，产三日不下而毙者，问殓几时矣，曰未终日。乔曰可活也，就树下剖其棺，团艾炙其脐，儿骤产，呱呱而啼，男也，灌妇以药，旋苏，时人神之。乔以医世其家，制药济人，故人号所居为药局弄。

## 王玉峰之三弦

民国二年间，沪上有瞽者王玉峰，来自京师，擅三弦术，体物肖声无不曲尽其妙，献技于各剧场，轰动一时，入场券倍其值尚无容足地，可谓盛矣。时余以牵于嫁线，未克躬与其会，后闻其由锡至苏，未几北返，旋殁于都。嗣于友人处觅得玉峰小传，亟录一通，以志景仰，藏诸箧笥久矣。兹为之删繁就简，以实本书，当亦为阅者所乐闻也。

王玉峰，字正如，汉军正黄旗人。生而盲，九岁父殁，随母佣工，以废于视，所得甚菲。年十三，习技于乐师张治平，久之尽得其秘，以弹唱自给。庚子洋兵入都，辄召歌者以相娱，玉峰闻之遂辍业而致力于三弦，凡曲本杂剧、铙鼓箫管、军号步伐，下至里巷秽琐之声、虫鸟飞鸣之象,冥心会意,悉于弦间传之,情状逼真,听者不啻置身其境也。两宫回銮后,京师复睹升平,清室贵胄酣歌恒舞,习于声色,闻其技,争相罗致。那桐枋政时,尝以母寿召玉峰令奏风流焰口之曲,玉峰婉辞曰:"不祥之音,奈何寿太夫人乎?"那瞿然而止。戊申国恤,定制禁鼓乐,玉峰愿以所入助善举,警厅准之,先后拨助无算。暇尝留心时事,令人诵书报,闻国政棘手,辄太息。辛亥之变,痛哭不食累日,嗣有以优待条件告者,意始稍解。未几应沪商之招,遂奉母挈眷尽室南行,沪人士闻其名奔走若狂,居久之,售技所得积数千金,而随从之戚属多无行,荡费殆尽。旋由无锡出苏州,会三吴年谷不登,玉峰登台为奏凄凉激楚之音,听者泪下,合座感动,复散其值以赈灾民,而取其余为北返之费。比还京,闻大清门额赐已易,惊曰:"信乎?此真亡国矣!"盖玉峰隶旗籍,不解共和意义,固当作斯语也。后郁郁不自得,遂以忧成疾,殁于癸丑之七月六日,年四十有一。其为人也,谨小节,审礼义,性好音律,而三弦尤工,识者谓与汤应曾之琵琶后先媲美云。

## 沈衡章之测字

相字之术昉于宋之谢石,谢字润夫,成都人,宣和间挟术游京,决祸福多奇中,后高宗拈"春"字令拆,答以秦头太重,压日无光,以是忤桧戕死,然操术之神,至今多艳称之,遂为后世测字之滥觞。近时沪上有名小糊涂者,以此为业,门常如市,求者常屏息以待,其盛可知矣。因忆某笔记所载,乾、嘉之交有沈衡章者,设砚邑庙之清芬堂,卜问之人趾相接,会狱囚宵遁,邑宰严限勒辑,捕诣沈占问,拈得"鹦"字,沈曰:"鹦鹉之舌慧而身不自藏,终为人所羁执。况鸟而婴,毛羽未丰之谓也,其能远飏乎?"问往何方,沈瞥见雀跃檐后,即谓之曰:"可向后面坑厕寻之。"如其言果获,宰神其技,书"机测如神"四字以奖之,悬堂之西隅。庚申西兵驻庙,其匾始毁。

## 范西屏之围棋

吾国当乾、嘉时,世际承平,朝贵竞尚博弈,风会所趋,善弈者四方继起,而以海宁范西屏为巨擘焉。范于嘉庆初来沪时,沪上如倪克让、富嘉禄辈亦号国手,倪性简默,不屑与人角,富恒设局豫园,博彩以弋利,范初至局,作壁上观,久之,睹一客将负,技痒不耐,偶露声色,众止之曰:"此系卜彩者,请毋多语。如善此可入局一角。"范亟于怀中出巨锾曰:"以此作彩可乎?"众艳其金,争就之。局未半,已无可措手,知为劲敌,急报富,富入局亦负,再战再北,乃走告倪,倪至乱其枰曰:"此海宁范先生也,君等何可与敌!"有顷合邑遍传,巨室争赍金相邀,求睹丰采,称佳话焉。后下榻西仓桥潘宅,范与倪弈,范让四子,观者为之按局成图,锓板行世,号《四子谱》,即今坊间所刊《桃花泉》棋谱是也。

## 修竹轩之命理术

距今十余年前,福州路某旅馆有名修竹轩者,以铁板数算命噪于时，所决休咎，事事奇验，百不爽一。时沪上盛行彩票，人人有侥幸之心，求占者座常为满，年余获资累万而去。余素有好奇癖，闻而艳之，因具命金如常例，录生造求推，翌日取命牒验之，益神其技。盖余七岁而父见背，牒中有"椿庭一病成回首，笑语依稀梦里逢"之句，上复冠以辛巳流年，考之正七岁也。其他母寿延长，鹡鸰中断，妻子利禄，判语均斩钉截铁，不涉两歧，至今细味，颇多中肯。时余心好之，亟愿修弟子礼欲求其术，而此人素矜持，数以言饴之，终不允，且谓自宋迄今，千载玄奥，知此者仅十余人，故不愿轻传云。迨明年遄返吴下，无意中邂逅一人，亦挟此垂帘，求者亦盛，乃亟纳贽为礼，复媵以多金，不终日尽得其秘。始知其术为康节遗法，别有关键，习之甚易，不烦言而立解，固毋待钻研之功也。

# 神　卜

同治间，城内锡弄有张媪者，早丧所天，遗一子尚幼，败屋十数椽，招人僦居，借租息以存活。时本邑屋价殊廉，每椽月给数百钱已称丰厚，媪牵萝补苴，常虑不给，以故间有不欲举炊者，得令兼供膳馔，媪服役惟谨，但终月计值授资而已。一日有彪形孤客，操北音，衣履甚都，行箧亦富丽可观，望门投止，求膳宿两备焉，媪欣然纳之。客独居一室，终日不履户庭，馔具不求精美，居恒掩扉静坐，手一卷百读不厌，不知其为何书。人见其寡言笑，不与外界通吊庆，亦无人踵门过访者，颇疑其踪迹诡秘。媪于进膳时，乘间问客何为者，客以善卜对，媪讶曰："先生误矣，夫卜筮九流之一也，姑无论操术精粗，试问闭置如新妇，终日不见一人，譬诸韫珠于椟，纵属夜光之珍，顾安所得而沽之哉？君不见世之以术自鸣者乎，叩其所长亦犹人耳，然盈门如市、户限为穿者，全在鸣之得其道也，今君寂寂无闻，又不榜门以示，而欲炫其术以售世，恐将槁饿以毙耳。先生误矣！"客筦尔笑曰："媪请无虑，余术盖有待也，终岁觏二、三主顾足矣，膳宿费自能不求而至。倘起程有日，决不累及锱铢，且愿倍称以偿焉。"媪哂而退。时媪有甥妇临盆，产久不下，医祷已穷，合家惶急，以客有君平术，姑令试卜以验其诚伪。客叠蓍作卦讫，谓本日某刻必可分娩，且孕为男孩，母子无虑。比返，果如所言，于是街谈巷议播为奇闻。时邑有巨盗，越狱宵遁，匿身败溷间，窃聆途人竞传神卜事，质明伪扮乡农状，循址踵访，及门昂然入，客甫盥沐，轮指未半，遽叱之曰："若来胡为哉？虽然，事尚可全脱，再迟二刻即无及矣。"盗闻之色变，急长跪请命，乞指示生途，并出金条脱二事为寿。客坦然不拒，为之撰卦，谓按法以某方最吉，速赴之可脱汝于难，盗感泣去。初，盗之脱械而出也，守役未之知，比晓始觉，以闻于宰，逻卒四出，捕役中有名富林者，夙以干练称，宰责令侦缉，富林慕神卜名，疾驰至客所，请求方略。时盗甫离室，盖一先一后，相距曾不一瞬也。客不待富林启齿，谓之曰："尔欲知逸盗之所在乎？然余术甚神，矢不虚发，非二百金莫办。"富林惊其先知，立命众役醵金，如数以献。客阴念已受盗酬，不忍再令入法网，乃伪指一方向，谓急骑踪迹之必可获，盖所指者适与盗背道而驰也。捕役从之，客于是日顷刻间骤得重酬，遂偿媪食宿费，丰倍常人，次晨束行装托故潜遁，不知所之，盖逆料捕役之必来，诘其无验，将与为难也。数日后,役果结队而来,声势汹汹,询知客已远行,愤无可泄,始怏怏散去。此事余闻之友人,友与张媪为旧戚,故知之颇稔,惜未详客之姓名、里居,然技亦神矣。

## 某西人之字典扇

同治季年,西人某造折扇一种,扇之两面细载华英常用之字,分部排列,计有四、五千之多,定价每把四元,由泰兴洋行、别发洋行、会地理照相馆、悦生广货号四家出售,告白标题为奇扇。当时一般研究西学者莫不手执一柄,闻销去有万柄之多,其后之地图、地名扇,盖师其法以博利也。

## 霍元甲之技击

距今十年前,有大力士霍元甲者自津来沪,设角技场于张氏味莼园,悬金卜彩,一如俗传擂台故事。人与校辄败,旋徇教育界之请,创精武体育会,从游甚众,至今成效卓著。吾国人之言尚武精神者,当以此为新纪元。顾霍以自炫太甚,卒为僬侥国所嫉视,阳与交欢而阴谋中伤之,遂致赍恨而殁。呜呼!吾草此编,不暇为霍氏哀,直哀吾国人将以病夫终耳。不然,何造物之厄我如是其甚耶?有志者其勉乎哉!

直隶静海县之小南河村有霍氏者,素以技击著名,家有练武场,其秘传绝技曰"迷踪",绿林探丸之徒闻之震慄。至元甲之父名恩第,以次行二,人称霍二爷,尤任侠广交游,江湖技士无不耳熟其名。生丈夫子十人，元甲行四，少多病，弱不胜衣，父虑损族望，不令习武。然元甲虽被摈，以性染故，时就场隙窥他人简练，久之遂有心得，尝与里中少年校，当者辄北。居无何，元甲至津，赁居曲店街之怀庆会馆，怀庆人之贩药材者悉归焉。一日三力夫共舁牛膝一件，重可七百斤，嘘气作声，为状殊苦，元甲嗤其孱，戏以巨梃荷二件以行，力人皆咋舌。顷之十余壮夫夜引巨石堵于门以难之，翌晨元甲见而一蹴，腾跃数丈，乃共敬其能，远近慕而至者不绝，然秉性执谦，未尝以词色加人。庚子拳难作，其酋有韩某者闻其勇，欲引为同气，聘币数至，元甲斥其妄，峻拒不稍假。酋图报复，约日率党与斗，元甲孤身以白刃二飞舞而前，寒光四射，众辟易，卒伤酋二臂，余遂溃散，津报曾纪其事。越年余，有俄人鬻技至津，自命世界第一大力士，遍布广告，复缀其词曰："世界称大力士者，次英人，再次德人，他国不与焉。"元甲见而恚曰："外人蔑我甚矣！"伺其开幕日，入场欲与角，译人将命辞曰："西人售技，谋衣食计，不得不张大其词，愿公少谅焉。"元甲请易词登报，得允始罢。逾数载，有英国力士至沪售艺，云腹承八百斤之铁砧，能力挽汽车倒行，观者殊盛。元甲自津之沪，延译士往，欲一校短长，则力士已赴南洋矣，乃与其班主订以明春三月以三千元为彩，至期爽约罚旅费五百元，倩电灯公司西人平福作证。未几又有白人、黑人皆号大力士，售券于张园，闻元甲在沪，相继引去。次年，英力士及平福亦托词预遁。元甲乃就张园设擂台，宣言于各报曰："世讥我国为病夫国，余即病夫国之一病夫也，愿天下健者光顾，有以一拳一足加我，当以金表、金牌奉为纪念。"越二旬有名东海赵者，登场请角，元甲慰之曰："余为国人雪病夫耻耳,在理君宜相助,奈何阋墙以贻外人羞?"东海赵不可,乃起与校,元甲虚与周旋,推之坠地,己身故仆曰:"胜负平分,可以休矣。"赵再翾,仍不敢尽技,仅曳赵足使之卧。赵忿而去,数日嗾其师张文达来,汹汹谋泄愤,元甲雅不欲同室相残,乃让擂台于张。卒以张大言不惭,相迫太甚,为元甲所败,文达仓皇遁。时有瀛医秋野者,与元甲之乡人善,适元甲膺微疾,乃就治于秋野,而日人设柔道会于虹口者,得秋野之介绍,遂邀元甲往校。既临场,日人扑元甲,元甲执其手,肤裂骨碎,落地折胁,日人皆愕眙却步。嗣与秋野耳语良久,元甲归,秋野倍敬于往日。翌午元甲疾忽剧,舌木强,手足震颤不已,逾日而卒,春秋四十有二,秋野亦失踪。呜呼!伤矣。今元甲之父年届耄耋,颜如渥丹,食兼数人,步履犹轻捷无恙。至沪上精武体育会之设,盖徇学界之请,故至今犹推元甲为发起之鼻祖云。

## 瞿子冶之茶壶

尝见沪上骨董家有所谓瞿壶者,质为紫砂,式如常制,询其值,索十六录,声价直可继时大彬之后。嗣有知瞿之身世行谊者,因亟叩而录之以实沪乘,亦赏鉴家所有事也。

瞿邑诸生,字应绍,子冶其号也,晚年又号老冶。曾入资为司马,少时即与士大夫游,名噪于时。精金石之学,以写生擅名,于画竹工力尤深,肆笔时至,错落偃仰,得板桥遗意。诗宗南宋,平生构思甚捷,然随笔捐弃,所刊存者惟月壶题画诗而已,昭文蒋氏《墨林今话》尝录其《画兰》一绝云:"春寒恻恻殢罗屏,小有风来梦未醒。唤起湘人看湘月,一声流水隔琴听。"遗貌取神,殊有言外风致。家藏骨董甚夥,酷嗜菖蒲,几案间罗列殆满。所居有香雪山、仓玉炉、三涧雪词馆,商彝周鼎,古香满室。铁笔尤精整入古,刻茗壶有粗细二种,号粗泥细做,多画竹,寥寥数笔,疏淡弥觉有致。间有杨彭年镌刻者,壶底刊彭年小印,惟子冶手泽无多,故为沪人所重。余友某君有一具,壶盖微缺,货之尚得十金,其贵可知矣。

## 顾绣考略

自青年会募捐部发起酬赠慈善家顾绣之告白一出,上海"顾绣"二字又轰动一时。按江浙间顾绣之精工为全国冠,清季南洋劝业会陈赛之意皇太后绣像,价值三千镑,即出苏州余女士之手,其世业可知。顾刺绣而必名曰"顾绣",且商店悬牌亦高标二字,其中原因颇足资沪乘谈,聊略历史一段以告阅者。

相传明时上海巨绅顾氏兄弟二人,长名名儒,官至道州守,次名名世,官尚宝司丞。名世辟露香园于城西北隅,其姬人某,刺绣山水人物、鱼鸟花卉着手如生,远近艳称,类以得其手制为珍宝,以是顾绣之名喧噪一时。嗣由闺阁间仿其制造,绣成物品售于市,始则冒名顾氏手制,继则云仿顾式为之,相沿至今,顾绣之名已为刺绣业之普通名词矣。

## 黄道婆

黄道婆,元时崖州人。自广东至上海,教人织布纺纱之法,邑中妇女多仰赖之，其后各处仿效，乃衣被天下，邑人追念其功德，立庙祀之。

## 丁娘布

清初有丁娘者，善织布，纹密而匀净，人多宝之。江苏巡抚陶澍曾咏其事，见吾园先棉祠碑石，诗曰："吉贝黄婆力补娲（指黄道婆），剪灯今见纸笼纱（是日为三月望日，上海吾园雅集观灯，灯样玲珑，望之花团锦簇，皆以纸为之）。天公巧试丁娘手（原注云：国初有丁娘者，上海人，织布甚新，因名丁娘布），新样开成顷刻花。"遍查嘉庆、同治诸县志，未见其人，岂以为琐屑而遗之耶？又按此诗似为黄道婆而作，若然则丁娘尚在黄道婆之先矣。

## 自造轮船之发明家

清光绪初中国人有能自制轮船者，一为浙人董紫珊，一为粤人吴研人，二人均能独出心裁，与西人相角胜。紫珊，浙之台州人，精通西学，尝谓西人轮船必藉煤火，一旦煤缺便不能行，今当别创一法，代煤以气，西人闻之皆匿笑其妄。紫珊经营数年，其船竟成，一名"混沌"、一名"混初"，驶于长江中，一小时约可行五十里。后混沌在采石矶上游遇礁而没，混初沉吴淞外八十里，盖船身全系木质，不能禁大海之风波也。吴研人，广东南海人。初佣书于江南制造局，暇时留心机器制造之书，久之有所悟，自运机心,制一小轮行于黄浦。惜是时政府无提倡资助之力,卒致二人功亏一篑,未能制造尽心,岂不惜哉!研人后以著译小说隐世,即世称小说大家我佛山人也。士之不得其志,亦可憾也!

## 创造汽艇

昔祖冲之造千里船,纯以机捩为之转运,不需篙楫,自能奔放直前。西人轮船之制大抵取法于此,惟舟行纯藉蒸汽之力,一日断煤火便觉寸步难行。台州董紫珊司马素精西学,谓当别创一法,可废煤而用气,西人皆目笑之弗顾也。灵思默运,惨淡经营,阅数寒暑遂克告成,名曰"混沌",未几驶至采石矶触礁沉没。因略变其制,就高昌庙制造局更制一船,名曰"混初",船身长六丈,吃水五尺余,一句钟可行江面四十里,惟全系木质造成,一遇大浪狂涛时虞翻覆耳。考轮船之制,有英人华特者创于一千七百六十四年,至一千八百年间始由美人富当造成,其间费数十人之心力、千百万之资金始底尽美,今董君匠心独运,开五大洲未有之奇,谓为巧夺天工,非过情之誉矣。

## 华人造时钟之鼻祖

明季西人利玛窦多巧思,凡天算历数、机械之学莫不精能。在沪佐徐文定公时,暇余作自鸣钟,以铜为之,高裁寸许,一日十二次鸣,如子时一声、丑时二声,至亥时则十二声。其徒庞迪峨、龙华民、郭仰凤得其法,仿而造之,流行至今。

# 孙　唐

孙唐，俄人，为马戏班中大力士，名震欧亚，无与匹者。十余年前来沪，张幕于泥城桥畔之广场，全班男女二十余人，而孙唐为领班，容貌魁梧，目光闪闪，躯干极雄伟，年甫弱冠，而一种沉毅坚韧之精神英英露于眉睫间，一望而知其雄于万夫者也。善试铁球，以两球各重六百余斤，系于铜棍之两端，试演时须以十转黑收，群举之始能起，掷地深入沙土尺许，其力可想矣。孙唐以两手由地擎之肩上，若不甚用劲者，继则以一拳紧握铜棍之中，上下起落旋转不已，观者为之惊诧。然孙唐之技不止此，复以身仰卧于地，以双手擎铁球，两足伸起，于足底上横一长铁钢条，左右各立印捕六人，于是双手起，则与足下迭次起落，历十分钟，其力之巨有足惊者。其未婚妻亦雄于力，辄与之角技，令人艳羡不置。嗣以沪上空气混浊，未及旬日即离沪矣。

# 逸　虎

客有谈旧事者，谓光绪中叶有西国马戏班至沪（班之名称已不省忆），演艺于虹口，随带诸兽亦训练驯熟，新颖可观。一日守奴偶疏防范，虎出于枒，循四川路渡桥而南，直抵南京路老旗昌处。时夕阳甫曛，市声鼎沸，虎闻而却步，蹲伏作犬坐状，鼻息雷鸣，气咻咻如有所欲，行道之人望而震慄，相戒奔避，一时万籁俱寂。事闻于捕房，中西探捕毕至，然皆遥睹不敢近，久之逻者异槛寻声而来，由素所豢饲之人引之就范，人心始安。是役也幸未伤及人畜,然住居该处者不啻虎口余生,惊慌万状矣。

## 猪玃酿命案

江湖杂技中有猪玃演艺者,玃为野兽之一种,状类豕而体大如牛,前后肢酷肖人之手足,能人立而舞,俯仰盘旋悉合人意,或颈套木枷,如罪犯荷校状,技人饲以豆屑,教以作种种诸态,应节合度,观者辄为之绝倒,卖艺者即藉是以敛钱。此剧固各处有之,惟近年始不多觌耳。曾忆光绪季年,南市有牵此兽以售技者,兽固系以铁链,教演亦殊驯熟,一夕忽脱械而逸,循十六铺里街狼奔豕突,向北疾驰,人声鼎沸中,适一孩随母出汲,不及趋避,竟与玃迎面行亲吻礼,兽野性勃发,一回顾孩首已供其朵颐矣。妇大号,纷扰间追捕者已及,率众兜围,始就缚,然已酿命案。乃鸣甲投报巡局(时尚无警察),以事出无心,仅令技人酌偿恤费,并将该兽宰割,游行而示于众,其案遂结。语曰:“鸟兽不可与同群。”其信然夫。

按,近日张园之哈姆司登大马戏园中,亦有逸出猛虎伤及车夫之事,是并此而三矣。

## 飞龙岛之重学

今大世界设机器跑马、飞船轮车等戏,施以电力始克运转,抑知三十年前沪上早有不借电机纯恃重力之飞龙岛乎?岛为某外人所设，在虹口昆山花园，是地本为广场，围可数亩，植高低不等之木架，嵯峨突兀，敷二铁线于架如火车轨道然，曲折参差，望之若无数培楼蜿蜒所结合之岛。别有车可容一人，车之轮为牝，与岛之牡轨相衔。游者入车座，机一发绝尘而驰，自巅及麓，初若建瓴下，既复腾跃而上，忽升忽降，如陵峻岭，如履危坡，循环不已，如是数周匝乃止，盖借重心来复之力也。后撤岛改设杆线，略如绳伎走索状，高且倍之，移机轮于车顶，即以杆线贯其轴于空中，驰骤往还，胆怯者为之色变，游资自二角贬至五分。旋即停罢，继此而起者即大名鼎鼎之车利尼马戏也。

## 西医神技

清光绪间有漕督某，旗人也，其第三公子美丰姿，擅词翰，惟生而一足微短，蹩躠蹒跚，不良于行。父引为奇憾，屡访名医，均谢无能为役，佥谓天生缺陷，此恨绵绵矣。父素与上海齿科黄德馨善，意春申人海之区，或有华元化之流，擅断鹤续凫之术，乃求黄物色其人，果能步履如常，愿以二千金为寿。黄谋之仁济医馆某西人，议既定，招公子至，令卧病床，施以蒙汗药，公子沉沉睡，医者乃除其履袜，衡其短长，纤微毕悉，然后于所跛之足踝间奏刀砉然，去其肤肉而垫以软木楔子，审视再三，乃涂以药汁而缝合之，及醒若无所苦，惟跗际稍觉麻木耳，医戒以在院安卧若干日，不得行动，及期稳步如常人矣。闻此项软木富于弹力性，复用药水浸制，能与肌肉融和，故经久不腐，来自外洋，价极昂贵云。

## 制造麝香之奇秘

麝脐一名当门子，性温有毒，善窜经络，为疡医圣品，痧气药亦主用之，每年运销苏、沪值数十万金，亦国产之特出者也。近年日本虽有人造麝香，然终不敌天产之佳。相传我国麝脐之产地，业此者只有甲乙二姓，凡猎者觅得后须货于此二姓，如法制成壳子（即脐之外廓），经久不变，乃可输贩南来。其制法极秘，数千年相守勿失，从不泄露。迨其至沪也，必指定殷实牙行为驻在地，所携壳子仅极小包裹而已（沪寓为咸瓜街嘉广生，苏垣未详）。该行以商业关系，故必奉为上宾，除酬酢外须特辟一室，关防严密，罅处谨慎糊封，逾数日磋商货值，视姜衍泽、雷诵芬两号为进退焉。议既定，某若干、某几何，书一纸授客，客审视再三，而后订交货日期。至日，令值役者煮开水数十器，纳诸密室，客即挥役出，阖扉加键，诫众人毋窥，违有罚不赦。少选遥闻室内水器相触声，灌水淋淋声，百声繁碎，诸态并作，第不明其所以然而已。经一炊许，声顿止，客于是启扉，则向之极小包裹者已易其常度，化作若干商品，罗列满室矣。乃权其重量，较其锱铢，按单交纳，无或爽焉。此即所谓麝香也，亦奇矣哉。

## 雷允上之六神丸

日前报载日本商人之仁丹告示，欲在租界张贴，为工部局拒绝不许云云。因联想及新北门外雷允上之六神丸，昔年行销东瀛，岁达数十万。惟此丸在我国为治痈疽、疔毒之圣品，盖因重用蟾酥，善于消散也。不知如何流入彼邦，竟目为兴奋之剂，凡神经疲弱时噙化一、二丸，立能精神恢复，因之人人有携带之必要，销路甚畅。按此丸粒细如芥，每重量一分约七十余丸，从前申地售价七角六分，运至彼邦连税费须增至四倍有奇，然以其效力甚强，购服者颇众。嗣为彼政府所闻，目为一种漏卮，明治三十年间（即光绪丁酉）藉化验为名，下令禁阻不准入口，大致谓此丸含有剧烈之毒质，有碍卫生云云。因之该药铺于营业上大受影响，幸系独家秘制，且其功效实不可泯，故至今除本国仍旧畅销外，即岛邦一方面，两国牟利之商仍有秘密输运者，惟限于少数耳。且因此之故，在彼邦转视为珍品，在需要者往往不惜十倍其值，转辗相求仅得一二分，亦犹印度鸦片，在我国颁禁以后价竟增至二十倍，漏卮更甚于前，同一比例也。然返观仁丹一物，自推销以来岁达二百万金，我国内务部不闻有所取缔，而交涉员且为之给示鼓吹，煌煌头衔，遍地张贴，惟区区租界方寸之地竟不获通过，以视彼邦之视六神丸纯以忌嫉为手段者，何其容量之相去若天渊耶？

## 上海之神医

上海刘敷来先生，字梦金，前清康熙庚午举人。博极群书，旁通艺术，幼时即颖悟。其先德精于弈，一日与名手对局，势将败，适先生在旁嬉戏，见父凝思良苦，即辍所事，若详视状，遽云某处某处下子不容缓，父以其稚小，斥其妄，既而觉其所指殊有理，姑从之，遂转败为胜，人谓之神童，时先生才五岁也。长遂留心医术,凡古今方脉诸书无不遍览,适友人有微疾,招往治之,下药而死,为死者家捶骂,自此无有敢过而问者。先生因激励,益肆力攻苦,殚心研究,如是者十年,术遂大进,然犹未为人知。有至戚居乡,往候,送出门,握手为别,先生忽转身复回,谓其人曰:"适触君手,觉脉气异常,须细诊之。"诊毕曰:"果不谬,夜半当疾发,非我莫能治也。"主人方强壮,素无疾,笑留之,初未深信。及期,果颠蹶若中风,不省人事,亟进药,吐粘痰升许,连服数剂而愈,从此医术大行。晚年偶经城隍庙街,一民家妇死,哭声闻于外,其夫在门首,素识先生,因见先生过,泣述病由,先生曰:"在吾法,是疾当不死,惜其人气已绝,但得心头微温尚可救。"时先生医名震惊远迩,其人狂喜,延先生入室,见其妇已小殓,先生为写方药数味,亟令煎熟,毁齿灌之曰:"倘得涓滴入喉,或可回生。"灌后一炊许,尸渐展动,急复连灌之,渐有呻吟声,用药数十剂,两月而平复如常,由是人传先生有起死术云。先生每至病人家,遇有疑难证,不遽写方,辄脱身归检书册,挟往病家,必反复详辨而酌用之,甚者终日往回再四不惮烦,人笑其临阵看兵书,先生弗顾也,以故投药罔不效。即此一事,想是先生细心,与同郡李中梓士材先生齐名,同时有"天医星"之号。

## 徐妪收生术

吾国医界以惑于五行生克之说,偏重想象,置实验于不问,驯致脏腑颠倒,统系不明,为今人所訾病。独收生婆一业,专重经验,所悬招牌每以几世几代积祖相夸,至其懵于学理,固亦自承不讳，以视东西各国之助产医士，判然大异也。相传道、咸间本邑有徐妪者，以此为业，初不著名。一日江西张真人携妾来沪，舣舟江畔，中夜妾忽临盆，良久不娩，状已垂危，然人地生疏，仓卒无主，命仆登岸叩询，就徐求治。徐立刻登舟，如法催生，一药而下，母子平安，真人厚酬之，并给予朱漆轿杠一对。旧俗，轿杠之朱色者惟特旨恩赏及张真人方可用，徐获之引为殊荣，出入乘舆遂以朱杠为标识，于是"红轿杠老娘"之名大噪。

徐妪，苏乡横泾人，予昔年闻诸其族侄言之如此。自饥驱来沪十载余，遍询沪人，已无有知其遗迹（今小东门内有徐氏收生，未识是否），意者人事代谢，渐就湮没欤。至现时操此业者，或有秘售堕胎等药，涉乎秽媟，故不赘。

## 软瘟症之简治法

民国七年沪上盛行时疫，染者必发热、足软、咳嗽，此系时疫中之软瘟症，服广东药铺之甘露茶即可痊愈。犹忆壬寅、癸卯间，上海盛行红痧症，初起时觉骨节酸痛或微热，一二日间遍身发红点若疹然，时名之曰"红痧"。此症初行于粤，粤人以芫荽煮荸荠啖之即愈，然非险症，虽不药亦自瘥，从无患此以死者。沪上某甲夙崇西法，服西剂凉药，竟死。体质中西各异，须知某症为彼所擅长，就之方不误，世之病者其慎诸。

## 急救断针入腹法

针砭之法为轩岐十三科之一，相传黄帝坐明堂，歧伯按穴指点，锡以定名，绘图立说，遂为后世铜人图之滥觞。然年远代湮，真理失传，一般江湖技士侈言神针，卤莽灭裂，视人命如儿戏，兹可痛也。社会习俗，每届夏秋之交以不讲卫生故，霍乱、吐泻等症无岁无之，厥名曰"痧患"，罹者必延请不学无术之剃发匠，胡乱针刺，出紫血数缕，号曰"挑痧"。此风以苏、沪一带为尤甚，实则霍乱一症，以十滴药水最著效验，苟非垂毙之身，服之立可挽救。至挑痧一法，不特西人嗤其妄，即华医之明理者亦多视为危途。客有述及斯事者，谓当光绪乙未之夏，沪上痧疫盛行，时老北门内剃匠某甲，略谙脉穴，自诩折肱老手，乘此时机置备钢针十余枚，悬壶问世。然甲对于此技本未讲求，所购针械仓卒间良窳莫辨，一日比邻某氏子亦染时痧，延甲挑治，甲故作攒眉状，谓症已不救，宜以巨针刺脐穴以卜吉凶，然非厚酬不办。某氏只此子，忍痛从之，不意施术之际，甲自觉初次，心滋内愧，指臂颤动，钢质脆弱，截然中断，针之前锋陷入腹中，甲惶急失措，托故他遁，病者辗转床席间，号痛不已，某氏益束手无策。嗣探得城东油车街有陆姓剃匠，幼充长随，得有秘方，急叩之，令捕活虾蟆一头，取其双目用开水吞服，约逾一周，时虾蟆目睛紧裹针之两端，随大便而出。如法施之，一泻而愈，诚奇方也，特志之以备不虞。

## 中国人之号称西医者

吾华近年研究东西各国医学者日众，其在本国各医校毕业者固不乏人，在他国留学得博士、学士以归者亦复不少，皆自称曰西医。爰将在沪已出悬壶者之姓名、住址列表如下：

俞凤宾　南京路科发药房对面

丁福保　静安寺路医药书局

王培元　乾略弄明强医院

何理中　法界爱多亚路理中医院

王立才　小西门外安澜路三十六号

张道中　福州路中西药房

董振民　南京路大庆里

朱寿田　泥城桥荣昌祥楼上

陈仲篪　汉口路二十号

徐景明　北四川路景明牙科医局

邱仁高　嵩山路转角诵仁医院

吴公望　静安寺路沪江疗养医院

谭以礼　四马路华英大药房

张近枢　福州路华英大药房

李振轩　新马路元昌里

李其芳　南京路东亚旅馆及西藏路大庆里

汪振时　静安寺路自新医院

周宪章　南京路中华眼镜公司

周邦俊　沪杭甬铁路局医官处

毛志祥　南京路三四五号

江逢治　江西路惠罗公司对面

李复生　静安寺路一二四号

何万川　老靶子路七十二号

何宗光　四川路横浜桥积庆里六〇六号

林锦华　北四川路三多里二家

俞圣祚　南京路中华眼镜公司

侯光迪　南京路大庆里

唐乃安　四马路中英大药房

钟拱辰　界路一八一号

萧智吉　福州路五洲大药房

## 上海之医生世界

上海有所谓三大医生世界，以上所载中国人之号西医者不
过得其一，兹为补述于下。

**（一）西洋医生之医生世界，地址多在黄浦滩及北京路：**

克礼医生　黄浦路一一号

福医生　黄浦路二〇号

康科医生　黄浦路二四号

博罗医生　黄浦路二一号

柏德医生　黄浦路二三号

言芬医生　黄浦路二二号

史德里医生　黄浦路二五号

兴盛医生　北京路三号

汉卫医生　北京路三号

弗勒生医生　北京路D字三号

立公医生　同前

马许医生　北京路B字八号

百医生　同前

麦医生　同前

（二）日本医之医生世界，地址多在虹口：

吉益东洞　西华德路二号

佐佐木金次郎　靶子路二七号

渡边久作　北四川路六九号

篠崎都香佐　蓬路

（三）中国西医之医生世界，地址多在英大马路泥城桥一带
及法租界霞飞路：

汪企张诊所　贵州路口何瑞丰楼上

自新医院之汪惕予医生、汪振时医生　跑马厅对面十二号

中国杏林医院符研辉医生　静安寺路四十二号

丁福保医生　静安寺路三十九号

钟拱辰医生　南京路口之贵州路

江逢治医生　四川路一一七号

侯光迪医生　南京路大庆里

黄冠英医生　南京路民康里

俞魔宾医生　南京路抛球场

李其芳医生　新世界对面

董振民医生　同前

朱寿田医生　同前

沪江疗养医院号公望医生　同前

诵仁医院之金诵盘、邱仁高医生　嵩山路

海宁医院陈谟医生　霞飞路

申江医院之刘之纲医生、江钟濬医生　霞飞路二二一号

亚达医馆　嵩山路五六号

赵郑淑芳女医生　霞飞路

## 林步青之苏滩

　　梨园所唱之各调外，别有各处之小曲及说书、滩簧二种。滩簧复分为三，曰本地滩簧、宁波滩簧、苏州滩簧（简名曰"苏滩"），而以苏滩为最流行。唱苏滩而得大名者厥为林步青，其所唱多出自独创，随遇一事立能信口唱出，词韵铿锵而新颖。庚子以后，新党中之注意社会教育者，以滩簧为一般人所乐听，而林步青之魔力又甚伟，如能改良其词句，灌以新知识，大足为教育之助。因商之步青而授以资料，自是步青出而奏技，愈受社会欢迎，而改良滩簧之名遂以大噪，风气亦为之转移。技虽微贱，允为有功社会之人物。步青死，而其徒范少山辈犹享大名，足征其艺术之神已。

# 二一 迷信

## 庙宇之变更

沪上开通较内地各邑为早，故庙宇亦多变更，兹将所知者略述如后。

鄂王庙，在邑庙东，今为救火会。

三茅阁，在洋泾浜，旧有三茅阁桥（俗称"三木阁桥"），咸丰年毁去，今改造市房。

紫霞殿，在大东门外，今为内地电灯公司。

小九华，在小南门外，现设警察分驻所。

一粟庵，在尚文门内，今为教育行政办事处。

花神祠，在邑庙东园，今废。

蕊珠宫，在凝河路，现为公款公产经理处。

风神庙，在老白渡街，现改设市立学校。

其余更改者尚多，记者深望迷信日除，同进于文明之域也。

## 静安寺之大佛会

沪西静安寺，每岁届清和月八日，为佛祖释迦牟尼降生诞辰，俗呼"大佛生日"。是日寺内诸僧，设坛建醮，施放焰口等法事，香火更甚。莅游者宝马香车，络绎不绝，此固佞佛妇女之恒态，惟可异者铁木农具备置其间，家用刀斧锅罐之属靡不毕备，贩者借盛会以行其投机营业，而村农焚香来者均乐购之，以免入市跋涉之劳，且随心所欲，无划一之价。岁值一次，故冶工、木作制出应时农具，利可操券，盖贩者、购者均视为定例也。

## 静安寺之浴佛会

俗传四月初八为浴佛日，是日各处丛林古寺皆大启山门，任人游玩，而沪西静安寺尤为繁盛。先日各处之小贩搬运货物，设摊于寺之附近，一切普通杂货无不具，而以竹木器为多，设市三日，捕房不之禁，且加保护焉。以故沪上居家需购杂用器物者，靡不于此取择，岁以为常，而小贩等亦利市三倍也。盖是会善男信女香车宝马，络绎而往，布施香仪，不免迷信，而丈六金身年年醍醐灌顶，小本经纪实受我佛之赐矣。

## 静安寺之虾子和尚

本邑静安寺载之志乘，夙号古刹，相传建自吴之赤乌年间，初号重圆寺,宋祥符改元,避御讳而易以今名。其地旧称芦浦沸井浜,浜之中流数尺如深渊,昼夜腾沸,故云然。或指为海之尾闾,莫能详也。今则甃为双井,水污浊不可用,惟飞沫涓涓,终日不竭,游人恒掷石其中,声不及底,深可知矣。寺中旧有石像二,背有铭曰"维卫"、曰"迦叶",云系西晋建兴初浮海自来,今已迁苏之石佛寺。宋时智俨僧卓锡于此,有异行,值中元节村人竞设盂兰会,僧众罄寺而出,最后惟俨在,亦拟赴斋所,途次见捕虾者,俨取虾饱啖,约返途偿值,及归无以应,及吐虾盈斗,活泼如生,惟皆无须,人咸异之,有"虾子和尚"之号。后圆寂,先期缉绳万条,悬廊庑几遍,遂坐蜕,人竞贯钱于绳,不逾日集钱若干缗,佛阁藉告成功云。

## 静安寺之无芒虾

上海古迹,南则龙华寺,北则静安寺,皆千年古刹也。静安寺初名重圆寺,宋祥符初以避讳故改静安寺,前之水昼夜腾沸,称为"海眼",实则与济南之趵突泉无足异也。旧时寺中两佛,一曰"维卫"、一曰"迦叶",相传西晋时吴人某得之江中,迎供于此,后复移于吴门,今无存矣。又传宋时有高僧驻锡于此,名曰智俨,尝遇卖虾者,取虾一斗和水吞之,半日卖者索钱,智俨无以应,曰:"还汝虾可乎?"于是复饮水,尽吐活虾,惟无芒耳,于是静安寺之虾至今无芒。按,无芒之虾当别是一种,智俨之事殆好事者所附会也。

# 邑庙之神话（一）

本邑城隍神为故元待制秦公裕伯，明、清两代叠加封号，至今俎豆荐馨，久而益著。观于清初之现身示灵，为全城人民请命，益不愧为保障海隅之万家生佛也。当客帝猾夏之初，汉族中群起抗命，前仆后继，宇内腾沸，芟刈民命，等于鸡犬。顺治十年，海杰张名振攻沪，清总兵王璟督战失利，巡抚周某率大兵莅沪按状，璟恐民暴其短，遂诬邑人通寇，隐为掣肘所致，周惑其说，拟下令屠城。邑令阎公绍庆，愿以百口为质，长跪竟日，迄不许，戒旦以待，将纵戮。是夕，周隐见神朱袍象笏，赫立阶前，婴然心动，至中夜复现形，且目瞬首摇，如是者数四而影没，周慑于神威，躁释矜平，气为之馁，遂罢其令。

# 邑庙之神话（二）

本邑邑庙建于明之永乐年间，其地为汉博陆侯霍光专祠，旧称"金山神祠"（事载邑志），故至今俗称正殿之偶像仍为金山神主，而秦伯府实居二殿，此则未免近乎附会矣。其最堪发噱者，谓正殿所列之石质皂隶八名，最初系浮海而来，为某信士所捞，恭置于此。盖此八隶者实邑神之亲信干役也，惟均嗜酒，故常有醉容，某岁奉命赴浦东，有所勾摄，比返，遇社公于途，洗盏更酌，不觉玉山已颓，失其御空驰驱之能力，不得已循河求渡。某舟子载之而西，欸乃之间觉八客体重逾量，摇曳费力，心异之未敢言也。既抵西岸，循例给予渡资，七客已鱼贯登陆，最后一客正抠衣举步间，船身骤浮如卸重载，舟子不觉失惊，脱口大呼曰："客等重量若此，毋乃类石人乎？"言甫毕，岸畔七客已渺，第闻扑通一声，后客亦投载而逸矣，大叫怪事。邻舟毕集，细检船中，惟遗纸灯一事，上侈下敛，式如衙役所用者，视之盖"上海县城隍司"六字也，验其渡资乃纸锭之属，知为神隶。质明具牲醴往祷，至则殿隶仅得其七焉，遂诉诸庙祝，补一泥塑者以足其数，至今表面观之颇莫辨其孰泥孰石，相传苟有目力能明辨之者，其人必有极品富贵。神话之可嗤如此！

## 邑庙之道士

秦裕伯，元代人，世乱避官居上海，事母甚孝，母没哀毁尽礼。时张士诚据苏州，悉其贤，使人招之，裕伯曰："食元禄二十余年，背之不忠，母丧未终，出而拜命不孝。不忠不孝之人，又焉用之！"及明鼎定，太祖手谕征之起，不得已，入见太祖，太祖欲授之官，卒不允。及没，邑人遂以为神，今庙中道士即裕伯后裔也。

## 邑庙之神羊

近日报载北京三海捕鱼一事，经外人激刺而止，前人体天地生物之心，而后之人反因以为利，诚可耻也。因忆吾国当三十年前时，世道人心比较的尚稍淳朴，一般慈善家恒有解囊放生之举，使含生负气之伦得遂天年，免刀俎鼎镬之厄，即孟子所谓"不忍之心"也。如本邑邑庙中从前有一种放生之羊，或白或黑，其色不一，颈系木牌，常踯躅于市廛间，夕则归卧星宿宫之隙地，无待人牧，见人亦不畏避，天气晴和，或竟游行四野，倦则循途归庙，最奇者遇航行乡镇之船，竟能乘之往返，绝无迷失之患。人以其岁久通灵也，呼之为神羊，亦无敢捕之者。闻红巾踞城时，曾有宰而烹食之者，皆遭猝毙，于是余者获全。后经好善之士移置放生局中，此风亦以寖绝，邑庙遂无此神羊踪迹矣。

## 邑庙池内之鼋

鼋居四灵之首，虽蠢如鹿豕，而人以其不常觌也，向视为神物之一种，间有渔人举网而得，必求沽于好善之家，然后纵之深渊巨浸，俾遂其生。此风各处相同，而沪上之购鼋放生者则置诸邑庙之池内，因之日积月累，有增无减，而鼋寿又极永，不易死亡，初则以池鱼为食料，池鱼既尽，每于夜静更深登岸觅食，池畔商店之人偶经其侧，或践鼋背、或屦鼋足，必遭凶噬，甚有因此惊悸成疾者，相戒视为畏途。于是群议召渔人尽捕之，镌"放生"两字于铁牌，系其尾部，纵之吴淞口，而人心始安。

## 龙华之神话

沪南龙华寺与静安寺同为上海古迹，而龙华香火尤盛，故老相传多有涉及神怪者，偶记一二，无以名之，名之曰神话而已。

东晋时郭璞尝游其地，爱其形势之佳，题字于壁曰："龙华江,朝北斗。小小蛇,水上走。世人葬得者,金印大如斗。"后世堪舆家多举此言以语人,纷纷寻觅牛眠之地,颇疑此为堪舆家所假托,未必真为郭璞题也。又龙华寺塔顶有一盘,中贮清水,蓄鲤鱼两尾,镇塔之宝也。每逢风清日朗,鲤鱼跃出盘外,远立多能见之。明嘉靖间有高僧驻锡于寺,终日趺坐,未尝苟作一言。一夜将半,忽大呼曰:"谁来窃宝者!"匆匆携杖出门而去,天明始归,语沙弥曰:"妖人窃宝,为我所追,今已弃宝泖水之滨而遁矣。"出视塔顶,果失其盘。然镇塔之宝既失,而至今塔犹无恙,神怪之言一何可笑!

## 龙华寺塔志异

邑城南十余里之龙华教寺,在明代香火最盛,寺有浮屠,高七级,外小而内容廓然有余,上下一致,相传建自吴大帝。塔巅有盘,蓄双鲤,跳跃时水沫飞溅及外,虽旱不涸,人恒见之,称镇塔宝物。每岁中秋月明时,塔影倒映浦心,风动水波,影光撩乱,俗称"万塔来朝"者是也。明嘉靖间,有宦裔拙貌和尚驻锡于寺,妙解好律及象纬轩岐之学,平时趺坐一室,累日不一语,一夕忽大呼"有盗塔宝者",提杖疾出,腾空而去,久之归语侍者曰:"顷追妖人至泖水,为杖所击,弃宝逸矣。"翌日视塔,果失其顶,后有渔于泖水者见之水际,然极沉重,竭数十壮夫之力不克举。拙貌示寂时,有行僧诣其家预报,家人缟素来寺,见其面壁合十,诵往生偈,偈毕已瞑目怛化矣。今三月望日香会尤盛,一般善男信女进香顶礼,络绎不绝云。

## 地生毛志异

光绪二十年甲午,适中日战争之时,谣诼纷起,迷信者常以灾异见告,余戚某时寓西门外,与城垣仅一濠之隔,城垣下为屠户,余戚于门外隙地采得地毛一掇,视之若猪鬃然。初疑隔濠之物为风吹至也,不数日而城内外哄传遍地生毛矣,制造局画图房旁生毛最多,拔之长可四五寸,同人相约勿动以觇其变,乃不久即失所在。今春汕头地震时亦遍地生毛,然则灾异之说亦或有验欤。

## 灵学会

扶乩之戏或疑助手伪托,或称才鬼式凭,前人言之详矣。有清大儒纪晓岚所著《阅微草堂笔记》屡载其种种灵迹,尝谓其宣示之预言事后颇多巧验,且文法诗词格律谨严,似非当时乩手所可摹拟,大抵与镜听、紫姑同为一种心灵之感应,所谓精诚之至,鬼神通之是也。余友梁溪杨君宇青,固开通之士,足迹半天下,生平雅不信鬼神之说,独于扶鸾一事笃信勿懈。尝谓地球为不可思议之大灵物,除飞潜动植之外,大气混混中必具有神妙不测之元素,乩之为用,能咸召此元素而使之实现,近世催眠术盛行,所列"天眼通"、"灵交神游"诸法亦不外此精神之作用,特于去冬集同志多人,就望平街书业商会中辟净室,设沙盘,洁诚从事,曰"盛德坛"、曰"灵学会",盖皆乩笔命名者也。坛例除星期一休息外,每夕六时至九时降真飞鸾,仙灵轮集,有求必判,并为学理上之批答,解疑析难,言简意赅,月刊《灵学杂志》一册,详记问答之词,以供研究心灵学者之探讨,盖与后马路之济生坛仅卜休咎、开方药者微有不同。某夕中华书局经理陆费伯鸿以局务棘手,求示方针,乩词中有"讼则终凶是至言,忍羞含垢思屯艰。风涛一过平如镜,苦尽甘来问九天"等句,按斯时适因负债涉讼,债权一方意颇险恶,局事岌岌莫保,玩索仙语,盖有劝勉息讼忍辱负重,自有剥复之机,神之寓意深矣。闻入会者只须年纳三元,不但得研求之权利,且可赠阅《灵学杂志》全份云。

## 济生会之乩坛

前人笔记载扶乩事甚夥,余心窃异之而未得一见也。今岁秋,友人为道宁波路中旺弄济生会楼上设有乩坛一所,往扶乩者均免纳费,此言适触吾好,乃蹁与同往,冀一觇其异。既至,先赴账房挂号,余试问前程何若,乩书七律一首云:"须待扬州明月上,再逢汉水白云生。此中消息何难见,待到羊肥鸡唱声。"余往复再诵,百端玩味,终不明其所指,历时数阅月,尚眇无觅处也。

按吾友所言,该坛为沪上商界巨子王一亭、黄楚九、朱葆三、俞仲还等捐资所设,巨商富贾、大家妇女之往虔叩者络绎不绝,且有富室姬妾在内充当笔墨及司招待女宾之职者。所订规则以单日为男宾叩示之期,至期女宾不得上楼,以双日为女宾叩示之期,至期男宾不得上楼,界限颇为分明,亦所以免男女混杂也。

# 谶纬谈

尝读毛宗岗本《三国演义》，载庞统师次落凤坡，以己号凤雏，心恶之，急返辔，敌弩已如蝗而集矣，遂遇害。又魏将于禁与关壮缪相拒于罾口川，圣叹评谓："于、鱼音同，鱼入罾，其能免乎？"未几果有水淹七军之役，亦应其谶。然此犹得曰稗官野史，或有事后妆点之疑也，推之始满清年号之咸丰，有作象形解者谓："一口干戈，二主夺山头。"时洪杨侟扰，清祚几亡。最后宣统之"宣"字，亦有军人出头之说。虽不无附会，然言之亦颇巧合成理，非偶然也。又扬州徐宝山，骁勇善战，有"老虎"之称，徐亦此自负，惟终身不敢履吴淞，以吴淞与武松音相类，虑触景阳岗之忌也。后苏督程雪楼在申集宴，徐亦与会，往返途经淞口，不数月竟被炸殒命。最可异者，邑绅今参议院议员秦锡圭号介侯，前清时以名翰林出宰山西之介休县，其地即介之推被焚处，京戏中所演《火焚绵山》者是也，秦以己名介侯，恶其不祥，乞改他邑，遂调署寿阳。然正缺固未开去也，视使未久，拳乱猝发，牵及外交，致名列黑单，几罹不测，幸大吏竭力辩白，得镌职生还，亦云险矣。诸如此类，事理之偶合欤，抑冥冥中果有定数欤？请还以质诸术数家。

# 吴淞口之神钟

吴淞口海滩相传有神钟一，不知自何处来，钟身甚巨，在天后庙门外，半陷沙际，潮涨则没，潮落则见。据父老言，道光二十四年吴淞口海潮大涨，汹涌奔腾异于往日，钟为潮疾卷而至，重约二千余觔，铜质斑古，惜不知其款识，惟自有此钟时闻风雨作吼。至同治甲戌六月朔日，忽失所在，疑为沙所埋，遍寻无迹。当时迷信者辄谓钟有神，仍挟风潮而去，此事淞口海滨之人犹常作为谈助也。

## 放伥之怪谈

怪、力、乱、神，子所不语，故儒家斥为荒诞。然如昔年白莲教、红灯照之类，见于邸抄，载诸案牍，固非纯出风影也。尝闻滇桂瘴峦之乡，苗民中有所谓放蛊之恶俗，凡深仇宿恨，欲致其死命而后快者，即延请一种蛊巫，怀术而踱仇家之门，临事抖擞衣袖履袜之类，如拂拭尘埃状，蛊即入室作祟，凡甑釜床第间蔓延变幻，百怪杂呈，久之嗫人肌肤，啮人脏腑，疾不可为，因而致死。此乃蛮乡一种报复泄忿之毒技，惟受蛊者得请他巫始法解免，翻手为云，覆手为雨，无非以金钱为厉阶也。不谓上海文明之区，竟有类乎此者！厥名"放伥"，操此术者大都为网船一帮，法至诡秘，外人亦莫明其妙。大约施此毒手，必有不共戴天之奇冤，始迫而出此，且须探知目的人之生平禄造书牒，而焚之郊野荒冢间，念念有词，即有厉鬼追随其后，引至秘室，日日媚而祝之，经若干日术成，而目的人之生命于焉告终。近泊南市外滩生义码头之船户名陶金荣者，闻因中此术而殒其生，陶生平亦多行不义，闻者目者同类自戒，特事极怪诞，姑志之以备沪乘之一格。

# 溺鬼讨替

凡人之不得尽其天年而殒其生者,如自经、焚溺等,一灵不昧,恒有现形索替之事,此见于前人记载者亦屡见不鲜。惟以其惝恍迷离,恐涉附会,故每为自命通人者所不屑道。比来索居无俚,间与二、三友人抵掌谈沪上委巷琐事,有述及溺鬼觅替者,姓氏、里居言之凿凿,且其人尚健在,固非风影之谈,用诠次其语,窃供沪乘资料之一,读者幸勿哂其为鬼话连篇也。

客述当光绪初年时,本邑小南门外一带地极荒僻,居民、商店多集中于里仓桥之四隅,然一交更深,已人影寂然,桥之北堍自岸及河建有石阶十余级,为公共洗涤之地,相传阶级近河处,每届天阴月黑,尝有溺鬼现形,传言如是,未之睹也。近邻笫弄内有王氏子者,业租界某质库,时甫新婚,循俗例每晚必返,返必道经里仓桥,一夕归稍迟,遥睹桥际似有人影,王固习闻前说者,阴念得毋溺鬼乎,近审之貌亦犹人,且起逆为礼,力邀其从阶级而下,谓到家较近,王以其言不伦,哂而拒之。自此每届归时稍晏,辄见此人力邀如前,王虽心厌之,无如何也。荏苒数月,时当盛暑,邻人相聚纳凉桥畔,夜将半,众先后归卧,有清音阿四者独披襟当风而立,瞥见王自北而南,及桥喃喃如与人作问答状,俄即步石级而下,竟趋水滨,阿四大异之,疾呼"王先生何往",突前提抱登岸,见王神色迷惘,语无伦次,知为鬼祟,以距家虽仅数十武,虑中途有变,是夕遂留宿己家。旋闻鬼声啾啾,起于户外,阿四夙以胆略自豪,了不在意。翌晨送王归家,家中人正以昨日未归,侦骑四出矣,至是欢谢逾恒,厚酬之,却而不受,迄今两家通好如戚族，均称小康焉。阿四执业卑微，援人于溺，不以利自私，尤属难能可贵，闻所操清音业殊发达，人以为好善之报云。

## 三牌坊说鬼

咸丰某年，洪军陷浙，杭有某诸生者，名家子也，闻变惊惶，挈其娇妻、稚子并己而三，走海上，僦寓三牌坊之盛家弄。生故有芙蓉癖，来沪后客中无可告语，恒借此以消永昼。时有无赖王某，设灯馆于弄尾，跬步即达，生以是昕夕过从焉，久之遂相狎习。一日，生以窘状诉于王，谓离杭仓卒，尽弃所有，今瓶罍将罄，奈之何哉！言间微露求策意，王窥知生妻尚在盛年，子甫离乳，跃然起应曰："微子言，余早代借箸矣。盖坐食不知为谋，虽铜山亦有颓时，睹君衣履平平，沪上奢靡，大不易居。虽然，苟愿降心相从，其围立解矣。"生叩其说，王曰："西邻某富室，余故交也。月前新产一雄，急待物色乳媪，倘尊阃不以名义为嫌，进而试之，则所得佣资既可以充吞吐，且得免内顾忧，不一举两善乎？不特此也，沪俗，凡充乳佣者例得兼哺己子，则子若母既尽室依人，君可栖身寒舍，省却一笔赁宅费，不更佳乎？"生惑其言，从之，强妻应其役，妻泣而往，从此生孑然一身，与王某相依为命矣。生本膏粱文绣子，日处熏蒸中，起居至不适，无何以遭疫卒。卒之日，衣衾殡殓悉由王为之经纪，妻甚德之，逾年乳媪脱役，无以为家，不得已依于王，王故鳏鱼，至是拥妇抱儿，据为己有，并吴越为一家矣。一夕，王游邑庙归，中途恍惚遇生，叱之曰："负心贼，尚有见面时耶？尔既占余妻，复夺余嗣，已诉诸冥司，今既遇，不汝贷也！"王闻，毛立□，踉跄归，归即病，自此喃喃自詈，口作杭语，妻审之，酷似故夫声口，为之觳觫不置。次日，王忽自批其颊，颊尽肿，旋以刀自劙其肉，血流如注，体无完肤，号痛数日而毙。有见之者，谓颇类阳世之鱼鳞碎剐云。

## 小普渡寺因果谈

逊清之季，新政勃兴，当道以铲除迷信为职志，各地之庵寺神庙因而毁拆者，不下千数百处。本邑小南门外向有小普渡寺，相传建自吴大帝中，供大士像，素著灵异，法相巍峨，高及殿顶。时创办警察，议改寺址为局所，主其事者为穆君抒斋，寺僧不敢抗，遂他徙。适穆君督率夫役，邪许从事，拟先撤去佛像，工匠慑于官威，而又惧蹈亵神之咎也，见大士像皆逡巡却步，穆揣知其意，出手枪对像连发数响，且发且祝曰："毁寺系余之命令，设有冥谴请加余身，无与尔工匠事。"祝毕，叱众以巨绠缠佛颈，别用铁轮车起绞，竭尽数十壮夫之力，始得移像出寺。是夕群见红光一片，罩护寺顶，北市居民遥睹城南赤焰涨天，疑为祝融肆虐，华界警钟楼亦蒲牢怒吼，救火会驱龙寻声而至，第见寺门内外佛像纵横而已，遂相率惊愕而返。阅数日以巨车载像，拟移置浦左某寺（或谓钦赐仰殿），比抵十六铺，以时晚不及渡，露停沿浦。有绰号黄蛇者向曾服役于寺，习知大士像腹中有银制脏腑全具，乘夜深人静之际，潜至停像处摘之归，售诸熔炉。盖凡偶像之制腑脏者，像背必剜穴，大可容臂，以便装配，当移像扰攘之际，在他人固未注意及此，故黄蛇得安然独享，所获及数百金，方谓视天梦梦，神灵已退避三舍，乃时未一月，冥罚及身。黄蛇素嗜芙蓉癖，某夕呼吸方酣，忽欲小遗，启户就墙角溺，见黑气一团突前作相扑状，一惊而返，溺未及半也。初疑穿窬之流，急呼多人篝灯寻视，并无踪影，然相距数武外犬声乱吠，寒风刺骨，在他人固不觉，而黄蛇已毛骨悚然矣。翌日背间坟起一粟，痛彻心肺，初仅如豆，渐如钱、如杯、如盆，终至可容一臂，内外洞穿，脏腑毕露，脓臭不可响迩，诸医束手，辗转就毙。有目睹其状者，谓背间之疽孔酷似佛像之剜穴云。

著者曰：因果之说，本为吾党所不屑道，然降祥降殃，循环往复，实有不可逃之公例。此事余闻诸黄蛇之邻人，当时曾亲与汤药殡殓之役，且谓初患此疡皮色不变，第觉时抽掣作痛，以后每换膏药一次即周围加大一晕，故首尾不及匝月，大已如钵，竟至洞见内脏，易箦时乃历历自供如此。心理之作用欤，抑冥谴之实现欤？姑志所闻，以供谈料。

## 乔氏之得神助

本邑乔家浜以乔氏得名，前既言之矣，兹又得一说。谓乾隆时本邑有乔润斋者，少极贫，附邻塾读书，慧冠诸童，师爱之如己出。一日卓午归膳，瓶罍空如，犹未举火，父母有愧色，润斋诡告曰："师已饷儿矣。"嬉移时，忍饥入塾，读如故。弱冠游邑庠，课徒奉菽水，娶室张氏，佐以纺织，虽箪食瓢饮，晏如也。某岁秋试赴宁，偕往者六七辈，同寓一馆，人以其资斧将竭，归途虑为所累，乃预诫仆人，买舟江浒，以待出闱后扬帆先行。乔至寓，知被众弃，不得已迁居火星庙，张帖行医以自给，榜发竟获隽，余人悉落第。时制军为尹文端公继善，阅其文复厚赠之，遂檏被出水西门，暮烟四合中，见峨峨巨舫，彩帜如林，鹢首有舟子引手相招，令伏处舵尾，戒毋声，俄闻风涛汹涌，昏黑中莫辨南北，质明促登岸，凝神察之，已达申浦，巨舫亦失所在。初，乔之被促离舟也，仓卒遗其雨盖，方欲再取及劳以舟资，回顾已渺。又以千里金陵一夕而达，固疑神助，翌日诣邑庙进香，见神舟遗盖在焉，于是益信。乔逾年成进士，官至湖南巡抚，弟照为浙江提督，至今称望族焉。

## 徐宝山与吴淞

前扬州军政分府徐宝山，本绿林渠魁，长江上下游势力颇盛，官吏莫敢谁何，后溧阳端午桥署江督，始设法羁縻，委以盐捕统领。徐受抚后颇折节向善，于缉捕事殊勤奋，人多称之，惟识字无多，性复刚躁，苟撄其锋，"王八羔子"矢口而出，盖不脱旧时故态也。辛亥之役，各省纷纷反正，扬州绅商初议尊除以都督名号，嗣复改称军政分府，徐均茫然，尝询幕友某君曰："军政府与统领较孰为大？"幕中人反复详解之，始欣然受事。电报中许多北伐文章，悉由某君捉刀，呈于徐，徐不加可否，于纸尾画一十字即令拍发。剪发令下，徐甚反对，谓："喀绰号老虎（按，徐一名徐老虎），虎威在尾，安可除？"又徐笃信谶纬之说，以《水浒传》有武松打虎故事，因之不敢履吴淞境，武松、吴淞音相近也。攻宁而后，程雪楼都督宴诸将于沪上，徐亦与会，见座客均无辫，自惭形秒，立召剃匠去之。归途附某轮还扬，自吴淞出口，不遑问禁忌，心滋不乐，未几被炸死。

## 迷信梦理之冤案

梦为幻境，其真理本难研究，《内经》谓脏气偏胜则然，如肺盛则梦高翔、肾盛梦涉大水之类，言之亦颇成理。大抵脑海印象错综杂出，交构而成，昔人有遗濠子不梦见父一语，最为透辟，至若飞熊应兆、太白投怀，要皆事理偶中，或文人兴到之寓言，若执一以概其余，鲜有不酿成怪剧者，乃身司民牧之人，竟袭稗官小说祈梦之故事而据以定谳，斯稗鄙鲁之甚矣。客述本埠当道、咸之交，城东负郭而居者半皆闽、广下流人物，朋赌伙掠，颇不理于众口。一日，尸浮于濠，支解而丧其元，邑宰某案验后，以事无端倪，乃洁身祷于城隍，祈求肸蚃。及夕，梦神授以布包木鱼一事，解之者曰："鱼而有包，罪人或为鲍姓。"时北门有土豪鲍老国者，多行不义，案出后欲借题诳诈，尝扬言真相已得，特不忍披露，苟尔尔者，必械系多人也，复庄其词以隐约之事。闻于宰，顿以所姓触梦兆，立命拘案，竟以酷刑成狱，惟以凶刀无着，爰书久悬不决。后有知之者，谓尸为粤洋巨盗，避捕匿此，复萌故技，被人格毙而弃诸濠，事日悉合，初与鲍姓无关。然冤系图圄者已十年矣，至是乃释之出狱。

## 董杏芬之异书

董杏芬，名燧，幼甫能言时，即矢口决晴雨无少爽。康熙间获异书二帙，读之得仙术，馆钮星若家，会钮将聘妇，坤宅欲得金陵纻丝为礼，顾时已迫，沪地又无此品，钮困甚，杏芬请行，持金闭户，戒勿扰，越宿挟纡丝出。其书秘不示人，或窃窥之，不可识，一日，书忽自焚，乃曰："吾将死矣。吾死后三年，可焚吾棺。"未几果死，届三年焚其棺，棺中仅遗一舄，后里人有见之于吴门者，乃知其尸解以去矣。

## 天妃庙

小东门外江海关北，向有天妃庙，临黄浦江，与陆家嘴相对，惊涛骇浪，日夜相冲击，而危楼杰阁峙立浦滩，巍然无所损。俗传庙基之下为数百年老獭之窟，时时出而为祟，海客往来，必以牲酒祀神乃无患。老獭蜕退之毛结而为毡，得此宝者入水不溺。洪杨之役，西人以助战之功，请益租界，于是其地遂租于法，法人毁庙求獭毡，掘地十丈，终无所得。按神怪之说多属附会，西人毁庙掘地事或有之，但未必为求宝计耳。

## 水神阁镇压火患

光绪十三、四年间，邑境数遭祝融肆虐，动辄百十家，焦土相望，而小南门外之直街一带，尤月必数警。时裴大中知县事，精青乌术，躬自测勘，就南仓街口建水神阁，复于数武外浚二井，工竣命近邻姜衍泽膏药店主典守之责，姜受事后更捐购洋龙一具以储之，至今数十年来荧惑潜形，绝无巨灾发现，居民得享安枕之福,盖斯阁厌禳之功也。此外如马家厂暨新北门口等处有所谓七星井者,其位置形式均为裴所手定,既便取汲,复禳火患,栖息兹土者实利赖之。然自拆城以来,或改或堙,前人苦心已不甚重视。按形家之说固未可拘泥,然取坎填离,或亦理之所有也。

## 江湾之仙人洞

花会害人之烈尽人皆知,而一般嗜赌之流趋之若鹜者,以其有二十八倍之利益也。迷信神权之妇女晨占夕卜,尤乐此不疲,甚至露宿荒冢,乞灵尸枢,以冀预示方针,洎乎投猜不中,乃归咎于详解之偶误。实则花会三十六名词彼此牵连,曲引旁证,均可穿凿附会,每至夕阳将坠时,街头弄尾人语喁喁,问答相应者,以此事为最多,于是江湾之仙人洞乃应运而生焉。仙人洞者,在某尼庵之天井中,有形似石塔者二,洞系塔际之破隙,由隙窥视,凡无缘者隙中始终黑暗,了无所睹,苟其人有彩可获,少顷必大放光明,现出种种景像,或老人扶杖而来,或小童牵裾而过,即可由此推测次日中彩之为某种名色,每窥一次纳香金铜元六枚,因之该庵收入颇丰。厥后求窥者日众,且有火车碾毙老妪之事,遂由警局封禁。

## 殷天君

道家以殷天君为雷部司令,其神三首六臂,怪状可怖,虽语出《封神演义》,然社会间崇祀既久,人心所寄,即灵爽所归,正如

《聊斋》所载齐天大圣之类，固不必穷究其来历也。邑庙星宿宫门口塑有是像，装饰一如上述，神之左右增塑黄、黑神虎各一头。是处香火本盛，无足纪述，所可异者，凡粤人进香除寻常香烛纸锭外，必随带猪油少许，涂诸两虎齿颊间，亦有虑戈戈者不足以膏虎吻也，特备整块以飨之。此为粤俗特异之点，他处人则否。因之庙畔乞儿见有彼帮进香来者，即伺诸神侧，以图攫油之权利，与山君争此一脔。惟涂油之例不知以所取义，亦风土之不可解者也。

## 百步桥繇词之奇验

大《易》一书，其文词多汪洋恣肆，凭虚独立，然诚以卜之，覃心玩索，往往多奇中。今人醉心科学，动以物质为实验，视此为荒诞不足信，多见其不知量也。本邑龙华港之百步桥，建于明之万历，两端距离计二十有四丈，长虹卧空，工程冠全邑。清乾隆中，桥忽圮，断石横流水陆交阻，屡议修建，以费巨中罢。时泗泾马进之邃于《易》理，里人刘学廷以桥事诣占，筮得"归妹"之九二，其爻曰："眇能视，跛能履，利幽人之贞。"马曰："眇视跛履，不终废也。利幽人之贞而卦直归妹，意者其以妇人倡首功乎？"未几，果有邑妇周罗氏承其亡夫周国祯遗命，出三千金为之倡，牒县兴工，邑侯范公廷杰司其成，始于乾隆四十五年春，历三寒暑而毕事，于是繇词悉应，抑亦奇矣。

## 法华寺因果谈

邑治西十八里有法华禅寺，即所称法华镇者是也。寺建于

宋开宝间,年远中废,明洪武六年有僧善达卓锡于此,誓愿重整,
积三载渺无影响。邻有某甲,佣工也,一日诣僧所,愿以齿积百
金助构造,僧偈之曰:"善哉!愿君转生好人家。"如是者再,未几
甲忽无疾死,善达往视殓,朱书尸手云:"见我开口,见我开手。"
越三年,募缘至海道千户费雄家,雄产一儿已三岁,惟口瘖手拳,
疑成废疾,是日睹僧,哑然出声,手牵袈裟而笑。雄惊异,延僧备
问,知为前生因果,乃独任其成,厥后缁流普应中峰辈皆一再飞
锡,寺遂壮观。胜国初年,复由邑人夏若时重修,曹垂灿为之撰
记,见于邑志。

　　按,因果之说,儒者不信,新学家尤訾为神话,惟缘之一
字,亦有不期然而然者,斯亦奇矣。

## 洋行街之财神殿

　　法租界洋行街中段墙角处有小屋一所,如神龛状,颜其额
曰:"财神殿",殿中并无偶像,仅于壁间彩绘神像三,中坐者冠服
如天官状,左执元宝一枚,东西立者各一,意即侍从也。此神素
著灵异,妓院中人尤祀之弥虔。每届朔望之前一夕,沪上之执业
于花丛者,或事报赛,或事祈祷,燕侣莺俦,络绎不绝,"有求必
应"之匾,龛外壁间排列几无隙地,捕房以其无碍治安也,亦不之
禁,故相沿数十年,历久弥彰。相传从前沪上贴票盛行时(约二
十年前),有业汤水园之某甲,贫困无聊,一日偶祷于神,遂借
友人介绍之力,辗转贴票,因而起家,由此远近感应,神之灵名愈

著,常人以求财故亦间有祀之者。又凡祈祷之人,无论车行、步行,一路归家,须力守缄口之戒,不得与人交谈,否则不验,俟略进茶点后,恣意谈论,即不在此例。人以其邻有坑厕,称之为"撒尿菩萨"云。

## 小东门外之财神

小东门外有一财神殿,每当晦朔之夕,一般山梁中人携香捧烛,崇拜者络绎不绝。有知此财神之历史者谓,五十年前有粤商某,雄于资,颇涉足花丛,时初辟租界,某得此温柔乡,不知魂销几许。无何好事多磨,贸易大损,亏累甚巨,一日为债权者所迫,计无复之,竟跃入黄浦江中悠然而逝。妓界中闻某死,咸哭诸水滨,并相与招其灵,设奠于小东门外祀之,讳言某之亡,乃曰此财神云尔。今观其墙壁间"有求必应"之匾额层叠,此为个中人迷信之所由来,而某死后犹享艳福不浅,亦天幸矣。

## 客述朱氏轮回事

释氏轮回之说,儒家恒嗤为妄谈,然彭生豕啼、杜回现梦,盲左亦大书特书,其他见诸前人笔记者尤不一而足,可见其理不尽虚诬也。近有客述及本埠昔年朱荣堂事,且涉及西人转胎,语殊新颖可喜,盖阎摩天子之法权已推行及于域外矣,爰节录以博一粲。

客言,同治间有朱荣堂者,充本埠某洋行司阍,性驯谨,颇为洋东信任，逾年即拔升跑楼役，凡银钱重大事非朱莫属，朱亦勤慎有加，一切业务机要得参预末议焉。居无何，洋东接欧来急电促返国，不及结束行务，遂委任于朱令庖代，濒行授朱以钥，嘱之曰："余室有铁匮，所贮皆有价券，君宜留意，无事勿轻启也。余此行约需周岁，他日返沪，当厚酬典守之劳。"朱唯唯受命，从此流光逝水，五度星霜，雁杳鱼沉，存亡莫卜，而业务蒸蒸，已较前不啻倍蓰矣。会沪上某巨商破产，凡外人之有往还者悉被波累，朱窃计洋东未必再来，即来亦有辞可借，遂易名改组，据为己有，发其匮，货之得十余万金，益以行中基本，居然富家翁矣。时朱年将不惑，尚艰于嗣，于是置簉室，营华屋，乌革翚飞者凡三宅，自问生平颇觉踌躇满志。一夕拥姬卧，朦胧间忽觉身坐写字间，阍人报有客到，急起相迎，则革囊手杖者非他，即前时之洋东也。握手欢呼，具道别后事，言间洋东忽手启革囊，出一纸授朱，朱略一寓目，见横行满纸，西式之索欠单也，询其何因，其人已渺，大叫怪事，遽然而寤。家人走报大妇已产公子，朱顿有所触，迨汤饼宴会，贺客盈门，莫不以"提戈"、"掣印"等吉语相周旋，独朱抑郁不欢，有询厥原由者，朱蹙额而答曰："此儿盖索债人也。虽然，老夫耄矣，在座诸君异日会当得证其说耳。"时朱声势方隆，闻者多疑其故作谦抑。儿名某，少多疾病，性尤骄戾，稍长辄与群不逞为伍，父故，母纵之游荡，喜结客，尤好玩具，凡虫鱼鸟兽、丝竹金石、车服声色有所喜必罗致之，恣意挥霍，千百金不惜，既购即又废置之，谑者戏命其名曰"要紧完"。不数年资产渐罄，乃变卖城内宅第，得价后于北市新宅构戏台一，备京戏衣饰全具，约费万余金，不敷复举债以应之，不半载又斥卖净尽，最近数年间,贫无立锥,竟藉拉洋车以度日云。

## 红庙烧香

大马路之保安司徒庙,俗称"红庙",邑志载庙建于碰沟浦上,是大马路当未辟租界以前,系黄浦之支流可知。庙未详建于何时,但曾载《郏亶水利志》,庙内供关帝观音像,绀宇红墙,结构幽敞,故俗名"红庙"。香火极盛,每届朔望尤甚,求神酬愿者半多青楼中人,每至观音生日,钗光鬓影,户限为穿。昔年除夕夜曾因拥挤蹈毙人命,经工部局之取缔,将山门放大,并派巡捕弹压,以免轻薄儿之调戏滋事。庙基为中国主权所在地,工部局不征捐税也。

## 看香头之恶俗

巫觋之术自古有之,夏人尚忠,其失也鬼,由来旧矣,《周官》别设专职,即后世阴阳学之滥觞,其他见之典册者亦班班可考。大抵当时必具高尚之学识,决非近世之龌龊村妪装神捣鬼、信口胡诌者可比。仙人看香头之恶俗,其始以吴下为尤盛,数十年杂居熏染,遂流行于本邑,即读书明理之家以妇女笃信故,亦未能免俗,然以之卜休咎、探亡灵,未尝不可视为扶鸾之别法。有时作幽魂对答之词,亦可稍释哀痛,于事无损,于理原未可厚非。至若绵惙床席,病在阽危,即良医尚须审慎,乃竟不求助于汤药,第乞灵于仙人之香头,听其佯狂妄断,实等于不慈不孝。所谓仙人者,即上述之村媪以巫为业者也,其法凡病家延请时,必预刺探其家庭状况及近年有无死亡关系较切之人,至时令家属焚香点烛,巫者坐视香之烟缕,伪称有某魂夙冤、某鬼索祀,且故意隐约其词,在病家意在求痊,势必一一迎猜,彼即乘机证实之,或称宜修功德、或云代觅替身,种种诡词,均须以金钱为代价,而当事者且不惜典鬻以求,如法炮制,不敢稍吝。幸占勿药,莫不归功仙人,否则必咎冤魂之不愿就范,于是乎人财两亡,而巫者之私囊充盈矣。吾甚望病家之速悟,宁就医药而舍巫媪,毋长蹈此恶习也。

## 沪人之迷信僧道

沪人对于祭祀率从省简,而凶丧乃甚繁缛。如人初死时必用僧道至死者之前诵经,谓之"分路头",以为死者得导引可安赴阴曹。如入殓时必以僧停枢,以道士祀告灵前,并算查煞期日数,届期接煞神。死后逢七日建道场,七七始毕,贫者稍从减少,而煞期五七、断七(即七七)、百日诸期,均视为减无可减者,是亦沪人旧习未除之恶俗也。

## 乔家浜历史

本邑大南门内向有乔家浜,蜿蜒曲折达数里,浜之南端有化龙桥,桥之四隅石柱镌成龙首形。民国肇建,填浜筑路,于是桥毁而浜亦湮没矣。然社会相传,此浜浚自明代,其时本邑有乔氏伯仲者,年少力强,然饮博无赖,不事生产。家贫,母某氏以纺织自食，伯仲终日酣嬉，常露宿城垣。一夕，伯醉登雉堞，枕石而卧，中夜星月交辉朦胧中见一凶服少妇，循女墙踽踽而来，伯乘醉突起，叱问何往，妇似有愠色，嗫嚅而答曰："南门外周姓明日有喜事，妾须往贺，以足弱，故乘夜先行。君请勿阻，迟恐误却吉时。"伯以其衰绖不伦，疑为淫奔之赴约者，故嬲之，牵裳掣裙，入以游词，辗转阻挠，不觉天已破晓，晨鸡四唱，妇忽不见。伯愕然，归途遇仲，述所觏，共奇之，因诉于母。适母舅某甲在座，甲固业堪舆者，闻其言知是日为披麻煞值事，亟至南门外，果有周姓之结婚者，鼓吹大作，彩舆方临门也。甲投刺入谒，询主人诹吉今日之由，主人以某名师对，出其日牒共相视，见牒左注有细字一行曰："本日天德良辰，惟某时最宜，但同时为披麻降煞，幸有武曲魁罡禳解，保可无碍"云云。甲始叹服，伯闻之颇自负，奈陷溺成习，未由自拔。未几，母病殁，濒危时伯仲同在博场，罄资而归，陈尸在床，伯讣告舅氏，得银数两，令购饰终具。比归，仲嫌其菲，二人互商，计不如再往博场作孤注，胜则可从丰殓，讵五木无灵，屡战屡北，比返已不名一钱矣。自问愧对尊亲，又赧于再商，不得已急以竹帘裹母尸乘夜葬诸郊次。晨，舅来视殡，以已葬对，同诣下空地，舅出罗盘就指认处辨之，惊喜曰："方向大吉，但须六十年后始获荫庇耳。苟能附身无棺而以竹席裹葬，则甥等尚可及身封拜也。"伯仲心窃奇之，亟投地跪告曰："诚如大人言，然蓬牖子安所得而梯荣哉？"舅诘之，遂据实以告，复感于披麻禳解事，知伯仲皆非凡器，因助以资斧，令入京营干。时边患棘手，朝廷方折节求勇猛之士，伯仲相继从戎，累建奇功，位均专阃，后以年老挂冠，仍归隐沪上，宦囊甚富，益信青乌之说信而有征,于是广聘风鉴家,大兴土木,治宅第。中有某地师操术尤精,相地年余,献浚浜之说,其蜿蜒尺寸均寓龙形,且谓:"河工告成,余目必瞽,盖泄造化之秘,犯天忌也。"乔一一如命,果应其言,遂任供养终身之责。一日有肥鸡失足坠浜死,窃意瞽师未必知,宰以供其膳,越日小鬟戏告瞽,瞽大恚恨,数月后复谓乔曰:"宅运之迟未发者,因龙难成形也。苟于浜之某段加建石桥一座,即速于置邮矣。"乔惑之,刻日兴工,及桥竣而龙绝,家业日即消亡,从此不振,盖瞽师报复溺鸡之仇也。赵孟能贵,赵孟贱之,可不惧哉!

按,桥之命名化龙者,亦为瞽师所题,盖含有化灭之义,而当时乔氏必诩为鱼跃化龙之吉词,姑存其说如上。

## 九尾龟确有其物

今坊本有《九尾龟》小说,书中隐刺清季某显宦帷薄不修、广田自荒事,抑知介虫类中实有九尾龟其物,且见于本埠,殊足异也。同治乙丑西城有顾某者,充邑署钱漕吏,家蓄一婢,一日雨后于宅后潴水中得一龟,大如茶盏,尾若雀屏开张状,数之有九叶,入手时口吐星火,婢惊喜持告主妇,妇以为怪,叱令弃掷,触阶而熊熊者复出自龟口,喷射如爆竹,乃投之圊渝。或曰此神龟也,天下共有四,各司一方,尾皆九叶,居震方者能吐火,得之家可致富,说载《尔雅》,今亵之若此,虑膺天谴。顾大悔惧,迹而求之已渺矣,嗣亦无他异。

# 星宿宫出押案

　　光绪季年邑庙住持羽士为曹咏梅，曹本婆人子，幼习副应（彼教助手之名称），稍长从某法师游，得勅勒之术，遂一跃而占有法师之位号（按，凡充羽士者，法师与副应如人民与官吏，截然两途，各不相混）。会邑绅某太史新入词苑，皇都得意，衣锦荣归，时朝野盛唱维新，揣摩风气之士争以手段相夸，太史还沪后思有所建树，曹侦知之，竭意交欢，乘间进言曰："本邑邑庙居一邑之中心点，四民观瞻所系，苟以调查公产为名，据而有之，则数百年精华所萃，财力不可胜用也。"太史惑其言，前席请命，曹曰："邑神为秦伯府，载在志乘，孰不知之？公以裔孙名义（按，太史与神同姓）出而主持，畴敢抗议者？虽然，谈何容易，两房住持窟宅久，非个中人为之臂助，事固未易言也。"盖邑庙收入甚丰，与北市之天后宫暨虹庙鼎足齐名，向章分东西两房，各有住持，分途执行而进款相埒，曹知之稔，且垂涎久，故云然也。太史会其意，笑而诺之，曹复摭拾旧日委巷琐闻一二事，以媒孽两房住持之不法，市虎成真，杯蛇疑实，太史意有所动，事闻于旧住持陈、曹二羽士，知势不可抗，相率引去，于是曹咏梅借太史公之力，居然膺两房统一住持之选矣。曹本瘾乡君子，癖染甚深，日非四、五金不给，受事后居最高无上之机关，以为为所欲为，莫予违也，日维一灯卧对，餐霞可仙。年余渐不支，异想天开，潜以历年绅耆献助之法器质诸长生库，始犹畏恤物议，月必一出纳焉，久之司空见惯，竭泽而渔，竟褫及偶像所御之袍服矣。然犹不止此也，曹有旧友龚松泉者，邑之武庠生，寄食于千戎行署，盖冗员也。戊戌而后,清廷锐意武备,以绿营不足恃,颁留七汰三之制,龚以无奥援,在裁退之列,坐是居无定所。偶访曹握手言欢,极道契阔,时曹正以瓶罍为耻,龚窥其隐,为代筹方略,事事洞中窍要,益恨相见之晚,遂引为腻友,一切委任于龚,甚至米盐琐屑唯龚是命,曹受成而已。一日,复以开支某项事不敷殊巨,曹计无所出,龚曰:"世固有倚困待毙者乎?子诚长者也,不见夫西廊星宿宫,朔望进香者盈门如市,月计之所入不止百金,诚能以此为担保品,三千金可立致也。"曹愕然谓:"子言良佳,其如人言何?"龚锐身以介绍自任,且愿守金人之戒,未几果有某富绅出而如约贷款,议以日得香金抵息,定周年为限,龚之力也。曹一旦获此巨金,盆鱼纵壑,眼界一宽,无奈傥来物后难为继,不半载又复荡然,及期无以为赎,富绅迫之急,投状邑宰,意将据为私产。时邑尊为历城汪瑶庭,得禀不禁狂笑,立命拘集两造,研讯得实,厉声谓某富绅曰:"尔诚多金,虽然能济人之急,义举也,今本县适需趱运粮储,天庚正供不容滞欠,将缺若干金,愿以衙署指抵,尔意云何?"某富绅语塞,遂判将契约涂销,薄责被告了案。曹释归忽病拘挛,畏见天日,未几卒。龚一夕自北市归,入老北门觉有人蹑其后,比抵家,家人启扉,返顾大惊曰:"曹法师来矣。"言已作拱手逊客状,喃喃自语不绝。家人疑为遇祟,质明方欲延医,而体已冰矣,人以为朋串亵神之报云。

# 盂兰胜会

沪俗七、八月间,会馆公所以及里巷居民无不广延僧道,设坛建醮，谓之"打醮"，盖沿六朝时盂兰会之遗风。焚化冥锭，纸扎鬼器，糜费甚巨，即如租界中外人亦莫能禁止，而一般苦力迷信尤深，如码头帮扛夫、纱丝厂工人，每届秋间无不醵资建醮，此亦习俗使然也。

## 广肇山庄之盂兰胜会

新闸之广肇山庄，为旅沪粤人停柩厝葬之地，地甚宽大，有神殿、有客厅，有假山池沼花木，极占园林之胜。每届七月盂兰胜会及中元节，广肇同乡集资开会，广延僧道，超度孤魂，并陈设古玩字画以供来宾鉴赏，入夜有影灯戏剧。十年前每逢是节，自七月十三至十六日游客众多，车水马龙，鬓影衣香，热闹异常，近数年来已不闻有是举矣。

## 三节会之原始

旧制每届三元令节，各县县令例须随同城隍神致祭厉坛，垂为令典，光复后当道涤除迷信，此举遂废。闻本届清明节，邑庙秦伯府仍循囊例举行，届时出巡祭坛一切仪仗悉如旧制。据父老相传，此例实始于明祖定鼎以后，缘明祖起自布衣，出身微贱，少时投皇觉寺为僧，后随郭子兴起军濠泗，迨郭殁而自领其众，以是转战得利，十余年驱胡元而有天下，既践大宝，乃追尊先远，苦不得其祖茔所在，不得已乃颁行天下，令有司各于所管区域设坛享祀。一说谓起义以来从军者伤亡实多，及天下大定，宫中时有厉鬼为祟，于是追荐阵亡兵士，令各还乡，然乱离之后无家可归者必多，乃令各地地方官同日致祭，以飨馁鬼云。二说虽异，然始于明祖则一也。

## 天后宫灯会记

本邑天后宫旧在新北门外，今新开河水塔处即庙址也，为闽、粤两帮所公建，雕梁画栋，备极壮观。庙门正对陆家嘴，虽怒潮冲击，岸不少损，因是讹传正殿下有千年獭窟，所褪之毛积成獭床，得之航海可镇风涛，实神话也。神之诞为三月二十三日，先期由邑署鸣金示告，自大东门外以达庙之东北隅，大小里巷均盛设灯彩，或张天幕于上，火树银花，绵亘数里，富商巨肆更陈列鼎彝古玩之属以相夸耀，海舶集浦滩以万计，庙内百技杂呈，笙歌迭奏，如是者七昼夜而止。道光壬寅，海疆多故，当道虑酿事端，因罢灯市，庙亦毁于癸丑之役，迨法人请益租界，夷为坦道，遂今昔殊观矣。

按，庙初毁于癸丑刘丽川之变，事平邑商复醵资重建。及苏常不守，本邑戒严，清当道用坚壁清野策，于是复毁，时土木之功犹未毕也。后辟界议成，庙事遂益不可问已。

# 二二 游戏

## 赛花会

西人常有赛花之举，每于春秋二季行于南京路之市政厅，入览费竟至一元之多。后华人亦多仿行者，如春季则有邑庙、豫园之兰花会，秋季则有徐园之菊花会及梅花会，名花异卉聚于一处，实游戏中之最饶清趣者也。

## 游戏场一束

沪上之游戏场首推夜花园，别翻新样而有固定地点者则为楼外楼，其后有新世界、天外天、云外楼、绣云天、劝业场、大世界数处。楼外楼以不敌后起之秀，久已闭歇，绣云天营业亦不振，停止几年余，乃改为花世界。嗜游此等地方者总有一平均之数，多设则时虞亏本，恐此后鲜有胜于上述诸处者出现矣。

## 马戏及文武戏法

此等游戏所谓江湖杂耍也，光绪末年马戏初入中国，视为异事，西太后重赏之，故其来沪几于举国若狂，入览费乃自一元至三元，技艺之灵巧颇有可观，但习见亦遂不之重，故后鲜有至者。至京、津人之来沪演文武戏法者，有田永奎、朱酉山等为著，富人有喜庆事多招之至家试演，名曰"堂会"，妇孺多乐观，不足为高雅之士一盼也。

## 江湾赛马

跑马厅为西人春、秋赛马之处，华人不能与赛，惟江湾有万国体育会之赛马场，来者不论国界，亦于春秋二季行之，前数日必登报宣布，观者甚众，已行之久矣。

## 春秋季之游戏观

**赛马** 每岁春、秋二季，旅沪西人必有赛马之举，赛场在泥城桥西，即俗称"跑马厅"者是也。场之广可数里，内设木栏，分为数圈，中央细草如毡，至拍球之所，外圈为赛马处。赛时或七、八骑，或十余骑，骑者各衣彩衣，勒马立场之西北隅黑柱下，铃动马发，循场疾走，以先至黑柱者为胜。如是者三日，向例以星期一始，星期三终，休息二日，至星期六复赛，为跳浜之举。浜累土为之，纵有丈许，高约三尺，以马能跃过者为胜，西人观此举甚重,赛日海关、邮局午后均停止办公,胜负绝巨。近日江湾亦有万国体育会之跑马场,华人亦可与赛矣。

**赛花** 赛花之会,每岁必有数次,旧历二、三月邑庙豫园有兰花会,徐园秋时有菊花会、元月有梅花会。旅沪西人每岁春、秋季亦有赛花之举,华洋花草皆可与赛,会场多设于南京路市政厅,入览费每人一元。

**赛船** 昔时黄浦江中每届天中令节有竞赛龙舟之盛会,今则此举已废,惟外人则间行之。驾一小艇,以一人把舵,四人或八人荡浆,先至植标者为胜,以鉴较为胜负,输赢颇巨。多行于昆山之青阳港,歇浦江中已鲜见矣。

## 西人游戏种种

**总会** 西人于朋友欢聚之处谓之"总会",沪上法总会在公馆马路,英则在福州路东首。每值安息之期,怒马高车如云而至,簪裾冠盖座上常盈,或打弹子、或拉风琴、或浅斟低酌、或跳舞高歌,任意嬉娱,毫不拘检。若华人之寓沪者,虽有总会,惟以赌博为乐,盖除广肇公所之俱乐部有文明之游戏外,余皆一丘之貉,为西人所不齿耳。

**赛花** 英领事署每当春夏之交举行赛花会,罗海邦之奇芳,助沪渎之清兴。每会定期二日午后任人游玩,惟游者必输番面钱一枚。泰西士女联袂倚裳,如云而至,华人眷属偶一过焉。花间又设西乐一部,评红品绿之余,听之益觉赏心悦目。惜乎西国花草娇艳或过于中产,而有色无香,终不及解语者之芳泽竟体耳。

**跳舞** 西人有跳跃之戏,每年必举行一、二次。张布幔于法捕房石台上,如营帐然,戏必以夜,燃灯千百盏,密若明星,灿如白昼。所谓戏者,则窄袖短衣,互相搏击,盖西人于游戏之中仍寓尚武之意,青年子弟可借此以舒筋力也。

**溜冰** 跑冰者亦西人行乐之一端也,择冬日严寒之时,空一室,沃水于地,水结复沃,如是数次,冰厚盈尺,乃穿铁齿屐飞行其上,以迅速为胜,其有足力不竞者跌仆于地,旁人皆拍手大笑。去岁新世界以推广游戏起见,特设跑冰场于楼下,一时中西士女试溜者非常挤拥,近大世界亦设溜冰场于广地,沃以水门汀,亦与冰无异也。

**赛艇** 西人喜航海远游,巨浪洪涛几若司空见惯,沪江无波涛,惟于春夏之交在沪北苏州河赛艇为乐。其船用八人打桨,轻捷如飞,船上国旗飞扬,意甚得也。其有不善驾驶者,衣履尽湿,岸上人则拍手姗笑,亦最有益之游戏法也。


# 游戏场之变迁

最先之所谓游戏场只有书楼,如广寒宫等,皆设于四马路中市,其间有烟榻、有茶桌,有妓女轮流歌唱,后始创设夜花园,获利甚丰,相沿几及十年。自楼外楼落成后,夜花园渐呈衰颓之象,迄新世界、天外天、绣云天、大世界、先施乐园、天韵楼相继成立,乃踵事增华,应有尽有,而夜花园遂无人过问,因而消灭,至书楼更不能自存矣。

## 跑冰场

上海跑冰场只有一家，曩年本在乍浦路，原址即今虹口大影戏院也，后移至虬江路，每晚士女联翩而至者甚夥，鳞轧之声达于户外。嗣因上海大戏院建筑舞台，遂迁至虬江路之北，地邻铁路，复极黑暗，出入诸多不便，生涯遂一落千丈，未几乃移入新世界，游客趋之若鹜焉。

## 海关之俱乐部

海关之俱乐部设有两所，一为西人娱乐之地（西人称"总会"），在海关附近；一即华人之俱乐部，设在北四川路，部中装饰华丽，凡丝竹、书籍、游戏之品无不备具，惟禁妇女入内耳。部中费用悉取自海关，年以四千两为率，然开支浩繁，入不敷出，一器稍旧即废而不用。昨年添置西式便桶两具，计三十金，其他开销可知矣。开销不敷，而海关每年津贴只有此数，故现在海关人员之入俱乐部者，每人年出六金，以资弥补也。

## 跑马总会

西商跑马总会创设于一千八百六十年间，其时只旷地一方，现尚有节妇牌坊一座。及一千八百六十三年后，始逐渐推广，有添购者、有捐助者，计共四百三十亩之多。总会房屋极为壮丽，设有俱乐部、卫生浴池等，为西人燕息游憩之所。

# 跑马厅

跑马厅在大马路之西，位置适中，基地之价以现值估之殆逾千万，前年有将赛马场移至江湾，即将斯地改辟市场之说，后不果行。按跑马厅之基地昔年均系华人田亩，跑马总会以公共事业名义，每亩给价四十元一律收买，并约以后如辟市场，原地主仍得利益均沾，当时原地主所执之方单并未交出，若一辟市场，于华人方面获利甚多。然既有此一层关系，恐无达目的之日也。

# 跑马场外之看台

每当春、秋二季赛马时，沿跑马场一带看台密布，供观者之驻足，以博微利。考此项看台，工部局既不收捐，亦无照会，搭台之权全操诸乡民之手。盖跑马总会既以廉价收买民田充作公共事业，即以搭台之利让之原地主，数十年来相沿不变，即内有非真地主，亦必得地主之许可始能获得此项权利也。

# 诗 钟

诗钟之为物，非诗非联，于文字中别为一体，其体创于闽人，盛行于京都，士大夫提倡不遗余力，易实甫《诗钟说梦》一书言之綦详。蔡乃煌任沪道时极喜为之，与幕宾斗字竞格，击钵相催，一联既成，电传金陵某公（按，此指端午桥、樊樊山）评判甲乙，诚可谓极文人之好事矣。上海诗钟之戏当以此时为最豪，其后继之者,则推民国元二年间樊园诗战之会,乃煌当时有《絮园诗钟》之刻,佳构颇多,如"睡宫"凤顶云:"睡足海棠春色艳,宫深槐树午荫长。""六门"鸢肩云:"火树六街城不夜,碧芜门馆地无埃。""绿蝇"鸢肩云:"相看绿鬓菱花镜,自写蝇头贝叶经。""人粉"蜂腰云:"三策天人新著作,六朝金粉旧河山。""油翠"蜂腰云:"一水如油浮艇去,四山将翠入城来。"均警句也。

## 申园之琴会

吴门祝听桐,身材短小而风雅好古,善琴工书画,兼精铁笔。家本豪富,以疏财好客罄其资,三尺侏儒几至饥同臣朔,薄游沪上,略无所遇,不得已拥皋比为童子师,然胜概豪情仍不稍灭。民国三年春,约同调诸君集静安寺侧申园为琴会,绿绮徐调,朱丝细拨,筝琶俗耳,一洗而空。时与会者共八人,而韵梧女士亦乘暇为鼓《梅花三弄》焉。以鸦片、麻雀、扑克、汽车、酒肉充塞之沪滨,安得如听桐者相继而起,为之振兴风雅也夫。

## 老人茶

邑庙柴行厅书场,数十年于兹矣,营业至为发达,一交猫晴转午,即人腾于室,茶沸于鼎,万目睽睽间,第闻尺木一声,百喙俱寂,而说书开场矣。其书茶每客四十文,续听二回者倍之,附加手巾钱十文,平均每日可售座资二十余千,就听者大都熟悉掌故、老于斯道之游客,书中一切关目多耳熟能详,故该场所聘必为姑苏光裕社第一流人物，与他肆之间以中材充数者不同。又每日别设一席于书台接近处，席间以磁壶贮茶供客，号曰"老人茶"，每客仅售三十文，任听二回不再取资。所以必用壶茶者，盖异于常客之用盖碗，明示区别也，闻每日以三十客为限，且以游客中之资格最老者方获享此权利云。

# 二三 娼优

## 书场之今昔

《淞滨琐话》云：沪上词场，至今日而极盛矣。四马路中几于鳞次而栉比，一场中集者至数十人，手口并奏，更唱迭歌，音调铿锵，惊座聒耳。至于容色之妍冶、衣服之丽都，各擅其长，并皆佳妙，然较前时，风斯下矣。前时书寓身价自高出长三上，长三诸妓则曰"校书"，此则称之为"词史"，通呼曰"先生"。凡酒座有校书，则先生离席远坐，所以示别也。沪上书寓之开，创自朱素兰，久之而此风乃大著，同治初年最为盛行。素兰年五十许，易姓沈，犹时作筵间承应。继素兰而起者为周瑞仙、严丽贞，瑞仙以说《三笑姻缘》得名，然仅能说半部，丽贞则能全演，惜兰摧玉折，遽赴夜台，瑞香年逾大衍，犹养雏姬博买笑资。初，词场所演说者为传奇，未演之先则调弦安缦，专唱开篇，自人才难得，传奇学习非易，于是尽易京调以悦俗耳。京调高亢，以吴姬摹之，正如皮傅渔阳诗也，况复颈赤面红，尤非雅观。前时词媛以常熟为最，其音凄婉，令人神移魄荡，曲中百计仿之，终不能并驾齐驱也。书寓之初，例禁綦严，但能侑酒主觞政，为都知录事，从不肯示以色身，今则滥矣。向者词场诸女皆有传承，例须童而习之，其后稍宽限制，有愿入者则奉一人为师，而纳番饼三十枚于公所，便可标题"书寓"，今则并此洋亦不复纳。自书寓众多，于是定每岁会书一次，须各说传奇一段，不能与不往者皆不得称先生，今此例亦废不行。书场谓唱演正书者为上手，答白者为下手，今但有同唱而无答白。场中说书时，遇熟客例索包筹，须纳番洋一元，然同一包筹，而为先生所属意者则其情形又别，客人为彼中所亲热者称曰"恩客"，但可藏之于心而不可宣之于口，苟或当面诘之则未有肯承认者也，客或听书之夜，约坐马车，则略毕一曲即可携手同行。包筹之外例有点戏，亦需佛银一枚，惟包筹则听书之费亦在其内，点戏费须另给。或有书寓先生香茗早饮，艳帜高张，则开书场者必再三邀致，否则虚写其衔名，本人每不屑来。间有熟客偶至瞥睹其名，因而包筹、点戏者则一临焉，是日书场听者必众。近日曲中、书寓之规模酬应一例相同，不复区别。

妓筵承应之乐工曰"乌师"，向时曲中有之，而书寓则无。曲中酒筵下犒四洋，半给乌师，书寓不唤乐工，向例只给二元，今则与长三一律。且长三近亦罕奏昆曲，乌师久废，而亦仍给四元。书寓向不闻有夜合之资，讳出局曰"堂拆"（按，"拆"似应作"差"），有客留宿不书于簿，但暗为标识而已。其向客索银物曰"斫斧头"，其号为清者（按，即清倌人，沪则曰"小先生"，其伪者

则讥之曰"尖先生"），虽不可究诘，而其数尤巨。曲中词媛如有
恩客者，则为鸨母所不喜，而与客私约嫁娶尤所猜忌，终须盈其
欲壑则好事得谐。书场中例有一二老妓师为之主持，开唱之时
推为领袖，其弱龄稚女，唤年倍长而相契者曰"好娘"，此书场今
昔之大略也。

　　按，至光绪时，书场度曲者皆系长三，无书寓之名，规例
亦略有变更。民国后之书场，如小广寒、天乐窝等，皆已闭
歇，沧海桑田，此亦一例已。

## 妓院今昔观

　　二十年前，长三妓院多设于四马路之东荟芳里及西荟芳里，
幺二妓院亦设于四马路之萃秀里。自后一则渐由东而西，今则
西向几至跑马厅一带矣；一则乃向东移于棋盘街，二者背道而
驰。推求其故，则长三可谓为维新派，而幺二则守旧派也。惟其
骛新，故西向之区每改造新室一次，则无异专为长三营香巢，而
棋盘街则巷内湫隘不堪，彼笃旧之心理乃反迁此以为良，且十年
如一日，守此腐朽而不肯去。即以内部组织而论，长三大有向上
之志，而幺二则不然，盖今之长三已无异于昔之书寓也。昔之书
寓如日本之上等艺妓，专为客度曲侑酒，不轻易于留宿，即侑酒
亦必距客坐处约一二尺之遥，今之长三虽紧贴于客之身旁，然犹
是书寓当时之遗风。出局固无费，即夜度之资亦无价可言，一经
定情，赠送之物动在千金以上，故书寓无一不储蓄甚富，供客吸

烟之枪皆系犀象或翡翠为之，另饰以宝石，每支皆在数千金，其余首饰及房中器皿尤可想见。彼时所谓长三者，则出局三元、度夜三元，如骨牌长三之数，故名曰"长三"，其价之廉乃等于今之野鸡，因其有向上之志，日仿书寓办法，逐渐与书寓无异，由是书寓之名为之消灭。至幺二之命名，则因茶围一元、出局二元之故，至今未之或改。若夫野鸡，昔皆麇集于棋盘街，今则棋盘街已变为书业会集之市，而野鸡已飞翔于西北一带，即此一端而老于海上者已不胜今昔之感矣。

## 妓女习尚之今昔观

沪上称妓女曰"倌人"，上者在昔约分长三、住家、书寓，次为幺二。三十年前之各妓，讨人（身鬻于人者曰"讨人"）身体居多，受龟鸨压制，不敢自由。嗣后无耻妇女之甘心为妓者，大半俱系自身，不受院家管束，是故身罗绮、口膏粱，出风头者每于夕阳西下，高车快马，徜徉于张园、愚园等处，夏令之夜花园尤为若辈显艳地。迨后汽车盛行，出风头者屏马车而乘汽车矣，昔之喜轧马夫者今而改轧汽车夫。更有异于今者，则出应堂差，十年前红倌人俱乘轿子，雏妓则由龟奴肩负而行，余则随雇野鸡东洋车以代步，今则概乘橡皮包车，车上灯光闪目，龟奴前拖后推，横冲直撞，气焰不可言状。在昔倌人应征至，必唱曲一二度，侍女以金水烟袋装烟进客，并向众客殷勤拇战一通，客命代酒者立饮之，并出金豆蔻盒以豆蔻饷客，临行周旋而去。今则不然，妓至客反出烟卷取火与之，坐未五分钟，乌师一到，窑调、皮簧乱喊数声，飘然而去,欲其豁拳饮酒,每多托词摒谢。此虽妓之骄侈,而养成之者实为一般奉承妓女之狎客,相习而成此俗也。

## 妓院沿革考略

沪上有妓,妓不知自何时始。说者谓前清道光以前,黄浦多泊贾舶,土人每以舟载女应客,舟子辄高声呼曰"客欲唤妓乎",客应,即移棹至,衾裯笙笛,无不具备,拂晓辄去,此为沪妓之滥觞。道、咸之变,妓院皆在城中,虹桥左侧鳞次以居,妍媸毕具,门户各分。咸丰癸丑以后,妓院渐移城外。庚辛之变,江浙沦陷,士女自四方至者甚多,遂为北里巨观。及同治初元,东南兵乱,侨居者众,贸易繁盛,利市三倍,青楼中拥厚资者亦不一而足。丙丁以后,乱事底定,富商殷户皆各回乡,妓院因之大为减色。同、光间沪城之妓多在老北门内沉香阁东,最著者为朱家庄,过小石桥为季家弄、昼锦坊,西为薛弄,均系深街曲巷,别有洞天。是时也,公共租界之南京路一带亦有冶叶倡条栖止之所,然大半鸠盘荼,不足当雅人一盼。至如城外之临河一带,自北至东亦多娼家,然陈设简陋,居室湫隘,自爱者每不屑与处。光绪初则皆萃于公共租界之兆富、兆荣、兆贵、兆华、东昼锦、西昼锦、日新、久安、同庆、尚仁、百花、桂馨各里,皆上等勾栏也,今则散居于各处矣。

## 六十年前之上海妓院

六十年前,上海固无所谓清和坊、迎春坊也,城圈之外累累荒冢,非若今日之灯明十里也,妓院则悉居城内,娼船则停泊浦中,昔日之花月风流固另有一番景象。兹略述一二,亦将以永既去之芳情,追已陈之艳迹也。

虹桥乃城内之中心点,桥左鳞次以居,其中粉黛杂陈,妍媸毕具,无不各分门户,以苏、常产者为最上,土著次之,维扬江北又其次也。灯火连宵,笙歌彻夜,亦当时之销金窟也。今日者店铺林立,卖叶佣塞满街道,谁复知今日之小叶场即昔日之不夜城也。

鱼行桥南唐家弄,相传为唐瑜之故宅,分东、西、中三弄,悉妓女所居。粉壁明窗,备极闲雅,每至更阑人静,琴韵箫声犹彻墙外,闽、粤大腹贾均遨游其间,焚香十斛,下箸万钱,缠头一掷动费不资,较之虹桥畔者有霄壤之别矣。

梅家弄以梅宣使得名,地颇幽僻,每有丽姝避喧趣寂,僦屋其中,靓妆雅服,位置自高,羞与教坊中人为伍,即今日所谓"住家"之流也。

虹桥西南为鸳鸯厅,白棚曲折而行为西仓桥,白棚南为张家弄,其地附近多藏娇。此辈大概来自吴门,间有双趺不缠而姿首明秀者,然不若今日之以莲船盈尺者为贵也。

城外临河一带多下等娼寮,编竹为篱,搏泥成壁,湫隘殊甚,然亦有佳丽杂处其中。或由操术不工,或因名誉未噪,遂至托迹下流,为时人所白眼耳。

黄浦中有船妓,绝无佳者,专接外国水兵及黑人,至吾国人虽舆夫走卒见之亦皆掩鼻而过矣。

近虹口处有西洋妓船,每岁一二至,华人之能效西语者可改西装往，闻缠头费亦不过二十金也。

## 妓院迷信之一般

妓女知识卑陋，以故迷信鬼神尤甚，昔年沪上各妓在城内时，逢朔望俱至新北门内五圣堂及虹桥之施相公庙进香。自各院迁至租界后，大马路之红庙香火为之一盛，而大小月底，野鸡花烟间等妓皆往小东门外洋行街撒尿财神处请香，近则长三、幺二亦有仿行者。烧香既毕，必取所点之香烬以归，插于房中炉内，如香熄灭则以为大不祥。又朔望必斋仙一次，各妓均叩头至虔，并分食供神之腐干等品，谓食之生意兴隆。大小月底，各院于晚间必烧长锭若干，烧时撮以生盐，谓可卜现钱交涉，谓盐者现也。又焚吸水烟之纸媒数十根，谓之"金条进帐"，并留未烧之锭数只留置妓女床下，谓妓可得小货。正月初四夜迎接财神，龟奴、鸨妇、妓女尤极视为重大祀典，供品丰盛，叩首虔诚，炽炭于盆，妓女下拜时龟奴以烧酒一碗倾入炭盆，火势直炎，愈高愈好，以卜一岁生意之兴盛。七月三十日地藏诞之狗尿香，八月中秋之香斗，焚香供奉惟谨，凡此鬼鬼祟祟，无非财迷心窍耳。

## 苏妓外之妓女

**西妓**　西国青楼昔时多在二洋泾桥一带，华人之能效洋语者亦可洞入迷香，其人大都历齿蓬头，无异夜叉变相，狮王一吼，见者寒心。独西班牙国人则不然，姿质荣莹，肤肌细腻，其出也障冰绡、曳雾縠,水边林下,随意游行。十丈软红中得此名花点缀,亦觉生色不少。

**东妓** 东洋茶社者,彼中之行乐地也。昔年惟三盛楼一家,远在白大桥北,裙屐少年之喜评花事者只偶一至焉,近则英、法二租界几于无地不有。蓬台仙子谪下尘寰,六寸趺圆不加束缚,而珠衣霞举,仙袂风翻,亦觉别饶韵致。费洋蚨一二角,使之瀹苦茗,调哀筝,口玦、鞋杯无所不可,苟不吝番面钱二尊,则大座广众中不难销魂真个,正不必屈成牢钩防露眼,秘辛私授试风怀也。

**粤妓** 粤东蛋妓其所在地多在虹口一带,但专接西人者俗呼"咸水妹",门外悉树木栅,西人之听歌花下者必赐资而入,华人则不得问津焉。柳怪花妖,几难入目,每值休假之日,虬髯碧眼座上常盈,琴韵呜呜,履声阁阁,即著名之琵琶庭院、花月帘栊未必有斯热闹,斯亦孽海中别开生面者欤。

**扬妓** 扬州人俗呼"江北人",盖鄙之也。在昔是地居南北要道之冲,故烟花之盛历千百年,直至前清中叶,世人始知吴宫花草迥异寻常,而扬妓遂抑为下驷,故校书中殆无此中人一席地。所谓野鸡、花烟间、钉棚之类,什九皆扬州人,亦如苗民窜居滇、黔山谷中以苟延性命,殆天演之公例然也。

# 广东妓馆之今昔

申江繁华甲于全国,故妓馆之设立亦较他方为盛,但申地侨民最杂,所好亦因之各别,故娼妓亦有帮派之分,而粤妓一派,初只散居英界各地，即老旗昌（即今宁波路）等处。粤妓之极盛时，当以老旗昌时为最，后因生意冷淡，遂相继迁徙或歇闭，殆无一存，是时隔今已八、九年矣。今则英界各处粤妓踪迹极鲜，而最盛处则为虹口仁智里、清云里，此为近时粤妓之根据地，共计有五十余名。其他娼妓则散居各处，如南金里、德鑫里等，夜度资五元至二元不定，但鸭绿路一带有口操粤语者，俱为专接外人，称"咸水妹"，此等较为清洁，因其受外人之督责也。昔日老旗昌各楼（时每家俱有某某楼之称），今只存一彩凤楼与仁智里耳，然较前减色多矣。

## 咸水妹

美租界虹口一带有一种粤妓，首如飞蓬，貌若夜叉，双趺不束，或且白足趿拖鞋，门设槛阱，穴隙障栏而通语，两情既合，始启扉纳客，此类为西人狎游之所，名曰"咸水妹"。捕房虽准其营业，然取缔綦严，每星期有医官为之验视下体，如染有梅毒，即予施治并勒令停止接客。按，咸水妹实咸飞司妹之译音，原文指美貌之意。昔人笔记多望文生训，漫为诠释，谓若辈即粤东蜑妓，近海味咸，故有此称，误矣。

## 东洋茶室

当光绪初年，外白渡桥有所谓三盛楼者，东洋茶室也。执役其中者均为彼邦二八妖姬，六寸圆趺不加束缚，高髻盘云，粉装替雪,亦觉别饶丰韵。入其中者纳资一、二角,则春浮螺碧,板拍牙红,索笑调情,了无愠意,若输英蚨二翼,不难真个销魂。故少年寻芳者趋之若鹜,继遍设英、法各租界,迨后彼邦国力日臻强盛,不欲留此污点于海外,由领事强迫回籍,前度刘郎不免有人面桃花之感矣。

## 娘姨烟间

同治末年,沪上南北两市洋烟盛行,烟肆林立。另有一种烟间,雇用苏州淫荡女工充任堂倌,以广招徕,名曰"娘姨烟间",烟客贪价值之廉,费银一、二角即可任情调笑,真个销魂,于是无论老少趋之若鹜,血性未定之青年因而受害者,不知几许。本地绅商有鉴于此,遂联名呈请邑尊,照会英、法领事共同禁止,以维风化。嗣后屡禁屡开,终难禁断,迨至光绪末年厉行烟禁,所有沪市烟馆全行闭歇,娘姨烟间之女堂倌遂随此潮以俱去矣。

## 幺二妓院之菊花山

沪上幺二妓院多在东棋盘街,中如老王记、双桂堂、双富堂、联贵堂、长春堂等,每逢凉秋九月必堆菊花山,捉客筵宴。山以蓝色纸为之,高高下下,千枝万朵,灯红酒绿,纸醉金迷,迄无虚日。设景之俗不言可喻,奈一般冶游者反趋之若鹜,并有合打公司醵饮者,习俗成例,已四十余载矣。

# 台 基

台基为介绍良家女子幽会之所,创之者为白沙枇杷,事在二十年前,集其大成而名独著者则为薛大块头。薛名文华,无锡产,系薛福成之后裔。初肄业于务本女学校,以行止不端退校,师事白沙枇杷,得其秘诀,以挂名女生之故,结识新党中之男女甚多,复自命精于刺绣、绘画,名益以噪,实则绘画悉出诗妓李苹香及所欢倪墨耕之手,刺绣亦倩能者为之。体至肥硕而精干过人,常设幽会之所多至十余处,陈设均甚华丽,益以古物点缀其间,风雅之士多趋之,下至翻戏、拆白之流亦无不识,取财之法多而精,顾卒无积蓄,以用巨而贴面首多也。好淫异于恒人,尝谓:"能淫至千人者,吾死无憾。"曾进绣枕于某总统,得厚赠,又剿女界能谋生计可以自立之说,设照相店于五马路,名曰"驻颜阁",以侦察粲者而罗致之,故今稍负时望者之闺阃多与有关系。光、宣之际,窃其术以营利者犹鲜,自后台基几满坑谷,遂有大、中、小之别。大者订终身或以月计,终身之价率以千金论,计月以百金为单位;中者价略减,而以度数论者为多;小者则专论度夜资,为值止五元矣。迄旅馆发达,皆备被褥,偶然野合者视为便利,久者则别营外室,谚曰"借小房子",费小而人不杂,台基之业遂稍陵夷矣。


## 上海花榜溯源

上海之有花榜,据沪人之老于花业者咸谓始于各小报,而小报实由李伯元《游戏报》导其先河，则花榜当自李伯元作之俑也。今读王仲弢《淞滨琐话》卷之七《谈艳》篇，乃知不然。光绪壬午、癸未、戊子曾有花榜之举，然则非自南亭作古也。王氏著录语焉不详，今摘录如下，老上海中所不可废者也。

《淞滨琐话》云：朱素贞，吴门人，居西公兴，与朱月琴、朱竹卿同居。素贞淡妆素面，不事修泽，而独以幽静娴雅胜，文孝廉偕陈氏昆季自粤来，一见遽垂青眼，屡宴其室中。壬午夏季花榜独列三人，一素贞、二竹卿、三月琴，评素贞云："临风芍药，出水芙蕖，不言自芳，凌波独立。"余俱弗录，一时颇招物议，余（仲弢自谓）有小诗调之云："城北喧传花榜开，文陈并是出群才。朱家姊妹花争艳，贞木含葩独占魁。素馨岂是无颜色，贞木由来有性情。十万名花齐俯首，又陈毕竟擅才名。"朱月琴籍隶琴川，工词曲，后改名周逸琴，徙居清河坊。

按，壬午为光绪八年，是时上海报纸仅一《申报》耳，花榜之举是否见于报端，不可知也，或当时为私人之品题亦未可知。

## 追志上海各花榜

自民国六年新世界游戏场举行花国选举，一时北里诸姬及走马章台者咸奔走相告，几与民国之选举总统无异，可谓极一时之盛。去岁又复举行第二次选举，按花界之选举总统实滥觞于昔日之花榜状元，因补志各花榜于下。

光绪丙申(二十二年)李伯元创办《游戏报》,为报界别开蹊径。伯元才思敏捷,人亦潇洒出尘,自出版后争相传诵,风行一时,沪人皆想望其丰采。逾年遂有四金刚之选,又逾年而有花榜、艺榜之选,上海花界之有状元,自此始也。然是时举行花榜,几如国家抡才大典,严防关节,袪除情弊,故被选者皆一时知名之妓,揭晓以后,舆论亦翕然称颂。伯元死后,各小报拾其唾余,一再举行,然贿赂公行,几如市场买卖,不知清议为何物,甚至每年举行春、秋二次花榜,几无价值之可言矣。按是时清室纲纪废弛,西太后、李莲英辈卖官鬻爵,国家名器滥觞已极,然则于花榜又何尤乎? 余尝欲采取其事编次成篇,而旧报既散佚无存,即旧日报界中人又复四散,兹仅就见闻所及,著录如下,疑者阙之,不知者则俟诸异日,示不敢向壁虚造也。虽鳞爪片片无裨掌故,而吉光片羽实不忍废弃,沪地之大,有能道其详者乎? 幸乞有以赐教。

**光绪戊戌年(《游戏报》)**

花榜状元　小林绛雪(迎春三弄)

艺榜状元　小林宝珠(迎春三弄)


　　是时《游戏报》主任为李伯元,是为上海举行花榜之第一次。小林绛雪、小林宝珠为老鸨妇大肚皮阿金之养女,当是时大肚皮阿金执妓院之牛耳,而是年两状元悉出其门,洵一时之雄矣。


**光绪己亥年(同上)**

花榜状元　小花四宝(美仁里)

艺榜状元　张五宝（美仁里）

按，是时北里诸花研究戏曲，视为应尽之天职，且必能唱大曲（时北里中称昆曲曰"大曲"），始有抢元之资格。张五宝为乌师蔡阿大之入室弟子，蔡善昆曲，工琵琶，为乌师之佼佼者，今犹在沪教曲如故，如近日之飞鸿楼（又名西湖主，上年在小花园，今已嫁人）、民和右之蝶仙、久安里之时鸿、迎春三之金大娇辈，悉出其门下。

## 光绪庚子年（同上）
花榜状元　小祝如椿（祥和里）
艺榜状元　□□□（□□里）

按，祥和里在六马路，今是处已无妓院。祝如椿，光复初犹及见其人，年事已老，且沉沦黑籍，状至潦倒。

## 光绪壬寅年（《花天日报》）
花榜状元　张菊仙（迎春三弄）
艺榜状元　洪雪香（西安坊）

是时《花天日报》主任为谢立卿，今主《新游戏报》。又按，是时杭州拱宸桥已辟为通商场，张菊仙即自杭州来者。

## 光绪癸卯年（同上）
花榜状元　陆琴仙（□□里）

艺榜状元　钱宝玉(□□里)

　　陆琴仙、钱宝玉皆来自杭州拱宸桥商埠者。钱宝玉一名"小脚宝玉"，裙下双钩瘦削如稚笋，故名。北里中又称钱宝玉曰"珠王"，是时金刚钻尚未流行，宝玉珠光灿烂，眩人眼帘，北里诸妓艳美，故有"珠王"之称。其母曰钱素兰，为老名妓，居宁波最久，提军以下咸与之相识，腰头累累焉。

## 光绪甲辰年(《花世界报》)
花榜状元　赵香玉(惠秀里)
艺榜状元　金小菊(迎春二弄)

　　是时《花世界报》主任为庞栋材，号病红山人。惠秀里在大新街，今绣云天之对岸某盆汤是其遗址。

## 光绪□□年(《闲情报》)
花榜状元　万里娟(同庆里)

　　是时《闲情报》主任为袁卧雪，或云混号"徐小鬼"者所办。又按，是年无艺榜。

## 光绪丙午年(《娱言报》)
花榜状元　金艳红(清和坊)

是时《娱言报》主任为胡兰痴，或云为童爱楼。又按，是
年无艺榜。金艳红本年夏与其姊同居居仁里，近不知何往，
或云已往北京。

## 宣统己酉年（《采风报》）

花榜状元　金如意（南平安）

是时《采风报》主任为汪处卢，号闲闲居士。又按，是年
无艺榜。又按，《采风报》之花榜为上海各花榜之末日，盖是
时清廷废止科举已久，举行花榜已觉不伦，乃不逾年而民军
起义，清祚云亡，莫或使之，若或使之亦奇矣哉！

# 花国成立后之所闻

民国六年新世界举行花界选举后，个中人之心理约可区为
四类：其一谓所选人物殊失平允，因欲推翻之以行改选，现正积
极进行，不知能否达其目的。其二谓此次选举皆属行政部之官
吏，民国不可无立法部之国会，拟于大世界选举国会议员，即以
野鸡为有被选资格而名之曰在野党，以符名实。其三谓名不可
以假人，以勾栏中人而明目张胆冒用总统、议员之名，宜科以大
不敬之罪，否则浇风流播，为害胡有底止。其四则谓中国名分之
说为剥夺自由之恶魔，试观外人，日用之物且袭用其国伟人之名
称，并未以为亵，今以公名冠之于妓女，一可打破名分之说，二可
减少竞名之风，实为进化而非退化。以上诸说皆能持之有故，言

之成理,姑录于此,为异日编花国史者之资料。

## 野鸡大王(一)

曩有徐某者,自称苏人,而口音则完全淮扬一带土语,设书肆于青莲阁。时当《苏报》案起,邹容、章炳麟、陈蜕庵等被逮,健行公学解散,书贾视东瀛出版之《革命军》、《民报》、《黄帝魂》、《复报》等书如蛇蝎,惟徐则独售此类鼓吹革命书籍,于是青年志士视之为有肝胆之壮士,甚且目之为三点会会员而隐于商者,稍稍与之通款曲。未几为江督端午桥捕去,被逮之时人人咸为之危,意谓万无生理矣,不知越一月徐安然返沪,人愈以为奇。然徐之归也,已衔端之密命,令其为眼线,领捉党人,凡获一党人则赏金千两、赏官一级,徐默思所交之友,类于党人者不下数十人,不特一生吃着无虑,且可骤位显秩也。既复来沪,阳仍旧时面目,阴实奸险异常,不久陈陶怡氏被捕于轮舶上,黑幕中即徐之指引也,因是人对于徐咸有戒心。厥后寻根究底,始知徐为野鸡堂子贩买人口之掮客,彼所以公然出售禁书者,其心早有所属,至是"野鸡大王"之名大噪,然端所许之官阶、银两始终未曾领到,至光复前二年染疫卒于虹庙弄。

## 野鸡大王(二)

余前志野鸡大王系男子,今则述女也。沪上北里中俗有长三、幺二、野鸡等阶级之分,就中当然以长三为最高之淫业机关,荡妇淫女每相聚而言曰："某人已为长三先生也。"度其语旨,甚艳羡之。幺二中之妓,舍一李金莲（按,即李苹香）改长三得名外,余未之闻。若野鸡中之升为长三者,则不胜屈指,如过去之老王佩兰、谢珊珊等,现在之姚第客串蟾等,其尤著者也。据余所知,究不若贵州路石家所产之野鸡大王名望最著。野鸡大王之出身湮没无可考,余于癸丑春夏之交识之于席次,仅知其为清和沿妓女素珍,殊不知二年前固在南京路云南路一带蹀躞往来操求牡生涯者。性狡手辣,弄男子若豢畜,且时时作捧心态,以装多愁多病之状,以故通人墨子受愚者甚夥。继嫁元龙公子,思蛊惑袁皇庶子,当洪宪产生时代,袁皇庶子庆生辰,女宾咸不往,独素珍与朱小二宝往,九顿首以祝嘏,盖有深意存也,然事终未成。丙辰之冬,又下堂来沪上,与某某等设临时机关,今则又浮沉于汉皋、津沽、粤闽间为妓矣。

按,八年春曾无意遇之于白克路某家,不知楼上即其寓次也。询以与陈分离之故,俯首微吁,约异日当馨吐之。人事匆匆,尚未践约,其间有奇异之历史,乡下人所言未必尽然也。

## 一树梅花馆

妓院招牌以轩、馆、亭、楼等字命名,其所来由言者各殊,实则始于翁梅倩之一树梅花馆。当光绪中叶,妓院出局例用肩舆,其舆之后有长方式灯笼二（今则沪上医生出诊犹相沿此风）,翁之肩舆其灯笼上书"一树梅花馆"五字，一时走马章台者以其风雅，争相传说，其后各妓院亦群相效尤，未几而招牌亦改用轩、馆、亭、楼等称。寻流溯源，实自翁作之俑也，老于看花者类能言之。

## 湖丝阿姐

沪上自设工厂以来，贫人赖以生活者不少，尤以丝厂之泽惠为最大，雇用人众、男女兼收，往往有一家七、八口咸在此厂作工。男工姑勿论，至女工即沪人所谓"湖丝阿姐"，初时仅客籍贫民，入厂工作殆清光绪初年，土人亦纷往应募，每当夕阳衔山，若辈鱼贯而出，面目黧黑，衣衫蓝缕，咸手携一小筐，形似避难之人，阅之甚可叹也。然此中亦分两部分，如上所述者为寒苦之湖丝阿姐，其年率在四十左右或尚未通人道者，苟年轻而知识已开，则莫不搔首弄姿，与厂中之司事或工头有暗昧不明之交涉，每日工资自较余人多，而工作时间则较余人少，沪谚所谓"胡调"者是也（缫丝俗称"调丝"，若辈胡乱过一日而曰今日调若干工数也，故曰"胡调"）。当光绪己丑、庚寅之交，湖丝阿姐中有名小菠菜者，浦东人，肤皑皑若白雪，面团团若富翁。其父为石工，苏姓，生三女，菠菜其长也，十一、二岁已风骚异常，急色儿见之莫不魂荡，入闸北某厂为湖丝阿姐（今其厂已为日人收买去矣），十三岁即与工头结露水缘，据传天癸未通能与男子交合，诚人妖也。殆后年益长性益荡，该厂上至厂主、下至小工，莫不沾其芳泽，且十人中有七、八与之有肌肤亲者。后因厂主与小工拈酸冲突,致酿罢工风潮,小菠菜乃出而为妓。初张榜于鼎丰里,继迁寿康里,悬牌曰"苏媛媛",淫业颇盛,恣睢放浪,好与细人交,北里中之娴琴师、娴汽车夫、马夫者,媛媛实为盟主也。年事至四十岁外,每夕犹须三、四壮男同卧,否则寝不安席,同辈咸呼之为"老英雄"而不名。余曩时曾一见之,其妹宝宝为梁溪李寓识拔之人材,其行事较乃姊有过之无不及,老庆之次子搂二爷曾为之颠倒失度。若二人者,盖湖丝阿姐中之佼佼者矣。

## 赛二爷之情夫

姑苏名妓傅兰雅,即庚子年著名人物赛二爷也。当其初嫁洪文卿侍郎时,易名曹梦兰,洪简放德国出使大臣,携梦兰随行,在途中即与洪仆通奸,洪虽有所闻,因怕坏官箴,不便张扬,况迢迢数万里,殊难遣回,且以平素宠,亦不忍诃责而遣之,故装聋作哑,置之不问。归国以后,只将仆辞歇,终未忍令梦兰去。入都供职,携以俱北,后老病乞休,与之同返吴门,居一年洪死,大妇知曹不能守正,方拟遣放,梦兰已先请下堂,洪夫人欣然俯从,所有细软及伊房中之物悉令携去,惟只许其速即择人再嫁,不准重入勾栏以贻洪氏羞,梦兰唯唯。既出洪门,则挟资来申,日则游张、愚二园,夜则踞坐戏馆,拟在梨园中择一如意郎君以图偕老,风声传播,遐迩咸知,狂且狡童皆利其囊中物,更可一亲香泽,人财两得,何乐不为?知其日在愚园,郭蝶仙自诩翩翩可充斯选,奈衣履不洁,形秽自惭,乃转向同业中借时式衣饰,至翌日飞车驰往,殊不知已为天仙伶人孙三儿捷足先登,一场扫兴,嗒然而归。滑稽者谓虽是孽缘，亦须几生修到。孙三儿貌不甚美而却在壮年，朝夕可以追欢，形影不离乎身畔，三儿促偕往津沽，并鬻女孩若干以备将来张本，相与双双赴北。在梦兰之意雅不欲行，因畏三儿强横，在申深恐肇祸，借此暂避，计亦良佳。初拟年终乘轮，而梦兰必欲在南度过元宵方允北去，三儿亦无如之何。新春，梦兰以洪侍郎之大毛缺襟袍、貂马褂、忠孝带为孙着扮，在四马路一带兜喜神方，见者莫不吃吃笑，咸指为昆剧中别妻之老鞑子。彼时按照《会典》，貂褂须五品官职方准穿用，三儿一伶人耳，妄为越礼，为各报所痛诋，且牵及洪公，三儿次日即不敢复出，梦兰亦知已犯众怒，未便南居，即与三儿去津。殆后入京，易名赛金花，暨与瓦德西议和燕好等时代，孙三儿依然在是，公然戴绿巾，不以为耻。及赛递解回籍，孙三儿亦尾随南下，患急痧死于郑家木桥之长发栈。

记者按，樊樊山《前、后彩云曲》皆为赛金花作，前、后曲各序其略，未若兹篇之详，得乡下人表而出之，不唯餍读者诸君之眼福，且足为谈史之助也。

## 林黛玉小史

林黛玉，本苏、松交界之章练塘人，姓陆。父为圬工，家计极困苦，母虽为贫家妇而雅好修饰，时与里中无赖相征逐，陆虽时加呵叱，然亦无效。黛玉之生也，陆辄谓人曰："此非我女，不知谁何之种。"故黛玉五十年来之秽迹，半实禀于母教也。初生之时名金宝，三岁仆于墙，伤臂，创甚深。五岁出天花，热寒大作，病甚险，几死而卒不死。七岁与邻富室儿相嬉戏，富儿年长黛玉倍蓰，且通人道，私与黛玉合。按稚女失身必致性命之虞，而黛玉则安然无恙。八岁为李皮匠之童养媳，李本客籍，其妇凤工心计，得金宝为媳，候其满十岁即操密卖生涯，以勾引游蜂浪蝶，未几为土痞所涎视，不能安居，李阖家徙江、浙交界之枫泾，又不得志，李遂偕妇媳来海上。初佣工于杨某家，杨为沪上巨绅，荐金宝来者为带钩桥张荐头店之老妪，心本非善，欲使其婆媳隔绝，己则从中渔利。孰知杨某家有甬妇朱氏者，名为下人，实操阃内诸政，杨之妻小多有外遇，均朱一人所撮合，朱又与赵某有私，赵时服务于公家，权势盛一时，以故朱专以贩卖人口、勾引良家子女为事。金宝既来，遂为朱甘言密诱入其彀中，不三月忽传金宝窃其主人首饰遁，波及张媪，即其阿姑李妇，张亦黠者，知朱非善类，密控之于当道，而朱仰赵某力，张讼不直，于是金宝遂为朱之钱树子矣。为之延师习艺，翌年即挟以走津门隶张家娘班，张家娘为七十二沽间有名鸨妇，与朱极欢好，隶其班中有花春林、小金珍等，均名噪一时，金宝既来，榜曰"小金铃"。以初出茅庐之幼妓，本难敌声望昭著之名娼，小金铃为门面计，不得不极力应酬冶客，其应酬方法厥惟肉身布施一术，以故染奇毒，遍身累累若杨梅，为张家娘所摒弃，不得已南下谋医，于是朱与之交恶，未几彼此遂断绝旧谊而办决裂交涉。小金铃俟疮愈即在海上悬榜，慕胡宝玉之为人思追效之，故自名曰"林黛玉"（今人比谓林羡潇湘妃子而名林黛玉，实则大谬，盖胡宝玉初名林黛玉，小金铃羡之，故名），虽然，无藉藉名。林之南下也系乘海晏轮舶，舟资无着，朱为之担负，朱既与之断绝，力怂海晏买办陆某往索十五元三角之舟资，林以甘言哀之，陆几为所动，而朱大不为然，密使赵某之伙梅某以威迫手段恫之，林无奈以金器通付质得偿此逋。其处境如此，则其生涯落寞可知。幸有□□街宋二者，昔以事至章练塘，时林尚在李家为媳操密卖时代，宋曾一过其家，既稔知其近事，一夕在丹桂戏园飞笺召林，是为林在上海之第一次出局，由是林名稍起。惟病毒以后颊有疤痕，眉又尽脱，自顾不雅观，乃故施浓脂以掩疤，多画柳炭以蔽眉，宋二固此中有名人物，私授林以种种为妓之道，谓："沪上为繁华薮、浇薄地，欲动人视听，第一须以豪奢为事。"林善其说，未几果名振洋场。逐臭夫谈北里者，咸曰"林黛玉、林黛玉"，实则非惊其艳而称也，盖诧其奢而道耳。不久林忽适纱商黄某为妾，人方兴侯门萧郎之叹，讵喟叹未已林已艳帜重张矣。盖林之嫁黄也非为终老计，实因偿负计，妓女"涴浴"之称实始于此也。而林之下堂，半系黄某家庭关系，债负既清，又恣意肆放，识伶人李春来、黑儿陈吉太，无日不在丹桂观剧，无夕不与伶人狎戏，未一年债又蝟集，林正踌躇间，适南汇令汪蘅舫过其居，林自计曰："此可居为奇货也。"一醉留髡，与订白首。汪惑其说，为之代偿所累，筑金屋于白克路以居之，汪为职守所羁，不克时至，而林遂私招李春来往宿，健儿好身手，与林天然配偶，日渐不恤人言，出入汪寓，肆无忌惮，汪虽有所闻，究因投鼠忌器，姑容纵以待其自省。孰知时日愈多，披猖愈甚，一日汪渡浦来寓，适春来在内室，汪大怒，拍案曰："今日不治伶人，何以为人！"春来亦怒，林笑附李肩曰："好男儿勉之！彼为现任官吏，一邑之民命系焉，而挟妓酗酒，风化自败，苟至当堂,先坐其罪然后论他。有老娘在,老朽物不足惧也。"李恍然,反持刀逐汪,谓:"此系余寓,汝何人敢来拍余案!"汪本怕是非者,且恋于一官,至此竟为李所软化,掉头去,林遂与李为夫妇者年余。积资将尽,机心忽发,径往南汇凭屋,榜其门曰"南汇县正堂汪公馆",己则乘二人肩舆招摇过市,舆灯亦署汪衔,汪大患而无知之何,不得已转使人为之关说,赂以重金始已。林得汪金,返沪仍理故业,时已与李春来绝,兼收并蓄,不特垂青于著名伶人,降而至于舆台卒役亦莫不灌以甘露水。究其用心,盖借若辈之口碑以长大己之声势。未几,果腾嚷于冶界诸人之辅颊,上至文人墨子、达官富商,中至西商走狗,下至贱厮卑役,莫不以一仰林色为荣。然林并不以若辈为意也,林所最注意者,其人有内媚术,则千方百计能达其目的始已。时丹桂有打英雄之陈俊廷,相传其擅此,林即笼络其为入幕宾,试之果验,或人谓林至今得有如此风采,内媚术借助不少。如是者又年余,复适浔商邱某为妾,邱之家资不可胜计,林之嫁也,利其多金,既入其门,旦夕私运所至沪,备下堂计。居未一年,与缝工通、与邱之戚串通,邱风闻一二,诱以食阿芙蓉膏,讵烟瘾虽有,淫念未杀,依然不灭本相,邱愤而锢之,卒为林勾通守者遁至海上,所有首饰蓄积私运至沪,至是坐享所有,居然成为富人矣。时丹桂有唱旦角之路三宝为林所涎视,贿通其拉胡琴之张瞎子,从中说合,惑路至于弃家不顾、父死不奔丧,其手段可谓高妙绝伦,然不久即厌弃而就他。方自幸拥此多金可以安度一世,不意为肱箧所乘,罄其所有以去,林于是复困窘乡,不得已复谋神女生涯。时有著名鸨妇杨妃榻者,相传为太平天国丞相洪仁玕之女,因肥胖故名,狡猾异常,见林现状,慨然以保护人自命,偕之走津门。林运不济,抵津而拳乱作,欲南归为杨妃榻所抑阻,祸亟,始有谭姓挈之行,一时讹传其为拳匪剖心,好事者且为其代作《被难日记》一书,附会之徒即指以为黛玉能诗之证,实则非也。黛玉返自津门,日就憔悴,依其义妹以居(或云即张飏),义妹之假夫为极有财力之官吏,林与之相处未久即为夺主之喧宾,义妹以死抵之,林乃复其本来面目,设碰和台,己则奔走各戏园勾引青年,"淌排"之名亦作俑于林也。然业此所入不肥而辛劳殊甚,于是由娼而优,昔曾受路玉珊之熏陶也,遂至汉口怡园唱花衫。时张彪长第二十一师,一日至汉,睹林而悦之,颇致青眼,未几林渡江至武昌往谒张,阍者骤睹大字名刺,犹以为新翰林之抽丰也,及见颜色始大骇不敢隐,执刺白张,张不知其来意,大贻愕,使隐谓之曰:"此处非汝所可至也,速返寓候命可耳。"旋使人赠之数百金,林遂携以返沪,隶群仙茶园复唱戏。会五大臣出洋之际,端方久耳林名,过沪特召之至行辕,颇赏识之,林委婉进言,乞临存其家,端方将允之,后为左右所谏止,林叹曰:"事之不成,其命也夫。"或叩其说,林曰:"彼衔命之人乃可挟妓,倚诱之来,将挟之以遂余欲也。"其用心险鸷如此。直至四十七岁时,又嫁甬人李某,私复与伶人龙小云欢好,不久李某卒,林遂公然与小云为夫妇,小云赖其力得通款于张大辫,今则俨然优而仕矣。林于袁世凯帝制自为之际,曾一度入京,汤□龙甚称之,思欲一尝其味,结果汤出资三千仅得握一次手。丙辰返沪,复入群仙唱戏,究因年老色衰,不能叫座,乃僦居二马路大庆里生生美术公司楼上,力除黑籍,并延仰僧道讽经,谓仰仗佛菩萨保佑,可以将鸦片瘾不戒自断,亦奇闻焉。今则又在武林凤舞台唱戏矣。林年已五十三，苟妆束后犹似四十许人，迨今世之夏姬也。

# 林黛玉妍龙小云之趣史

老妓林黛玉妍识伶人夥矣，然黛玉具有外交手腕，故能操纵群雄，指挥如意。民国以后与龙小云妍识，小云屡戏弄之，而黛玉卒堕其术中，其事至趣，特详记之。

龙小云唱小生，与小子和演《血泪碑》，为顾曲家所称赏。时年仅二十余，绮年玉貌，状如好女子，黛玉见而悦之，遂通好焉。民国二年二次革命时，张大帅既入南京，授为江苏都督，黛玉素为大帅所赏识，遂进言大帅，请为小云赏委差使，大帅许之，命充督署翻译员（小云前本军界中人，复学唱新剧，转入伶界），自是小云遂优而仕矣，公余之暇，间或来沪以续旧好，意甚得也。然黛玉年已五十余，小云究嫌其老，复于南京之秦淮河娶一妓为室，黛玉未之知也，不时遣人来沪，谓大帅某姨太太（是时大帅拥有小毛子、王克琴等）欲置办全房家具，乞为备办送宁，翌日又称购办缎绸衣料若干，某项若干，黛玉一一允许，惟小云终不至。黛玉初不之虑，继乃大疑，遣人密探，始知其在宁娶有一妓，所云房间、家具、衣料皆娶妻时所用也，不禁懊丧者再，然亦无如之何，惟饮恨而已。与人谈及此事，谓："吾一生虽达官显宦、豪商巨贾辄弄之如反掌，今不图反为小儿所卖。"言已欷歔，是亦一段趣闻也。

## 林黛玉嬉弄名士之轶事

林黛玉为光绪中叶沪上名妓四大金刚之一，所与往还者多硕腹贾一流人物，其人风流放诞，颇有历史上名妓风概。某岁郑叔问、沈砚传、张子苾、易实甫诸人同集沪上，一日，忽尽为林妓所罗致，扃诸楼，所以供张之者甚整，酒肴、衾枕皆极上品，林有暇辄与诸人纵谈，嬉笑怒骂无所不至，第不及乱耳。室中琴书笔砚亦极精雅，林出，许诸人假以自娱，而独不许出门一步，恐有遁也，则尽收其履而锁诸箧。某尝窃得侍婢拖履一双，急曳之而逃，甫下楼为林所知，追牵以返，竟一月欢始纵之出。叔问尝为朱古微言："诗酒之乐盖无过于此时，然究不知林妓此举果何所为而发。"或谓林于当代人物无不以土芥视之，喜则与昵，怒则挥之去，生平所昵达官巨贾不可胜数，独未一领略名士风味，故为此狡狯，庶近是也。噫！今使潇湘旧主一回想当年，得勿有风流云散之感乎？

## 张书玉谩客受累

距今二十年前妓女有四大金刚者，张其一也。张江北产，容貌本中资，初来沪在荟芳里操求牡生涯，继擢长三，雅善修饰，性尤淫荡，凡客患谬毒病者张能纵容之，即此一技声振北里。彼时妓女姸伶之风蜂起，张亦拼命效尤，屡承林黛玉之唾余，先姸李春来，继复由女佣阿宝引线与三盏灯往来，为李侦知，几酿人命，又复与路三宝通，时在光绪壬寅、癸卯间。张所欢路氏外，尚有朱之榛之子小朱，翌年在西安坊悬榜，忽育一雄，便指为武林严客所生，时人金谓此儿之种非朱即路，因名之曰"小朱路"，一时传为笑柄。而张极盛时代，中江李眉荪极赏识之（李即《繁华梦》中之高亚白），谓其得贵妃鸡皮三少之术，沪妓无与比伦，故格外垂青，极意怜惜之。殊不知张误认其为冤桶老斗，会当中元节，张假言生诞，嬲李做花头，并云某客许其酒若干、某客允其和若干，李勃然曰："余不妨设筵百席，为汝祝嘏。"张初以为戏，笑曰："信乎？"李曰："谁与汝作诳语来！惟每一次摆二十五席，房间必须通连，尽一日之欢，分四次饮尽。"言已即付洋五百番为证。骑虎势成，张不得不为之预备，殆至临期，李上午八句钟即张筵招客，第一次所请者为流氓、马夫，第二次所请者为商贾，第三次所请为绅宦，第四次者系一般著名嫖客，直至晚间二时许始酒阑人散，闻者莫不咋舌曰："阔哉！"而百桶之酒资，普通以十六番计算，当一千六百元，李先付五百番，尚短少千一，张虽狡狯，理亦不能隔宿即索当日费用并拆通房间等款项，大约李先付之资亦将次告罄，自后张之稔客咸相告曰："无怪张书玉眼高于顶，彼有如此之大瘟生在，吾辈当然不惬其意。"于是均裹足不前。客有自他乡来者，慕张名而欲招之，旁人谓之曰："大可不必，彼有靠山在，何苦出油火资而仍坐于暗室耶？"李于八月初旬忽接燕都急电，忽促北上，濒行谓张曰："所负汝账当即汇来，余此次南下定挟多金为汝脱籍。"并遍告友朋，广为传播，于是无人不知张将为李篷室，以故张之门庭冷可罗雀。李北去以后信息杳无，张不得已赴津往觅，然李势煊赫，其奈之何？从此张之运道日下江河矣。

## 陆兰芬之荣哀

二十年前，沪上名妓陆兰芬烜赫一时。陆为苏州赵氏女，本名胡月娥，旋徙沪，秀色可餐，天然妩媚，西人曾撮其影寄归本国，称之为支那美妇人。性静穆，喜雅淡，风雅士多就之。所居为福州路西俗称胡家宅之西式房屋，尝以初度称觞，佣巡捕守门，往祝者咸衣礼服、乘马车，翎顶辉煌，周旋揖让，恬不为耻。其子甫五、六龄，亦戴晶顶、披蟒袍而迎送于庭中。其殁也，所欢王某为之发丧，于讣文、丧牌均署曰"先室陆宜人"。生荣死哀，陆妓兼而有之矣。

## 陆兰芬之争风案

四大金刚中之陆兰芬未改名以前，邑人小朱（佚其名）诨名"要紧完"，恋之甚。一夕在张园安垲第，见陆与赵小廉并肩私语，情意甚浓，小朱酸风大发，愤火中烧，欲思发泄恐力不敌，遂嘱所乘马车之执鞭人代纠同类，愈多愈妙，不吝酬资，俄顷人多势众，形将得赵而甘心，因惮于园主之干涉，拟俟赵出而攒殴之，故只在外喧扰，尚未至内。时小廉已知小朱所为，亦有戒心，潜命厮役亟往招各班武行数十人，蜂拥而至，且有三路武生马德芳者，自命双刀无敌，亦预其事，且挟利刃以往。天仙园主赵阿华恐酿大事，飞车驰往，将小朱所集之马夫吹散，小朱亦知来者不善，已势不敌，恐遭毒手，亦避去。事为捕房所知，以此风断不可长，诉之新廨，翌晨会讯，以两造争风小事，起此绝大波澜，各有不是，未便姑容，小朱罚以重锾，小廉薄责，马德芳事不干己，重责荷枷，期满释放，逐出租界。彼时陆犹名胡月娥，因是遂改今名，后以难产死。

按，马德芳本系青红帮匪，个中所谓脚踏两槛，素不安分。自经此案，溷迹于长江、汉口一带，继又在杭州拱辰桥开戏馆。清光绪三十年，上海四境骚扰，余孟庭、夏小辫子等盐枭猖獗，马亦在其内。是年六月观盛里刺毙外人一案，后在某妓院获住凶手，马亦在同谋之列，经人保出，集讯时马已远飏，保人大受其累。宣统三年，马死于杭州。

## 诗妓小史

黄静仪者，即鼎鼎大名之诗妓李苹香也。先世皖人，洪杨之役避难来云间，遂家焉。其父初习商，继读书，十年诵读未得青一衿，不得已复为贾。既生静仪，乃以生平抱负悉授之女，尝指示友朋曰："此吾家不栉进士也，他日或可广大我门。"人咸窃笑其愚，继许刘姓为媳，静仪是年十四岁，未几父即弃养，赖其母为活。邻有潘某者，年与静仪相若，门阀虽卑而貌甚白皙，青梅竹马，射覆藏钩，自幼即相处甚昵，殆静仪服阕，人道已通，遂与潘私。继且不愿属刘，时与其母勃溪，母溺爱静仪，竟纵成女恶，云悉凭汝为。静仪适刘不三月，假言侍母赴杭进香，暗偕潘俱至杭，市一槥实以瓦砾木石，寄某寺中，其母驰书告刘氏，谓静仪暴病死，刘遣人迎榇归葬于天马山麓，加以封树，静仪遂得与潘订永好，奉其母寓于杭。潘故无赖子，无术以觅食，三人遂辗转流寓于苏，时伶人何家声在苏，知其通翰墨，为之扬侪辈，纷纷出素笺索书而酬以润，稍可度日。既而至沪，无所得食，遂沦为妓。初隶幺二老王记，自理其名曰李金莲，狎客有知其能诗者，出以语人，不数月迁长三，易名李苹香，洋场名士莫不争趋之，大人先生亦每加青眼焉，甚者有拟之为宋时之李易安，其一时名重可知。某封翁眷之尤甚，而封翁之子若孙均与之有肌肤亲，其孙情好尤笃。事为宅眷所闻，召之至公馆罚令长跪，严加诃责，苹香大狼狈，既出语人曰："吾妓耳，顾我皆客，彼自陷于聚麀而责我，我岂能于客之来者均索三代履历而后延之耶？"一时传为笑柄。时潘某久已被文绣、餍膏粱，曳尾于泥涂中，会有客拟纳苹香，潘闻而大惧，以为此一株摇钱树一旦失去，则后半世之吃着将谁倚耶？乃构以暧昧事兴讼，或冒为苹香父、或冒为苹香舅，琐碎猥亵，晓之公堂，官乃判苹香不得复为娼。苹香既出，走宁波，不甚得意，复易名谢文漪，归沪闭门谢客，以书画自适，俛仰自世，亦可伤已。余愿天下为母之溺爱娇女，宜以苹香为殷鉴，前车覆辙，即自命才女者，亦乌可不慎其一身之节操耶！

记者按，苹香适黄某已七八载矣，现居马立师。

## 许紫烟

许幼琼，字紫烟，金陵旧家女，故海上名妓也。同治丁卯秋，偶染微疾，为庸医所误，竟致不起。殁后葬北门外五里珠霞阁，今则其址已不可寻矣。前见苕溪洛如花馆主有一绝云："冷雨凄风听可怜，苤花无主夜啼鹃。棠梨一树珠霞阁，谁吊金陵许紫烟。"亦可见当日之声价矣。

## 李珊珊之殉情

上海北里中妓女，出身宦裔者颇不乏人，大抵贱骨天生，甘与狙郐为伍，谚所谓"可怜不足惜"也。然据余所知，则前有李珊珊、后有艳秋轩之两人者，却不能与寻常卖笑者视为一例。艳秋轩为清宗室裕禄女，光复后为生计问题沦而为妓，身世则真可怜。李珊珊为四十年前之北里有名人物，李实合肥爵相之胤统、大公子之亲生女也。当是时李驻节海上，大公子省视来沪，初尚洁身自好，继与洋务局总办冯某（名佚，或云即冯竹儒）相识，乃日渐放浪，作狎邪游。久之识妓倩桃，遂相缱绻，量珠已定，不日实行，而乃父迁官北去，且闻儿所为严词责之，一场好事从此冰释，然藕虽断而丝仍牵也，李留其心腹仆某甲伴守沪渎，私谓倩桃曰："苟有隙可乘，容当徐图。卿之食用悉归余任，每月当照付焉。"倩桃见有纪纲在，亦安之，自此鸳履分飞，天涯南北，倩桃则闭户焚香，静听冀北佳音耳。距公子离沪五阅月即产一女，面貌酷似公子，名之曰爱，志喜也。如是者五年，李仆时为倩桃掌出入盈亏之柄，倩桃一家之生活悉赖之，而公子之津贴汇来亦在仆手，不图人心鬼蜮，仆忽席卷所有宵遁，杳不知其所之，倩桃顿处窘乡，困乏莫可名状，乃间关北上，往诉公子。倩桃抵津之日，公子适感微疾，相见于旅邸，未免有儿女情私，公子归即病，病且剧，床席弥留之际谓必迎倩桃入宅，迨倩桃至时公子已舌彊不能言，不一宿即卒。大妇指倩桃为祸水逐之，倩桃无奈，挟爱南下，不得已作下车冯妇，重堕风尘。倩桃识公子时年已逾风信，至是秋娘丰韵已大不如前，则其门前冷落概可知矣。幸韬园老人悯其坎坷，极力护之，得勉强相安者又五年。时爱已十一龄，能书善棋，歌昆剧八阳，弹四弦《平沙落雁》，老伶工闻之亦叹弗如，盖皆韬园老人所授也。彼时为妓者必须有一技之足取，兼辅以色性，始可称道于儒林，不若近今之胡调能手，便尊之为名妓也。爱既具诸艺，倩桃即饰以应客，娇小玲珑，大可人意，而其一身媚态尤在双眸，临去一转真足惑阳城而迷下蔡，榜曰"珊珊"，身价压侪辈，当时有竹枝词云："红运道台何足羡，风头怎及李三三。"而珊珊天赋情根，不肯轻试，凡客之过者，珊珊辄私哂曰："自顶至踵无一根雅骨，亦思与阿侬亲近，真所谓癞蛤蟆想吃天鹅肉也！"流年如水，荏苒间珊珊已十六岁，时有南浔富商刘氏子者，貌白皙，性温厚，从未游沪，更不知何所为嫖，因事抵申，朋辈挟之走平康，与珊珊相晤于席次，一见神移，两心相倾，遂以一千四百金为李梳栊，当时传为奇事，盖生活程度犹未若今日之高也。然刘貌虽佳而腹笥空空如洗，屡为珊珊所困，刘乃翻然曰："卿既擅文词，愿执贽为弟子何如？"珊珊颔之，于是刘日伺妆台执经问字，珊珊南面坐，俨然为人师矣。韬园老人尝寄书以调之曰："汝非校书，直教书焉！"士林中又争传之。同时有严某，亦富家儿，久涎珊珊而未得美人一盼，知刘所为，嫉妒露于声色，乃出重资购手枪一具，日怀之以思泄愤于刘。一日遇于某酒楼，严隔座举枪示刘曰："汝亦知此物何名？汝再与李珊珊往来，将以此制汝性命。"刘勃然曰:"汝敢杀余乎?"严遂开枪击之(按,是为沪上第一次手枪案,严尚不善开放,致自伤手指),中刘要害,倒毙。当时尚不解何为手枪声,砰然一震,使役辈犹为凳机倾侧也,幸有西捕过此,闻声知有变,上楼视之,刘已奄毙,严方欲遁,遂捕之送官。当时租界命案尚归中国官吏治办,严引渡至县署,宰上海者为某令(名佚姓),墨吏也,严之家属极力运动,减误伤罪,判监禁三年。刘家内乏亲人,凶耗至浔,族人争得嗣产且不暇,孰为鸣雪?珊珊闻刘死,一哭致癫,逢人便曰"伸冤",顾盼多姿之花容,不二日已瘦削无人色。倩桃急延名医诊治,咸指为痰迷心窍,投以泻剂得少安,及闻严赖金钱得活,珊珊终日号泣,詈天无报应。距刘死之后十日,竟于宵深乘人不备自缢死。青楼中多情若李珊珊者,实不可得。迨严某罪满出狱,入家门即狂呼刘某索命,且云有李珊珊在旁相助,是夕暴卒,死后尸身发靛青色。事虽近迷信,而实有人目睹,然珊珊足传矣。

## 某氏子之殉情

余既志李珊珊殉情事,乃又思及一事,为述于次。北里中有妓名筱文仙者,貌尚不恶,艺则冠侪辈,工青衫,时充客串,为人所赞许。余识筱文仙尚在光复之际,彼时福州路尚有天乐窝、小广寒两书场,为妓女鬻技之所,其时筱文仙不过十六、七龄,每一登台,点戏至少必有四、五出,侪辈荣之。芳巢筑于百花底,乃姊昔曾在应桂馨所开之丹凤茶园串黑头,因患恶疾,致鼻孔烂破,不能复于红氍毹上讨生活,乃为其妹之副车。姊妹同心流转于香天色海中已近十年矣，近则悬榜于三马路，生涯虽不十分出色，大致尚可支持门户。今年春有浦东某氏子（或云姓沈）寻芳北里，识筱文仙于枣花帘底，一见即尊之为无上妙品。筱文仙不善修饰，而其鬓毛时长四五寸，所御衣服又极朴素，某独许其为天然妩媚，不必妆饰，自此和酒报劲，所掷缠头费不可胜计。筱文仙阅人多矣，从未见如某氏子之爱怜者，乃亦以身许之，太史公所谓国士众人之报也。双方条约既妥，筱文仙即拟撤榜，孰知某氏子之家庭若父、若母、若妻莫不反对，某氏子大愤，乃私吸少许镪水图自尽。当时未死，逾三四日毒发，父母询究得实，一面延西医救治，一面许其娶筱文仙归家，殆医来诊视，谓毒已内溃，势无挽回。筱文仙渡浦入宅之际，正某氏子床席气绝之候，惟两目不瞑，喉间尚有不绝如缕之微息，迨筱文仙至其榻前，某氏子目瞑死矣，于是某妻号哭曰："筱文仙杀我夫矣！余必诉之官。"幸其父稍觉明白，温慰其媳而密遣筱文仙去。

## 鸥波小榭之受绐

继林黛玉、张书玉等之后，有妓名鸥波小榭者，固亦名重一时。妓系甬江榜人女，十四、五时随母来沪受雇，为金小宝所见，许为奇货，竭力劝其操卖笑生涯，初出茅庐即声誉日上，未几竟有候补金刚之目。彼时有著名流氓潘小九者，亦为十里洋场中之有数人物，因鸥波之名重一时，一日于有意无意间招之侑酒，而鸥波竟不至，潘衔焉，翌夕预约同类四、五人瞰鸥波之出征未归，即至其妆阁，勒令婢媪发牌碰和，殆鸥波返，私责婢媪不应允其盘踞,恐遗后患,然婢媪亦无法以阻此虎而冠者之兴,即使有此能力亦不敢撄其威,于是鸥波曲意逢迎,冀免祸害,然其芳心未免耿耿也。潘明知其故,故意装聋作哑,与鸥波相周旋,自此一和之后,无日不在其妆阁设筵请客,致稍有身家之子见之无不却步,而潘初尚现付和酒资,一星期后俨然以熟客自负,并下脚不与矣。未匝月,鸥波之生涯渐落,而潘之局账日增,鸥波见潘之举动与寻常嫖客无异,误认其为还洋客人(妓院中对于老白相谓之"相副",初入花丛者谓之"洋盘",而资格老练、行为犹不减初时面目则谓之"还洋客人",为妓院中所极端欢迎者),一夕偎潘怀而哀告曰:"后日为月杪结账之期,侬有要须,非八百金不纵,君能为侬筹半数乎?"潘笑曰:"八百金何足虑? 余虽窭人子,大约此戋戋者尚易筹划,卿毋虑也。"次日果携三百番之汇票一张、二百番之钞票若干张、现洋三百番,谓鸥波曰:"卿其收受,恐所用系零碎款项,故汇票、钞票、现洋兼而有之。"鸥波贸然将收受,幸其房侍小鼻头阿珠默察潘之行为大异平日,恐有诡计,乃一面令副手稳住潘身,己则招鸥波而告之曰:"潘非受欺者,彼坦然以此数相给,是必有故,汝其慎之!"鸥波憬然若有所悟,翻视其汇票、钞票上均有特别标帜,自是香汁涔涔自背脊下,盖明知潘将以被盗报捕,虽不难水落石出,一明真相而银钱则在己处,恐有万喙难辩之时,乃求援于阿珠。阿珠有姘夫某甲,则在茶会上为当手伙计者,阿珠急命人招之来,居间调处,八百金仍如数璧赵,且将潘向所负之局账一笔勾销,并特备盛筵以谢有眼无珠之罪,自后言明,凡潘有局票来召,无论何地必须赴之,惟潘则不再来其妆阁纠扰,至是潘始颔首,而鸥波所亏已不资矣。席次潘怀出禀呈，笑谓鸥波曰："幸阿珠乖觉，否则恐汝此时无此安闲也。"言已笑投之火，鸥波为之寒心者兼旬。自此以后，鸥波之名誉日落，继且狂妍伶人，赵如泉、吕月樵等皆曾受鸥波特别之待遇者，三十岁后嫁甬商某，未几即宠衰被逐。近有人自金台来，谓曾于登瀛班中见鸥波踪迹，鸡皮鹤膝，不堪一顾也，而潘小九卒以专横过分，庾毙西牢，是亦洋场之野乘、妓院之轶史，不可不志也。

## 李巧林与胡宝玉之决斗

上海妓院同治中分两等，首书寓、次长三，时兵乱初平，一切皆仿金闾规则，长三又号"板局"，倌人必有稔客代为介绍，非有蜂媒蝶引，概不应召，不似今日随意打样也。是时妓界品格尚高，至光绪初已不如前，然间有一、二妓女私妍伶人，亦须另租小房子，不敢明目张胆，因当时清议颇严，苟私妍优伶，无论色艺并佳亦无人顾问。惟名妓李巧林为刚斋主人初订花榜，举为状头，张艳帜于兆荣里（后改一颗印，今为扬帮野鸡巢穴矣），妍识黄月山，始尚秘密，继亦不畏人知，月山时隶咏霓，巧林已不应局，馆中人咸尊之曰"老班娘娘"。时老丹桂（即春仙原址，今已废）辇重金赴京聘十三旦来沪，登台之前三天包厢已预定一空。名妓胡宝玉亦以雌老虎闻于时，虽妍识康黑儿，不敢公然自认，与巧林势同水火，积不相能。宝玉是日曾定有包厢，因时尚早未至，巧林到园见有空包厢，不问情由即任意入坐，案目告以此为胡宝玉预定，巧林闻是宝玉，冤家路窄，益触其怒。时随带仆婢两人预料宝玉来时必有一番争闹,随即返至寓所,邀集多人蜂拥包厢,宝玉届时携姊妹行五、六人连翩而至,见座位已为巧林豪夺,向案目饶舌,巧林挺身而前,破口大骂,宝玉亦回骂,巧林群仆一拥而前,迎头猛击,宝玉不能敌,踉跄归寓。巧林颇自得,以为今日强夺包厢,且于广众中殴辱宝玉,足泄心头之忿。翌日宝玉据情控告公堂,并称遗失头面、珠花等,请拘提严讯,并请求赔偿。巧林闻之大惧,即向旧日稔客中之有体面者请其乞援,客言:"汝已嫁伶人,今非昔比,论理不应在戏园中与人争坐。宝玉声名虽不佳,然尚在妓院,家人尚可为之出场,若汝则吾辈实未便干预!"嗣经巧林一再哀求,各稔客始允向宝玉处缓颊,令巧林服礼,至于珠花等代价由众客略为赔偿,宝玉碍于众情,勉为首肯,向公堂将案注销,时光绪己卯年事也。

## 杨玉科之豪嫖

距今四十年前,沪上有大嫖客杨玉科者,豪侈为诸客冠。杨职居统领,以克复云南大理府起家,传资累百万,淫佚无度。某岁遵海入都,过沪慕风景之美,挟巨资驻迹旅馆,挥金如泥沙,珠玉、珍宝之贾贩不绝于门,其作狎邪游也,备金钏数十事,储玻璃匣,健仆数辈挟之随行,有所悦即求亲肌肤,无间昼夜,交欢毕,呼仆进钏匣,令妓自择其一,或求倍给亦弗靳,悦之甚者辄以数千金为之脱籍,鸨有留难者以势威劫之,然既娶后稍拂意即逐令下堂。时有谣言,谓杨之待遇婢妾以军法部勒之,违者戮之以徇于众,实无稽之谈也,盖国家军法讵可施之家庭耶?惟杨暴戾实甚，曾有某姬偶撄其怒，适盛暑，杨亲褫其上下衣，缚而曝之烈日中，家人环求，至日晡始放逐之，类此者颇多。甲申中法构衅，杨自告奋勇，殁于阵，得旨赐恤如仪。又杨在日每见客，诸姬围列如锦屏风，一日其友袁某至，姬队中有花小宝者袁屡顾不辍，杨即举以赠袁，呼肩舆送之去，其豪爽多类此云。

## 桑道台桑中大会

前清晚年，法纪废弛，竟有身为监司大员擅离职守私自冶游者。宣统三年夏，浙江宁绍道台桑□□有来沪宿娼之事，时同春园金屋娇，雏妓也，其养母年已三十许，风韵既佳，尤好搔首弄姿，夙为桑道台所赏，而养母又善伺人意，遂订交焉。越三宿始出，临行赠以五百金，一时北里中争相传说，引以为荣，各小报如《笑林报》、《阳秋报》皆先后登载其事，题曰"桑中大会"，又曰"濮上桑间"，盖纪实也。桑以现任道员并不向省宪请假，私自出游，实以上海与宁郡轮舶交通不过半日行程即可到达，故敢公然为此耳。然民国官吏则何如者？君子于此可以观世变矣。

## 尚其亨之宿娼

清光绪间朝廷锐意图强，分遣五大臣出洋考察政治。有尚其亨者，道经沪上，沪道为设行辕于静安寺路之洋务局，供帐甚盛，每筵宴辄招致各名花侑觞。群玉坊彭瑞娥为著名老鸨妇大肚皮阿金之养女，貌极丰腴，肌肤尤娇艳，善唱梆子，响遏行云。

尚大臣见而赏之,拟暮夜微服出游,洋务局职员某窥其隐,道之以行,至彭瑞娥家,遂定情焉。虽当事者严守秘密,翌日而外间已喧传矣。时报界以考察政治事至重要,且特派大臣尤关国体,皆讳言其事。明年尚自外洋归,被简为福建布政使,闽人力拒之,亦以其不端也。

## 王秀宝与洪述祖

吴门名妓王秀宝,于某年冬因亏累甚巨,移艳帜于白克路。时余联沅为上海道,洪述祖主文牍,大权在握,所入甚丰,青楼、酒馆为惟一之消遣地,后识秀宝于某番菜馆,一见倾心,旋即为之脱籍,纳为第三小星,宠爱备至。惟洪已年老,貌亦不扬,且有腋疾,秀宝心厌之。洪有子曰梅清,年方弱冠,温雅如处女,秀宝百计媚之,竟效陈仓暗度,双宿双飞。一日为述祖所遇,怒气填胸,欲立毙长子,秀宝长跪乞恕,洪以名誉攸关,徒呼负负,无如之何。未几秀宝竟席卷所有而遁,近又发现于会乐里,改名□蝉矣。

## 野鸡拉巡抚

清季开军港之议兴,载涛与萨镇冰联袂南下,地点既定象山,浙江官吏理宜出境迎迓。时督浙者为满人增韫,先一日至沪迎涛、萨,行台暂假长发栈,是夕增一人步行至福州路一带闲眺,彼时小广寒、天乐窝两女书场尚在,入夜楼上则锣鼓喧阗,弦索铮然，楼下则扬帮雏妓蝟集于是，增素喜皮簧，闻之不觉停趾观望，侧耳静听。时增架阔玳瑁边之眼镜，所服亦不合时宜，方袍大袖，望而知乡曲，孰料其为邻封疆吏？正徘徊间，忽为一雏所翾，且有老媪力助，或推或挽，竟将增拉入雏巢。增不知所措，口内频呼："不要脸！万目昭彰之地，尔等女子竟斗敢拉人，不顾廉耻，淫荡极矣！"口虽语此，心犹疑为女革命党，殆入雏巢后坐未暖席，即起立向外行，雏遵例索茶会资一元，增适身上无钱，面颊发急，雏欲剥其外褂，增更觉不堪，不得已令彼等派人随至长发，令账房代给。账房询以何种款项，增但云："给他一块银罢了。"事后与幕僚言，幕僚有以报复请者，增曰："毋增我丑也。"

## 杨四乌龟之趣谭

上海北里中之胡宝玉，亦堪称鼎鼎盛名之辈，相传为刘丽川妻小金子于咸丰三年在狱中所生，至今戊午六十六岁。十三岁时为钱业董事赵朴斋纳为妾，十五岁下堂在尚仁五弄（即今同兴楼京馆左右一带地段）与金秀卿同居，男装打扮，取名林黛玉，与湖丝通事杨翰斋昵。癸酉徙西公兴里，声名略起，忽为赵朴斋罪以卷逃控之公堂，幸杨翰斋上下打点，当堂发配，即由翰斋具结领去。然相处未久即复出山，改名胡宝玉，先住公阳里，再迁四马路东公兴里，与唱武旦之康黑儿双栖双宿，大有谐老白头之志愿，而杨翰斋非但不怒不耻，凡有筵会仍叫其局。翰斋行四，人咸以"杨四乌龟"称之。

# 欲海中之小风潮

清光绪二十九年,伶人丁灵芝为祝少英控告以后,未几即有宋维翰、金清镳、祝大椿、荣瑞馨、吴承杰、赵用廷、干铸、包曾初、石承时、沈嘉顺、胡受福、何恭寿、张麟祺、薛翼运、陶栋、袁焕章、周荃、叶泰来、赵文瀚、沈顾承、高昌麟、马纪祥、曹骧、殷步坤、席廷勖、陈燮钧、程钟杰、朱树卿、沈元恺、马增元、李孝荣、文万甫、冯翰藻、刘之艇、倪干、郭士杰、曹邦安、裘筱韩、郑伯蕃、陈蔚份、韩文谊、曹秋屏、严锡光、倪佩卿、沈念岵、倪小圃、方子明、潘作楣等四十八人,控告李春来、潘月樵、赵小廉、夏月润、吕月樵、郭蝶仙、赵如泉等七人专事引诱官宦姜媵,坏人名节,请即提案究惩以警淫风。首名宋维翰为宋子霭之弟,系天主教徒,例不能娶妾。次名金清镳即顾彩林之夫金芹生,因高彩云一事迁怒梨园,思一网打尽,借兴大狱。余四十六人中,或系表同情,或系逼胁来者,甚至有本人未知硬将其名列入者,意谓众怒难犯,谳员必按名提讯,不知列名虽多,而中并无强有力之绅商。公禀既递,时襄谳为关炯之,批其尾曰:"查租界地方藏垢纳污,久为风俗人心之害,其浮薄恶少、马夫优伶勾引妇女,无恶不作,言之实堪痛恨。然被诱者或系下流娼妓,或属小家荡妇,本属鲜耻寡廉,又无家主约束,以致相习成风,甘心比匪。若如所禀,良家姜媵亦被若辈贿通诱惑,更为法纪所不容,商民所共忿,本分府目击浇漓,亟思挽回恶俗以维风化。查祝承桂控告丁剑云诱占伊妾吴丽卿一案,现已认真究讯,一俟诘取口供即当照例严办,不稍宽贷。至所请将李春来等讯办一节,现在未据指控,若凭空提案,若辈恃无质证，必多狡赖，应候饬查明确再行核办可也。"此亦欲海中一小风潮，姑纪其略于此。

## 梁启超与忆情

同春坊沿马路之妓女忆情，其房中悬一联云："黛柏苍松，深环玉砌；红兰翠菊，俯映砂亭。"署名"梁启超书赠"，其年月则丁巳秋也。按梁氏今年并未来沪，书法亦不类其手笔，且梁氏书亦不佳，其人性质过于流动，为国人所惋惜，而此君乃托其名，何也？

## 洪奶奶之磨镜党

沪妓有洪奶奶者，佚其名，居公共租界之恩庆里，为上海八怪之一。客有张某者与之昵，初订交即流连经旬不使归，嗣为张父所闻，拘其子去。然洪之怪不在此，所狎之男子绝少，而妇女喜与之昵，俗所谓"磨镜党"是也，洪为之魁。两女相爱，较男女之狎媟为甚，因妒而争之事时有之，且或以性命相搏，由洪为之判断，党员唯唯从命不敢违。有妓曰金赛玉者，适人矣，与洪有同病，遂挟巨资出，易姓陈，居九江里，与洪衡宇相望，为洪所惑，尽丧其资，几不能自存。洪之服御奢靡，挥霍甚豪，与洪昵者初仅北里中人，久之而巨室之妾女亦纷纷入其党，自是而即视男子为厌物矣。近闻洪党除同性相奸外，又属引人作壁上观，效明皇故事，每次观者以四人为限，看资自十元起至十六元不等，跑马厅之某菜馆、宝昌路之某里均为若辈之集合场云。

## 上海卖淫业之确数

某报曾载上海卖淫业之确数,全属捏造,兹得花界福尔摩斯详细之报告,长三一千二百二十九人(按,予所查得者为一千一百零四人)、幺二五百零五人、野鸡四千七百二十七人(南京路之北、浙江路之西至泥城桥共一千九百零六人,浙江路之东四百四十八人,福州路石路之西至跑马厅止一千一百零五人,福州路之东出没于青莲阁之扬州妓九百七十人,法界八仙桥一带二百九十八人)、花烟间共一千零五十人(小东门五百六十五人,新北门外二百五十二人,老北门外六十人,打狗桥东四十九人、西四十二人,盆汤弄八十二人)、虹口之广东妓(俗呼"咸水妹")共二百五十人、香粉弄钉棚三十人,合计海上卖淫之确数共计七千七百九十一人。中除花烟妓外,一妓必有一叶相随,长三中则尚有房侍及打底大姐等名目,此辈虽非明白卖淫,要亦在卖淫范围之中。至于台基、私娼、淌排等,一时难以调查,约计亦在千数以外。洋场十里耳,此种人乃如许之多,抑可哀矣!

## 娼优联合表

友人自北来,示余娼优联合表一纸,署名天声,刊之某小报者,如杨小楼姘协心院舞琴、姚佩秋姘长林班红莺莺、沈华轩姘红韵阁楚楚、周瑞安姘艳凤院爱女、贾璧云姘长鑫进化楼、刘砚芳姘怡春院洪翠云、金连寿姘润喜贾红楼、王三黑姘四海杜巧玉、芙蓉草姘宝凤院梁素珍、黄树卿姘长林桂云峰、黄润卿姘长春凌玉英、邓兰卿姘山泉陈倩霞、陈葵香姘四喜花宝玉等，余曰："有是哉，上海本二子世界，盖无论何种商店须得与戏子、婊子往还，则生涯必鼎盛。然则婊子与戏子联合，乌可以不传?"爰据余所知，录之于后，研究黑幕专门家不可不读。

赵小廉姘陆兰芬（曾在张园与"要紧完"小朱争风打架，累及打英雄之马德芳，经公堂判断者）

小黑儿姘胡宝玉（不久即离开）

李春来姘胡宝玉（时春来寓桂芳里某栈，胡恐其与他人往还，每晚必留其侍儿监察，如果无客做花头则亲身与李跬步不离矣）

杨月楼姘李巧林（月楼讼累巧林，遂与杨断）

黄月山姘李巧林（继杨席也）

汪桂芬、黄月山合姘李巧林（在光绪戊寅，兆丰买办陈方水开留春戏园时也）

李春来姘林黛玉（时林嫁南汇令汪蘅舫，李出入其第，肆无忌惮，后竟喧宾夺主，汪终以投鼠忌器，隐忍去）

李春来姘张书玉（张曾嫁李，赁屋长裕里，不满一年即离开）

三盏灯姘张书玉（张在李处已与往还，殆张自李门出则又走津，与三盏灯亦断也）

九仙旦姘陆小香（在津姘识，陆曾为置行头，殆同返申江，九仙旦因陆积资告罄，遂断）

李祥麐姘陆小香（继九仙旦之后，时陆之假夫为西人，在九江海关任职，知陆与李通，乘丹桂全班赴汉之际上船寻衅，经

夏月恒再四说法，始已）

赵小廉姘洪珍（不一月即散）

赵小廉姘缥缈楼（继洪后也）

潘月樵姘陈小红（陈既与潘姘，又复与甬人方某往还，德人里之小房子几为公司地，潘大愤，率多人往捉奸，而方已逸，致将贴邻马飞珠之烟囱带坏，马欲严重交涉，经方央人调和始解，而潘既捉空，是晚有疑为火警者，时小叫天亦居是处，闻之大为不然，后在广肇公所潘与谭见面，大受责备）

三盏灯姘陆兰芬（陆贿通其母始克成交，而三盏灯之噪音因是以败）

吕月樵姘翁梅倩（翁之唱戏，吕实左右之）

七盏灯姘翁梅倩（在汉口成交，不久为张国泰所悉，率之他去，遂绝）

高彩云姘顾彩林（高因是庚毙）

霍春祥姘范彩霞（范为之代办行头，费资不鲜）

汪桂芬姘花翠琴（花本为武旦郭五十之相好，汪与郭有染，个中所谓"开旦"，乃继及于花，水陆并进，可谓奇矣）

汪桂芬姘胡宝玉（人言汪历年所蓄均储汇丰，胡宝玉思攫得之，百计千方始得与汪见一面，汪何等人，聆胡语气知事不妙，缱绻半宵即托腹疾归，可谓男狡女猾矣）

赵小廉姘林黛玉（不久即分）

赵小廉姘金小桃（同上）

赵小廉姘王小香（王费去不少，终窥破赵无真意，始去津嫁某商也）

田际云姘王雪香（王曾嫁田而为大妇所不容，乃复至沪，又私与田徒崔月楼有暗昧处，田乃与之绝）

孙三儿姘赛金花（时赛尚名曹梦兰，初下洪氏堂，来沪即扬言欲在菊部中择一如意郎君，为孙三儿所得，庚子拳祸之际，孙犹在赛处作备补员也）

丁灵芝姘花四宝（钟情于保定，遇合于武林，同居于上海，不一年即散）

路三宝姘林黛玉（由琴师张瞎子拉拢，情爱颇笃，甚至路父病不侍汤药，父死不奔丧，皆为林惑也）

路三宝姘张书玉（路既与林断，遂姘书玉，壬寅秋由张佣阿宝牵引，成交于吴门，癸卯返申，路仍往续好时，张怀孕，云是朱瞎子之榛之种，实路孽也，而临产又为一武林严客代赁屋临盆，即为严子，人呼此孩为"小朱路"）

杨月楼姘张秀卿（不久即分开）

杨月楼姘沈月春（曾同居二月余）

小叫天姘张秀卿（由杨举荐也）

赵如泉姘范彩霞（继霍春祥后也）

吕月樵姘鸥波小榭（不久即离）

吕月樵姘彩霞阁（同上）

周蕙芳姘樊春楼（樊春楼本李春利之爱物，周忽与之通，李大恚，持刀往刺，周经人调和，始已）

麒麟童姘葵青云（时离时合）

七盏灯姘湘云（相处未久，湘云即北去）

赵君玉姘林四宝（林诨名"吊死鬼"，头颈硬如铁，赵因是为

之上烟瘾）

贾璧云妍雪里青（贾与雪同住居仁里，雪将贾藏三天，贾妻
登门索夫，几酿大祸）

冯子和妍花元春（花老六与小子和妍识最久，至死未断）

夏月润妍柳如是（柳必欲嫁夏为妾，再四求月珊、月恒作主，
终因谭氏作梗，事遂中止）

何月山妍兰云深处（在津有意，在沪成交，月山二次返津几
为之受刑，今则俨然为夫妇矣）

盖叫天妍林美春（时离时合）

白玉昆妍菊第（相识未久，彼此因恶疾离开）

王灵珠妍菊第（新近成交，恩爱正挚）

常春恒妍怜爱卿（同上）

凡上所述，仅不过百分之三，而查天影之高雅云、汪优游之
黄皮妹妹等系新剧界事，故不列焉。然而娼与优之联合何至于
此，为余所不及知者尚夥，而余则不敢臆造以诬蔑人也。且焉是
编之述仅为娼与优之关系，而不及姨太太范围，故如潘月椎、潘
海秋之父子聚麀，赵醉梅之朱小二楼等，又不列也。世有同好者
乎？盍举以补余不足。

# 民国七年春花界调查

## 迎春坊一弄

花美珍　花美珠　花月仙　花美玉　花云仙　洪素芬　花
美云

**二弄**

袁娇　金铃

**三弄**

花魁玉　花魁女　青云楼　范丽云花　林宝香　金鸿娇
金大娇　金小娇　秋水仙　秋月红　淡秋　飞云阁　月红　月
梅　云花　凤花　林凤云　林雅云　琴爵　琴雷

**四弄**

宝玉　情遇　素琴　邻影

**和心坊一弄**

十里红　花凤楼　花三宝　月珍仙　王月宝　漱香　紫鹃
寻梅　春兰　小榭

**二弄**

蔡泳春　蔡润环　洪第　花黛云　春花　秋月　蕙娟　金
翠玉　一刻千金

**三弄**

凝香楼　月情　宝玉　林香云　如意　怡情　莲芳　谢丽
娟　爱情　爱琴　谢莺莺　素琴　金翠云

**四弄**

花香阁　竹如红　素青　红拂　琴芳　红蕖　红绫　云霞
楼　筱桂芬　林第　红芳

**小花园一弄**

占春　宝琴　洪花　文兰　绿娴　忆情　翠琴　彩凤　金
媛媛　蕊芳　月琴　月华　真月影　如花　惜花　赵香玉　艳
如珍　佛丽缘　绮霞　素情　素秋　舜华　小鹊　群芳　高容

华　情媚

**二弄**

一　花明仙　小花明仙　朝云　桐花馆　左英台　梅兰芳

二　醉春楼　洪琴　瑶琴　花春红　沉鱼

三　问素　谁庐　素香楼

**三弄**

秋琴　花蕊云　红情芳　钱素珍　钱宝玉　韵花　吟湘绿波　薛第　含春艳　洪湘云　洪筱云　含容

**四弄**

金第　明玉　天明　寄萍轩　金鸿仙　素韵仙　花韵仙翠第　金书玉　时韵阁　时第

**小花园沿马路**

琴嫣　鸿仙　小婕好　雪艳　花宝珍　花四宝　金翠玉鸿运阁　张瀛仙　金小红　舜琴　金文仙　高凤　花魁楼　雪鸿仙馆

**鼎丰里**

鸿筱兰　鸿筱云　杏林红　湘君　筱虞玉　爱天香　帼英镜花阁　花韫玉　花娟娟　翠芳　红娇　筱红　花红兰　花红云　花红林

**民和里总弄**

云岚　天簌　湘娥　文惜　花春　花映雪　访菊　探梅朱金花　小花筱芳　情依　花筱芳　飞鸿仙馆　嫦娥　筱玉浣青　瑞云　瑞凤　自由花　醉春　虫二楼　晴春　慧珠　月蟾　寰情　金鸿仙　金花　晓霞　韵霞　临笑苍　羞花　红云

洪第　洪雪香　洪月香　青娥　梁文玉　林雅楼　筱湘娥

一弄

锦月阁　评香　念奴娇　吟鸿　燕春　杨媛媛　杨素香 似兰　柳莺　珍珠花　珍珠蔗　花香　如红　自由花　如卿 飞熊　林素云　郭凤仙　花月痕　苏珊珊　林宝玉　苏宝宝 玲珑　曹小云　欧阳备竹　金洪　逢花

右弄

意春楼　意春红　李虞仙　凤楼　姚第　王楼　韩毓英 筱爱卿　筱鸿卿　小花月香　张桂英　松月　依依　洪翠香 凤宝玉　凌第　洪花　凌菊仙　高雅云　凌媛媛　韵初　花凤 宝　贝锦　爱媞　情情　燕容　绿英　情凤　情鸿　剑庐　秋 水　丽虞　柳如玉

清和坊沿马路

孟劭　情真　花似锦　花新宝　陈第　竞庐　花媛媛　飞 龙　妙月　锭金　青凤　秦如云　花宝宝　爱情　苗素　亭亭 月蟾　月缘　李红仙　云霞馆　花姗姗　宝玉　赛春　奇春 月娥　陈禄云　寄情　新茶花　蕊香　翠楼　洪楼　洪玉楼 谢宝宝　洪柳　洪素香　孟丽君

清和坊一弄

红红　如玉　翠翠　翠霞　云龙　蕙珍　文琴　蕙兰　玩 云　明月　媚香阁　凤楼　梅影轩　林媛媛　翠琴　飞云　婕 仙　探春　琴花　媚倩　梅寄　日里红　云彩霞　春晖阁　金 湘云　得意　林月云　金湘鸿　花湘云　花红玉　月长圆　惠 妃　丽红　桂芬　美蓉　小江檞香　文衷　美在　小洪巧林

小洪彩云　林绛仙　胡玉梅　情楼　凤书　张爱卿　张第　云梅阁　红云仙　春筱楼　莲桥　楣如　蕊香　婵娟　红云阁　雨花楼

## 二弄

月娥　醒楼　惠娥　莲娟　琴湘娥　琴韵　文蕙　秋月　熙春　姣容　翠云仙　薛飞云　玲珑馆　春红　醉梅　云梅亭　沈维云　半天红　素婚　苏台春　谢月明　谢素秋　闭月　梦楼　筱星星　小翠娟　羞花　夜明珠　红素贞　素心　文艳　惠娟　青云　金宝玉　花真真　花若兰　瑶琴　桐花馆　情云　宝红　赵筱青　筱红　醉红　落雁容

## 三弄

洪媛媛　春宵楼　丽娟　陆素娟　林文仙　琴芳　翠卿　花翠卿　幽情　春燕楼　京都翠仙　杜兰香　花丽娟　花民女　琴卢　碧玉　含媚　花含云　艳亭　琴书　岫云仙馆　赛珍　林仙　林云　妙云　爱珍　含春　花凤春　赛花天女　香菱　雪红　林凤亭　情仪　月娥　云翠仙馆　花云香　时月花　瑞云高女　谢素云　艳媛媛　艳秋轩　春红仙　美玉　杨媛媛　赛花仙子　花似香　红萝别墅　醉梅仙

## 乐余里一弄

小花黛玉　花魁　如心　李飞龙　林媛媛　金凤云　花云仙　金筱云　林月红　王仙　妙玉　琴心　心芳　雪梅　曼君　丽霞　亭月阁　亭月娥　洪美玉　亭月楼　洪四宝　富春香　幽依　鞏香　意红　亭云小榭　莲卿　桂云　彩云　潄云　金媛媛　金宝宝　朱巧云

### 二弄

如花　孙织云　孙瑞云　孙凤云　花月影　林媛媛　金花　凌翠娟　寄萍　月红　月娥　蟾影　晚霞　浣香　凤云　薛美玉　一笑　悟缘　霞情　春红　林凤春　红云　云情　林梅　血花　云舫　忆情　蕙勤　田美玉　四素云　爱娥

### 汕头路南

绿亭　丽云　红蕖　韵梅　爱情　飞云　花田初　爱月　柳琴　青青　君玉　蓬香　金圆圆　金媛媛　张彩宝　蓝云小榭　燕侣　林绣云　王巧虞　林宝云　林翠云　玉慧宝　林湘月里　嫦娥　红娘　红宝宝　逢春

### 汕头路北

月娥　嫦娥　佳情　林林　荣华　花韵玉　花丽玉　花美玉　花惜玉　花媚香　花媚春　迎春

### 福致里东

凌波仙　苹姑　花巧云　韵可小筑　青青　卿卿　如玉　冰玉　金雅云　谢月英　谢宝玉　金文仙　爱媛媛　谢群芳　翩翩　柳慈慈　红楼　妙香阁　竹第　冠群　竹英　文香阁　幽情

### 西一弄

翠玉　翠凤　嫦娥　爱莲　凤香　林灵芝　翠娥　翠凤春锦

### 二弄

群英　寻芳　爱玉　情香　庐香云阁　彩霞　题花　琴言薛第　引凤阁　蝶影　霞情　媚兰　柳眉　美玉　小蓬莱

**三弄**

怡情轩　赛仙阁　云桃　妙香　妙云　度梅　逢春　良女
林红女　幻真　若花英　红小宝　情花

**三马路**

红云　莲花　春芳楼　松梅　花媛媛　西湖别墅　梦笑
香情　抱月　花宝红　莺红娇　筱文仙　高第　花宝钗　朱彩
运　雅琴　李小宝　洪素珍　鉴冰　真素　冠玉　忆春　谢五
宝　谢凤宝　徐云如　徐容如　乐第　韵琴　西湖　元春　小
王熙凤　梨仙　花芙蓉　洪第　笑意　情花　花里红　筱桃红
翠玉　叶凤春　仙馆仙馆　瑞娥　云娥　金赛云　含第　凤第
含鹤梅　筱双珠桃　碧桃　夜明珠　芝兰花

**民庆里二弄**

一　金宝玉　书玉　翠娟　丽娟　谈笑鸿

二　柳香女　柳香玉　素珍　韵红　花月红

三　翠红　翠云　莺楼　钟情　花宝林　元春　留春轩

四　林书云　林紫云

**一弄**

一　秦楼　月娥　兰云深处　林星宝　林星娥　寄尘　宝
玉　花想容

二　云楼　魏宝宝　魏紫娟

三　陈亿甄　琼花　妙玉　花湘云

四　红花南　花红玉　一笑缘　小玲珑　云兰阁

**三弄**

一　红豆　高齐云　湘潇馆

二　冠花　梅素　楚翘

**会乐里一弄**

一　陈雅云　天香别墅　良慈珍　小花琴芳

二　莲情　苏备秋　美缘　王宝宝　雅情　雅琴

三　爱第　爱宝宝　秦楼　清和张　陈小凤　冠群芳

四　洪爱卿　洪爱云　黛语楼　惊鸿鸿　翩若　霞寓

五　赛梨花　凤若楼　情月　情第　花紫英

**二弄**

一　金钻南　惜琴　月珍　云燕　时运

二　忆情　麒玉　素梅　好好

三　鸿香　凌香　一枝红　起凤楼　印石花　玉芙蓉　素
卿　金牡丹

四　高第　湘云　萼绿梅　竹云

五　金湘云　金湘娥

**三弄**

一　醉月　莲第　彩娟　莲芳　张素云　凌翠娟　张宝宝

二　秦美云　月桂红　郦君玉　琴云

三　沈琴　情第　红情香　晴霎飞　虞仙馆　忆笑　飞
云阁

四　红玉　花宝宝　花如玉　徐雅第　张第　左玉红

五　引凤楼　韵韵秋　岫云阁

**福祥里一弄**

兰英　花逢春　花媛媛　葵青云　陈鸿云　飞云楼　林翠
玉　林笑玉　红楼　盈盈　爱楼　情文　龙凤　云第　云仙

轶群　占芳楼　怡情楼　情芳　嫣然　嫣情　惜花　韵玉

　　二弄

　　秦楼　莲英　银花馆主　小莲英　一院香　金茶花　陆昭容　一树金　醉月　小金钟　飞燕楼　飞燕鸿　巧云仙馆　红巧林　红玉　金小桃　张月云　胜玉（林云）　冯可卿　花爱卿

　　三弄

　　灵芸馆　情约　雅第楼　金小娇　秦若兰　清水花　纫兰青凤　纫秋　红珠　花凤云　花雪香　高丽绢　高新宝　漱芳淑逯嫠　翠花香　樊素　花星星　龙楣　婉情　湘君　小金钢钻　红文花　金庐　玉楼

　　**精勤坊**

　　韵香　琴香　红拂　花媛媛　艳红　月娥　小花宝宝　洪媛媛　蕊云花香　艳芳　花骊姬　翠华轩　翠霞轩　花翠玉花翠云　雅琴　雪梅　琴第　素娥楼　沈莺莺　白玉霜　素卿笑媛媛　一笑　一美　醉玉楼　醉月楼　霞红　彩香　小知己韩寿香　韩霄香　醉红　王筱芳　王灵英

　　**平安里**

　　景云楼　赛昭云　艳月　薛飞云

　　**庭筠坊**

　　楚莲香　韵庐　翠娟　娟娟

　　**寿康里**

　　情侠　小莺莺　金秀云　高翠玉　王宝宝　醉艳　柳如

　　**同春坊一弄**

　　张爱玉　云英　自由我　王筱莲　王筱洪　好好　再缘

怜爱卿　王银桂　王金子　惜花　黛云阁　玉环　张红玉　雪姬　张宝玉

二弄

洪第　意心　雪月　花月映　陆红芬　花月阁　情红　春红　花素香　春芳　幻云　金兰　娥媚　高翠玉　采云娇　小花四宝

同春坊沿马路

花桂仙　花醉香　白恨　金如玉　香艳　万里红　文漱芳　小环　十三红　碧莲　爱苹卿　情花　留香　晴雯　宝蟾　洛妃　花第

安乐里

林宝仙　花珍珍　花莺莺　筱云仙　花云仙馆　琪花　金凤仙　金凤宝　榴花　鸿寓　晓月阁

安乐里沿马路

万年红　金宝宝　小金素娇　小金素兰　红兰红　芙蓉　笑蓉　花影阁　金花　银凤

福裕里总弄

筱凤楼　花翠云　林月卿　张娟娟　金筱花　兰云别墅　帐梅　琴心　莺娇

一弄

白雪春　花兰春　林新宝　林星星　圆云　如玉　真如玉　苏媛媛　圆珍　二我轩　梁玉　月华　萧引凤　鸿筱芳　筱琴　金凤　如玉　鲍青云　鲍媚云　禄意　鲍瑞云　小书　莺莺　花宝宝　好好　妙云阁

**二弄**

金牡丹　花云阁　曹畹珍　赛云仙　美玉　金媛媛　常彩莲　金宝珠　常玉莲　洪四宝　梅云阁　春宵楼　文玉　客串红　客串蟾　红珍　好意　函香　文芳　鞶香馆　月明　人中凤　人中艳　闺臣　素云　月红　月蟾

**三弄**

赛莺莺　柳媛媛　湘林　凌香玉　柳素贞　苏第　想玉林香元　梁素珍　梁红玉　花菊仙　筱娉婷　艳娇　张彩云

**久安里**

林佩香　林鞶香　林云香　题红馆　谢宝玉　谢奇玉　采云轩　情花　没鱼　筱月仙　筱丽仙　筱蕙仙　林仙　婉珍筱娇　丽春　凌娟娟　小桃红　凌红仙馆　时鸿　时鸿仙　林媛媛　林云仙　云霞　李凤云

**久安南里**

惜花　秀珍　洪巧云　洪四宝　洪新　惜玉　洪第　谢莺莺　洪彩云　娥影　红燕　青凤　谢飞燕　林玉红　林月　云花　小知己

以上长三妓女计共一千一百零四名，此外如白克路怀安里底之藏珠、贵州路永平安之倚兰、北京路瑞康里之俞第，虽名为碰和台，而场面则较普通长三更为阔绰也。又，每名每日平均堂差（即出而侑酒）五个、花头（即吃酒或为）和一个，则一日之间须耗二万余元，年计八百万元之甫，并杂用当在千万以上。

# 民国七年夏花界调查

天灾流行，兵氛不熄，而海上依然歌舞升平，特再调查妓女之确数较春间有无增减，亦以觇人心与时局之关系为如何耳。

**迎春坊一弄**

花美云　鸿素芬

**二弄**

金铃　袁娇

**三弄**

一笑缘　小玲珑　林香云　范俪花　万里云　金大娇　金小娇　金鸿娇　月娥　月梅　飞云阁　如花　云花　凤花

**四弄**

宝玉　情遇　邻影　素琴　情缘

**和心坊一弄**

素青　竹如红　琴芳　花香阁　红渠　红绫　红芬　红拂　云霞阁　筱桂芬　筱月红　红芳　林第　逢花

**二弄**

如意　怡情　爱琴　爱情　谢丽娟　莲芳　赵香玉　素秋　林香云　红云　问津

**三弄**

花亭　秋月　春花　惊鸿　花黛云　翩若　鸿第　丽珠　蔡润环　蔡咏春

**四弄**

凤春　花小云　花湘云　春兰小榭　媚珠　芙蓉　文晴

月珍仙　李凤云　十里红　王月宝

### 久安里一弄

云花　奇竹　楚翘　青凤　红燕　花醉香　林月　林玉凤　洪彩云　谢莺莺　娥影　莲舫　梦楼　莲第　张素云　张宝宝

### 二弄

红新　红四宝　红巧云　云花　秀珍　惜玉　云处　云霞　秋月　一笑　林媛媛　林云仙　一万

### 三弄

采云轩　林佩香　题红馆　谢宝玉　林云香　飞龙　飞凤　林颦香　沿鱼　惜花　谢倚玉　田素云　筱月仙　筱丽仙　金牡丹　金如意　花美珠　凌娟娟　婉珍　筱桃红　云霞馆　毓英　凌鸿仙馆　文蕙　筱娇　醒楼　秋水仙　淡秋　花文卿

### 总弄

花珍珍　韵花　花云仙馆　林宝仙　小雪　情镜　漱芳　时鸿　报鸿仙

### 民和里右弄

绣鸳阁　金第　花春红　意春红　意楼　沉鱼　雪鸿　龄美　占梅　琴梅　时韵阁　绮霞阁　洪翠香　小宝宝　凤宝玉　依依　松月　洪翠珍　洪媛媛　洪雪仙　高雅云　林筱芬　张第　情情　燕容　再缘　春锦　爱第　缘英　秋水　爱琴　丽云　情逢　情鸿　情凤　茶韵楼

### 民和里总弄

怜我　宝琴　李云仙　冠花　筱红英　黛语楼　好第　羞花　鸿第　飞云仙馆　韵花　韵霞　临笑花　艳芳花　望月

琴韵　天霞兰　琴湘娥　瑞云　瑞凤　醉情　筱玉　醉春　自由花　浣青　花筱芳　群玉嫦娥　朱金花　情花　小花筱芳　王丽娟　文惜花　天籁　云岚　王丽仙　王惜春　喋婕

### 民和里一弄

曹小云　韵玉　欧阳　郭凤仙　林宝玉　苏姗姗　苏宝宝玲珑　花月痕　自由花　珍珠花　珍珠帘　如卿　如红　林素云　抱香　倚霞　柳莺　杨媛媛　杨素香　燕春　似兰　凌弟坪香　吟鸿

### 三马路南沿

冠玉　爱春　忆春　梁玉　鉴冰　雅情　洪素芬　张玉兰李筱玉　李寓　莺红娇　花宝钗　翠芳　高第　筱文仙　抱月如日　香情　花宝红　花媛媛　莲花　如玉　松梅　红冰馆春芳楼

### 三马路北沿

徐蓉如　徐云如　云第　云仙　慰宾　乐第　琴韵　西湖忆情　小王熙凤　元春　凌翠娟　笑意　花芙蓉　叶凤春　万里红　筱桃红　红情轩　云娥　瑞娥　凤第　金赛玉　含第含鹤梅　金赛云　怡红　夜明珠　碧桃　筱双珠凤

### 小花园沿马路

花宝琴　小婕好　李蝶仙　雪艳　鸿仙　鸿如　琴书　艳亭　叶爱珠　叶美珠　叶双珠　爱琴　瀛兰　花四宝　张瀛仙金文仙　金翠玉　金红玉　高凤　杨红馆　雪鸿仙馆

### 小花园一弄

情娥　冠芳　情媚　花兰春　凌菊仙　凌媛媛　探云骄

花如蕙兰　绿娴　湘君　婉情　真月影　月琴　月华　惜花
如花　林雅云　娥媚　蕙勤　素韵心　林青云　花韵仙　蕊芳
意情　翠琴　金兰　玉慧宝　师师　素琴　翠琴　妙玉　金茶
花　宝琴　占春

**二弄**

小英忠　天香林　翠红情　好好　胡玉梅　瑶琴　冠群玉
洪珍　徐雅琴　问素　素香楼　冠群芳　问金玉　谁庐

**三弄**

秋琴　金赞南　玲玲　钱素珍　文香楼　纤柳　林媛媛
缘波　红玉　洪湘云　洪筱云

**四弄**

金第　红情芳　花翠云　张娟娟　翠第　秋侠轩　薛珠
醉红云　时第　时韵阁

**福祥里一弄**

蔡青云　陈雅云　盈盈　爱琴　林翠红　林笑红　龙凤
红情香　情月　情第　灵芸馆　薛云　飞云　月蟾　慧珠　左
英台　金筱花

**二弄**

花爱卿　张月云　金小桃　冯可卿　胜玉　谢玉侬　林云
飞燕楼　金花　张爱玉　晓霞　莲英　醉月　飞燕红　一院香
停云小榭　高翠玉　筱爱卿　惜花　俞第　筱鸿卿　爱提

**三弄**

金小娇　云亭　秦若兰　雅第　情约　荷亭　薛美云　云
彩霞　探梅　访菊　月华　花雪香　高丽娟　花宝宝　花凤云

翠花香　花星星　赛昭君　筱花四宝　龙楣　小金钟　兰亭
漱芳　玉楼　苹香馆

### 清和坊一弄

醉红轩　撷翠轩　洪云阁　花如书　雅仙　蕊香　张第
月长圆　麟降仙　高蓉华　金湘娥　惜花楼　凤书　琴心　琴
花　凤娟　桂芬　冯可卿　孙凤仙　孙凤云　杨媛媛　君霞
秦凤　鸿云　灿红　金湘鸿　林月云　得意　春晖阁　金小宝
金湘云　薛飞云　王筱莲　王筱洪　朝云　筱湘娥　梅寄　美
蓉　美在　梅影轩　爱花　文艳　红萝别墅　翠琴　明月　蕙
珍　蕙兰　丽华　香君　稚云　文琴　媚香阁

### 二弄

蕙我　小蕙我　月娥　蓬娟　爱珍　清水花　琴韵　红玉
红娘　姣蓉　熙春　云翠仙　沈维云　素娇　李兰云　云飞
雪鸿　玉环　雪泥　青香　谢月明　谢素秋　金鸿仙　梦楼
筱星星　花明仙　林梅　血花　日日红　小翠娟　情芳　一枝
花　十里红　素心　瑞珍　群英　豆春　美娥　绿牡丹　韵秋
十三红　意笑　洪花　宝红　筱红　花蕊云　花蕊香

### 三弄

鸿庐　陆素娟　春宵楼　丽娟　洪媛媛　洪筱筱　洪宝宝
如云兰　幽情　月情　林文仙　翠琴　梁文玉　杜兰香　含娟
绮雯　花含英　碧玉　青云　赛珍　林云　林仙　云丽仙馆
岫云仙馆　情仪　林风亭　香菱　月娥　雪鸿　花云香　蕙
红　瑞云　韵初　琴舫　美玉　艳媛媛　谢素云　艳秋轩
洪媛媛

**清和坊沿马路**

洪柳　孟丽君　谢宝宝　洪素香　佛丽　寄情　新茶花
蕊香　亿如珍　素琴　月娥　奇春　宝玉　赛春　陈禄云　鸿
香　金宝宝　月缘　花姗姗　亭亭　月蟾　醉春　爱情　花宝
宝　苗素　月影　妙月　青凤　乐娇　秦如云　榴红阁　洪第
花新宝　花媛媛　竞庐　情真　花似锦　醉情

**鼎丰里**

花红兰　花红林　花红云　洪娇　花韫玉　爱天香　爱天
籁　月艳　筱红　帼英　鸿云阁　鸿筱云　杏林红　湘君

**福宁里**

金宝珍　王宝宝　金一琴　令桂香　金宝钗　令桂红　棂
凤　小林黛　良红玉　谢湘云　谢宝宝　小紫娟

**民庆里总弄**

丽娟　纽兰　林红玉　谈笑鸿　翠娟　柳香女　柳香玉
韵洪　丽红　月贞　妙云阁　素珍　莺楼　翠天红　花宝林
丽春　静姝　钟情　林宝香　林红香　元春　林紫云　林书云
云兰阁　兰亭别墅　花云玉　爱云玉　爱情　苹卿　琼花　妙
玉　金第　王蕊仙　陈忆甄　魏宝宝　云弟　魏紫娟　云楼
天香　凤珠

**民庆里西弄**

韵和　潇湘主　湘飞主　琴楼　芸楼　梅素冠花　翠楼
羞花

**福致里一弄**

金媛媛　嫦娥　金圆圆　红楼　群英　花云仙　丽珠　鸿

云　爱玉　花桂云　花月仙　情芳　幽情　吕月华　红玉　红
财香　月月红　筱云玉　爱莲　月桂红　小荷花　鸿运阁　潘
竹青　潘竹如　潘竹红

**二弄**

花月娥　锦月阁　花月影　美玉　小蓬莱　蝶影　陆昭容
媚兰　云梅　翠红　艳娇　碧梧　麒钰　金宝玉　林灵芳　翠
娥　翠凤　翠莺　林灵芝　林星宝　林星娥

**三弄**

薛琴　情意花　妙香　雪花楼　婵娟　金翠娟

**福致里东弄**

幻真仙　洪芳馆　若花英　情花　柳慈慈　冠群　青柳
妙香阁　红樱　文香阁　竹第　第英　谢月英　谢宝玉　谢群
芳　翩翩　金雅云　金文仙　爱媛媛　青青　卿卿　凌波仙
鞏姑　花巧云

**福裕里总弄**

苏爱爱　林月卿　幽兰　春红　情香　函侬　霞情　洪美玉

**福裕里一弄**

花琴　如玉　金凤　绿意　鲍媚云　小素　花宝宝　莺莺
好好　鲍瑞云　月仙　苏台春　陆筱琴　鲍青云　鲍彩云　图
珍　圆云　二我轩　真如玉　洪云仙　花宜春　林月红　意珍
文花　白云春　兰云别墅　美缘　一笑　林星星　林新宝

**二弄**

情凤　富贵花　翠玉　菡蕊　鞏卿　红珍　月明　菡香
翠情玉　月蟾　月红　人中凤　人中艳　翠凤玉　金素兰　素

云　朝云　闺臣　文玉　文瑛　爱媛　客串红　客串蟾　洪四
宝　郦君玉　赛云仙　曹珍畹　花文玉　美云　青凤　夜明珠
花云香　琴第

### 三弄

春红仙　玉宝宝　湘艳　春红仙　乐宅　宝琴　赛金花
赛媛媛　红小宝　赛鸿英　沉鱼　小荷花　湘林　湘云　妙第
毛第　柳素真　柳媛媛

### 会乐里一弄

天香别墅　良慈珍　龙云春　花菊仙　蕙情　逢春　月荷
留梅　度梅　寻梅　陈筱凤　飞鸿仙馆　花媛媛　清和珠　龙
云阁　醉月　醉春　飞云阁　含春艳　苏小小　素莺　赛梨花
凤梧楼　花紫英

### 二弄

金湘云　金湘娥　湘云　洪第　洪雪香　洪月香　洪楼
张爱卿　占花楼　起凤楼　熙凤楼　玉芙蓉　张红玉　张宝玉
占芳楼　印石花　金牡丹　薛第　素兰　红绮　麟钰　素梅
楣香　云燕　月珍　月影　惜琴

### 三弄

引凤楼　岫云阁　花韵秋　韩芳　寰情　怜爱卿　金媛媛
金牡丹　陈雅云　如月　爱月　秦美玉　柳素贞　柳媛媛　晴
雯　月娥　韩毓英　忆笑　情第　浣书　万里红　筱如玉　凤
春　花宝玉　孙凤玉　红珠　凤翠媚

### 四马路沿

妙凤楼　秦云

### 汕头路南

纸然楼　花爱琴　洪宝宝　花月影　莺娇　红涛　雅琴
林红云　王巧云　林翠云　张彩宝　蓝云小榭　莲香　韵可小
筑　林宝云　绿苧　韵楼　凉天红　爱情　飞云　丽云

### 汕头马路北

湘君　佳情　适庐　花美玉　花丽玉　花韵玉　笑笑　花
媚香　花媚春　迎香

### 乐余里一弄

桂云　红云　小红　朱巧云　桐花馆　笑君　意红　莲卿
丽红　亭月娥　洪第　洪花　花月映　亭月阁　亭月楼　雅韵
琴心　林仙　雪楼　曼君　翠娟　醉梅　金凤云　亚仙　月里
嫦娥　月花　金筱云　时云　如心　佳韵　林月楼　花云仙

### 二弄

自由花　爱娥　书玉　红冰馆　夜明珠　楚云　云舫　醉
月　云情　醉梅仙　情兰　爱第　春艳　翠楼　凤云　翠荷
晓霞　晓云　蟾影　亿情　金花　雪燕　漱香　如玉　孙瑞云
再芳　孙铁云　孙凤云

### 同春坊沿马路

醉香　情花仙　眉玉　香艳　小金红　万里红　凤仙　小
环　十三红　花魁女　淑逑屡　凤宝珠　碧莲　晴雯　半天红
宝蟾　洛妃　红媞

### 同春坊一弄

意心　花月阁　洪第　筱凤楼　雪月　花素乔　金宝珠
幻云　情红　澹庐　探春　玉宝宝

## 二弄

花隐玉　花妙玉　云卢　云第　林桂宝　凤楼阁　琴仙
林桂卿　舜华　春锦楼　林玉英　金凤仙　玉金子　王银桂
刘筱香　金丽红　情月

## 精勤坊四弄

韵香　琴香　花媛媛　艳红　洪媛媛　蕊香云　月娥　小花
宝玉　龙第　金翠玉　翠华轩　翠云仙　花翠玉　花翠云　解语
花　素娥楼　雪梅　琴第　素卿　沈莺莺　白玉霜　筱媛媛
沈小莺　雪花　碧莲　三三　两两　醉玉楼　醉月楼　王灵英
林香元　韩寿香　韩霄香　醉情　王筱芳　凌香红　凌香玉

## 安乐里沿马路

小金素娇　金宝宝　小金媛媛　玉第　筱金素兰　吟香楼
芙蓉　筱金钢钻　金花　金凤　花影阁

## 安乐里

榴花　金凤仙　鸿寓　晓月阁

## 寿康里

侠情　艳楼　小莺莺　瑶琴　高翠玉　醉艳　柳如

## 平安里

赛昭云　景云楼　群芳

共计一千一百二十五名，较春间为多。


# 说　戏

泰西诸国视戏剧为移风易俗之具，通人硕彦不惮苦心竭智，编成种种曲本,播诸管弦,现诸氍毹,使观者渐渍浸灌印入脑筋,收潜移默化之效,厥功不在文字下也。清季以还,我国人士渐明此理,于是有改良旧剧之作,倡之者为汪笑侬,所演《党人碑》盖在戊戌变政后之庚、辛两年。继起者为夏氏昆季,而商界姚君伯欣实助其成,戊申之冬既组振市公司,遂创新舞台于十六铺之华界外滩,内部构造耳目一新,自此以后,排演节目或为名伶手改,或求文豪编撰,颇多宜雅宜俗、可泣可讽之作,而菊部子弟一跃而尊称艺员矣。兹略举最著名而脍炙人口诸戏,列述于次。我国晚近嫖赌成风,朱家、郭解遗音久寂,所排则有《汉皋宦海》、《罗汉传》描写壮士,任侠可风,戒烟则《黑籍冤魂》,劝赌则《赌徒造化》,《明末遗恨》激排满也,《潘烈投海》励爱国也,言监狱之黑暗则有《刑律改良》,放女界之光明则有《惠兴女士》,《打野鸡》以演僧尼之丑,《善恶报》以发妓龟之奸,他如《天河配》为七夕之佳话,《接财神》实迷信之可嗤,下至《妻党同恶报》、《三大废物》、《沉香床》、《博览会》等剧,禹鼎铸奸,现身说法,均有功于社会教育。吁! 盛矣。

# 戏馆街

偶阅近人姚公鹤氏所著《上海闲话》述沪上戏园,最初在法租界之戏馆街,地以业名,热闹可见云云。按,所指当在小东门外洋行街相近处,咸、同之交商埠草创,北郊尚一望平芜,茶楼、酒肆麇集此一隅地,时戏词盛行昆曲,故苏班首设于此。自市风北移,吉祥街髦儿戏、徽班继之而起,又有所谓花鼓戏者,比户十余家,弦歌相望,奉禁始绝。今小东门外已成烟娟渊薮,街名犹是,景色已非,吉祥街园址亦改为其萃楼菜馆矣。然今郑家木桥大街(亦法租界)共舞台一带,俗亦名戏馆街,该处向为布肆设庄收买土布之集合地,旧称布庄街,自国货消沉,业斯者相率改图,距今十年间筑此戏院,于是群口易称戏馆街矣。录之以见租界中地无定名,国人注意于行乐之途有如此者。

## 昆 曲

　　昔时南方盛行昆曲,故有"南昆"之名,以其出自昆山县,故名昆曲。或谓创自苏昆生,因有是名,然史册无稽,只可付诸阙疑之列。考当时所尚者为尤西侗之《钧天乐》、吴梅村之《秣陵秋》、李笠翁之十种曲、洪稗存之《长生殿》、孔云亭之《桃花扇》、阮大铖之《燕子笺》、蒋藏园之九种曲、夏悝斋之六种曲、庄亲王之《九宫大成》,至晚近流行于吴下之俞调,则为俞曲园所创,可谓之为变相之昆曲也。自皮簧出后,虽大引犹袭其式,而其势渐衰,今则几如《广陵散》矣。幸上海南市有鸿润、嘤求二社,每月会集一次以研究昆曲,然能者亦不满百人,复有群学会请有曲师,专授各种昆剧,以提倡国乐为宗旨,去年新世界亦曾会唱几度,或不致成为绝调也。

## 戏园之今昔观

　　沪上之有戏园已六十余年,英界首创,则以一洞天为鼻祖,设于南京路，即今议事厅地址，法界当推丹凤，设于小东门外城河浜沿浜。迨后南京路又设久乐广东戏园，宝善街复设宝善茶园，石路又设金桂轩茶园，其时看资极廉，地位不甚宽敞。及杨月楼案发，丹凤不久辍演，小东门外市面渐见凋落，而繁盛之区集中于宝善街，娼寮、酒馆亦聚于此，继而一洞天与久乐因房屋改建先后辍业，于是满庭芳又有满仙之设立，满仙后改天仙，金桂轩亦改丹桂，其时又有天福等专演武剧者，数十年内戏园之起落只寥寥此数家而已。近十余年十六铺有新舞台首先崛起，内部建筑及剧场布景俱能一新耳目，卖座既满，生涯日盛，英租界亦遂有大舞台之创设，既而新新舞台、丹桂第一台纷纷效法，法界亦有歌风台、凤舞台。民国肇兴，又有新剧社纷纷竞起，且有男社、女社之分，至今则旧有舞台以外，九亩地又添设新舞台，内部愈加改良，可为沪上舞台之冠。法界又有男女合演剧场，虹口有广东戏园，英界、美界有绍兴戏园，闸北有江北戏园，戏园以外又有大世界、新世界、劝业场，其间小京班、髦儿戏、女子新剧等不胜枚举，较之二十年前大有沧桑之感矣。至所谓公园、藏书楼、博物院，则阒然无闻焉。

# 戏剧之变迁

吴中当乾、嘉、道、咸时盛行昆腔，上自王公士夫、下至走卒皆酷嗜之，沪地亦然。咸、同时戏园中多演昆曲戏，同治初年徽人设满庭芳戏馆于五马路正丰街，于是昔之崇尚昆曲者一变而盛行徽调矣。嗣后京剧渐渐输入，而徽调渐式微，当时如丹桂、天仙诸茶园尚溶化昆、徽、京三剧于一团，而演戏地点多在五马路石路一带。光绪中叶昆曲之势日衰，今竟成《广陵散》矣。其后髦儿戏继起，多秦陕之音。迨光绪末造，夏月润、月珊昆仲创建新舞台于南市十六铺，改良建筑，编演新剧，可为戏剧革命。继起者于是有专演新剧之春柳社、新民社等，春柳为留学生组织，颇具改良社会之能力，后亦解散，今所存者止笑舞台、民兴新剧社而已，此亦沪上戏界之小史也。

## 戏剧之沿革

鹤公携眷北上，濒行出赠曩年所编纂之《七襄》九册，中有《五十年剧史》一篇，其第八节及第十节题曰"沪上戏剧之沿革"、曰"客串之日盛"，所言多为近人所莫悉，爰摘录之以塞本书。

编者识

**沪上戏剧之沿革**　清同治初，海上始有徽班，徽人开满庭芳于南靖远街，人争趋之，向之昆班（谓之文班）如大章、大雅无复有人问鼎者矣。未几京班踵至，燕台、雏凤誉满春江，而徽班相形之下亦渐归于淘汰。京班以丹桂园为最，最初伶人有孙菊仙、孙春恒、李棣香、刘凤林、大奎官、陈双喜、杜蝶云、黄月山、韩桂喜、周春奎、谢云奎等，率来自北，声价藉甚。丹桂园立至三十余年不败，卒改为新舞台，为海上改建舞台创焉。金桂轩以武剧著，有杨月楼诸名伶，金桂以月楼为台柱，勾栏中人最所乐趋，月楼卒以风流放诞系于狱，淫伶之不可不惩也。又有陈彩林唱旦，亦颇倾动于时。此外如天仙园、宜春园（在六马路）、满春园（在四马路）均其次者，若丹凤园、同乐园则京、徽并演，至昆曲仅庆乐园一所而已。夫此三十余年中变迁不一，大都燕京多故，名伶群集于南，皆非久居者。至汪桂芬在南颇负盛名，南中伶界世家有孟氏，文武克具，卓绝一时，今犹勿替。夏氏近年犹负时誉，而奎章与谭金福系联姻娅（奎章，月润父，月润为小叫天婿），故后之伶工者皆尊重之。李春来亦崛起称秀，至今精神矍铄，艺勿少减，后之张德俊、张英浦（即盖叫天）皆其一派以出者也。粤班、越班同治初元亦有开设，顾皆不盛。

**客串之日盛**　凡非属伶工而喜现身舞台者曰"客串"，且冠以"清"字。清者，殆出身世家，偶尔逢场作戏，不混入浊流之意；亦言其清唱，不拘拘于演剧成规之意。然京师又呼为"顽儿票"，顽儿谚谓游戏，票者《前汉书·礼乐志》云"票然逝旗逶蛇"，颜师古注："票然，轻举意。"又杨子云《校猎赋》云"亶观夫票禽之绁隃"，师古注："票禽，轻疾之禽，言其飘然轻举。"青年子弟最喜浮动，以粉墨相尝试，其轻佻为何如耶？客串会集之所曰"票房"，自称曰"票友"（或曰出于山西帮之票号，以闲暇无事，时效粉墨登场，此说亦并存之），延师教曲一如班子，大者自筑戏台，但不作涂装，便尔演串，则其纯熟则出而堂会，京师所在而有。近年以来，海上亦盛行，如前之鸣社、醒社，今之雅歌集、振声社等，比比皆是。昔之客串仅能演唱文戏，今则并武戏亦能之。客串向不纳包银，继渐破例（伶界谓客串纳包银曰"下海"），钱塘袁翔甫（随园孙）即以此讥菊仙（孙昔亦客串），顾在今日尤数见不鲜，与伶工一样论身价矣（伶界中语，呼客串曰"羊盘"，殆指外行之意。丹桂第一台前有客串，曰"真羊盘"）。

## 戏园沿革史

上海戏园最早者为宝善街一桂，惟所演之剧尽系徽调，同时有苏人陆吉祥在石路花墙头开三雅园昆剧，时尚在清同治三年，皆未持久。后复有就一桂原址开金桂，亦未发达，直至次年呫叽人罗逸卿在宝善街南靖远街横北之横街开满庭芳京戏园，于是定海人刘维忠复开丹桂以步武之（馆址在宝善街），角色较满庭芳整齐，有刘铜骡子、夏奎章、熊金桂、周长春、周长山、景四宝、董三雄、宁天吉、胖羊儿、棚匠张三、王桂芬、浪双喜、冯三喜、周何冯三老旦（名佚）、疤瘰王，翌年复邀大奎官之净角、王桂喜之武旦，当捆老为程长庚之子程章圃，于是满庭芳为之挤闭。刘更分一丹桂于小东门曰南丹桂，周春奎、任七为台柱，更邀杨月楼、孙菊仙南下，终因刘不善经营，南丹桂停锣，北丹桂亦归杜蝶云接手，文角有孙春恒、吴凤鸣、大奎官、刘廷玉、董三雄、宁天吉，武角有黄月山、李春来、曹吉安、郝福芝、谢梅卿、杜锦芳、韩桂喜、仇三喜、华四寿、田黑儿、陈吉太、夏月恒、谢宝林、刘凤林、冯三喜、周松林、米全秃扁儿、朱二、小徐九、李棣香、陈双喜，老旦冯何二人、刘福义、王大喜、张九桂、张大本等。殆后孙菊仙于同治十三年开升平轩于小东门，武角有杨二奎、李春来、张大四、五八十、宋立官、刘凤林、朱小二、夏奎章、小庚弟、熊文通等隶之，未满一年即倒闭。而徽班之金桂复活，与京班合演，有吕昭卿、四麻子、景元福、王九芝、钱星奎、张盈寿、朱湘其、吴喜贵、应凌云、诸阿寿、李铭顺、周松林、周来全（以上徽角）、马六林、连桂小穆、赵殿奎、赵祥玉、王喜寿、陈彩林、陈春元、黄月山、沈韵秋、环九武、老孟七、杨贵、黑儿、大福喜、铁儿、徐世芳、张大黑、常子和、杨月楼等（以上京角）隶之，二年以后亦倒闭。光绪三年杨月楼在一桂故址组织鹤鸣，不六月杨即犯案，鹤鸣遂闭。丹桂杜蝶云开后，孙春恒接开，与谢梅卿合伙矣，宝山隶之，惜亦不长。彼时又有佟四开金桂，以强迫手段邀角，就满庭芳原址，亦不久停歇。

李春来自升平散出搭丹桂，丹桂出后组织众乐，在宝善街西首，角色小东第、刘凤林、朱二小、何家声、薛宝生、于五头、郝二明等隶之，开未半年，李假言母丧遁津，遂闭。其间李金龟继开金桂，结果与佟四同途异辙。石路中复有天津盛军小班开全桂，角色有想九霄、水上飘、张顺来、小叫天、孙彩珠、达子红、刘廷顺等，后因掌班翟善之死，遂散班。兆丰洋行买办吴蟾青就鹤鸣原址开大观，小叫天、周大升、黑儿、孙菊仙、常子和、杜蝶云、刘凤林、朱小二、李棣香、德珺如、羊长喜、陆小芬、纪寿臣、小张胜奎等隶之，不久即闭歇。而王炳堃与之斗气开天仙，周松林、周来全、老孟七等隶之，继王炳堃让与赵锦独开，更添小桂喜、合金生、任七、沈韵秋、谢云奎、周凤林、周钊泉、蔡桂喜、三麻子、熊文通、小秀三、赵嵩绥等角，更于宝善街分设义锦，牛桂山、张桂云、小连生等角隶之，不久即归并天仙。大新街又有刘维忠开满春，周大升、康黑儿、冯柱儿等隶之，继周大升将满春全班移宝善街开咏霓，时在光绪九年，除原有角色添聘汪桂芬、沈砚香、赛活猴、佛动心、李春来等角，后因演《杀子报》淫剧被封。而刘维忠因老丹桂让人，心有不甘，于光绪十年甲申在元芳地基建筑戏园，名曰新丹桂，角色则徐岱云、穆瑞堂、夏奎章、林连奎、夏月恒、郝福芝、杜蝶云、李棣香、孙瑞堂、想九霄、周凤林、小桂凤、周钊泉、姜善珍、大奎官、小叫天、余玉琴、张永升、赵德虎、张九柱、文琴舫、韩桂喜、三麻子等隶之，后因经济不支，致开锣未久即闭。兆丰买办陈方水于刘复开新丹桂时，开留春戏园，汪桂芬、蔡桂喜、真万盏灯、王玉芳、刘培山、林连桂、林宝奎、黄月山、李春来、沈韵秋、沈砚香、李长胜、吴桂喜、赵德虎、金兰卿、何家声、徐阿二、羊长喜等皆隶之，究因开者外行，归李春来、沈砚香、许筠堂、刘培山、何家声、周双林、李奎山、林宝奎、三麻子、吴桂喜等十分老板接手，易名天和，因德晓峰中丞寿戏遂涣散关闭。而新丹桂已为想九霄接盘，夏月恒、水上飘、大子红、马全禄、活天霸、猫猫旦、小金红、刘廷玉、盖天红、惊天雷、犯金筹等角色属之，三月以后移宝善街，改名天成，不久仍回原处，至次年想九霄返京，该馆归由李春来主持，角色仍就想九霄原班外另聘小一盏灯支撑，至庚寅夏日闭歇。

宝善街又有唱青衣之曹小云开和春，角色仅一王福连稍有名，余则悉中下人物，敷衍年余，力竭始闭。六马路有武永泰开天福，角色舍一夏月恒外均无名角，后因地基为天仙挖去，就天仪原址建馆，于戊戌年闰三月开台，名曰鹤鸣，后又改名庆乐，李春来隶之。不久李与五月仙等至满庭芳开咏香，庆乐遂闭。壬寅九月，禾人何少山开长春，有十四旦、牛松山、彭玉章、周双林、何金寿、曹小云等角色，开至辛丑二月即闭。是年七月，曹小云就其原址邀杨寿长、何永宽、金镶玉等开天仪,因闹意见,亦未持久。天津人顾崇德复在胡家宅开天华,张和福、小桂林、何金寿、孟鸿寿、赛貂蝉、赛天仙、金大头、赛何九、赛长庚、赛山猫、赛时迁等角色颇齐整,而生涯不灵,一月以后即闭。何永宽逐曹小云后独开天仪,有夏月恒、夏月润、夏月华、金镶玉、八千红、陈小奎等角色,后遭回禄关门。周凤林承李春来之后开丹桂桐记,有周钊泉、姜善珍、小桂香、邱阿憎、小脚篮父子、郝福芝等角色,后为何瑞福侵夺,改丹桂瑞记,有李春来、天娥旦、沈韵秋、张燕芳、云中燕、张顺来等角色,后因李春来发脾气,归何家声、夏月珊接手,除原有角色复添三盏灯、四盏灯、云中仙等,次年秋盘与乔聘潘开丹桂胜记,更添小子和、小保珊、小保成、小桂芬等角色。同时李春来与应桂馨合开桂仙于三马路大新街,有王瑞云、马飞珠、李胜奎等角色。又熊文通在宝善街开天宝,孟鸿寿、孟鸿群、小孟七等属之,后被火废,复在正丰街市屋支持残局曰全桂,未几由郎回福建,屋于天宝原址开福仙,吸收天宝原班角色,未满半年,让李春来开春仙,时在庚子十月,除福仙原有角色更有王瑞云、马飞珠、李胜奎、韩春祥、郝二明、小喜顺、小七金子、鱼鳞黑、小九霄、李福祥、刘廷玉、赵德虎、沈韵秋、赵嵩绶、赵小廉、谢云奎、谢月亭、余玉琴、丁剑云、白文奎、贾洪林、周双林、金钢钻、孙菊仙、金秀山、德君如等角先后隶之,开三年,时在甲辰五月,后仍归熊文通接盘。而桂仙归马夫阿六接开,改名三庆,刘永春、王玉芳、孙菊仙、朱素云、路三宝先后隶之,后财力不济,归孙菊仙接手开云仙,未几为三麻子攫去。

丹桂胜记赴汉演唱,有杭人杨三插开丹桂,邀瑞德宝、小万盏灯等角,不满三月即闭。三麻子承云仙成局易名玉仙,未几又改玉成,赵如泉、李春利、时慧宝、刘永春、小白旋风等角属之,开年余以亏负闭。李春来就于仙原址开春桂,玉成原班就天仙原址开天仙,李之桂仙为黄案被逮,馆归顾福参接开,邀真小桂芝、刘鸿声等角,不久亦闭。熊文通既顶春仙原址,汪笑侬等角属之,未几亏负闭,翌年卷土重来,夜来香等角属之,渐开渐闭。丹桂胜记迁十六浦开新舞台,潘月樵、夏昆仲等主持之,而大新街之丹桂有李德奎、接仙小如意、小桃红、紫金仙等属之,不久倒闭。童子卿以群仙余利建大舞台,三麻子复于法界筑新剧场,开未久即闭。复有人组织歌舞台,亦开持未久。许少卿于四马路筑丹桂第一台,贵俊卿、冯志奎等角属之。民国元年,王又宸复邀江梦化、麻穆子、小王桂官、俞振廷等就春仙原地筑中华大戏园,不满一年即闭,而天仙原班半为大舞台吸去,四盏灯尚其原址开迎仙,张桂轩等角属之,未几赴汉,而新舞台因南市戒严,移迎仙原址开肇明,翌年迁城内九亩地新舞台,而迎仙返沪,适黄楚九之新新舞台何月山将去,拟倒闭,四盏灯就其原址开迎仙凤舞台,不久移法界,男女合演,周蕙芳、狗肉红等角属之。新舞台因城内火废,迁入新新地址开竞舞台。新新舞台之建筑在元年春,而新舞台之迁入系二次,一次为肇明窄小迁入,而火废复来已第二次矣。中华大戏园之地址又有江梦花、冯子和、王又宸等组共舞台,后因后台龃龉遂闭,角色中最著者如刘永奎、郎德山、尚和玉、沈华轩等。丹桂第一台王梅既来之后,许少卿并归尤鸿卿,己则就竞舞台原址开天蟾,赵君玉始改唱旦角,营业颇发达。共舞台原址既改民鸣新剧戏园,以后由常春恒等开亦舞台,终因经济不敷闭。而贵俊卿就天声舞台之聘，因不愿男女合演，于民国六年就群仙原址开贵仙，朱素云、石韫玉等隶之，开半年倒闭。天声舞台，小香水去后亦倒闭，今由吕月樵组织沪杭共舞台。十六浦之新舞台夏家班既由肇明迁回，后搬九亩地，曾有江湖班开演过京剧，最近有小京班唱过，均未满一年也。

上海戏园沿革之大略尽于是矣，而髦儿戏与绍兴班不在此例也。余或得之于伶人口中，或身历目观，而参考哀梨老人之《同光梨园史略》之力尤多，惟角色分门容当异日列表专论，苟有错误，是所望于识者之纠正者。


## 胡家宅戏园之始末

顾崇德，天津人，孔武有力，善驰马。天津紫竹林开辟租界，西商云集，知顾能饲马，颇优礼之。历年赛马，顾马屡获捷，西商时以赢余移赠，数年遂成巨富，大营第宅，并有花园林木之胜，往来者皆各军统领等官，一跃而为上流社会中人矣。顾见各营官俱有戏班，见猎心喜，即团一科班名曰天华锦，未几因与洋人涉讼，纠延两载，仍归于负，频年辛苦所得均变价以偿，因无颜在津，即带小班全部航海来申，时清光绪二十年也。抵申后即在新马路赁屋暂居，次日即逃去一青衣、一开口跳，进城到道署鸣冤，声称班主顾某强欲鸡奸，恃刀恐吓，并有刀为证，实则各童伶初来上海人地生疏，其必有人导引唆使无疑。道署发交上海县质讯，县令以顾能操西语，沪地洋商必有熟识者，案悬不敢结。迨原告催讯，已经两月，乃传顾到案，各讯数语，并不穷究，即判二伶递解清江浦原籍。顾经此覆辙，所费不资，又以无戏馆基址，闲居一年之久始在张园演唱，久更不给，幸所居房主人为程麻皮，相处日久，商之于程，以胡家宅一带市房略加修筑，改建戏园，于光绪丙申秋九月开演，名天华茶园。然营业不佳，至戊戌春万难支持，由伶界中人介绍至苏州大观园，挈小班全部往演。后顾以饱暖思淫，执各童伶而奸之，青衣星明月年少胆大，竟以剃刀割顾之肾囊，血流如注，顾遂以殒命。而胡家宅园址，自顾去后继之者均为坤班，更名群仙，最著者如郭少娥暨其养女郭凤仙等，演唱最久，余如林黛玉、翁梅倩、缥缈楼等亦曾隶其中，十余年来相沿不绝，皆坤角也，唐子卿主是园尤久，至民国六年阴历元旦贵俊卿开贵仙，始易以男角，然营业不振，不半年而闭歇。自贵仙后复改易市房，胡家宅一带从此不闻有檀板声矣。是处始于天华终于贵仙，是亦上海梨园中一段掌故也。

## 丹桂第一台命名之由来

定海人刘维忠，嗜戏成癖，清同治间开丹桂戏园于五马路之宝善街，后复于小东门设一分园名曰南丹桂，终以刘之不善经营，南丹桂停锣，北丹桂亦盘与名小生杜蝶云接开，光绪间复盘与大奎官孙春恒接开。后吴蟾青于宝善街西创建大观，丹桂遂停闭。光绪甲申秋，刘维忠卷土重来，于福州路开新丹桂（即今第一台址），久之仍不支，其房屋售与何丹书，刘疾革时延丹书至，坚嘱曰："'丹桂'二字为吾一生心血所聚，将来房屋无论租与何人，'丹桂'二字万不更易，则吾死亦瞑目矣。"前清季年，南市新舞台崛起，而北市大舞台、新新舞台相继勃兴，丹桂亦鉴于时势之潮流改建新式舞台，因名曰第一台，上仍冠以"丹桂"二字。时第一台之主任为许少卿，少卿去后尤鸿卿继之，名仍依旧，盖房主人不忘亡友之言也。

## 谭叫天来沪演戏考

谭叫天当晚清之际，尊荣拟于王侯，国中妇孺无不知有其名者，叫天诚人杰矣哉！然叫天来沪屡矣，是不可以不纪。因参考各书报，汇为斯篇，戏迷家或亦有取于斯乎？

### 金桂园

时在光绪五年，园址在石路，园主为李金鳌，承津人佟四之后接开金桂，赴京聘请叫天等角。京师旧事，凡新出角色艺成后，例须到京东一带草台（如浙江之江湖班）内搭班一两月，以觇胜负，果能为人称道，返都即为名角，设默默无闻，或为人指摘，则从此告终。叫天自幼即入三庆班，既长以武生名，班主陈长庚令其到京东一带搭班，藉资历练，大受社会欢迎，声价日高。惟在三庆日久，自思伏处都门无以展其骥足，时适金桂园邀聘名角，叫天遂率青衣孙彩珠南下，此实叫天来沪之第一次也。是时已文武并唱，武戏如《挑华车》、《冀州城》、《长坂坡》等，做工戏如《琼林宴》、《盗宗卷》、《王佐断臂》等，演五十余日无一重复，惟《空城计》、《李陵碑》等戏当时尚未风行也。

### 新丹桂园

时在光绪十年秋，园址在福州路，即今第一台旧址也，园主为定海人刘维忠。初，维忠以宝善街之丹桂让人心不能甘，至是卷土重来组织新丹桂，赴京聘叫天。时大奎官方潦倒都中，维忠素与之相契，并邀之南下，又有周凤林、香九霄、余玉琴等。

**云仙园　丹桂园**

时约在光绪戊戌、己亥间，园址在大新街，今孟渊旅社旧址也，园主为三麻子。当是时叫天已名震都下，到沪后沪人欢迎若狂，座上恒满，时夏月珊、何家声方主丹桂（在宝善街西首，名丹桂瑞记，在周凤林丹桂相记之后），见而艳之。月珊弟月润本叫天东床，特请其帮忙，叫天以翁婿之谊不能却，允夏之邀，夏氏为之特设行寓，供帐之隆无与伦比，出入皆以马车迎送，每晚到园，后台角色皆站班请安，俨如外县之参拜督抚，自是叫天来沪，园中必优礼以待（或云夏氏丹桂园演唱后又入天仙）。

又按，光绪庚子北方拳匪肇乱，时叫天曾南下隶某园，待考。

**新舞台**

时在宣统二年，园址在南市十六浦，经理即夏月珊、潘月樵等。时北市大舞台新落成，新舞台恐受影响，辇金入都聘叫天来沪演唱二十天，卖座不多，未几而退，遂辍演。

民国元年，叫天应新新舞台之聘，时沪上有小报名《黄浦潮》者，然载宣统年叫天隶新舞台事甚详，盖鉴于前次之败兴，故追志旧事以觇其能获胜利否也。其登台月日并戏目亦详载于后，兹附录之。登台之第一夕为十月二十六日，《空城计》。二十七日，《乌盆计》。二十八日，《天堂州》。二十九日，《黑水国》。三十日，《群英会》。十一月初一日，《天雷报》。初二日，《状元谱》。初三日，《王佐断臂》。初四日，《讨鱼税》。初五日，《黄金台》。

初六日,《琼林宴》。初七日,《定军山》。初八日,《南阳关》。初九日,《翠屏山》。初十日,《朱砂痣》。十一日,《八义图》。十二日,《洪羊洞》。十三日,《李陵碑》。十四日,《琼林宴》。十五日,《取帅印》。按,此二十日中惟《琼林宴》演两次,其余无一重复。或云唱《琼林宴》特别加价,包厢、官厅均售两元,竟至满座云。

### 新新舞台

时民国元年冬,园址在二马路,即今天蟾旧址,前台经理为黄楚九,后台经理为四盏灯,特遣筱荣祥往京敦聘叫天。轮船抵埠时,前后台率全体伶人至码头迎迓,登岸时各伶排班请安,行辕设宝和里(小花园西首对面),偕来角色,净角金秀山、武二花金少山、青衫孙怡云(尚小云师)、小生德珺如、老旦文蓉寿、小丑慈瑞全等,包银一万六千元,临时需费二千元,供帐暨杂费一切约须三千元,所费之巨骇人听闻。所演戏第一夜全本《空城计》,其余如《琼林宴》、《群英会》、《李陵碑》、《翠屏山》、《乌龙院》(配角一盏灯),至沪人所罕见者为《燕脂褶》,最有精彩者为《连营寨》带演《白帝城》,既须跌扑,复从以大段唱工,斯诚难能可贵矣(是戏连串演两次),次为《连环套》,与金秀山合演,悉遵古本,与近时伶人迥异。惟四盏灯以排演《盗魂铃》一剧酿成风潮,数十年盛名几乎扫地,亦危矣哉!

### 新舞台

时在民国四年,园址在九亩地,经理为夏月珊。叫天原往普陀进香,道经沪上,夏氏昆季挽其登台,叫天既未携有配角,第一夜唱全本《空城计》,夏月珊、邱治云为饰老军,潘月樵饰王平,夏月润饰赵云,亦剧界中一段趣史也。演唱仅十日,卖座最盛,此十日中为沪人所未见者有《珠帘寨》一剧云。

## 孙菊仙之轶事

孙菊仙自清光绪元年由津来沪，隶小东门升平戏园，时为客串，颇为一般顾曲者欢迎。宝善街丹桂茶园主因是挽庆兴酒肆伙某绍介，设计饸之，而不意菊仙遂坠其彀中，舍升平而就丹桂。升平主人大恚，然绌于力不敢较，适丹桂名伶孙春恒亦为一时所推重，于是欲以菊仙交换春恒，出洋八百元为代价。已有成议矣，而丹桂主乃大悔，止春恒不令行，且却其聘金而如数以酬之，升平主怒商于众，时武生张大四来沪已久，拳勇最精，与丹桂之武生黄月山相识，故有恃无恐，义愤所激，挺身愿往。一夕，丹桂适演《黄鹤楼》继《赵家楼》，观者叫呶之声与欢笑之声相和，金鼓既息，弦管旋调，盖《文昭关》出场矣，时菊仙扮伍员缓步而出，正与伍尚话别，忽有一衣黑衣者（大四）直上台端，将伍员之座椅向空飞掷，扮伍尚者知有变，岔息急逃，菊仙随之，而黑衣者犹戟手大骂，所燃自来火亦扑灭，黑暗中一场混战，靡不为之却走。少顷，菊仙始得潜身逃出，向金桂园避匿，而衣衫已扯碎不完矣。时二月十六，适逢星期六，为菊仙卖力之日而遭此意外，亦可谓大嗓到沪之第一纪念也。阅者不信，可就菊仙而一询之，当犹能述及亲历之况味焉。

## 汪桂芬案

汪大头之声誉固南北交驰，而一生佞佛，茹素讽经，亦知者甚众。殊不知其秘史淫秽，令人齿冷。当其在沪时先姘孙朋林之妻某氏，孙、汪本有葭莩谊，故人呼孙妻为小舅姆，双宿双栖，俨同夫妇。汪另为孙纳一妇，此妇期可偕老，讵孙妻系贪利委身，凡汪所入之资皆妇收贮，暗运回家，相稔多年，事始败露，汪大恚，与妇吵闹，在龙园茶馆拆姘头，大费唇舌。继又与唱武旦之郭五十鸡奸，郭有姘妓花翠琴，貌尚不恶而其性尤淫荡，汪于是因郭而及花，水陆并进，尤淫无度，异言异服，将额发剪断，自命方外人（当时前刘海之盛行实自汪始），故一时有"还魂海阁黎"之诨号。彼时谣传，汪蓄甚夥，有金条若干、现洋若干、汇丰票若干藏于家中，清晨必开铁箱检点一次，老妓胡宝玉是年尚做生意，正挹注不灵，知汪好色，特托人介绍，愿与交好。汪素耳香名即为首肯，约定时日潜赴佳期，届期而往，芬玉合欢，至夜半汪忽梦中大呼腹痛，迫不及待，兴起欲归，宝玉坚留不住，约再联盟。时正大雨，乃以舆送之回寓，桂芬临去，犹彼此依依，讵汪抵家门即开灯吸烟，安然无事。或人询其所以然，汪哂曰："诘朝宝玉向我开口借钱，不允则不情，允而不给则为失信，允而给之未免太瘟，曷若假言腹痛，托病一走，从此永不再去，宝玉其如余何"！其心计之狡黠有如此。而汪曾为公堂枷号，兹事世鲜传说。汪之第一次来沪在辛巳春，由何福安约来，乘丰顺船南下，因包银问题故未上台即去。第二次系龙周大升咏霓茶园之聘，在光绪九年夏，第一夕出台演《天水关》，初见自来火光即气馁犯醋（南人谓之"怯场"），以故演未久即大发脾气，与周吵闹，合同未满即束装北上。周听其行李下船，而密使人俟于要途，待汪亲身下船即扭控捕房，汪闻风知戒，幸当时英领署中文案为汪至友，护汪下船，始得无事。自后刘维忠继开丹桂，托熊文通北上邀汪，合同签约而丹桂闭门。适兆丰买办陈方水听姘妇李巧林之语，开留春戏园，亦北来邀汪，汪不顾前后，未将丹桂之事办清交涉，且倚赖兆丰洋东密司霍与陈方水一人之交，谅有外国靠山，不致有意外之虞。殆汪抵沪将出台演唱，刘维忠即以熊文通为证人，控之公廨。时谳员为罗少耕、司马家杰，准词传汪到案，汪坚不认合同收据为证件，并云丹桂邀请则有之，因不愿就赴，故当时即正言回绝，此次系兆丰洋行洋东邀余为后台经理，已在英领事署签字。罗少耕以华人控告华人，是非曲直应由华官判断，汪桂芬何得以洋人为护符挟制官长？实属刁顽，若不惩办，何以警众！刘维忠案姑候查明再行核夺，应先严惩汪桂芬藐视之罪。当时汪若苦求，尚可转圜，乃汪持外人势力，更忿言顶撞，密司霍亦到堂置辩，坚欲助汪抑刘，于是罗怒不可遏，以华人事无烦外人越俎，当堂责汪三百板，枷示头门。密司霍亦无如之何，禀请英领事署照会上海道，札饬公堂释汪，须治罗擅专滥刑之咎。时正任上海道邵小村友濂适往香港查洋药税则，代理为汤小秋寿铭，复谓罗丞办理此案并无不合，未便以贵领事凭该商一面之辞，科罪应请申斥兆丰行董越俎云云（按，罗福建人，亦强项襄谳之一）。后经陈宝渠司马调停，始将刘案注销，汪责放，此汪桂芬出世以来第一次所遭之大辱也。

## 高彩云案

花旦高彩云貌颇不恶，初来海上戏甚生硬，且无私房行头，秉性强横，动辄持刀拼命，已非一次。直至进石路天仙时候，戏亦纯熟，行头广置，大可追步蔡桂喜。到申不及三年，声誉日起，惟凶暴尤甚，自恃孔武有力，一言不合，攘臂动蛮，同行咸畏之，不敢与之顽笑。唱小生之周钊泉（现在新舞台周凤文之父）与高最为投契，时常规劝，高谓周曰："唱花旦者一懦弱即受人侮，非此不足以防身，保全名节。"以故梨园中人背后咸呼高为"强盗屁精"。有武行李茂林之妻，浑名白娘娘，自茂林死即嫁彩云为室，非奸也，《游戏报》馆误登白娘娘奸和尚，为高彩云所知，持刀至该报理论，幸周钊泉出而调处始已，于此可见高之蛮横。时有妓女顾彩林者，与高为莫好，彼时嫁为报关行生理之金芹生为妾，已生子将及期，与金之大妇同居，而彩林为妓时生涯不佳，彩云时常周济，以故彩林不忘其旧，嫁金以后仍与高秘密往还，初尚藏头露尾，继则恩爱愈笃，明目张胆，高出入金家毫无所忌。一日金归，遇彩云于彩林房中，彩云非但不惧，反严词诘金，继且持刀拼命，胁令金将彩林让己。金芹生因只身无援，恐遭毒手，当时唯唯应命，彩林因母子天性关系，不忍遽离金，彩云又逼金，务须许彩林携子俱走，至是金忍无可忍，宁攖刀锋，狂呼救命。金之大妇在隔房已尽闻二彩之逼夫情由，初以留珠去椟亦属大美事，迨闻夫极声叫喝，知事不妙，乃招呼仆佣邻右哄至彩林房中，彩云见事不佳，且金人多手众，遂乘机冲围逸去。金惊忿交集，即乘车至相熟西人处，密商对付方法，西人以是可忍孰不可忍，愿为之助，即令据情向会审公廨及捕房控告，以车夫邻右为证。殆至翌晨逮高质讯，中西官会审情实，以中有隐情，不予彻究，将高判禁西牢半年，期满递解回籍。高罪重而惩轻，实邀天幸，讵有同班之潘某大抱不平，延律师复控，拟平反斯狱，致为苏省大吏所知，以一介伶人胆敢如此，乃关提至省判长禁十年，至顾彩林已生有子，金芹生不忍，求发栖流所留养，俟果真改悔再收回家，由本夫贴膳，按月给付。高彩云先拘吴县狱，后因有越狱嫌疑事改寄昆山狱，监数年，至癸卯彩云忽浑身发肿，医药无效，死于昆山县，狱报由邻封相验，委系因病身死，饬其家属收殓。事传到申，其妻白娘娘赴昆殓尸，领棺归葬，人谓若无潘某延请律师，半年即可出狱，爱之适以害之，竟至瘐毙。高初犯事时，有好事者将其颠末编成弹词，名《采采词》，金芹生逆料有人编述，恐彰其丑，特求捕房严禁。曾在乡间友人处见是书，内载高彩云于顾彩林，不但顾为妓时高极力周济，即嫁金以后每月仍有津贴，金假作痴呆，置之不问，高彩云之持刀，并非挟制恫吓，实忿金芹生知彩林由己出钱常包而又相逐。其然，岂其然乎？有人询之周凤文，谓实有其事，或云凤文系其徒，必为师讳。然询之梨园中人，皆谓实有其事。

## 杨月楼案（一）

杨月楼即杨小楼之父，诨名"杨猴儿"，兼唱文武老生，曾受业于专唱皇帽戏之张二奎门下，为蒋襄勤公攸恬之家伶。相国系从龙世胄，隶汉军籍，女孙嫁桂文端公良之孙麟椒园方伯趾为室，月楼乃赠嫁仆也。麟简放浙江杭嘉湖道，署藩司，至同治二年杭州二次为洪军攻破，巡抚王壮愍公有龄、将军瑞昌、学政张文贞公锡庚及在城文武同时死难者甚夥。时李文忠公鸿章署苏抚，奏报杭州失守，巡抚、将军以下阖城殉国，麟椒园亦得恤典。实麟未死，当城破时，麟微服乘乱逸出走宁波，拟航海旋北斡旋，嗣闻已得恤典予谥，不敢出头，遂削发为僧，不知所终。其妻弟蒋峻亭太守斯崧，由其叔贵州巡抚蒋霨远任所来江浙，探听姊甥消息，适左文襄公宗棠渐次治平全浙，蒋斯崧至甬访闻杨屺堂观察（即杨宝之父），始悉姊携甥避居绍兴乡下，遄往迓之，麟子宗小园时甫十四岁，已荫得分部员外郎，杨月楼亦随伺焉。乃偕同至沪侨居客邸，过杭探访麟之骸骨无着，亦信尚在人间，惟不知去向耳。又在浦东觅得麟女，经地方官出力，始得合浦珠还，而桂良来电谓生死务得确音方准回京，于是麟之眷属遂羁留海上，食用无着，焦灼异常。月楼乃在石路吕桂卿所开之京徽合班金桂轩茶园出台演唱，悬牌曰“客串杨”。当时刘维忠之丹桂正霞蔚云蒸，生涯鼎盛，而金桂客串杨打泡三天，凡南市北里之荡妇莫不趋之若鹜，生涯大盛，仓山旧主有诗曰：“金桂何如丹桂优，佳人何故喜勾留。一般京调非偏爱，只为贪观杨月楼。”当时状况可于言外寻之。于是吕昭卿与之议定包银八百元一年，杨即以此资为供养主母幼主之需。未几丹桂以一千二百金挖去，声誉日隆，而北里妓女与之交昵者，兆荣里之李巧林、日新里之张秀卿、西公兴里之沈月春等，惟当时尚惧清议，不敢公然往还，乃由婢媪出面另赁私屋，金呼之为“小房子”（“小房子”之沪谚即由此始），不若今之淫伶荡妓肆无忌惮焉。一日排全本《梵王宫》，杨倒串旦角，易弁而钗，为粤人韦姓妇所赏识。韦妇系寡孀，其夫曾为某洋行买办，自此以后韦妇日日来看杨演戏，眉挑目语，奸字遂成。韦妻自知年过三十，恐杨中道捐弃，冥冥鸿飞，乃将其女阿宝许之为室，阿宝尚有胞叔，时适返里，韦妇恐叔不允，不能如愿，草草书女之庚帖给杨，以为万无一失，即叔来亦不足惧。不久阿宝叔返沪，知兹大恚，乃开广肇公所会议，韦固岭南大族，即上海商界中亦颇有体面，咸谓巨商之女岂可匹配梨园子弟？始议杨月楼能将庚帖退还，顾全韦家表面，亦不深究。无如杨不知利害，坚以庚帖可凭，同于钱券，而韦叔之来措商，又极谦和，杨误为黔驴之技无所施为，非但无措商余地，并且择日迎娶矣。韦叔知不可理喻，时知县为叶廷眷顾之、道台为冯焌光竹儒，皆系粤人，遂控伶人杨月楼奸占寡嫂，谋及弱女，私写庚帖，希图蒙吞胞兄遗产等词，呈请彻究惩办。道县即据情照会领事，转饬捕房会同县差提人，而杨月楼正租屋悬灯结彩，预备迎娶，殊不知逮捕者登门矣。红鸾未照，白虎先临，新郎捉将官里去，三木严刑，杨坚不认奸母谋女，顾令恨甚，必欲置杨于死地，搜其寓得粉红色粉，指为迷药（其实非是）。彼时杨之姘妇李巧林闻信即为赂《申报》主笔，在报上极力代杨辩护。沈月春时初与杨接谈，尚无肉欲情好，至是即皇皇然诣县役求教，役曰："大令怒甚，晚堂已预备铁锤矣，特不知所用耳。"月春曰："敲击之外无所用，不必言矣，能设法耶？"曰："设法奈何？"曰："苟能以他物代铁锤，使受击者无痛苦，侬不吝厚酬。"役徇何酬，沈曰："一击酬一饼金若何？"县役诺，故以软木为锤，以欺本官。月春自奉素丰，珍错视同腐蔬，至是尽撤所食以饷月楼，己则茹素礼佛为月楼忏悔，狱中上下使费，暨月楼零用咸为月春夜合得来，为杨赔费焉（按，月楼出罪以后，人金曰："沈月春有托矣。"双月重圆，玉楼春暖，殊不知月楼弃如敝屣，掉头北去，绝无只字道及，月春忿而削发为尼僧。距今二十五年前，马路上有小足比丘尼，龙钟衰迈，身负木鱼三步一击者，即沈月春，余幼时曾及见之。后月楼死时，周身肿烂，时论淫孽负恩之报）。是案直至顾令解任，原告亦不深究，光绪元年乙亥恩赦，照和奸例杖八十判徒，翌年丙子释出，递解回原籍安庆。到地即私自归沪，在丹桂客串三夜，光绪三年丁丑杨集资在宝善街一桂原址开鹤鸣茶园，仍为冯道台干涉辍演，流转苏杭又一年，至己卯始赖桂府之力入京都三庆。至光绪十一年，某戏园思邀月楼，不吝重资，转托奥国领事夏士，以杨前在上海有奥商经手未了之事为由，禀驻京该国钦差照会总署，饬令杨月楼速即来申料理。时月楼年过四十，在京声誉甚佳，终以韦阿宝案不愿再来沪寻烦恼，事遂寝。

## 杨月楼案（二）

光绪初年杨月楼演唱于沪上丹桂茶园，声誉藉甚，时大家闺秀犹知礼守节，不轻易出门。粤人韦某之小星王氏同掌珠阿秀，偶观月楼演《梵王宫》一出旖旎风流，体贴入微，母女不觉情动，因连观三夜，愈益倾慕。归家后阿秀恹恹入病，遂由乳母为介，将年庚情书送交月楼，月楼恐陷于歹人之计，不敢往，又托月楼亲信人往招之，始相见。月楼见阿秀玉貌旖年，又有厚奁，遂允之，于长至节前韦王氏串同阿秀带皮箱数只赁居某里，奸宿多宵，将于长至日成婚。韦氏家属得悉前情，提起公诉，将月楼等捕交县宰，治以拐盗罪，鞭五百收外监，阿秀则鞭二百发堂择配，嗣嫁与年逾古稀之孙某，王氏及乳母加枷游街，于是沪上风纪一肃，邑绅且有禁止良家妇女观剧之议。以今相较，淫靡拐盗之风习见而不足怪，相去何啻霄壤！予外舅李公（今年九十岁）曾有竹枝词纪其事云。

## 杨月楼留头不留足

杨月楼案粤人引以为辱，大动公愤，赴县联名控告。时邑尊叶颂之亦粤籍，研讯得实，大怒，点锤二百。杨以重金贿隶役，行刑时衬以竹片，得以不伤筋骨。时谓叶邑尊办杨月楼案有"留头不留足"之说，即指此也。案定拟罪，以其引诱良家妇女，发足四千里充军。案经刑部核准，正当起解发配间，适逢清慈禧太后四十寿辰，奉颁恩诏，凡遇军流以下人犯通行国中，皆得减等发落，叶邑遵赦，免其刺配起解，核定罪名，当在可以准赦之列，叙明案情，造册详请援准。嗣经上峰题准，部复提回原籍，三年徒役罪满释放，而杨月楼仍得还复自由，然自此上海少一空前之好角儿矣。

## 霍春祥案

霍春祥为唱丑角霍克明之子，十三岁即在九香园出台，童串小老生，并不见佳。后搭天仙，嗓已失润，貌亦并不美而肌肤白皙，善于修饰，专以勾引妇女为能事。然一探其究竟，好色犹在其次，其旨实为贪财。综其生平，并未受过重大包银，而家中富过他人，克明久不唱戏以老封翁自居，席丰履厚，养尊处优，盖皆贤郎攫骗来者，以故听其胡行，卒受其害。春祥在女子处所得之财，以费某之妾为最后，迁苏，年已近三十岁，犹复熏香傅粉，搔首弄姿，此更无耻，藉以取媚，日夜荒淫，厥后成痿症而犹不知悛改。春祥在苏搭班时奔走权门，如恽、费、沈诸宦家，彼等喜霍春祥之善于逢迎，咸乐近之，殊不知其包藏祸心，毒过蜂虿，馆中自备包厢，挨次轮请诸家姬女，霍偶反串花旦，所穿之行头悉向各宦内眷借来，且又不自敛迹，夸耀同班，以为荣事。同班羡极生妬，群相讥刺，各宦家长初则昏聩糊涂，任姬女妄为，继丑声四播，势已燎原，于是互商曰："始则不能杜渐防微，终必各蒙羞遗臭，必芟除莠草而后可。"又因投鼠忌器，玷辱家声，乃相率密诉当道。时署皋司者为平湖朱之榛，江南有名能吏也，饬传春祥至署有话面谕，时春祥已略有所闻，走沪上，朱饬价持片来沪邀霍，霍见其名片不虞有他，即随价至苏进署，朱一面软禁春祥，一面立传府县面谕，讬言中丞访办严惩，以儆淫伶而安阁阃，乃即判禁押流氓公所二十年。远近传闻，不但人心大快，即彼梨园中人亦群谓应得重办。其父不思纵子胡为，反以惩办为非是，于是不吝资财，设法营救，初以钱可通神，由京都大力者信致苏省，代为转圜，无如铁案已定，碍难脱罪，直至光复始释出狱。

## 丁灵芝案

梨园同时有四灵芝，丁剑云其一也。丁初为赵大个子之徒，丁酉年在天仪唱时名盖三省，继与沈韵秋父子赴汴梁，始改今名，遂走红运，宣扬争宠，几酿大狱，有某观察遣之回津，事遂寝。

辛丑就春仙之聘南下，因与李春来意见不合，即去，进天仙逾年再回春仙。癸卯冬忽为会廨提去，系祝少英妾吴丽卿乘祝往苏，席卷而逃，祝闻信归申，在吴房检得丁之照片，且人言啧啧，谓吴曾与丁租小房子，此次吴卷逃丁实知情，于是祝控请提究，并获丁之车夫为证。丁到案矢口不承，在押之第二年甲辰移丁至县，丁仍无供，于是判禁三月，期满递解结案，自后丁从未来过。

## 丹桂戏园与广潮帮大决斗

清同治间，定海人刘维忠于宝善街开设丹桂戏园，人才最盛，如须生孙菊仙、孙春恒，武生杨月楼等，皆隶焉，营业亦最发达。未几又于小东门洋行街设一分园，名曰南丹桂，孙、杨诸客串逐日两处轮流演唱，藉资号召。一日，南丹桂有一跑龙套者在押铺中质钱，以细故口角，继且用武，押铺为潮州人所开，遂约潮帮人数百人蜂拥至南丹桂寻衅，其时约下午四句钟许，园中正袍笏登场，锣鼓喧天，主者见此情形，随即停锣，将大门紧闭，看客亦锢闭于内，群情惶急。少时，北丹桂已得耗，且讹传杨月楼被劫，于时北丹桂众武行由任七带领径向小东门飞奔而来，任七唱武生，即今名武生沈韵秋之岳父，本江湖卖艺出身，其技击确有真实本领，当日带刀入人群，大呼月楼不止，遍寻亦不获，心益忿，势愈汹汹，两方如临大敌。潮人虽众，皆寻常商店中人，又岂众武伶之敌？实则月楼肇事时，已闻风由后台逾垣逃回北市矣。时道县营等已出城弹压，沿途各店铺亦畏事相率闭门，嗣经潮州帮董事及丹桂园主刘维忠出场解散，幸未伤人，其后两造俱罚锾了事。然广潮之怨毒皆丛集于杨月楼一人之身，其后月楼罹大狱，广潮帮几欲致月楼于死地，实于此次决斗案种其因也。

## 绠子飞演《三上吊》之触柱

旧时伶人演《三上吊》，不过翻腾跳跃，及铁杠上工夫与屋柱上工夫（旧式戏屋前有两柱，演此戏时倒抱柱上献出种种技艺），以博看客彩声。迨云里飞始花样翻新，于正厅屋顶上设长绳一道，中悬短木棍三，上绳后翻腾、坐卧，献出各种身手，令见者神悚魄夺。后有名"绠子飞"者，更能以辫子用铁钩悬挂台中，作空中飞舞，且设横绳一道，自台上斜贯正厅之柱端，一泻而下，尤为危险。厥后宝善街满庭芳演此，绠子飞因头触柱上，竟至脑浆迸裂而死，施救不及，观者皆为之惊叹不已。伶人演戏，与江湖卖艺同一用意，本非戏剧正轨，甚至以生命博金钱，不亦可哀也耶！

## 云中飘演《三上吊》之肇祸

余前记绠子飞演《三上吊》，头首触台柱，脑浆迸裂而死，至为可惨。兹闻伶界前辈云，旧时演《三上吊》不过台柱上及铁杠上功夫，自云里飞始特创一格，于正厅屋顶上设长绳一道，中悬短木棍三，以便上绳后翻腾、坐卧、倒挂，作种种花样，大献技能，其后绠子飞竟以此毕命。绠子飞后又有云中飘，初至上海，莅宝善街之天仪，亦以演《三上吊》名于时。一日，正演是剧，上绳时由包厢一跃而登，其目光之锐利、身体之灵活，可谓登峰造极。

不谓上绳后正欲攀援木棍卖弄种种，彼时戏园所装皆煤气灯，即俗呼"自来月"者，其光映映，忽明忽暗，云中飘手甫离绳，灯光骤暗，以致无可捉摸，竟尔砉然一声，如飞将军之自天而下，直堕于地，蹬穿桌面。盖下堕时，不偏不倚适触一方桌之上（旧时戏园正厅中皆有方桌），桌系杉板，故彼时桌面蹬穿，跌入其中，宛如井栏，云中飘如坐其中也。时脸白如纸，喉间一丝仅属，额上冷汗溢出如珠，经武行诸伶扶入后台，救治良久始苏。次日园主齑以五十金使归，越数年重至沪，易名为飞飞飞，技较前益进，然观者以其过于冒险，几于不敢逼视，以致卖座反不如昔日之盛，演数日即去，此戏遂无人继起云。

按，上海如旧式戏园今多改建新式舞台，至胡家宅之群仙园、宝善街之丹桂园今已改筑市房，而新式舞台正厅中不便于悬绳，自今以往此风庶几绝迹，是亦戏园中之一变迁也。

## 丹桂园演《湘军平逆传》之被罚

清光绪己亥，湖北路之丹桂戏园为何家声、夏月珊合开，其年冬排演《湘军平逆传》一剧，事实悉遵《平定粤匪纪略》。某日礼拜六，日已将曛，有人持一西文名片来园，言捕房密司蓝请客，欲定二排正厅。其时头、二、三排均已预定一空，只头排尚余一桌（旧式戏园正厅中均用方桌），园内案目以为有此一席地亦可对待主顾，漫然应之。当夜卖座极盛，直至十时许，蓝君带醉偕西客数人并通事一人至，通事一美少年，王姓，蓝所信任者，蓝、王见二排并无座位，大怒，立呼案目令前客让座，俄延多时，有二排看客愿以己座与蓝对掉，蓝怒始已。时台上适演一巡夜兵登坑大便，携一短旱烟袋吸烟，遗火于下，延及火药库，登时黑焰冲天，全营付之一炬，悉成焦土，蓝亦兴焉告辞。翌日午后，公堂派差持传单传园主到案质讯，园主询问，知为演唱淫戏，继查昨夜所演各戏并无淫秽，明日何家声持戏单到案申诉，蓝以林步青蹲踞短墙，脱裤遗矢，非淫而何？于是中西官会商，判罚洋二百元了案。丹桂人众方知蓝君在捕房中颇有权力，挽人介绍，彼此互相酬酢，蓝亦性情豪爽，于夏月润尤契合，从此与夏月润为忘形交，蓝非夏不欢，夏非蓝不乐，为岁暮时，礼来礼往皆贵重之品。至次年正月，蓝忽来约月润至新清和林黛玉家捉赌，遂结伴偕往，黛玉见是熟客，虽知蓝为捕房中人，不防有异，即延入座，而对房依然牌声隆隆，蓝语黛玉云："汝可知我今日之来究为何事？我非打茶围，乃捉赌也。"不待回答，即入对房将赌客并赌具一齐带走，赌客乃三麻子、李长胜、赵小廉等，皆天仙角色也。月润至此大悔，以同业操戈，太觉多事，次日上堂各赌客将赌洋充公完案，月润事不干己，罚洋一百元。惟蓝某捕头以其此次捉赌未奉头脑命令，大违捕章，殊属不合，蓝亦大忿，遂辞去英捕房差，仍在美捕房教习各捕语言、体操事。通事王某，两案皆系伊一人主动，发押西牢一年。蓝某未几调往香港。

## 诸葛亮坠城楼

清光绪四年，天津大流氓佟四在满庭坊开金桂轩戏园，名须生孙春恒与焉。孙既工唱，又善做，扮相亦儒雅，饰诸葛亮最为特色，当是时尚无谭调，孙之《空城计》推为伶界第一。某日适排演是戏，其下一出压轴戏为《蚂蝗庙》，孙上场时为时已晏，武行经理嘱孙马前，孙允之。不料上场后座客彩声如雷，孙大喜，因之雅兴勃发，乃振起精神，引吭高歌，优游自得，状甚闲暇。后台之武行早经一律扮齐，十分焦躁，饰费德公之武二花赵德虎尤怒不可遏，潜至孙之后面，乘孙兴高采烈之际，尽力掴以一掌，将丞相诸葛亮从城楼上翻一大筋斗直坠城下，一时台上下观者始而大骇，继而不禁大噱，值台者当将孙扶入后台，而《蚂蝗庙》上场矣。孙春恒大怒，惟园主人竭力调停，然于理上究说不过去，当晚先劝孙返寓，翌午偕赵德虎暨武行中人同到孙寓燃香点烛赔礼，并张盛筵以舒其气，一时传为笑柄云。

## 香九霄之玉成科班

伶人由科班出身，与昔日士人由正途出身者正复相同，故伶人团科班与今日之办学校其用意亦复相似。上海之科班以天华锦为最著（即胡家宅之天华茶园，已见前），继之者为香九霄之玉成。香九霄姓田，号际云，天津盛军小班出身，唱花旦。光绪四年掌班翟善之带领全班来沪，就石路中开设金桂园（即金桂旧址），演唱年余，越年各童伶满师班即解散。香九霄虽为盛军班之学徒，此年余内交游颇广，皆上海商人中之表表者，声气颇通，因自团一科班名曰玉成，如刘廷玉、马金禄辈皆出其中。迨将毕业，即在湖北路接开丹桂，另邀同门青衣水上飘、老生盖天红、小生小金红、文武老生大子红（刘廷顺、廷玉胞兄）等角色，而尤以创演《斗牛宫》灯彩戏获利为最丰。后回天津，不久再来上海，暂住宝善街开天成，未几仍归丹桂原处，邀请黄月山经理班务。时届盛暑，恐卖座减色，特排演《封神榜》三十六本，自纣王进香至破十绝阵，到绝龙岭闻太师归神而止。又以重价聘十三红、一斗金等角，至封河时即全班返京。香九霄返京后，声望既隆，营业亦日益发达，久之竟名震都下，几有不可一世之慨。至义和团之乱，京、津惨遭兵燹，复只身南下往投夏月恒，后因各报宣扬，以香九霄入宫演戏，将西人服饰藏之大衣箱，运入大内备皇上服御，西太后大怒，派九门提督到香九霄寓中搜查，得军火若干云云。谣诼纷纭，无因而至，香九霄遂托夏月恒向各报馆疏通，更正后亦无他异云。

## 香九霄被掳

南市各会馆，每逢秋间例有庙戏，刘维忠第二次在福州路开设新丹桂时，所邀角色如小叫天、大奎官、周凤林、香九霄、余玉琴等皆一时之选。光绪十年九月，某会馆邀丹桂名伶会串，香九霄演戏毕，乘蓝呢轿返寓（其时尚无马车），未到十六铺，突来多人，不问情由，声言魏珍老板请田老板（香九霄姓田名际云）晚餐，将轿拥至江边，飞渡浦东。魏珍，著名大流氓也。少时园主得信，倩人渡浦与魏面议，馈送洋两百元，始将田伶赎回。从此南市之高台戏均视为畏途，无人顾问矣。按，魏珍向在北市租界一带横行无忌，敲诈百出，自李金鳌踵至，较魏尤凶悍，魏即退至浦东,勾结盐枭私贩,党羽日众,声势益大遂,日以拆梢为事矣。

## 潘月樵轶事

伶人潘月樵,于光复之役崭然露头角,几与民党伟人齐名,诚识时之俊杰也。客有述其十年前之佚事者,谓潘当隶名丹桂茶园之际,维时新剧犹未盛行,所排演者不出旧套之范围,即有所谓时事新戏如《铁公鸡》全本等,以涉及本朝,多所顾忌,且亦陈陈相因,不足以号召卖座,乃掇拾同、光间左宗棠平回故事,编成连台十余本,号曰《左公平西》。戏中情节大都穿凿傅会,而于白彦虎双方构衅一段更多抑回扬汉,甚至扮演回人被俘时,犹头戴礼冠、身披教服,长跪乞免,作种种可耻之丑态,实则此项冠服在彼教中视为一种极尊荣之饰品,非有大礼巨典不许妄行穿戴也。潘仅知取媚座客,矫揉造作,尽情发挥,当场虽拍掌如雷,而不知已辱及摩罕默德之教体矣。事为马贩任喜暨米占元(今驻沪侦探长)所闻,二人固彼教之翘楚也,以其架空侮蔑,是可忍孰不可忍!于是约集教门得一百二十人,人各怀利刃一柄,不动声色,随众列座,而潘不知也。是日正演献俘奏凯一阕,鼓吹大作,饰左公者翎顶黄褂,摇摆而出,一方面小丑龙套之属装束彼教冠服,预备登场屈膝,突闻正厅座内吹唇哗发,百余人脱巾哗噪,人声汹涌中,第见白光闪烁而已。一时座客溃散,夺门而出,遗簪坠舄不计其数,潘亦不解何为。好事者出而排解,始悉所以开罪之由,且言必欲得潘而甘心焉。迨园主再三哀恳,愿即辍演或移易节目,众怒稍平,乃各以利刃向台柱猛斫数四以示威,顷刻柱断为二,其事始寝,然亦险矣。

按,此事闻诸余友刘君,刘亦摩罕默德之苗裔,且当日亲与斫柱之役者,著者附志。

# 伶界伟人之秘史

潘伶月樵,光复以还赫然为伶界伟人,然在光复以前其秘秽甚夥,据余所知,最著者有二。妓女陈小红嫁某姓后,不安于室,私与潘通。辛丑七月,陈又与一甬人方姓者欢会,且即在潘所租之德人里小房子内,潘闻之大恚,酸风大发,奈陈非正式嫁己者,论理不能捉奸,乃私集无赖若干,谓方系甬上巨商,恫吓之必可得其巨资,沪谚所谓"拆梢"、"讲斤头",实则潘欲雪私愤也。讵甫入门,方已知来意,乃由晒台逃过邻屋,因忙迫中误将邻家烟囱带倒,诸无赖见室中无方姓,恐祸株连,一哄而散,而邻家系伶人马飞珠所寓,以城门失火殃及池鱼,撞倒烟囱俗呼"倒煤",大不吉利,与潘、陈欲办严重交涉。后经方姓出钱、陈小红出面,为马大烧路头,其事始已。当捉奸之夜,德人里居人咸疑为火警,小叫天适亦寓在是,后知潘所为大为不然,翌日命人招之,拟加面责。潘知此老倔强,避不见面,直至中元节广肇公所开盂兰盆会,小叫天携其妻女偕往游览,于人丛中瞥见潘面,即唤其至前大加申斥,且持论甚苛,谓:"半夜三更汝领多人拿贼似的吵闹,我老头子惊吓不起,跑下楼几乎栽倒。后来一打听,说是你同人家争风吃醋,我还不信,后来这条胡同里的居家没有一个不是这般说，就是嗻们同行中也是这样说，其究为何，你自己讲给我听听!"潘聆语赧然，无言可对，乘小叫天他顾遁去，此一事也。泰记弄杨宅妾与潘通，一夕正在密室绸缪，主人翁忽然突至，潘不及躲避，即长跪主人之前，哀告曰："小人一优耳，今知罪矣。倘蒙释放，永不复来。如执责送办，与尊府颜面攸关，为府上计亦非良策也。"主人翁夙有懦名，闻此颔首曰："吾放汝，但此事宜守秘，只有天知、地知、你知、我知、妾知。吾祖宗在汉朝本有四知清德，今我绳其祖武，不妨五知，一顶绿头巾未必压煞，汝速去，某令其亲具永不再来结。"纵之出后门遁，讵夜已深，出门即遇街捕盘诘，因其言语支吾，捕疑其为歹人，扭往捕房，潘犹倔强，捕鸣惊笛，俄顷来四五捕，群掌其颊而送至捕房。捕头询其黉夜独行，非奸即盗，潘妄答有一徒走失，闻匿居此弄，故深夜至此云云，捕头信以为实，放之使去。潘以为无人知之矣，殊不知有某报访事费某早间啜茗，适夜间捕潘之街捕亦来，无意谈及夜来事，说者无心听者有意，即寻潘直诘其隐，潘恐其登报，略以二百元。费知事实复往杨家，百般恐吓，大获其益，此又一事也。呜呼! 三代以下未恐不好名，茍与光复以后之士谈及潘月樵，莫不曰："是出类拔萃之伶人也。"殊不知其秘史之龌龊有如是，孰谓盛名之下无虚事也? 至若费某者，乘机索诈，尤属毫无人格之可云。然而滔滔者天下皆是，至于今日，更不堪问闻矣。


## 名伶夏氏事略

屈计伶界人物，一门鼎盛而又昆仲共萃式好无尤者，首推夏氏。夏以月恒居长，次月珊、月润、月华，群季俊秀，门内怡怡，得诸若辈，殊足以愧一般弄兵阋墙之士。月恒初以开口跳擅场，妙造自然，久已蜚声菊部，前清时某督赏其勇健，提挈至游府，宣统初罢官，海上闲居，绝意仕进，大有"官场一戏场"之感。月珊以须生而兼小丑，庄谐杂陈，辩才无碍，能于改良新剧中现身说法，真觉乱坠天花，有"新戏哥伦布"之号。月润健儿身手，称"武榜状元"，与李春来为一时瑜亮，谭贝勒所以以女妻之也，新戏亦着意经营，克臻妙境。月华声誉稍逊，然亦为个中罕得之才，曾与小连生倡建梨园公所、榛苓学校，热心公益，全力以赴，诚伶界中杰出之冠也，故志此以为有力者劝。

## 英领事戏穿满服

弹子房为四马路最闹热之所，癸酉三月初四日夜，传唤中西梨园演唱戏剧，应征者为丹桂部，此为中西优人合演之破天荒。时英国麦领事衣满清服式而往，翎顶补褂，居然一中国之贵官，而会审公廨陈司马宝渠亦为麦正领事邀观，则轻衣小帽，此亦剧界上之一趣史也。

## 日本人演京戏

上海自有戏园以来，所有伶人，无论为科班、为私房、为票友，又无论南人、津人，几于车载斗量，罄竹难书。若日本人而能演京剧者，数十年来惟安藤红一人而已。安为小丑狗肉红之妻，能演秦腔《算粮登殿》、《双冠诰》等剧,青衫、花衫每引吭高歌,不脱不粘,发皆中节,台步、身段亦楚楚有致。法界凤舞台时方男女合演,安伶曾隶其中,一时顾曲家皆叹为见所未见,争先快睹,每夕座为之满。惜所演之剧寥寥无几,不数日即翻复,月余后沪人亦以数见不鲜,无人顾问矣。

按,狗肉红为驴肉红之徒,驴肉红以贩驴为生,喜歌曲,乃习为伶,故名"驴肉红",秦腔为最工,《活捉烟鬼》、《叹偷青》等戏皆优为之。初演于津沽间,观者趋之若狂,盖此种戏演者极鲜,物稀为贵,理或然也。旋南下,包银之巨为小丑冠,第南方人每多格格不入,故未几即去,而狗肉红继至,所演之戏与乃师一脉相传。初至时亦哄动一时,然其师既不能得志,其徒更可知,故夫妻旅沪,皆不久双双偕去云。

## 上海之广东戏园

广东戏园七年前惟虹口鸭绿路桥畔一家,名曰重庆戏园,开幕月余,观者尚多,究以地处荒僻,黑暗异常,艰于往返,故观客日渐稀少,不半年遂闭。后此继起者有鸣盛梨园,在海宁路,原址即今爱伦影戏院也,然开演年余亦闭,自此粤戏遂一蹶不振。近年以来复重整旗鼓,搭盖戏棚于虬江路,虽草草经营,而生涯颇佳。其时计有二家,一在虬江路东,一在虬江路西,未几又相继闭矣。迄今惟存中华戏园一家(即广舞台)规模尚伟,全园均仿西式,每晚车尘马足,络绎不绝,该处市面已无沉寂之感矣。

## 上海破天荒之童伶

京班到沪在清同治初元时，大乱既定，国人皆歌舞升平，以相庆乐。当时童串不甚注重，即间有一二，不过偶尔见之，童伶之破天荒实自小康弟始。小康弟为夏奎章长子，即夏月恒之伯兄也。唱须生，在小东门孙菊仙所开之升平轩开始演唱，时态文通唱花脸，辄与之配戏（文通今尚存，年已六十余，现隶升平舞台），时在同治十三年也。次年出一小秃三，为态文通之叔弟，出现赵小和新开满庭芳之天仙园，声容并茂，名重一时，于是童伶始渐有价值。所唱宗奎派，如《探母》、《取荥阳》等剧，而尤以《辕门斩子》为最出色，沪上顾曲家时有专点是戏者，其魔力可知矣。惜乎两人皆不永年，稍长与小康弟涉足情场，同在一幺二妓院，先后传染毒疮而死，同班中及沪人咸深惜之。至光绪丙申、丁酉间，天津人顾崇德挟其科班全部来沪，名天华锦，皆童伶也，沪人遂亦数见不鲜。若今日，则童伶项背相望，更不足异矣。

## 上海男女伶合演之历史

男女伶合演向惟东三省一带行之，继之者为天津，不独文戏为然，即武行戏亦多合演者。良以戏剧北方得风气之先，而京津一带又为伶人之制造场，故群雄纠纠间而英雌粥粥，亦为争锋对垒，相继崛起矣。若南方女子性多柔弱，近年来虽风气大开，然各女伶大都北人为多，此可见也。上海男女合演，工部局为有关风化，向悬为厉禁。二十年前广东人在满庭芳开广东戏园，有女伶二,一名美玉、一名奇仔,曾与男伶合串,然以格于禁令,讳莫如深,且广东戏除广帮外,沪人罕顾问者,以故外间皆不甚措意。光绪末年,大新街丹凤戏园(即桂仙原址,后又改为玉成,今为孟渊旅社)领得男女合班照会,从事开演,此实为上海男女伶合演之滥觞。然其时男伶演剧并不配搭女伶,女伶演剧男伶亦不配搭,男女伶名虽合班实则并不合演也,嗣因营业不佳,经理者竟以男女合演为尝试以资号召,事为工部局查知,立将照会吊销,遂至十余年来无复继起之人。后法界凤舞台承丹凤之后,援丹凤成案接踵而起,至今相沿不绝,虽园主屡易而男女合演如故,甚至民兴社新剧、最近李春来之升平舞台无一不男女合演。盖法捕房禁令较宽,而沪人心理日趋淫靡,实非此不足以立足。风气所趋,莫或使之,若或使之,此有心人所为浩叹也。

## 上海髦儿戏之原始

上海之有女戏班始于京伶丑角李毛儿,购贫家幼女之聪秀者,教以歌曲、台步,值绅宦家有喜庆等事恒演之,故名"毛儿班"(按,今日多书作"髦儿班")。然演戏极潦草,且班中人数无多,唱生者兼唱旦,唱丑角者有时忽唱净,以是所演之剧殊不足观,非特板眼腔调全然不合,甚至台步错杂,须由值台者当场指导,故除堂会外从无人顾问。殆后鸨母大脚银珠创一女班,延请京伶悉心教授,而女班始稍露头角(光绪甲午后,杭州拱辰桥开辟通商场,银珠女班与焉,颇负时誉,然以今日毛儿班较之则瞠乎后矣)。至宝树胡同之谢家班成立,谢湘娥乃名震一时,然彼时尚仅唱堂戏，犹无戏园也。戏园始自石路二马路转角之美仙（今久废），总之者为郑家木桥之某园（忘其名，开设未几即废），时花旦如林凤仙、须生如吴新宝（吴新宝吸食鸦片，面貌黑而且瘦，真俗所谓"鸦片鬼"是也，且剃头梳辫，与男子无异，当时颇负盛名，后以年老改唱小丑，宣统间犹在群仙）、青衫如王桂芳（王巧玉之母），声容并茂，造诣日精。惟武剧则自胡家宅群仙开幕，始有武生小长庚、武旦一阵风、武二花小黑灯等，继之者则有王家武班、宁家武班，髦儿班至此始臻美备矣。统归上海各女戏园，以群仙为最久，人才亦最盛，如须生郭少娥、小兰英，花旦金月梅、红菊花、冯月娥，后起之武如郭凤仙，皆隶是园，宜乎独绝一时，其他各园望尘莫及也。其次为宝善街之丹桂，历时亦甚久，如王家班、缪家班、陈家班皆曾隶其中。今群仙园址与丹桂园址皆改建市房，而上海各舞台之营业日难，恐此后髦儿班除游戏场外无立足余地矣。

## 上海有名之女新剧家

新剧家三字之为世鄙视也久矣，袅袅女流，衣冠儿戏，落魄风尘，个中风味多不足为外人道，吾之笔墨纵极一无价值，似尚不必作此绝无聊赖之记载。然彼等却具无上之魔力，轰动社会者至深且久，不仅沪渎一隅人人罗拜石榴裙下，即天津桥上、黄鹤楼头、荔枝湾滨、岳麓山下，亦往往见三数少年盛谈海上女新剧家之艳迹，而某也姣雅、某也活泼之批评复时时触及吾人之耳鼓，恨无清泉以濯之，虽深叹社会之坠落，亦不能不深佩彼辈吸力之雄厚，殆与地心力而并驾焉，则采风问俗者安可忽之。据友人所传称，海上自有女新剧以来，佼佼之人物，如萧天竞、李痴佛、谢桐影、钱天吾四人色艺且佳，十年如一日，次如陆美云、沈侬影、林如心、叶文英、苏一鸣等各有动人处，他若天红、情梦等虽亦得一部分人之赞成，然不能与以上诸人并驾矣。诸人各以一长得名，如天吾、美云之活泼，桐影、痴佛之幽雅，文英一鸣之妖放，皆博得顾曲家之欢心，而天吾之笑、侬影之哭尤称特长，桐影之多艺多才更为难能。观以上诸人虽不能压倒京华之女伶，然能占大江以南之势力，历数年不衰，非有一长之可取，必不至此。彼等实皆聪明绝世之少女，使获受较善良之家庭及社会教育，尔为模范之慧妻贤母以福国人，更何必楼台处处，歌舞年年，亡国同深痛恨，隔江尚唱《后庭》耶？

## 新剧女伶钱天吾

十年以来，海上新剧蜂起，春闺弱女亦粉墨登场，以衣冠为儿戏，然能出乎其类拔乎其萃，声名足抗衡于京中之武艳亲王，色艺能与王克琴并驾者，厥惟钱天吾。天吾，苏之梁溪人，雅善文学，小画具有风致，英语亦琅琅可听。初试新声于爱华，继露色相于民兴（今改为鸣新），风尘落魄亦数年矣，所演诸剧莫不耸动社会，尤以《西厢》一出为最，神韵翼然，说白清利，曲尽萧院当年风景，虽起红娘亦不能多上，歌声起处举座若狂。客有为月旦者，谓上海聚新旧文化之精华，又为郑彰威侯之发迹地，京中既有武艳亲王之册封，海上岂可独后？敬谨代表民意，册封钱天吾为彰艳侯，世袭罔替，庶几佳人韵事不让京华，彰威、彰艳，千秋万古同为国史增色也。且此等乐曲既确为舆情所推戴，不涉政治意味，礼查门外尽出风头，白渡桥边可兜圈之，尔侯尔伯，莫汝毒者也（按，郑侯系被人暗杀于白渡桥之礼查饭店外，故客云然）。呜呼！客之推崇天吾可谓至矣极矣。鄙人十年患难，情冷寒灰，素无审美之天性，昔年于役西南，始归海上，为友所黚，曾为周郎之一顾，对此万夫共仰之钱天吾并无何等之评判。迩者青春作伴，生还故乡，偶于无意中数次见天吾于途，朱颜渐减，额发似脱，年未二十已有迟暮之感，即其所隶之民兴社亦为大力士、大马戏所大闹特闹，致各艺员更无精彩。嗟乎！世人多艳称月圆花好，然而月圆旋缺，花好即谢，感慨系之矣。吾人观伶俐活泼、聪明绝世之钱天吾，不及一年，人面已非，不禁吟和歌而叹之曰：春日依稀长若此，樱花何事早飘零。

## 上海新剧汇志

上海之有新剧，其初始于各学校，光绪末年沪绅沈仲礼发起组织新剧团，名曰阳春，入社者皆学校之学生，然不数日即消灭，然上海新剧之萌芽实自此始。宣统二年，任天知创办进化团，广收门徒，号天知派，今之汪优游、王无恐、顾无为、王幻身等皆其弟子也。其余继起者时有其人，然皆如昙花一现，不久即灭，无足纪录。兹参考各家著录，合以见闻所及，取其稍著者录之于篇。

**春柳社** 春柳肇始于日本东京，主其事者为陆镜若，余如吴我尊、谢抗白、马绛士、欧阳予倩等皆最先之社员,曾开演于东京等处,为彼邦人士所推许。宣统辛亥武昌起义,春柳社员相率归国,及南北和议告成,各社员多集于上海,复联合国内名流创新剧同志会,推陆镜若为剧务主任。壬子正月,苏州水灾急赈,邀同志会串演以充善举,继又移至城外与昆剧同班合演,至二月因遭兵变停演回沪,会员聚居鹿鸣旅馆。一夕旅馆不戒于火,服装、布景悉付一炬,会员仅以身免,乃设事务所于海宁路。三月二十九日举行黄花岗纪念大会,会场假二马路之新新舞台(今天蟾址),是日孙中山偕军界大队来会致祭,并由会员演《黄花岗》新剧,故来会者至数千人,竟无容足地,可谓极未有之盛矣。四月常州民政长屠以芙蓉圩水灾邀演义务戏七日,陆本常州人,以谊关桑梓,得资皆涓滴归公,乡里称颂,陆所译之《社会钟》剧本经其乡人庄思缄、吴稚晖两先生校定,返沪后遂开演于大马路之谋得利戏园,嗣后又演剧于无锡、于杭州。明年癸丑,湘人陈某办社会教育团,延新剧同志会往,是为湘南有新剧之始。久之陈某以事与同志会失欢,延他团别树一帜,同志会亦自设春柳剧场为双方之对峙。二次革命败后,湘南政局大变,陆镜若遂归沪,明年三月租谋得利戏园,开设春柳剧场,资本家为南浔人张静江,而陆镜若为之经理。时上海新剧社林立,春柳占地既僻,社员多以高尚自命,座客之无文艺思想者皆屏足不入,荏苒半年,耗款至数千金,各剧员亦意见不同,各树一党,前台亦渐生悔意,乃议改为现卖现分之法,其强有力者尚不难攫取,而孱弱无援者竟半年不获一录,幸春柳社于梅白格路设有事务所,膳宿杂费均有所出,故能支持残局不致瓦解。是年冬,新民社归并于民鸣,新民主人郑正秋与尤鸿卿以一千八百元包春柳全班，于十二月开演于石路之新民原址，订合同两月。正秋之意以春柳与新民、民鸣演剧不同，可分两大派别而各得一部分人之欢迎，今新民、民鸣既合并矣，而春柳当可独当一面，故与尤鸿卿合力营之。乙卯正月，不料工部局因剧场修理，禁售包厢，春柳营业因之受绝大打击，遂辍演，复归谋得利，而内容之腐败如故，演员之不得录亦如故，至五月复辍演。六月至杭州演两月，镜若因病归，卒于家，社员涣散，春柳亦自此告终。

陆游学日本时，从其国新剧名家坪内逍遥博士学三年，颇得其传。在日本创春柳剧场，从游者多学生，陆演剧专讲艺术，自来新剧家一人而已。然其所学多属日本剧，与中国习惯上多扞格不入，其失败实由于此。然陆之死，不啻与新剧以重创也。

**新民**　民国二年美洲巴拿马赛会，会场中种种游戏，筹备无所不至，电影家尤搜罗无遗，以中国影片尚付阙如，乃来华组织亚细亚影片公司，主其事者为西人依什耳。见新舞台之《黑籍冤魂》大赏之，欲制以为片，夏月珊昆仲索价四千元，依什耳以价昂不之许，于是经营三、杜复初、张蚀川、郑正秋四人组织新民公司以应之，摄一月以干片缺乏，事遂中辍。时新民公司演员十六人无处可依，正秋怜之，设新民新剧研究所于三马路宝安里，供膳宿者三月，皆正秋一人任之，乃编《苦丫头》一本，八月初试演于圆明园路爱提西外国戏园，大受社会欢迎，乃动大心奇好，遂假定南京路东首谋得利戏园正式开演，名曰新民新剧社，正秋之置身剧场自此始。是时春柳社已往湖南，上海新剧绝迹已久，故今人以正秋为新剧中兴人物，即指此也。其时报界亦竭力提倡，著论揄扬，故虽亏耗甚巨，而其志不少衰。未几民鸣社开幕，新民谋有以抵制之，至十一月汪优游、王无恐、凌怜影、李悲世、董天厄、张冶儿自湖南来，新民、民鸣争聘之，卒为新民所得，汪优游乃编《珍珠塔》、《果报录》等，弹词之入新剧自此始也。旋迁移至石路天仙旧址，复以新小说《空谷兰》、《梅花落》等相继排演。甲寅夏，正秋以戏园素有"五荒六穷"之称，而汉口新剧尚未大张旗鼓，乃挈全班至汉。正秋忠厚长者，自汪优游、王无恐搭班后，大权旁落，秋凉归上海，而汪、王几有喧宾夺主之势，所编之戏非经汪、王许可不能排演，时庄乘黄编有《庚子国耻记》、包天笑编有《胭脂井》、叶小凤编有《落花梦》等剧，汪、王以为非演员所编，极力反对，正秋虽不以为然，然亦不能强。民鸣知其然，乃以《国耻记》、《胭脂井》等剧引而长之，编为《西太后》，新民颇受影响，一时与正秋有旧者多劝正秋遇事宜独断，勿为人利用，正秋虽知之而力不能制也。十月，新民以演员众多，开支浩繁，留一部分在上海开演，率一部分复至汉口。濒行之时，民鸣经理张蚀川送之河干，语之曰："我侪本属至交，徒以各办剧团，致不能亲近。今君在新民虽为主人，而名是实非，甚为君惜之。且两相竞争，势必俱败，不如合并，似可久远。"并引《西太后》一剧以实之。正秋闻之感动，而意犹不能决。及在汉不得志而归，上海之新民亦大遭失败，此时进退维谷，张蚀川又以合并为言，正秋取决于全体艺员，汪等力赞归并，余皆以汪之向背为主，议遂决，此甲寅十二月事也。

**民鸣** 初，新民开演时，正秋精心毅力，虽遭赔累，不以是挫其志，人以此称之，加以新民图画广告随报附送，灌输既久，遂有生动之机，营业日振。新民影片公司经营三等以正秋亦新民公司一分子，且新民新剧社之人物多系新民公司旧部，今既改组新民新剧社，原有创办人自当一律加入，而正秋提议，新民公司旧演员许瘦梅倡言："新民公司停办后，吾侪困居海上贫无所依，幸正秋推食解衣，始免流离失所，今日幸得剧场成立，营业略有起色，正吾侪所以报正秋也，有欲加入者誓不从。"正秋遂婉言却之。经营三等以此时新剧确有发达之机，遂起另组剧团之念，会亚细亚影片公司复活，经等组织民鸣新剧社，邀许瘦梅等十人，啖以重利，谓日摄影戏、夜演戏剧，较之新民利乃倍之，许等为利所动，然亦不能遽离新民，乃藉辞要求加薪，正秋以赔累为辞，许等乃背新民而入民鸣，在亚细亚摄影戏。不一月，民鸣新剧社组织完备，而影戏亦告竣，阴历十月开幕于法界歌舞台旧址，与新民为劲敌，而规模较新民为宏大，惟许等终未得两倍之利也。民鸣复添聘陆子美、查天影、张翠翠等，以角色论，民鸣似占优胜，陆子美号召力尤大。是年冬，汪优游等入新民，排演弹词新剧，民鸣复排全本《三笑》，观者益盛。未几，新民创演古装戏，如《貂蝉》、《武松》等，置办行头悉仿旧剧，而民鸣乃创旗装戏以抵制之，《西太后》一剧其最著者也，竭其全力注重布景，庭殿宫院以及花木舟车无所不备，观者咸叹为大观。后新民迁移石路天仙旧址，民鸣亦迁移大新街，此时也，两新剧社旗鼓相当，而与旧剧园相处亦接近，此正剧场酣战最力之时代也。其后新民、民鸣卒合并，经营三逾年即下世，民鸣营业亦疲滞，至甲辰年终亦停演。

**民兴**　初，新民后台经理苏石痴于甲寅初夏新民正排演《空谷兰》新剧，苏石痴饰老旦，因误场之故，汪优游、王无恐在台上几至失措,戏散后在后台借题发挥,语多讽刺,然以其为后台经理,虽恨之而莫可如何。然自此汪、王与石痴演戏率同冰炭,屡为观剧者所诟病,当事者推原其故,咸归咎石痴,后台多与石痴有恶感,乘隙日讼其短,又苦不能骤去之,乃先削其管理财政权,石痴知不容于新民,恋栈无益,遂辞职。自石痴去而汪、王之权大张,新民在汪、王掌握中矣。石痴既出新民,拟另组新剧社以倒新屋。初,新民定章,凡持红十字会券观剧者收原价之半,以示优待,故石痴得藉以联络,至是乃说之于丁乃扬(湖州巨绅)及谦泰栈主张项,张曾办南市新舞台者,共集资本洋一万五千元,设事务所于贵州路,名曰民兴社,欲将新民全部除汪优游、王无恐外悉数邀去,后台演员均跃跃欲试,由汪、王出而调处,各加包银三成,风波始息。然石痴终不能甘心于新民,挽人说凌怜影来归,包银之巨骇人听闻,每月计六百元,凌大喜允之,新民遂与民兴涉讼,两方面损失颇巨,结果则凌在民兴演一月复归新民。当时新剧旦角最为沪人欢迎者为凌怜影、陆子美两人。子美为民鸣台柱,怜影为新民台柱,罗致本不易,故不惜以极大之包银以动其心,其用心良苦矣。于是乃幡然变计,创男女合演,至八月开演于法界歌舞台旧址,重要人物男演员为任天知、许灵隐、王幻身、胡寄尘等,女演员为梁一啸、沈侬影等,寄尘乃排演《果报录》,卖座颇盛。明年老开西案起,复编《新爱国血》《黄金钱血》等剧。七月许灵隐死,乃邀王无恐入局,自是党派分歧,倾轧时闻,而营业日益不振。丙辰春,张氏召集后台办事诸员,谆劝化除意见,泪随声下。至丁巳春,前台办事人又不给,张氏愤而出组苏社,沪社以尤轶凡任之,尤优柔寡断,全班解体,社中事几无人顾问。张氏睹此现状，知无可挽回，然亦不忍使四、五年团结一处之演员一旦星散，乃集能共甘苦者三十余人迁南市新舞台，卒因地利关系，演一月而罢，而民兴之命运告终。

**启民**　癸丑九月，张屏翰、赵筱依诸人发起通俗新剧团，拟定草章，商诸周剑云，剑云逐一改正，定名启民新剧社，至十一月开正式成立大会于英大马路惜阴公会，当场举孙玉声为正社长，张屏翰副之，并假惜阴公会为练习所。嗣以地址狭隘，移至广西路宝安里，建有模范舞台。十一月社员陆德庠结婚于徐园，社员演《自由姻缘》一剧以伸庆贺，剧本为孙玉声手笔，此为启民露面之第一次。逾月复假座中舞台串演《情海波》，明年三月正式开演于广西路中国红十字会后面时疫医院旧址，开演四月，又值夏令，卖座不振，遂停歇。有醒民社者愿加入合并，然为数至微，续演一月，仍一蹶不振，前后亏耗甚巨，债务丛集，孙社长遂辞职。各社员复赁事务所于法界首安里，更推周剑云为理事长，嗣后仅于杭州串演两月，旅沪后不久即星散。

**笑舞台**　笑舞台主人为金庚记，笑舞台之房主人也，虽富有资财，然新剧至此时已成强弩之末，顾客久生厌倦，其重要角色为汪优游、欧阳予倩、查天影等，然卖座亦不佳，亏累过甚，演至甲辰年终遂停歇。明年初夏又复活，是时如法界之民兴、大新街之民鸣皆已消灭，海上新剧已绝迹，朱双云复言于金庚记，重行组织，并组织《笑舞台日报》以鼓吹之，延宋忏红主任编辑。忏红为春柳社员，善属文，且熟于新剧掌故，其角色为郑正秋、郑鹧鸪、史海啸、邹剑魂等，复以排演《诸葛亮捉奸》一剧，外间投函唾骂，诋为诬蔑先贤，函牍盈天，朱双云亦因是出局，营业上亦出入不敷,各艺员相率归药风,故开演仅三月即停闭。

**药风社** 初,郑正秋入笑舞台充编演主任,正秋对于戏剧本以移风易俗为职志,故数年以来家产荡然仍不变其初衷,沪人皆称人曰"戏呆子",所编戏剧不离爱国思想。自入笑舞台后,卖座不甚起色,前台啧有烦言,谓正秋演剧于今日社会心理不啻背道而驰,故自开幕以来,包厢中女客恒一不见,且对于门徒严加约束,较之上年查天影在时相去霄壤,宜卖座之日益退化也。正秋闻之颇自慰,谓彼之毁我实誉我也,演剧如故,不改初志。未几而排斥之令下,正秋大忿,时亦舞台适停演,遂就亦舞台旧址组织药风新剧社,而其弟子隶笑舞台者亦相率来归。迨笑舞台《诸葛亮捉奸》之事起,后台演员咸纳履而走,药风皆罗致之,旧历九月以房租合同期满,遂告终局。今海上不见有新剧矣。

# 上海灯彩戏源流考

京班戏到沪约在清光绪初年,武戏中如《赵家楼》、《大悲楼》(《大悲楼》为《赵家楼》之后本,事出《济公传》,今舞台中已罕见,惟李春来于民国七年在天蟾舞台、升平舞台曾一演之)、《四杰村》等,例须高搭楼阁,屹立屋中,虽非百尺凌霄,远望之亦崇闳高耸,武行中人于上铁杠之外,复鼓勇盘旋而上,仿佛小说中之飞檐走壁者然,闪烁腾跃,令人拍案叫绝,复以其迹近危险,究与生命攸关,遂废弃不用。又《大香山》一剧,略有白雀寺房屋及十殿地狱等奇形,此实为灯彩戏之滥觞,然其时仅有彩切而无灯火也。同时文班三雅园以营业不振，乃于新年排《财星照》一剧，始用灯彩，颇受观者欢迎。次年复排《财运合》，灯彩更多，而天仙之《洛阳桥》乃接踵而起，复又排《一本万利》，皆打鼓者赵嵩绶（今赵君玉之祖）手编，卖座非常发达，于是丹桂想九霄之《斗牛宫》亦乘时而起。当时各戏园以灯彩戏之能叫座也，一至新年多别出心裁，矜奇炫异，无不以灯彩是尚，大观、天仪等园有《福瑞山》、《凤莲山》等戏，而天仙又排《渡僧桥》、《碧游谭》等戏，无如旋演旋辍，终不敌《洛阳桥》、《斗牛宫》之盛，一则剧中三十六行令人发噱，一则高跷抬阁闹热异常也。光绪末年，各戏园多改建西式舞台，增添布景，旧有之《鹊桥相会》一剧亦增置灯彩，与新年之《斗牛宫》同为应时戏，每逢七夕，各舞台皆大演特演。民国元年新新舞台新排《女儿国》、《高龙媒》（事出《镜花缘》小说中）二剧，每演一次费烛一千二三百枝，可谓洋洋大观。惜今时已辍演，设能重为排演，必能将各种灯彩戏推翻无余也。

## 上海票房之溯源

清道、咸之间，昆曲式微，皮黄即乘机崛起，为歌场主宰。延至晚清，西太后又酷嗜戏曲，京师士大夫亦相习成风，嗜痂成癖，暇时恒召集同好，互相研讨，票房之设，比户皆是。嗣又蔓延上海，风气所趋，莫或使之。纪其历史，探其源流，亦旅沪人士所欲知也。

上海之有票房，盖在光绪中叶，创之者为赵萱堂、钱秀山、毛祝三，税一楼于湖北路迎春坊之二弄口，名曰盛世元音，而孙菊仙之子芝谱、冯子和之兄二狗为之指导一切,悉尽义务,会员二十余人。顾事属草创,规模狭小,不过具体而微耳。每届星期,相率至徐园会串,以资练习,经费均系会员公摊。研习既久,成绩渐著,曾在丹桂茶园串演,实为票友登台之始。售价每客二元,观者异常拥挤,盖是时以物希为贵也。所演各戏,尤推赵萱堂之《乌盆计》,老供奉孙菊仙饰张别古,佐以钱秀山之胡琴,更见精彩。钱以胡琴得名,为票友中琴员之冠。历数年,孙芝谱死,会务不振,乃解散。其后名旦周凤林继之,周是时以年老辍演,本工昆曲,乃集合同好研习昆曲。光、宣之交会址犹在,至光复时已废矣,是时尚沿俗称曰"总会",光复后沪人听戏程度亦日进步,始改称之曰"票房"。今则雅歌集、久记社双方对峙,内部皆建筑戏台,置办家伙行头,规模益备矣。

## 记雅歌集票房

清光绪末年,夏禹飏、管海峰、陈玉麟、杨国珊诸人俱有戏癖,发起组织一总会(是时尚称"总会")以为学习戏曲之所,名曰市隐轩,此实今日雅歌集之雏形。会设跑马厅之观盛里,会员十余人,月收会费三元,而为之指导者有名伶贵俊卿、盖叫天、赵如泉、赵小廉等,居师友之责而不索供给,成效亦尚佳。曾在五马路大观园串戏三天,得资三千元,其哄动人士可想见矣。阅年余而会员多执业于他方,会遂分散。至宣统元年雅歌集崛起,发起者邹稚林、管西园也,是时市隐轩会员之在上海者皆并入雅歌集,会务颇为发达。会址初在泥城桥福源里,旋迁南京路老闸捕房对门，又迁至小花园，又迁至跑马厅之会乐里口，本年又迁至芝罘路。开办之始，任教师者为老伶工邵寄舟，邵殁乃聘张德福，张为老曲师，能戏极多(中华图书馆出版之《戏考》皆张德福口授者)，教授时娓娓不倦，悉心指导，会员至今已达百人。入会者分两种，一曰会员，月纳费二元，有学戏之权利；一曰会友，月纳费一元，仅能品茗、阅书报而已。创办以来，迄今十稔(本年将举行十周大纪念)，会务蒸蒸日上。会长初为邹稚林，后为管西园，嗣管有广东之行，遂公推会员罗亮生为会长。罗诚朴君子，古道照人，其任会长尚在上海光复之先，可谓久矣。辅之者为夏禹飏，夏广交游，经验亦富，罗专对内而对外则夏任之，会务之得有今日，二人之力也。历次会串，如助赈及各种慈善事业，悉尽义务，时论多之，而各团体之请求串演者时有所闻，几至不暇应给。今由会中公决，此后非助善举者概不酬应，以免纷纷请求。会员中剧学深邃者颇不乏人，如成宝钧、唐静庵、许黑珍、陈志刚、鲍鹤林辈，其尤著者。七年八月迁入芝罘路，即就其中建一模范舞台，日夕扮演，实地练习，而场面(即锣鼓、胡琴之类)及武行家伙历年逐渐置办，既亦大备，故论上海票房，当以雅歌集为首屈一指也。

## 久记社票房

久记票房其发源在民国初元。初不过三、五人，皆操洋货业者，群集于票友成宝钧家，强其教歌，五月成君因事去沪，此三、五人唱戏已成瘾癖，爰约同志赁屋于新闸太平坊，颜曰宜楼，会员十余人，公余之暇共同研究戏剧、胡琴，各从所好，并无曲师教授。二年三月迁至北京路紫阳里一弄，始改今名，社友增至二十余人，布置亦楚楚可观，延陶静宜为教师，添设全副乐器。八月陶因事他适，改聘武秀奎为教员。民国四年六月，与歌庐合并，初发起歌庐者为吴绛庚、钱一粟、贝笨牛、郑鹪鸪诸君，半年为期，会费预缴，地址在居仁里，社员约二十人，如吴大痴、李鱼目、李瑞九、邬雨辰、周梓章等。复与久记同在爱俪园演义务戏，由邬雨辰介绍得识久记社长张醒初，两社感情颇洽，遂实行合并，从此社务日见发达，社员多至四十余人，扩充剧部，更添丝竹一门，迁至紫阳里二弄。五年五月，假张氏味莼园开三周纪念大会，所演各剧极蒙各界赞许。六年四月迁至芝罘路东顺兴里，添聘周梓章为琴员，复增美术一部，顾锡元督理其事。七年六月增新剧一部，特建模范舞台为社友实地练习之所，社友已达六十人之数。今沪上票房，雅歌集之外当推久记社也。

## 梨园应时戏

节届天中，沪地各剧院多演《白蛇传》，此后逢七夕则演《天河配》、中秋则演《阴阳河》及《蟾宫折桂》等剧，然终不如灯戏构演之巧妙。灯戏之制，始于前清同治初年，先惟昆腔戏园偶一演之，嗣天仙、金桂、丹桂、宜春、满春等园相率仿效，所演如《麟骨床》、《福瑞山》、《凤莲山》、《馨泉池》、《洛阳桥》、《宝莲灯》、《斗牛宫》、《万里寻夫》之类。红氍乍展，光分月殿之辉；紫玉横吹，新试霓裳之曲。每演一戏，蜡炬费至千余条，古称火树银花，当亦无此绮丽。先期园主人遍发戏单，招人观赏，至是轻车怒马，蚁拥蜂喧，隔座花枝向人招展，直至银蟾彩匿，珠凤烟消，始唱"陌上花开"之句，诚菊部之大观、花丛之盛事也。后因配角不齐，观者寥寥，旋作旋辍，殆已如《广陵散》矣。

## 除夕之避债戏

当四、五十年前时，沪上之南会馆即商船会馆，与洋行街之潮州会馆，均于除夕夜演戏一天，以答上天一年之赐福，而一般债台高筑之民正苦无法躲避，乃借看戏以避此一夜，盖会馆中人众拥挤，各店之索账者断难插身其间，一虑银钱失窃、一虑人众受窘。初时会馆为酬神演戏，后则知情而故为之，盖大开方便之门，权将戏台下作穷措大之债台也。后以人众肇事，伤毙多命，官厅遂禁止之。

## 学校演剧筹款之恶俗

十年以来，沪上发明一种筹款新法，假公益为名，或售游园券、或售看戏券，每券一元，觅人代售，斯法创行之始获利甚巨，后以行之者过滥，为人厌恶，所入遂微，踵行者亦渐少，今则除一二倒霉学校外，此风几熄矣。推其衰熄之由，以行之者多不明此法纯在利用社会自然之心理，乃有效果可言，而惟以情面二字苦人所难，斯所以称为恶俗也。所谓利用自然之心理者，如张园、哈同花园每开筹赈大会，布置俱极可观，往游者皆由于自愿，绝不予人以所苦，故能偶获巨利。但一再行之，已司空见惯，游者多不踊跃，于是有以一种不得不承受此票之关系，强人承受，而厌恶之心即由此而生矣。又从前代售者多系妓女，彼妓女对于狎客几有指派勒销之权，故销数亦能畅旺，然狎客以受亏太多，亦渐有严辞拒绝者，妓女恐以此为人作嫁之事失欢于狎客，亦多不愿许为代售，故今日妓院几不闻有此种事矣。顾今之办学者犹不知此为过去之事、为人厌恶之事，辄思效颦，而其法又不知善变，乃以倒霉之戏馆、值三角之日戏强人购一元之戏票，自非有一种不得不承受之关系，岂有乐而购之者？此种关系即情面二字也。倘不购买，即沪语所谓"阿要难为情"也，辗转以情面相委托，而社会已骚然矣。予因近日天蟾舞台又有为某女子工艺学校演剧筹费事，故道及之，以冀其猛省也。

## 再志学校演剧筹款事

前读刺马君《学校演剧筹款之恶俗》一节，甚快人意，以为此辈或能憬悟，无复此种现象矣。不料近日又有张某者，以劝业学校名义，假座亦舞台演日戏，看资一元，印成多券，纷纷四出托人销售。据券中所言，以所得戏资，除开支外悉充贫儿一部分经费云云。查上海并未闻有劝业学校，或系创办亦未可知。如系创办，则以妙手空空之人假戏资为开办经费，未免近于买空卖空。况所谓"贫儿一部分"，是必尚有他部分无需经费，然闻诸人言，该校又名义务贫儿学校，是除贫儿外无他部分可知。然则所谓"一部分"者，似有语弊，较前刺马君所摘发，此为愈趋愈下矣。

# 男伶殉情之旧话

男女爱好，人之大欲存焉，此固本诸天赋，不足异也。若男风，惟此地有之，京师本有所谓私房者，又称堂名，其表面虽名鬻歌，按之实际与妓院无异，不过易女为男耳。故伶人与伶人交好者尤习见不鲜，甚至有甘为情死者，是亦可异矣。兹就见闻所及得二人焉，为分纪于下。

一为小金生之与小桂寿。距今三十年前，京班花旦以小桂寿为首屈一指，风神之旖旎、体态之苗条，每值扮演登场，真莫辨其为雌为雄也。初演于一洞天小戏，复隶天仙老金台班，时淫戏未颁禁命，所演如《小上坟》、《月华缘》、《巧姻缘》、《打花鼓》、《关王庙》等，媚态横生，观者为之魂销。其所习者在一"荡"字诀，若令生今之世，沪人日肆淫靡，而观剧者又多趋重旦角，于社会之心理尤合，举国若狂有可断言者。同班中有小丑二，一为小金生、一为周来全（今周五宝之父，前隶天蟾），小金生与之交好尤密，行止坐卧必偕，几于形影不离。小桂寿年甫弱冠，竟以瘵疾卒，而小金生即辍演，未几亦病，病而竟死，临没自言愿从桂寿于地下云。此事老伶界皆知之，无不谓小金生之以情死也。

一为康黑儿之与周大升。旧日上海武旦，以康黑儿（即老一阵风）为翘楚，其打武之灵活与装样、跷工尤推第一。武行向例必有一对操（打武戏同场扑跌者谓之"对操"），合手时同班中有武二花名周大升者，对操能得心应手，毫无破绽，两人交好亦密，行止必与俱，俨如伉俪。康、周历年同班，既负盛名，亦薄有积蓄,在上海开咏霓戏园,后因演《杀子报》淫戏被捕房封禁,而康、周欲重行组织,苦无馆址,遂挈全班往宁波野唱(无一定地方,如江浙之江湖班之类,终年在各城乡演唱)。一夜在宁波某乡唱高台夜戏,周大升业已勾脸,因内急,见台上戏目尚早,起如厕,直至武剧上场犹未回,班中人互相诧异,缘周既系班主,平时向不颠顶从事,乃四出踪迹之,突见周横卧田埂,群以为因倦失眠,呼之不应,以灯烛之,已死矣。伶界中多迷信,有谓为野鬼所戕,一时聚讼纷纭,莫衷一是,班中人咸惜之,而以康黑儿为尤甚。两人搭伙已数十年,至此不免有人琴之感,周既死班即解散,康终日思周念切,不觉老景日增。后虽亦在沪搭班串演,既无对手,技亦日退,且昔日身为班主一呼百诺,今则依人作嫁动辄得咎,大有咄咄书空之态,有知之者皆谓系有神经病所致云。

## 夏伶创革侑酒之恶俗

京师堂子之雏伶,凡饭店、酒馆均可叫条子,亦如南中妓女之出局,此尽人皆知也。今此风已革除,然创此议者实自上海伶人夏月珊昆季。当光绪中叶,田际云絜玉成科班全部晋京,声誉日高,至光绪末被举为庙首(即梨园公所值年),时夏月珊昆季在上海方致力于地方公益事宜,以京师私房亦伶人之一部分,今腼然为人侑酒,其贱与娼妓等,遂寓书田际云,请将此例革除,然未能尽绝也。宣统间孙菊仙入都,复多方劝导,继复用全力压迫,始将此风永远蠲除。追厥原始,夏月珊昆季之功不可湮没也。

## 小连生闹小报

小花园原名宝安里,湫隘异常,非若近今之清洁。当时任子董叔、萧子剑宾所办之《阳秋报》,馆址即在弄中。时蓝桥别墅名重一时,丹桂伶人小连生(即潘月樵)思染指,苦未得间。一日,蓝桥在愚园游玩,无意间与小连生相遇,小连生四顾无人,即哀恳其破格垂青,一偿素愿,甚且下跪,蓝坚不允,小连生忽曰:"卿其忘乎?余幼时与卿对门居,青梅竹马,曾有素交也。"蓝闻言心动,是夕竟欢会于一品香。越数日,《阳秋报》忽登此事,且过甚其辞,小连生见之大怒,率多人往殴主笔,任适不在,更追踪往发行部。彼时《阳秋报》之发行部在望平街,小连生往时将及晚餐之际,萧剑宾适往邻近购盐蛋二枚拟供晚膳,足甫入门,见小连生等声势汹汹,自知不敌,人急智生,以盐蛋向小连生面部掷去而口呼"照法宝",小连生不知何物,退一步避之,萧即乘隙逃入邻家裱画店内,于是站岗巡捕亦来干涉。兹事后经多数人劝解,令《阳秋报》一再更正道歉,小连生始已。自后萧逢人便道盐蛋之有功,颂扬不止,是亦一趣闻也。


## 上海影戏之溯源

上海之有影戏在清光绪三十二年(约九、十月间),有西人某携带影片及机器来沪,开演于静安寺路之颐园,头等座位每客大洋六角,二等四角。沪人以见所未见,争先快睹,又以剧中人物皆能活动,奔走起立宛然如生,屋宇山林历历如绘,一时咸叹为神奇。其后试演至两月余之久，沪人以数见不鲜，稍稍厌倦，旋即停演，而某西人所获已不赀矣。

## 上海之影戏事业

影戏营业在六年前固不甚发达也，近年以来因社会之趋向，影戏场遂日增而月盛，所演影片大都名作，颇受沪人士之欢迎，如《半文钱》、《宝莲遇险记》、《文化》、《铁手案》、《怪手案》等其最著者也。兹将最近之影戏院分述如下。

夏令配克　在静安寺路。

维多利亚　在海宁路。

亚普芳　在博物院路。

阿士林　在北四川路。

谋得利　在南京路。

以上五家，观者西人居多，每晚以九时开幕、十二时闭幕，售资颇昂，至劣之座亦须大洋七角五分或一元不等。

虹口影戏院　在乍浦路，原名东京活动影戏院，曩年因中日交涉，五月九日之结果，沪人有抵制日货之声浪，该院适以东京命名，恐沪人有所误会，致受影响，乃改今名。

爱伦影戏院　在海宁路鸣盛梨园旧址。

上海影戏院　在虬江路，为爱伦所分设者，规模极其壮伟。

东和影戏院　在武昌路。

万国影戏院　在中虹桥。

共和影戏院　在西门方板桥。

海蜃楼　在九亩地。

以上七家观者华人居多，价较廉，每晚以七时半开幕、十二时闭幕，轮流开演二次。余如前此之楼外楼、天外天，今之新世界、大世界、劝业场、先施乐园，各游戏场均有影戏开演，可谓盛矣。

## 影戏业之进步

影戏创于西人爱笛生，初亦视为游戏之一，后以其与社会教育有关，渐重视之，迄今则不独视为社会教育之辅助事业，其势力已几驾小学校、新闻纸而上之。吾国自前清光绪元年二月为同治国丧之期，沪上租界各戏园皆遵国制停演，于是有英、法、美三班影戏乘时开演，此为沪上第一次有影戏，亦影戏第一次至中国也。英班开演于丹桂茶园，法班开演于金桂茶园，美班开演于富春茶园，当时观者徒以大戏停演，借此消遣已耳。后十余年影片虽日有进步，而沪人心理尚未十分心醉。民国成立，国民心理随欧化潮流为之大变，影戏园之设立几遍沪上，如英商所开者，维多利亚影戏园则在海宁路，爱波罗影戏园则在北四川路，夏令配克影戏园则在静安寺路；日商所开者，东和影戏园则在武昌路，虹口影戏园则在乍浦路；华商所开者，爱伦影戏园则在海宁路，上海大戏园则在虬江路，海蜃楼则在九亩地，共和影戏园则在西门方板桥，其他如新世界、大世界、天外天、劝业场等之影戏尚不在内，进步之速竟至如是，其后方兴未艾正可豫决。惟所演者多外国事，于吾国情不甚吻合，新世界曾演中国风俗，其情节无甚裨于社会，留心教育事业者不可不注意及之也。

# 二四 杂记

## 裕督奇癖

同治间有满人裕某者，由粤督调任两江，取道沪上，有人见其上房侍婢如林，锦簇花团，令人目迷五色，从中尤以粤东随来之顺德侍妈十余名最称时髦。顺德妈者，貌姣好，柔婉悦人，专代贵眷梳头为业，而六寸圆趺不施约缣，常赤足趿拖鞋，其脚之后跟每日用细砂净水磋磨，洁白光润，藉是为勾引蜂蝶之具，嗜痂者谓其动人处胜于柳眉樱唇万倍也。裕有鼻烟癖，其闻烟时，必以各妇之脚跟屈之向上作盛烟之碟，然后以鼻就而嗅之，谓别饶风味。人有讥其近秽者，裕笑曰："昔杨铁崖鞋杯行酒，竞传美谈。余倡千古未有之雅举，想铁崖有知，定当引为同调也。尔俗人，何足语此哉！"按此事曾闻诸当日办差者，而近人笔记亦载其说，似非凿空之谈。然则天下癖好之奇，真有出乎寻常理想之外也已。

# 鲁伯阳片言落职

满清时代之官僚竞尚虚荣，恒于文字语气之语吹毛索瘢，措词偶有不慎，谴责随之，故有一字千金、一咳万金之戒（事见《新齐谐》）。今徐世昌僭位元首，固一旧官僚之老资格也，倘挟其大居正之成见，以为天子当阳，如纶如绰，都、俞、吁、咈之际，从政诸公尚慎旃哉。因忆光绪某年皖人鲁伯阳，特旨简放苏松太道，豸章绣斧，衔命出都，人皆荣之，不期甫抵宁垣即登白简，以简在帝心之监司大员竟不获履任，人皆诧为异事。嗣有知其内幕者，谓鲁实不谨于辞所致，录之以见往日官僚派之一斑焉。

初，鲁本穷汉，在京候差，久苦不得间，将有裘敝金尽之叹。时西后方以倦勤余年，怡情丘壑，不惜挪海军巨帑移构颐和园，然不敷殊巨，乃授意大珰李莲英鬻爵取盈，以促其成，号"宫门费"。直督李鸿章为当日迎合之一，所求辄应，鲁以同乡谊，遂托鸿章为之道地。会沪道缺出，所入为全国冠，鲁知之稔，谋益力，百方罗掘，得如干数悉献诸李，李复借箸代筹，合十万金，美其名曰"报效园林费"，珰周旋其间，复倍之，苞苴朝进，朝命夕下。然沪道以冲繁称，向归外省题补，以钦放故，莫敢难。方是时也，江督刘岘庄屹然为东南重镇，举朝惮之，两宫亦特加敬礼，旨下，刘大不怿。未几鲁抵宁，循例缴札领饬知。故事，属员谒上台必以"宪恩栽培"等词为贡谀之套语，鲁以直督及大珰之线索奉宸衷擢用，词锋冷隽，面有骄色，不特不作常套，且谓："职道此来奉主子知遇之隆，中堂（指李鸿章）揄扬之力，自当益矢公忠，以报天恩"等语。盖俨然以钦差自居，作敌体口吻也。刘闻色变，拂袖而入，鲁犹漠然，出辕坐待牌示，不知"年老昏聩，人地不宜"、请收回成命之奏折已于当日拜发矣。未几谕旨下，准如所请，一纸绝命符，鲁始懊丧而返。计前后所耗二十余万之代价，仅换得二道上谕，不啻一绝大念秧。谑者谓鲁之情节，仿佛《聊斋志异》所纪之公孙夏云。

## 鲁伯阳失官之又一说

皖人鲁伯阳片言落职事已前，见兹又得一说，谓鲁以穷士需次都门达二十年，至是不耐株待，并力营干，费至七十万金，遂借巨珰之奥援，得西后首肯，适沪道聂仲芳升皋去任，后命德宗以遗缺畀鲁，书名姓于寸许纸条，令帝袖之出。是日枢臣进关道记名单，请旨简授，帝蹙额者再，始出纸条授枢臣，饬查鲁之资格。诸臣承旨，遍查无此人，据实复奏，帝半晌无言。枢臣悟其故，顿首奏曰："皇上果知此人堪用，径行简放可也。"帝太息令拟旨授之。江督刘坤一知其所从来，故到省后靳不悬牌，鲁又自命殊荣，语气不相下，遂被劾，奉旨开缺。闻鲁遭此挫折，愤而入山，著道士服以终。或谓前贿实由醇邸福晋所得，非西后享受，故刘敢作此狡狯耳。

## 李鸿章之足

清季爵相李鸿章，功高望重，掌北洋锁钥者殆十余年。甲午以后，朝野交疵，威望稍损，然清廷仍倚任之。既卸直督，一时无可位置，时盛倡联俄之策，西后乃命其报聘各友邦，借觇邻意。李衔命抵沪，候船放洋，行馆甫定，亟令物色修足匠。盖李一足足底素患胼胝，如肉刺然，深将及寸，随侍某仆手术独良，尝为之间夕一整治，否即痛苦不能触地。此次仆不愿远行，脱役而去，李固未便强迫也。嗣探悉某浴堂某匠奏刀最精，乃召赴行辕，发硎试之，李大赞赏，即命奖以十金，复询其月给七十元愿随节出洋否？匠不敢遽诺，归商戚友，佥怂恿之，乃复命报可，李复赏以百金，令摒挡被服及安家之需，当时腾载报章，目为奇遇。不意匠自得金后，以轻离妻孥，只身远涉，警悸不寐，遂成狂疾，不旬余竟殒其生云。

## 瑞莘儒之笑柄

清末湖广逃督瑞莘儒，本满洲无赖，性狡黠，识字无多。或传其未达时，在沪因诓骗某姓珠饰事，被控有案，公廨出票提之，旋遁去。迨后由九江升任沪道，知沪为人海之区，深愧以没字碑为人所轻视，乃预倩宿儒撰观风告示一通，宣诸报端。示中骈四俪六，典雅斋皇，复嵌用《说文》难字若干，以自矜渊博，当时著者曾寓目及之，至可哂也。瑞与清室泽公为葭莩亲，所求辄应，故自后任藩司、办清乡，生杀予夺惟意所如。其时苏抚陈启泰退处无权，等于疣赘，职是故也。陈殁，瑞奉旨护院，一日某提学使以学校毕业公文请示，瑞受而阅之，欲显其能，故于广庭中逐句朗诵至"肄业"之"肄"字读作肆音，合座轩渠，瑞初犹漠然，迨询而得之，结舌赧颜者累日。又一日内河水师统领以公事见，瑞谕之曰："太湖一带枭匪出没可虑,宜不时游戈。""游戈"盖"游弋"之"弋"字误作"戈"也。呜呼! 一省之广,巡抚之尊,乃以此不学无术之徒贸然任之,清室欲不亡得乎?

## 袁海观之官运

清季上海邑令袁海观不数年累迁,仍升沪道,当时人竞传为美谈,至有拟成"袁海观观察观察上海"之联语,刊诸日报征求下联者。实则袁出身卑贱,而行谊尤不足齿数,厥后敆历中外,洊膺兼圻,囊括无数,至今湘中称富室者,辄首屈一指曰袁氏焉。近人笔记载其初名海官,抱布为业,某岁贩货至金陵,载薄笨车,沿途叫售,以给旅用。既抵宁,其乡人赵某方筦善后局,赵有戚司会计,夙与袁稔,袁往依之,月得数金。会其戚还湘觅代者,赵以袁年少勤谨,深器之,即令承其乏。及赵宰铜山,袁遂充帐幕,所获不资,乃捐县丞,需次江左,始易名海观而以树勋为字。寻补上海知县,拳难起,两宫出狩,袁以知府衔率五营勤王,那拉后召询义和团事,袁惟崩角大哭,额坟起如疣,后顾德宗而言曰:"袁树勋忠君爱国,堪大用。"适某道悬缺,遂畀之。自此鸿毛遇顺,不次超迁矣。

## 裴大中争坑厕

光绪戊子、己丑间,上海县知事为皖人裴大中。裴精青乌术,时邑境多火灾,一夕数惊,裴择地辟七星井数处,复于南关外建水神阁以厌胜之,取坎填离,烽烟果熄,迷信者称之。当裴在任时,尚有一事大堪发噱者,即与城守营争夺城根坑厕是也,录之以见宦海中金钱主义之一斑焉。先是,城内有卫大者(即黄泥墙桃园之主人),夙以园艺为业,租得北关外城根数弓地,辟作菜圃,傍设坑厕,为取给肥料计也。时华界附城一带茅茨土阶,卑陋特甚,隔水即属法租界,然亦为下级流民之渊薮,若辈虽饮斯食斯,大都绳床蓬牖,家无溺具,悉视城根为尾闾,久之秽汁流溢,熏蒸达乎彼岸,西人啧有烦言,移牒邑署请设法整治。裴固以勤政自命者,凡城内河身之淤浅者,与夫街巷之积秽者,悉捐廉俸,雇夫役分段铲除,一时拥箕持畚锸者相望于道,至是得牒大恚,立刻鸣驺莅勘得实,限令撤除。卫大慑于官威,无如何也。嗣裴侦知该处人烟密集,卫之坑厕日可获肥料千文,于是乃以邑署名义建公厕六所,略仿租界形式,分设城之四隅,同时出示招人承租,未几即有张某应招而至,愿月缴租洋八十四元,裴窃计建厕所费仅七百余元,获此优厚之利息,大喜过望,立命给示承办。事为城守署陈永春守戎所闻,以坚壁清野,城根不容有建筑物,载在功令,间有浮支瓦屋聊蔽风雨者,有陋规之线索在也,况巡视护守之职,责无旁贷,此项坑租当然归守署享受,岂容他人染指?乃具情诉于巡道,要求县署让渡。时合肥李鸿章声势鼎盛,沪道龚仰蘧恃合肥乡谊之力得握斯篆,陈永春者亦皖产,曾充李之戈什,双方有同门之雅,裴亦梓乡中人,遂由龚出而调停,令陈认偿造厕费七百元,暂由道署垫给,月得坑租改归守署所有,终清之世迄未更变云。

按，此事闻诸前清右营中人，凿然有据，固非风影之谈也。著者附志。

## 时太守食蟹致毙

迎荑饯菊，紫蟹初肥，一般老饕莫不捣芽姜，持螯浮盏，以快朵颐，至足乐也。考《本草》载蟹性奇寒，与柿并食，中毒不治。第不过恒言如是，初未有人实验。据老于沪事者谓，同治间有名士时南峰，曾任松江太守，解组后侨寓申浦，当道界以龙门书院山长一席，盈门桃李，髦彦如林，时亦玉尺罗贤，冰壶拔俊，士林尊为泰斗。一日有某宦馈以无肠公子盈筐，悉膏腴上品，时夙嗜此，命庖人烹治以进，佐以醇醴。乐方未艾，嗣见案头有红柿，无意中偶食其一，逾时觉腹中剧痛，入晚痛益甚，吐泻并作，四体厥冷，目翻唇青，家人急为延医，投以壮热之剂，已无效，至天明毙矣。尝谓二者为同时出产品，方书又不详其所以然之故，乃物性相反有如此者，真莫名其妙也。西人重化验，苟将原质细为分解，必能确知其理。或曰重寒为厉，阳不胜阴。是说也余终疑之，惟寄语尝此者慎之为宜。

## 某京卿之悖入悖出

清季沪上寓公某京卿者，中国出洋学生之先进也，未卒业，中途回华，以口齿便利，得充某关道舌人职。某关道者，家庭中群雌粥粥，固广田自荒之流，京卿乘间与某姬有染，春风甫度，丑声已扬,事发仓皇宵遁归乡,人皆贱视之,坐是郁郁不得志者有年。嗣得某当道八行力,充赞襄铁道差,蝇营狗苟,不数载保至道员。会朝命亲贵报聘各友邦,皇华载道,象胥无人,遂夤缘得之,未几以劳绩晋京卿,拜使命,膺某国赛珍会副监督,领公帑五十万于会场建中国式宫殿模型,具体而微,置诸欧美崇楼之间相形见绌,西人都非笑之,京卿自若而私囊盈矣。返国后流连海上,托病赴东瀛,寻殁。京卿无妻,以爱妾朱素珍侍巾栉,朱吴下名妓也,至是不安于室,私围人,旋与武伶某结不解缘。一日观剧,与同座争前后,同座者冷语嘲讽,朱氏恚甚,遂自建剧场,规模壮丽,为海上戏园冠。所谓某伶者,入虎穴,探骊珠,卒以人口沸腾绳之于法,而中菁之耻西江不濯矣。说者谓京卿生前以偷减工料之资,供死后挥霍土木之用,此中殆有乘除之数焉。

## 左宗棠莅沪之轶事

光绪九年,左宗棠自回疆得胜归,道出沪江,声势煊赫不可一世,兵从甚众,由法界金利源码头上岸,乘八人轿由沿浦折入大马路,过天后宫桥至出使行辕小驻。租界章程,不准华人军队携带军械入境,并不准燃放鞭炮,从者进言于左。左大怒,下令命其兵从,是日上岸悉带枪刀,并令于上岸时沿途放炮,侍从之护卫多提镇以上职官,身穿黄马褂,耀武扬威,观者为之肃然。外人久耳左之战绩功勋,知其性刚强无可如何,未加干涉,而是日迎接左相之华洋同知(即会审官)某独受大谴。盖华洋同知知左之于某处经过也,特衣冠谨事,跪伏于路旁迎接。是日天雨泥泞,衣服尽沾于泥浆中，方自以为迎接之诚心，冀博左相之垂青，不知左相见之以其身穿新服，跪伏泥泞中，不惜暴弃天物，有意谄媚，殊玷官箴，面加申斥，立谕沪道撤差革职。若某者，可谓求荣反辱矣。

## 邑令菀枯之殊

本邑夙以繁剧著，屈计德宗一朝三十余年间，历任宰官无不荣膺升阶，豢肥鹤以去。就中惟海宁王欣甫署事仅及年余，亏短万余金，继住者迫算移交，卒致奏请监追，身系省狱，以视后此殁于任所之李紫璈，挪用至十余万，由沪商分任赔补，家属得脱然无累，不无同花异果之感焉。说者谓王本贾人也，世以槽坊为业，于宦海中乏斡旋之能，其握本邑篆也，尚系初入仕版，卸事而后又无他差可继，故受代者有咄咄逼人之概。又王在任时适逢本邑有版筑之役，奉准特制城砖若干万，照章给以官价，即核实支销，浮盈亦已可观，乃王复贪壑未厌，竟乘间饬令加制若干，潜运海宁原籍充营建宅第之用，人言啧啧，疑谤沸腾，亦不知远嫌，盖有以自取也。卒使土木未竟，已饱尝铁窗风味，哀哉！

## 侦探误侦康有为

吾国自戊戌党祸起，满清政府悬巨金缉拿康、梁诸人，一时探捕辈咸欲借此邀奖发财，是以捕风捉影之事层出不穷，驯至今日诬害无辜，其厉阶已远在十余年前矣。犹忆《时务报》主笔汪康年君，庚子岁在沪约一友同游金焦，友扬州人，以事先返扬，谓汪曰："君至镇江，以电来，吾即至也。"未几汪至镇江，发电扬州，而电尾押署"康"字，盖其名也。为捕探辈得知，一时哗传康有为已至镇江矣，于是长江上下游侦骑四出，捕风捉影者，几及累月。后汪君返沪，述其颠末于道署之某君，其疑始释。

## 车夫奇遇

上海为人海之区，风尘碌碌中，未必无奇才异能、光明磊落之辈出乎其间，苟具正法眼藏者赏识于牝牡骊黄之外，片言撮合，诚风流之佳话也。昔本埠有车夫袁书勋者，器宇轩昂，吐属文雅，尝受雇于罗桂卿，罗亦加以青眼。一日乘其车偕赴校书洪媛媛宅，既出，邻有臧云客者精麻衣术，见袁，奇其貌，径造洪居详询之，洪具以告，臧大称赏，且为洪曰："卿意终老花丛乎？苟欲择人而仰望焉，则袁必非久困者，其善图之。"洪固素慕臧之相人术，知其言不虚发，乃大感动，且求撮合，翌日具筵招袁至，具道款曲。袁出意外，虑非所偶，以无力量珠为谢，洪请益力，臧亦以蹇修自任，且谓："苟肯援拾，决不以糟糠累君内顾。"盖洪固申江名妓，私蓄巨万，足供支应也。定情后，一对璧人遂成眷属，洪既杜门谢客，而袁席其资捐纳县佐，签分江西，大吏嘉其勤能，屡膺卓异，数年位至藩司。此事载诸近人笔记，即老于沪事者亦能道其梗概，惜年代已久，无从考证云。

## 刻字店升充印铸局

上海未光复之先，望平街有刻字店，其主人曰底奇峰，江北盐城人，愚而戆。是时国人皆侈谈革命，底闻而羡之，时与党中人相往还，久乃与陈英士相结识。辛亥九月十三日陈英士攻制造局，底亦与焉，追逐奔驰，劳惫逾常人。底本无政治知识，亦无权利思想，纯为时势潮流所激荡，一片愚忠悉本天良，陈英士亦鉴其诚，颇优礼之。沪军都督府既成立，底出入府中，不言禄，禄亦不及。孙文被举为临时大总统，组织临时政府于南京，南浔人周某者与底本相善，特介之于总统府秘书邓某处，言其人极诚实，兼能刻印，如有相当差委，请量加驱策。时总统府方设印铸局，遂以印铸局局长位置之，周某得报贻书邓秘书，谓底才具平常，畀以局长恐难胜任。邓则谓底某办事颇勤劳，不如姑试之。底本寠人子，而际遇之来出诸意外，惊喜欲狂，府中多马匹，一日游兴勃运，遂乘马至郊外驰骤为乐，既归行，至总统府门马忽蹶，底本不善骑，踬焉。当堕马时，头触巨石，血流如注，未几竟死，时在南京尚不满两月也。大总统特赠赙银一千元，灵柩由府至车站派卫队护送，沪人闻其事皆引以为荣。陈英士闻耗，亦恤赠五百金抚其家属。底本回教徒，卒葬于斜桥西首之清真寺坟山。

　　按，回教徒初死时，其所用之棺质薄而小，高不过尺余，阔亦如之。葬时先至礼拜堂受洗礼，洗毕复仍纳之棺，至坟山后，穴中先置有大棺，其式与吾汉族之棺无少异，但无底耳，复以尸纳之新棺中，尸之上覆有白布一，朱书回文殆遍，皆经咒之属也，亲族须远立不得近前，亦奇俗也。

## 山东会馆之门役

沪上有一最宜纳凉之地曰山东会馆,馆设于法租界之吕班路,外有花园,足资悦目,馆屋颇高大,酷暑小憩,自然凉爽,以地僻鲜人来扰,更觉幽静。其门役见客至,必起立致敬,茶点之值随便给与,不计也,令人想见孔子之遗风焉。

## 道署之沿革

前清上海道为著名优缺,宦此者无不豢肥鹤以去,此人所共知也。光复之际,刘襄苏赓斯篆,九月十三日民军发难,焚道署,攻铁厂,刘意革命未必成功,乃挟所有卷宗避居租界洋务局,仍以沪道名义通告领事团。不二日江苏全省独立,刘知大势已去,以所管库藏三百五十余万,虑新旧代谢之交,怀璧为累,竟悉数移交值年领事薛福德氏,乘间脱离职务。同时沪军都督府既成立,遂以道署原有之军政、民政、交涉分部隶属都督之下,至对外重大交涉事项,固尚有伍秩庸、温宗尧二君周旋其间,为高级机关也,斯时道府一级完全取消。迨癸丑中央重订官制,为安置闲人计,复设道尹一缺,初任沪海道即以驻沪之外交特派员杨小川氏承其乏,所管辖境计十二县。惟旧道署已改警厅,除杨就洋务局为道尹驻在所外,后此周、徐诸公随时迁易,后遂无一定地点云。

## 沪商用国旗之始

尝读民国初元某公出版之《清史》,其首段叙述满兵入关景象,有龙旗飘扬云云,于以叹著作之难而今人语病之多也。夫我国数千年以大一统自负,所谓宅中建极,抚有四夷,有何国际旗章可言!即两军交绥,亦惟以前锋旗、主帅纛旗相炫耀,形色尺寸随意命造,初无规定。至旗之有龙,实始于咸丰戊午。先是,美使列卫廉以粤洋多盗,华船每冒挂洋旗以求庇,乃上书中政府,请仿各国成例制定一种国徽,俾便商民遵用。事下礼部拟订,以中国尚龙,遂刷为定式。然初订者为红地三角形,且仅限于税关暨官有之轮船,商家未敢僭用。迨光绪辛丑,醇王衔命赴德谢戕杀克林德公使之罪,取道申江,沪商会以此举有含垢忍辱之意,遂一致悬旗欢送,以表爱国之诚,而形式亦改为黄地长方矣,商店用国旗实自此始。民国创建,五色旗扬,一般商民不知国徽之可贵,有借开幕或纪念名义于旗上增加缘饰、嵌书广告者,亦有五色错乱不按法定顺序者。所冀商会随时劝告,保有此神圣国徽,毋先自侮而启人侮之渐也。

## 国旗谈

吾国之创国旗,系循美使之请,前已记之。顷偶阅同治壬申年十一月初三日第一百八十五号《申报》载有关于国旗成立之信史云:"北京总理衙门照会各西国官员,谓中国新定旗式,形如三角,色用黄,中画龙,用蓝色。所有福州、上海炮局所制轮舶及各关口巡河船,均建此旗以标认识。其船长一百六十尺之下者,该旗长用六尺四寸;其船长在一百六十尺之上者,该旗长用九尺六寸。"是则国旗之规定,远在四十年前矣。

## 国旗裤

光复后五色旗照耀大地，此固至荣幸之事，不谓上海一隅当光复之初，妇女之裤竟有制以五色国旗以为美观者，而以妓院为尤甚。其制法大都在上截腿际以五色旗合陆军旗作交叉形，左右各一。说者谓若辈真爱国，故裤中亦制有国旗。或又曰，女裤制以国旗，未免亵渎。二说也未知孰是，敢质之阅者。

## 戏挂龙旗案

某巨肆者设新码头，资本既充，生涯亦盛。残清之季，沪商竞制龙旗，争奇斗盛，各不相下，该肆遂特制绸质刺绣者，佳节令旦必一炫耀焉，盖广告作用也。国变后遵制易式，此旗亦束诸高阁久矣。一日宿雨初晴，经理偶忆及此，虑庋久霉变，索之箧底，令店役曝诸露台间，店役少不经事，戏贯以长竿，故作交叉状，台虽高耸屋顶，以僻临后巷，固不虑其有他。时适徐企文袭局未成，南北隐怀异志，驻沪军队迭奉戒严，司令瞭望者日夜弗敢懈。是日正午，军舰台弁某远镜所及，遥睹有龙旗隐现，辨之益确，疑为宗社党机关，立以电话报知警厅，且谓该段逼军厂，肘腋之间何岗警疏忽若是，言间颇有微词。警厅大骇，率探按址寻访，见阛阓喧阗，初无罅隙，久之察知为该肆后屋，荷戈直入，径趋张旗处摘以为证，将治以淆乱人心之罪。肆主惧，急倩南商会出而祈免。时警厅为穆君，姑念事出无心，判罚三十元毁旗了案云。

# 巧　对

有以海上流行之名词为对者,如"广东店"对"新北门"、"五圣庙"对"八仙桥"、"一洞天"对"三角地"、"紫来街"对"黄歇浦"、"打狗桥"对"放牛局"、"七盏灯"对"千里镜"、"华洋同知"对"经蒙并授"、"双沙手巾"对"五茄皮酒"、"诚占六壬课"对"新枰百子图"、"华洋书信馆"对"英法巡捕房",皆能妙合自然,援笔记之,亦足备遣兴之一助也。

# 大自鸣钟有七

上海之大自鸣钟,除徐家汇、董家渡二钟外,尚有跑马厅西首之大自鸣钟、四马路外滩之海关自鸣钟。其初以大自鸣钟名地者,则为法界巡捕房之大自鸣钟。他若澄衷学校之大自鸣钟亦称海上大自鸣钟之一,故又有"虹口大自鸣钟"之称,近则先施茶楼亦有大自鸣钟矣。

# 陶赵易子之佳话

乾隆末年,本邑西城有陶丹桂、赵临川者同充县吏,二家衡宇相望,缔交甚密,然皆中年乏嗣,伯道兴嗟。值岁饥遗孩载道,二人各拾一儿,冀绵似续。既而陶儿日夜啼,心厌其嚣,将复弃之,谋于赵。赵以己所拾者颇驯,愿相易,陶喜从之,竟各安然泣止。赵名其子曰衢亨,稍长就学甚慧,嘉庆庚午举于乡,甲戌登贤书，出宰湘省，有政声，惜仅生一子，未婚而夭，宗祧遂绝。陶子名升吉，长仍袭父役，闻同、光间其后人仍有守其故业者。

## 国人文胜之弊

尝谓吾国人恒蹈以文胜质之病，上自政府、下逮庶民莫不以此相尚，仅求涂饰其名号，而事实之是否相副或适得其反，胥置不问不闻之列。袁政府时代之生计会、洪宪之民意无论已，他如一里巷之名称、一轮船之牌号，必华藻绚烂，题以吉祥文字，至居处之污秽、机器之窳敝，非所计也。究之"普济"未济，"安和"不安（安和被牛庄撞没淞口系二十年前事），转不若西人命题，俯拾即是之较为痛快耳。最可哂者，自烟禁厉行以来，业此者纷纷美其名曰人参汁戒烟胶，以漏脯而锡珍羞之佳号，即群焉安之。近自慈善等券发行，向之业彩票生涯者，复兴高采烈于新老北门一带重整故垒，惟均易称奖券店，以避猎彩之禁，实则此固奉准通销者，抑知民国元年亦曾有查禁奖励券之案乎？吾知彼业闻之，将再改为致富票、聚财单、夺标券等名目矣。若"福引"者，系东邻文词，或不屑剿袭耳。一笑！

## 有须之西妇

其日过菜市街及工部局之转角处，有一西妇，年约三十余，衣服不整洁，向水果摊买物。初视其面有须，骇甚，熟视之，则于思想思者确有四五分之长。呜呼！奇矣。

# 章太炎结婚之趣

民国二年六月六日，余杭章太炎先生与吴兴汤国黎女士行结婚礼于沪西之爱俪园，婚事介绍为张百纯君，证婚为蔡鹤卿君，皆风度冲澹，道貌蔼然。而新郎太炎亲迎时，乘双马车至女宅，以结婚例必交换饰物，指上先御金戒一只，灿然有光，见者皆匿笑，以先生乘双马车、御金戒皆生平第一次也。结婚礼毕，新郎新妇同归寓宅，嗣宴众宾于一品香餐馆，到者百数十人。方宴饮时，女宾席上有某女士提议以滑稽的条件，要求新郎新妇履行：（一）请新郎即席作诗一首，以三十分钟为度，否则罚酒十觥。此条男宾以为适用于男女两新人，俟新郎吟成后新娘须继续唱和，若新娘于短促之时间未能步韵，录写旧作一首亦可。（二）于白纸板上书二寸径字八个，请新郎新娘于距离一丈五尺外认识之。（三）请新郎新娘各述笑话一则，如来宾听之有不笑者，三人以上则罚酒一觥，五人以上罚唱歌一章。当由女宾席派监督二人执时计以视之，状极严厉，太炎几为之窘，有顷，吟诗曰："吾生虽秪米，亦知天地宽。振衣涉高冈，招君云之端。"吟毕，席间无不拍手，旋请新娘如例作诗。新娘谢不敏，以多数人认可，改请新娘写录旧作一首，曰："生来澹泊习篷门，书剑携将隐小邨。留有形骸随遇适，更无怀抱向人喧。消磨壮志余肝胆，谢绝尘缘慰梦魂。回首旧游烦恼地，可怜几辈尚生存。"举座一致称赞。至第二条件，男女两席各派代表拟定所书字样，议决以"章童、汤炀、国圆、炳柄"八字立为标识，盖以太炎短视，故作此疑似以试之。其弟子某君竟以耳语通关节，众大哗，群起责之，卒由其门人黄、汪两君代饮半数而后已。至第三条件，太炎大苦，搜索枯肠无有，既而得之曰："吾人读《红楼梦》，于贾二老爷谈笑话时，仿佛近之。"笑者少数，至新娘久之亦不能说出，由女弟子四人代唱乐歌一章乃止。后来宾以太炎诗才敏捷，促续赋以谢绍介人张君，太炎复口占曰："龙蛇兴大陆，云雨致江河。极目龟山峻，于今有斧柯。"不可谓非新婚史上一段佳话也。

## 美总统莅沪之盛会

前清光绪五年，美利坚大总统格兰脱君偕其夫人来游沪上。格君雄才伟略，中外同钦，部下人民尤爱戴如父母，至是幨帷戾止，凡英、法、美三租界中均结彩悬灯，同伸欢祝。自小东门外沿浦直达虹口，光明灿烂，恍游不夜城中，各洋行门首复以自来火铁杆缀成种种西文，大致为颂扬之词，工部局则出水龙会以志庆幸，蜿蜒夭矫，万沫齐飞，西乐悠扬，合奏升平之曲，如是者凡三昼夜，中外游人以亿万计。时当盛夏，大有吐气成云、挥汗成雨之概，虽捕房通班梭巡，然遗簪坠钗、乘间剪窃者不一而足。按，此为通商以来第一次盛举，后此则各国在沪者，遇其国主诞期及通商纪念等屡有举行，沪人士固已司空见惯矣。

## 邑中耆老之盛会

光绪戊申之夏，邑中耆老集千龄曾于豫园，与斯宴者皆年达七十以上齿德俱尊之士。筵开北海，颂上南山，诚盛事也。此举

之前,在嘉庆九年八月之望,以适逢岁在甲子,取月圆人寿、一元
来复之义,由观察李廷敬为之倡,招邑人之年届耄耋以上者,得
《洪范》之数,遂命名九老会。设宴于署之嘉荫堂,即席擘笺赋
诗,称觥介寿。日将夕,兴犹未阑,复卜长夜之饮,拇战欢呼,声
彻户外。是举以凌鹤辉为座首,年已百龄有四矣,尚矍铄无倦
容,饮啖如少壮,真稀有之人瑞也。噫!今人动言卫生,而不中
寿夭札者,比比相望,何其今不逮古之甚耶?

# 千龄会

己酉春间,杨古酝、姚志梁二君集合沪上耆老为千龄会,即
假豫园萃秀堂设筵席畅饮,后拍照纪事,刊录成编。推宋益三先
生为领袖,盖宋年九十,杨年亦八十余矣。番禺潘兰史为之序
曰:"己酉六月北行,道出黄浦,老友杨古酝、姚志梁两先生招集
豫园,并出示千龄会图传,盖地即会场耆英所聚。古之洛社香
山,杖履风流,传播千古。余虽不获追随诸老之后,然读其书、想
其人,行色匆匆,登斯堂若有余慕焉。"又云:"宋丈益三推千龄会
祭酒,览其像,颡广瞳方,神仙之度,儒者之容;循其传,救灾恤
邻,仁心义举,乡里无间言。明德哲人,天之报予,克享遐龄,犹
未艾也"云云,则是会亦必传矣。

**图书在版编目(CIP)数据**

上海轶事大观 / 陈伯熙著. -- 上海 : 上海书店出
版社, 2025. 7. --(近现代史料笔记丛刊). -- ISBN
978-7-5458-2485-8

Ⅰ. K295.1

中国国家版本馆 CIP 数据核字第 2025G30E98 号

**责任编辑** 顾　佳　王　郡
**封面设计** 郦书径

近现代史料笔记丛刊

**上海轶事大观**

陈伯熙　著

出　　版　上海书店出版社
　　　　　　(201101　上海市闵行区号景路 159 弄 C 座)
发　　行　上海人民出版社发行中心
印　　刷　江阴市机关印刷服务有限公司
开　　本　889×1194　1/32
印　　张　19.875
版　　次　2025 年 7 月第 1 版
印　　次　2025 年 7 月第 1 次印刷
ISBN 978-7-5458-2485-8/K · 534
定　　价　128.00 元